2014年世界发展数据手册

世界银行 著

中国财政经济出版社

目 录

致谢

《2014年世界发展数据手册》是由 William Prince 领导、Neil Fantom 管理的小组编撰，小组成员包括 Liu Cui、Federico Escaler、Mahyar Eshragh – Tabary、Juan Feng、Masako Hiraga、Wendy Huang、Bala Bhaskar Naidu Kalimili、Haruna Kashiwase、Buyant Erdene Khaltarkhuu、Elysee Kiti、Ibrahim Levent、Hiroko Maeda、Maurice Nsabimana、Evis Rucaj、Rubena Sukaj、Emi Suzuki、Maryna Taran 和 Jomo Tariku，并且密切与主管发展经济学的副行长属下的发展数据小组密切合作。本项工作是在 Haishan Fu 的管理下完成的。Azita Amjadi 对本书出版的各个环节进行了协调；Barton Matheson Willse & Worthington 公司对本书进行了排版。世界银行出版局的工作人员负责监督本书的出版和发行。

引　言

《2014年世界发展数据手册》是《2014年世界发展指标》的袖珍版。它旨在为《2014年世界发展指标》数据库、印刷版和移动应用程序的使用者提供一个快捷的参照。《世界发展指标》数据库囊括了横跨50多年的1300多项指标，可在网站data. worldbank. org上获得。

《世界发展数据手册》的国别篇共214页，提供了人口在3万以上的世界银行成员国及其他经济体最新可获得的数据。综述部分14页，涵盖了按地区和收入组别划分的合计数。

欲知有关这些数据或世界银行其他数据类出版物的更多信息，请访问我们的数据网站：data. worldbank. org；或给我们发电子邮件至data@ worldbank. org；或拨打我们的热线电话：800 - 590 - 1906或202 - 473 - 7824，传真：202 - 522 - 1498。

欲订购《2014年世界发展指标》（英文版），请访问世界银行出版物网站：www. worldbank. org/publications，或拨打电话：800 - 645 - 7247或703 - 661 - 1580，传真：703 - 661 - 1501。

关于数据的说明

本书数据为1990年、2000年和2012年或最近年份可获得的数据，正文表或者词汇表中另有说明的除外。

· 增长率指与前一年相比的变化比例，另有说明的除外。
· 地区合计数仅包括低收入经济体和中等收入经济体的数据。
· 斜体数字表明该数据是几年或者一段时期的，而不是特定年份的数据。

符号用法：

..	指该数据不可获得，或由于数据缺失而无法算出合计数。
0 或 0.0	指零或很小，小数位的数字四舍五入为零。
$	为现值美元。

一些国家的表中标有字母的注释，见第232页的“注释”。

本书提供了人口在3万以上以及世界银行较小成员经济体的数据。“国家”（与“经济体”交替使用）一词并不意味着政治的独立或世界银行对其地位的官方认可，而是指任何一个其当局分别报告了社会或经济统计数据的经济体。

本书所选的指标，包含了那些用于检测千年发展目标进展情况的指标。要了解有关8个目标的更多信息——在2015年前实现将贫困人口减少一半以及提高生活水平——请参阅《2014年世界发展指标》类别的其他图书。

地区篇

各地区的国家构成是基于世界银行为进行分析而做的地区划分，可能与通用的地理划分有别。

东亚和太平洋地区

美属萨摩亚、柬埔寨、中国、斐济、印度尼西亚、基里巴斯、朝鲜、老挝、马来西亚、马绍尔群岛、密克罗尼西亚联邦、蒙古、缅甸、帕劳、巴布亚新几内亚、菲律宾、萨摩亚、所罗门群岛、泰国、东帝汶、汤加、图瓦卢、瓦努阿图、越南

欧洲和中亚

阿尔巴尼亚、亚美尼亚、阿塞拜疆、白俄罗斯、波斯尼亚和黑塞哥维那、保加利亚、格鲁吉亚、匈牙利、哈萨克斯坦、科索沃、吉尔吉斯共和国、前南马其顿、摩尔多瓦、黑山、罗马尼亚、塞尔维亚、塔吉克斯坦、土耳其、土库曼斯坦、乌克兰、乌兹别克斯坦

拉丁美洲和加勒比地区

阿根廷、伯利兹、玻利维亚、巴西、哥伦比亚、哥斯达黎加、古巴、多米尼克、多米尼加共和国、厄瓜多尔、萨尔瓦多、格林纳达、危地马拉、圭亚那、海地、洪都拉斯、牙买加、墨西哥、尼加拉瓜、巴拿马、巴拉圭、秘鲁、圣卢西亚、圣文森特和格林纳丁斯、苏里南、委内瑞拉

中东和北非

阿尔及利亚、吉布提、埃及、伊朗、伊拉克、约旦、黎巴嫩、利比亚、摩洛哥、叙利亚、突尼斯、西岸和加沙、也门

南亚

阿富汗、孟加拉国、不丹、印度、马尔代夫、尼泊尔、巴基斯坦、斯里兰卡

撒哈拉以南非洲地区

安哥拉、贝宁、博茨瓦纳、布基纳法索、布隆迪、喀麦隆、佛得角、中非共和国、乍得、科摩罗、刚果民主共和国、刚果共和国、科特迪瓦、厄立特里亚、埃塞俄比亚、加蓬、冈比亚、加纳、几内亚、几内亚比绍、肯尼亚、莱索托、利比里亚、马达加斯加、马拉维、马里、毛里塔尼亚、毛里求斯、莫桑比克、纳米比亚、尼日尔、尼日利亚、卢旺达、圣多美和普林西比、塞内加尔、塞舌尔、塞拉利昂、索马里、南非、南苏丹、苏丹、斯威士兰、坦桑尼亚、多哥、乌干达、赞比亚、津巴布韦

世界

人口(百万)	7,043.9	人口增长率(百分比)	1.1
陆地面积(千平方公里)	134,290	每天生活费用不足1.25美元的人口(占人口的百分比)	..
GNI,图表集法(10亿美元)	71,692.4	人均GNI,图表集法(美元)	10,178
PPP衡量的GNI(10亿美元)	85,986.8	PPP衡量的人均GNI(美元)	12,207

	1990	2000	2012
人口			
最贫困的20%人口占国家消费/收入的份额(百分比)	..	..	..
出生时的预期寿命(岁)	66	68	71
总生育率(每个女性生育数)	3.3	2.6	2.5
青年女性生育率(每千名15—19岁女性生育数)	65	57	45
避孕普及率(占15—49岁已婚女性的百分比)	58	61	..
在熟练医护人员护理下的分娩(占总数的百分比)	..	60	*65*
5岁以下儿童死亡率(每千人)	90	75	48
儿童营养不良,体重不足(占5岁以下儿童的百分比)	24.9	20.6	15.1
儿童麻疹免疫接种率(占12—23个月年龄组的百分比)	74	73	84
小学毕业率,总数(占适龄年龄组的百分比)	81	82	*91*
中学总入学率,总数(占适龄年龄组的百分比)	50	60	*71*
小学和中学中女孩与男孩的比率(百分比)	86	92	*97*
HIV感染率(占15—49岁人口的百分比)	0.3	0.8	0.8
环境			
森林(千平方公里)	41,608	40,761	*40,184*
森林采伐(1990—2000年和2000—2010年,平均年度百分比)		0.2	*0.1*
淡水使用量(占内陆水资源的百分比)	..	*8.4*	*9.2*
获得改善的水资源的人口(占总人口的百分比)	76	82	89
获得改善的卫生设施的人口(占总人口的百分比)	47	56	64
人均能源使用量(千克石油当量)	1,665	1,650	*1,890*
人均二氧化碳排放量(吨)	4.2	4.1	*4.9*
人均用电量(千瓦时)	2,121	2,385	*3,044*
经济			
GDP(10亿美元)	22,246	32.875	72,496
GDP增长率(年度百分比)	2.9	4.3	2.4
GDP隐含价格平减指数(年度增长百分比)	8.0	5.1	3.2
农业增加值(占GDP的百分比)	6	4	*3*
工业增加值(占GDP的百分比)	33	29	*27*
服务业增加值(占GDP的百分比)	61	67	*70*
货物和服务出口(占GDP的百分比)	20	26	30
货物和服务进口(占GDP的百分比)	20	26	30
资本形成总额(占GDP的百分比)	25	23	22
中央政府收入(占GDP的百分比)	..	*25.4*	*23.0*
中央政府现金盈余/赤字(占GDP的百分比)	..	*-1.8*	*-5.3*
政府与市场			
创办企业的时间(天)	..	*50*	25
股票市场资本总额(占GDP的百分比)	46.8	99.7	75.3
军费支出(占GDP的百分比)	4.2	2.2	2.9
移动电话用户(每100人)	0.2	12.1	89.3
互联网用户(占总人口的百分比)	0.0	6.8	35.5
铺敷道路(占总数的百分比)	..	*49.4*	*57.0*
高科技出口(占制成品出口的百分比)	18	24	18
全球联系			
商品贸易(占GDP的百分比)	32	40	51
净易货贸易条件指数(2000年=100)	..	..	..
外债总额(百万美元)	..	..	..
债务还本付息总额(占出口的百分比)	..	..	..
净移民(千人)	..	..	..
获得的侨汇(10亿美元)	..	..	..
外国直接投资,净流入额(10亿美元)	196	1,319	1,510
获得的净官方发展援助(10亿美元)	58	50	133

东亚和太平洋地区

人口(百万)	1,991.6	人口增长率(百分比)	0.7
陆地面积(千平方公里)	16,302	每天生活费用不足1.25美元的人口(占人口的百分比)	*12.5*
GNI,图表集法(10亿美元)	9,727.7	人均GNI,图表集法(美元)	4,884
PPP衡量的GNI(10亿美元)	15,451.5	PPP衡量的人均GNI(美元)	7,758

	1990	2000	2012
人口			
最贫困的20%人口占国家消费/收入的份额(百分比)	..	..	..
出生时的预期寿命(岁)	68	71	74
总生育率(每个女性生育数)	2.7	1.8	1.9
青年女性生育率(每千名15—19岁女性生育数)	25	19	20
避孕普及率(占15—49岁已婚女性的百分比)	75	78	..
在熟练医护人员护理下的分娩(占总数的百分比)	84	85	*91*
5岁以下儿童死亡率(每千人)	59	42	21
儿童营养不良,体重不足(占5岁以下儿童的百分比)	20.1	11.2	5.3
儿童麻疹免疫接种率(占12—23个月年龄组的百分比)	90	83	94
小学毕业率,总数(占适龄年龄组的百分比)	100	97	..
中学总入学率,总数(占适龄年龄组的百分比)	39	60	*78*
小学和中学中女孩与男孩的比率(百分比)	88	98	*102*
HIV感染率(占15—49岁人口的百分比)	..	..	..
环境			
森林(千平方公里)	4,602	4,524	*4,712*
森林采伐(1990—2000年和2000—2010年,平均年度百分比)		0.1	*-0.4*
淡水使用量(占内陆水资源的百分比)	..	*9.5*	*10.9*
获得改善的水资源的人口(占总人口的百分比)	68	80	91
获得改善的卫生设施的人口(占总人口的百分比)	30	49	67
人均能源使用量(千克石油当量)	712	858	*1,671*
人均二氧化碳排放量(吨)	1.9	2.3	*4.9*
人均用电量(千瓦时)	461	876	*2,582*
经济			
GDP(10亿美元)	668	1,723	10,330
GDP增长率(年度百分比)	5.6	7.5	7.5
GDP隐含价格平减指数(年度增长百分比)	6.7	3.1	1.9
农业增加值(占GDP的百分比)	25	15	11
工业增加值(占GDP的百分比)	40	45	44
服务业增加值(占GDP的百分比)	35	40	45
货物和服务出口(占GDP的百分比)	21	33	34
货物和服务进口(占GDP的百分比)	20	29	31
资本形成总额(占GDP的百分比)	35	32	44
中央政府收入(占GDP的百分比)	..	..	*13.1*
中央政府现金盈余/赤字(占GDP的百分比)	..	..	..
政府与市场			
创办企业的时间(天)	..	*53*	40
股票市场资本总额(占GDP的百分比)	*16.4*	46.9	51.5
军费支出(占GDP的百分比)	2.3	1.8	1.9
移动电话用户(每100人)	0.0	5.7	88.9
互联网用户(占总人口的百分比)	0.0	1.9	36.2
铺敷道路(占总数的百分比)	..	*14.4*	*47.6*
高科技出口(占制成品出口的百分比)	*17*	32	26
全球联系			
商品贸易(占GDP的百分比)	47	59	54
净易货贸易条件指数(2000年=100)	..	..	..
外债总额(10亿美元)	234	497	1,412
债务还本付息总额(占出口的百分比)	17.7	11.4	4.5
净移民(千人)	*-2,992*	*-4,496*	*-3,061*
获得的侨汇(10亿美元)	3.1	16.7	78.3
外国直接投资,净流入额(10亿美元)	10	45	314
获得的净官方发展援助(10亿美元)	7.7	8.6	8.8

欧洲和中亚

人口(百万)	270.8	人口增长率(百分比)	0.7
陆地面积(千平方公里)	6,479	每天生活费用不足1.25美元的人口(占人口的百分比)	0.7
GNI,图表集法(10亿美元)	1,804.4	人均GNI,图表集法(美元)	6,664
PPP衡量的GNI(10亿美元)	3,234.8	PPP衡量的人均GNI(美元)	11,946

	1990	2000	2012
人口			
最贫困的20%人口占国家消费/收入的份额(百分比)	..	..	..
出生时的预期寿命(岁)	68	69	72
总生育率(每个女性生育数)	2.6	1.9	2.0
青年女性生育率(每千名15—19岁女性生育数)	56	40	31
避孕普及率(占15—49岁已婚女性的百分比)	..	64	..
在熟练医护人员护理下的分娩(占总数的百分比)	..	90	96
5岁以下儿童死亡率(每千人)	56	40	22
儿童营养不良,体重不足(占5岁以下儿童的百分比)	12.2	5.2	1.8
儿童麻疹免疫接种率(占12—23个月年龄组的百分比)	81	92	94
小学毕业率,总数(占适龄年龄组的百分比)	95	93	99
中学总入学率,总数(占适龄年龄组的百分比)	85	84	92
小学和中学中女孩与男孩的比率(百分比)	94	95	97
HIV感染率(占15—49岁人口的百分比)	..	..	..
环境			
森林(千平方公里)	612	628	662
森林采伐(1990—2000年和2000—2010年,平均年度百分比)		-0.3	-0.5
淡水使用量(占内陆水资源的百分比)	..	39.6	34.8
获得改善的水资源的人口(占总人口的百分比)	88	92	95
获得改善的卫生设施的人口(占总人口的百分比)	87	89	94
人均能源使用量(千克石油当量)	2,870	1,812	2,078
人均二氧化碳排放量(吨)	6.8	4.6	5.3
人均用电量(千瓦时)	3,178	2,286	2,951
经济			
GDP(10亿美元)	446	478	1,865
GDP增长率(年度百分比)	-0.1	5.9	1.8
GDP隐含价格平减指数(年度增长百分比)	13.6	23.1	4.8
农业增加值(占GDP的百分比)	20	12	9
工业增加值(占GDP的百分比)	37	33	31
服务业增加值(占GDP的百分比)	43	55	60
货物和服务出口(占GDP的百分比)	20	37	36
货物和服务进口(占GDP的百分比)	24	40	40
资本形成总额(占GDP的百分比)	26	21	22
中央政府收入(占GDP的百分比)	..	..	34.2
中央政府现金盈余/赤字(占GDP的百分比)	..	..	-0.5
政府与市场			
创办企业的时间(天)	..	44	12
股票市场资本总额(占GDP的百分比)	..	19.9	25.6
军费支出(占GDP的百分比)	3.6	3.1	2.0
移动电话用户(每100人)	0.0	10.0	108.5
互联网用户(占总人口的百分比)	0.0	2.2	43.3
铺敷道路(占总数的百分比)	..	81.2	78.3
高科技出口(占制成品出口的百分比)	..	10	8
全球联系			
商品贸易(占GDP的百分比)	48	56	73
净易货贸易条件指数(2000年=100)	..	..	..
外债总额(10亿美元)	101	234	1,150
债务还本付息总额(占出口的百分比)	..	26.1	32.9
净移民(千人)	-5,578	-2,865	-661
获得的侨汇(10亿美元)	3.2	8.2	38.7
外国直接投资,净流入额(10亿美元)	1.2	9.1	65.2
获得的净官方发展援助(10亿美元)	1.4	4.5	10.0

拉丁美洲和加勒比地区

人口(百万)	581.4	人口增长率(百分比)	1.2
陆地面积(千平方公里)	19,461	每天生活费用不足1.25美元的人口(占人口的百分比)	5.5
GNI,图表集法(10亿美元)	5,273.2	人均GNI,图表集法(美元)	9,070
PPP衡量的GNI(10亿美元)	6,852.9	PPP衡量的人均GNI(美元)	11,787

	1990	2000	2012
人口			
最贫困的20%人口占国家消费/收入的份额(百分比)	..	..	..
出生时的预期寿命(岁)	68	71	74
总生育率(每个女性生育数)	3.2	2.7	2.2
青年女性生育率(每千名15—19岁女性生育数)	85	84	69
避孕普及率(占15—49岁已婚女性的百分比)	59	..	..
在熟练医护人员护理下的分娩(占总数的百分比)	75	85	..
5岁以下儿童死亡率(每千人)	55	33	19
儿童营养不良,体重不足(占5岁以下儿童的百分比)	7.6	4.9	2.9
儿童麻疹免疫接种率(占12—23个月年龄组的百分比)	75	94	95
小学毕业率,总数(占适龄年龄组的百分比)	83	97	*102*
中学总入学率,总数(占适龄年龄组的百分比)	60	83	*90*
小学和中学中女孩与男孩的比率(百分比)	101	101	*102*
HIV感染率(占15—49岁人口的百分比)	..	..	..
环境			
森林(千平方公里)	10,227	9,727	*9,240*
森林采伐(1990—2000年和2000—2010年,平均年度百分比)		0.5	*0.5*
淡水使用量(占内陆水资源的百分比)	..	*2.0*	*2.0*
获得改善的水资源的人口(占总人口的百分比)	85	90	94
获得改善的卫生设施的人口(占总人口的百分比)	66	74	81
人均能源使用量(千克石油当量)	1,041	1,107	*1,292*
人均二氧化碳排放量(吨)	2.2	2.4	*2.7*
人均用电量(千瓦时)	1,161	1,534	*1,985*
经济			
GDP(10亿美元)	1,080	2,070	5,344
GDP增长率(年度百分比)	0.5	4.1	2.9
GDP隐含价格平减指数(年度增长百分比)	25.1	7.8	4.1
农业增加值(占GDP的百分比)	9	5	5
工业增加值(占GDP的百分比)	35	32	32
服务业增加值(占GDP的百分比)	57	62	63
货物和服务出口(占GDP的百分比)	17	20	24
货物和服务进口(占GDP的百分比)	16	20	26
资本形成总额(占GDP的百分比)	20	20	21
中央政府收入(占GDP的百分比)	18.7	16.3	..
中央政府现金盈余/赤字(占GDP的百分比)	-2.7	-1.4	..
政府与市场			
创办企业的时间(天)	..	*82*	41
股票市场资本总额(占GDP的百分比)	6.5	28.4	43.3
军费支出(占GDP的百分比)	3.6	1.2	1.3
移动电话用户(每100人)	0.0	11.7	108.1
互联网用户(占总人口的百分比)	0.0	3.4	42.7
铺敷道路(占总数的百分比)	..	*26.3*	*26.0*
高科技出口(占制成品出口的百分比)	7	17	12
全球联系			
商品贸易(占GDP的百分比)	22	33	38
净易货贸易条件指数(2000年=100)	..	..	..
外债总额(10亿美元)	420	714	1,258
债务还本付息总额(占出口的百分比)	24.2	39.5	15.0
净移民(千人)	*-2,906*	*-6,019*	-3,017
获得的侨汇(10亿美元)	5.7	20.1	59.5
外国直接投资,净流入额(10亿美元)	7	74	150
获得的净官方发展援助(10亿美元)	4.9	4.8	10.1

中东和北非

人口(百万)	339.6	人口增长率(百分比)	1.7
陆地面积(千平方公里)	8,775	每天生活费用不足1.25美元的人口(占人口的百分比)	*2.4*
GNI,图表集法(10亿美元)	*1,112.7*	人均GNI,图表集法(美元)	*3,450*
PPP衡量的GNI(10亿美元)	*2,277.5*	PPP衡量的人均GNI(美元)	*7,062*

	1990	**2000**	**2012**
人口			
最贫困的20%人口占国家消费/收入的份额(百分比)	..	..	..
出生时的预期寿命(岁)	65	69	71
总生育率(每个女性生育数)	4.8	3.2	2.8
青年女性生育率(每千名15—19岁女性生育数)	71	45	37
避孕普及率(占15—49岁已婚女性的百分比)	43	61	..
在熟练医护人员护理下的分娩(占总数的百分比)	..	78	..
5岁以下儿童死亡率(每千人)	68	45	26
儿童营养不良,体重不足(占5岁以下儿童的百分比)	11.9	8.9	6.2
儿童麻疹免疫接种率(占12—23个月年龄组的百分比)	83	90	88
小学毕业率,总数(占适龄年龄组的百分比)	76	83	*91*
中学总入学率,总数(占适龄年龄组的百分比)	56	68	*75*
小学和中学中女孩与男孩的比率(百分比)	80	89	*93*
HIV感染率(占15—49岁人口的百分比)	0.1	0.1	*0.1*
环境			
森林(千平方公里)	207	208	*211*
森林采伐(1990—2000年和2000—2010年,平均年度百分比)		-0.1	*-0.1*
淡水使用量(占内陆水资源的百分比)	..	*120.3*	*122.1*
获得改善的水资源的人口(占总人口的百分比)	87	88	90
获得改善的卫生设施的人口(占总人口的百分比)	70	79	88
人均能源使用量(千克石油当量)	825	1,027	*1,376*
人均二氧化碳排放量(吨)	2.5	3.2	*3.9*
人均用电量(千瓦时)	731	1,066	*1,696*
经济			
GDP(10亿美元)	*283*	436	1,663
GDP增长率(年度百分比)	7.6	3.8	1.9
GDP隐含价格平减指数(年度增长百分比)	17.0	4.1	5.6
农业增加值(占GDP的百分比)	18	13	..
工业增加值(占GDP的百分比)	33	38	..
服务业增加值(占GDP的百分比)	49	49	..
货物和服务出口(占GDP的百分比)	23	30	..
货物和服务进口(占GDP的百分比)	33	26	..
资本形成总额(占GDP的百分比)	29	25	..
中央政府收入(占GDP的百分比)	..	*26.2*	*29.9*
中央政府现金盈余/赤字(占GDP的百分比)	..	*-2.7*	*-2.5*
政府与市场			
创办企业的时间(天)	..	*42*	21
股票市场资本总额(占GDP的百分比)	..	19.7	28.9
军费支出(占GDP的百分比)	2.9	3.5	*2.7*
移动电话用户(每100人)	0.0	2.2	95.1
互联网用户(占总人口的百分比)	0.0	0.8	30.7
铺敷道路(占总数的百分比)	..	*73.5*	*76.7*
高科技出口(占制成品出口的百分比)	..	3	*2*
全球联系			
商品贸易(占GDP的百分比)	42	43	48
净易货贸易条件指数(2000年=100)	..	..	..
外债总额(10亿美元)	137	144	177
债务还本付息总额(占出口的百分比)	..	14.2	3.9
净移民(千人)	*-3,091*	*-1,989*	-1,632
获得的侨汇(10亿美元)	9.6	11.5	39.0
外国直接投资,净流入额(10亿美元)	0.7	3.9	22.7
获得的净官方发展援助(10亿美元)	11.7	4.6	13.9

南亚

人口（百万）	1,649.2	人口增长率（百分比）	1.3
陆地面积（千平方公里）	5,131	每天生活费用不足1.25美元的人口（占人口的百分比）	*31.0*
GNI，图表集法（10亿美元）	2,370.1	人均GNI，图表集法（美元）	1,437
PPP衡量的GNI（10亿美元）	5,777.6	PPP衡量的人均GNI（美元）	3,503

	1990	2000	2012
人口			
最贫困的20%人口占国家消费/收入的份额（百分比）	..	..	..
出生时的预期寿命（岁）	59	63	67
总生育率（每个女性生育数）	4.2	3.3	2.6
青年女性生育率（每千名15—19岁女性生育数）	111	81	39
避孕普及率（占15—49岁已婚女性的百分比）	41	45	*51*
在熟练医护人员护理下的分娩（占总数的百分比）	..	36	*48*
5岁以下儿童死亡率（每千人）	129	94	60
儿童营养不良，体重不足（占5岁以下儿童的百分比）	51.9	42.7	32.2
儿童麻疹免疫接种率（占12—23个月年龄组的百分比）	56	60	77
小学毕业率，总数（占适龄年龄组的百分比）	62	67	*88*
中学总入学率，总数（占适龄年龄组的百分比）	35	44	*59*
小学和中学中女孩与男孩的比率（百分比）	68	80	*95*
HIV感染率（占15—49岁人口的百分比）	0.1	0.3	0.3
环境			
森林（千平方公里）	795	794	*818*
森林采伐（1990—2007年，平均年度百分比）		0.0	*-0.3*
淡水使用量（占内陆水资源的百分比）	*42.8*	*45.9*	*51.6*
获得改善的水资源的人口（占总人口的百分比）	71	80	91
获得改善的卫生设施的人口（占总人口的百分比）	21	29	40
人均能源使用量（千克石油当量）	342	409	*555*
人均二氧化碳排放量（吨）	0.7	1.0	*1.4*
人均用电量（千瓦时）	243	352	*605*
经济			
GDP（10亿美元）	411	623	2,303
GDP增长率（年度百分比）	5.4	4.1	4.9
GDP隐含价格平减指数（年度增长百分比）	8.6	4.1	6.9
农业增加值（占GDP的百分比）	29	24	18
工业增加值（占GDP的百分比）	26	26	26
服务业增加值（占GDP的百分比）	45	51	56
货物和服务出口（占GDP的百分比）	8	14	23
货物和服务进口（占GDP的百分比）	11	15	30
资本形成总额（占GDP的百分比）	24	23	32
中央政府收入（占GDP的百分比）	13.2	11.9	12.5
中央政府现金盈余/赤字（占GDP的百分比）	-3.3	-3.9	-4.3
政府与市场			
创办企业的时间（天）	..	*47*	16
股票市场资本总额（占GDP的百分比）	10.5	25.5	59.1
军费支出（占GDP的百分比）	3.3	3.0	2.4
移动电话用户（每100人）	0.0	0.3	68.9
互联网用户（占总人口的百分比）	0.0	0.5	11.6
铺敷道路（占总数的百分比）	..	*57.0*	*45.1*
高科技出口（占制成品出口的百分比）	3	5	6
全球联系			
商品贸易（占GDP的百分比）	16	23	42
净易货贸易条件指数（2000年=100）	..	..	..
外债总额（10亿美元）	126	163	501
债务还本付息总额（占出口的百分比）	31.6	17.5	7.3
净移民（千人）	*500*	*-6,243*	*-7,076*
获得的侨汇（10亿美元）	6	17	108
外国直接投资，净流入额（10亿美元）	0.5	4.4	27.4
获得的净官方发展援助（10亿美元）	6.0	4.1	14.2

撒哈拉以南非洲地区

人口(百万)	911.5	人口增长率(百分比)	2.7
陆地面积(千平方公里)	24,262	每天生活费用不足1.25美元的人口(占人口的百分比)	*48.5*
GNI,图表集法(10亿美元)	1,230.2	人均GNI,图表集法(美元)	1,350
PPP衡量的GNI(10亿美元)	2,030.0	PPP衡量的人均GNI(美元)	2,227

	1990	2000	2012
人口			
最贫困的20%人口占国家消费/收入的份额(百分比)	..	..	..
出生时的预期寿命(岁)	50	50	56
总生育率(每个女性生育数)	6.4	5.8	5.1
青年女性生育率(每千名15—19岁女性生育数)	136	127	108
避孕普及率(占15—49岁已婚女性的百分比)	16	22	*24*
在熟练医护人员护理下的分娩(占总数的百分比)	..	42	*46*
5岁以下儿童死亡率(每千人)	177	155	98
儿童营养不良,体重不足(占5岁以下儿童的百分比)	29.6	25.3	20.8
儿童麻疹免疫接种率(占12—23个月年龄组的百分比)	57	52	72
小学毕业率,总数(占适龄年龄组的百分比)	52	54	*69*
中学总入学率,总数(占适龄年龄组的百分比)	23	26	*41*
小学和中学中女孩与男孩的比率(百分比)	81	84	*90*
HIV感染率(占15—49岁人口的百分比)	2.2	5.8	4.7
环境			
森林(千平方公里)	7,406	6,983	*6,606*
森林采伐(1990—2000年和2000—2010年,平均年度百分比)		0.5	*0.5*
淡水使用量(占内陆水资源的百分比)	..	*3.2*	*3.2*
获得改善的水资源的人口(占总人口的百分比)	48	55	64
获得改善的卫生设施的人口(占总人口的百分比)	24	26	30
人均能源使用量(千克石油当量)	698	671	*681*
人均二氧化碳排放量(吨)	0.9	0.8	*0.8*
人均用电量(千瓦时)	537	523	*535*
经济			
GDP(10亿美元)	303	342	1,290
GDP增长率(年度百分比)	1.3	3.5	4.3
GDP隐含价格平减指数(年度增长百分比)	10.6	6.2	5.6
农业增加值(占GDP的百分比)	21	17	16
工业增加值(占GDP的百分比)	34	34	31
服务业增加值(占GDP的百分比)	45	49	53
货物和服务出口(占GDP的百分比)	26	34	35
货物和服务进口(占GDP的百分比)	23	29	35
资本形成总额(占GDP的百分比)	17	16	20
中央政府收入(占GDP的百分比)	..	..	..
中央政府现金盈余/赤字(占GDP的百分比)	..	..	..
政府与市场			
创办企业的时间(天)	..	*58*	27
股票市场资本总额(占GDP的百分比)	52.9	89.5	83.8
军费支出(占GDP的百分比)	49.3	2.0	28.9
移动电话用户(每100人)	0.0	1.7	59.3
互联网用户(占总人口的百分比)	0.0	0.5	14.8
铺敷道路(占总数的百分比)	..	*18.1*	*15.6*
高科技出口(占制成品出口的百分比)	..	4	4
全球联系			
商品贸易(占GDP的百分比)	42	51	62
净易货贸易条件指数(2000年=100)	..	..	..
外债总额(10亿美元)	176	213	331
债务还本付息总额(占出口的百分比)	..	11.8	4.5
净移民(千人)	*728*	*-865*	-1,545
获得的侨汇(10亿美元)	1.8	4.8	26.7
外国直接投资,净流入额(10亿美元)	1.2	6.6	37.4
获得的净官方发展援助(10亿美元)	17.8	13.0	46.3

收入组别篇

为便于操作和分析，世界银行对各经济体分组的主要标准是人均国民总收入（GNI）。在《世界发展数据手册》中，每个经济体被划分为低收入经济体、中等收入经济体或者高收入经济体。低收入经济体和中等收入经济体有时被称为发展中经济体。使用这一术语是为了方便，而并不意味着这一组别中所有经济体都经历着类似的发展阶段或者其他经济体达到了较佳的或最终的发展阶段。根据收入作出的分类并不一定反映发展状况。注：因为在世界银行的财年期间（6月30日结束）分类是固定的，因此，各国依然在它们被划分的类别，不考虑是否对其人均收入数据进行了修订。

低收入经济体是指2012年人均国民总收入为1,035美元及其以下的经济体。

中等收入经济体是指人均国民总收入高于1,035美元但低于12,616美元的经济体。下中等收入经济体和上中等收入经济体以人均国民总收入4,085美元为界限划分。

高收入经济体是指人均国民总收入为12,616美元及其以上的经济体。

欧元区包括采用欧元作为其货币的欧洲经济与货币联盟的成员国：奥地利、比利时、塞浦路斯、爱沙尼亚、芬兰、法国、德国、希腊、爱尔兰、意大利、拉脱维亚、卢森堡、马耳他、荷兰、葡萄牙、斯洛伐克、斯洛文尼亚和西班牙。

低收入经济体

人口（百万）	846.5	人口增长率（百分比）	2.3
陆地面积（千平方公里）	16,198	每天生活费用不足1.25美元的人口（占人口的百分比）	*48.3*
GNI，图表集法（10亿美元）	499.4	人均GNI，图表集法（美元）	590
PPP衡量的GNI（10亿美元）	1,171.1	PPP衡量的人均GNI（美元）	1,383

	1990	**2000**	**2012**
人口			
最贫困的20%人口占国家消费/收入的份额（百分比）	..	..	..
出生时的预期寿命（岁）	53	56	62
总生育率（每个女性生育数）	5.7	4.9	4.1
青年女性生育率（每千名15—19岁女性生育数）	126	112	93
避孕普及率（占15—49岁已婚女性的百分比）	24	32	*37*
在熟练医护人员护理下的分娩（占总数的百分比）	..	33	*47*
5岁以下儿童死亡率（每千人）	166	134	82
儿童营养不良，体重不足（占5岁以下儿童的百分比）	39.9	30.9	21.8
儿童麻疹免疫接种率（占12—23个月年龄组的百分比）	57	59	80
小学毕业率，总数（占适龄年龄组的百分比）	46	51	*67*
中学总入学率，总数（占适龄年龄组的百分比）	21	31	*43*
小学和中学中女孩与男孩的比率（百分比）	78	86	*93*
HIV感染率（占15—49岁人口的百分比）	1.8	3.2	2.3
环境			
森林（千平方公里）	4,737	4,424	*4,277*
森林采伐（1990—2000年和2000—2010年，平均年度百分比）		0.6	*0.6*
淡水使用量（占内陆水资源的百分比）	..	*3.6*	*4.4*
获得改善的水资源的人口（占总人口的百分比）	52	58	69
获得改善的卫生设施的人口（占总人口的百分比）	19	30	37
人均能源使用量（千克石油当量）	396	332	*360*
人均二氧化碳排放量（吨）	0.7	0.3	*0.3*
人均用电量（千瓦时）	222	171	*233*
经济			
GDP（10亿美元）	143	163	506
GDP增长率（年度百分比）	2.7	3.2	6.3
GDP隐含价格平减指数（年度增长百分比）	9.3	5.7	6.1
农业增加值（占GDP的百分比）	38	34	28
工业增加值（占GDP的百分比）	19	21	24
服务业增加值（占GDP的百分比）	43	45	48
货物和服务出口（占GDP的百分比）	13	18	25
货物和服务进口（占GDP的百分比）	22	26	42
资本形成总额（占GDP的百分比）	18	19	28
中央政府收入（占GDP的百分比）	..	*11.6*	*14.5*
中央政府现金盈余/赤字（占GDP的百分比）	..	..	*-2.0*
政府与市场			
创办企业的时间（天）	..	*60*	29
股票市场资本总额（占GDP的百分比）	..	..	..
军费支出（占GDP的百分比）	2.7	2.2	1.7
移动电话用户（每100人）	0.0	0.3	47.2
互联网用户（占总人口的百分比）	0.0	0.1	6.2
铺敷道路（占总数的百分比）	..	*14.4*	*20.6*
高科技出口（占制成品出口的百分比）	..	4	..
全球联系			
商品贸易（占GDP的百分比）	28	38	55
净易货贸易条件指数（2000年=100）	..	..	..
外债总额（10亿美元）	89	110	134
债务还本付息总额（占出口的百分比）	25.4	10.9	4.8
净移民（千人）	*493*	*-4,899*	-3,647
获得的侨汇（10亿美元）	1.4	4.1	30.2
外国直接投资，净流入额（10亿美元）	0.6	2.4	24.3
获得的净官方发展援助（10亿美元）	14.2	10.4	41.4

中等收入经济体

人口（百万）	4,897.6	人口增长率（百分比）	1.1
陆地面积（千平方公里）	64,212	每天生活费用不足1.25美元的人口（占人口的百分比）	*18.0*
GNI，图表集法（10亿美元）	21,404.7	人均GNI，图表集法（美元）	4,370
PPP衡量的GNI（10亿美元）	35,099.0	PPP衡量的人均GNI（美元）	7,167

	1990	2000	2012
人口			
最贫困的20%人口占国家消费/收入的份额（百分比）	..	..	..
出生时的预期寿命（岁）	65	67	70
总生育率（每个女性生育数）	3.4	2.6	2.4
青年女性生育率（每千名15—19岁女性生育数）	64	54	40
避孕普及率（占15—49岁已婚女性的百分比）	60	63	..
在熟练医护人员护理下的分娩（占总数的百分比）	..	65	*69*
5岁以下儿童死亡率（每千人）	87	71	45
儿童营养不良，体重不足（占5岁以下儿童的百分比）	26.0	21.4	15.7
儿童麻疹免疫接种率（占12—23个月年龄组的百分比）	75	73	84
小学毕业率，总数（占适龄年龄组的百分比）	83	85	*94*
中学总入学率，总数（占适龄年龄组的百分比）	44	57	*71*
小学和中学中女孩与男孩的比率（百分比）	84	91	*98*
HIV感染率（占15—49岁人口的百分比）	..	..	..
环境			
森林（千平方公里）	19,112	18,441	*17,971*
森林采伐（1990—2000年和2000—2010年，平均年度百分比）		0.3	*0.1*
淡水使用量（占内陆水资源的百分比）	..	*10.1*	*11.3*
获得改善的水资源的人口（占总人口的百分比）	73	82	90
获得改善的卫生设施的人口（占总人口的百分比）	37	49	60
人均能源使用量（千克石油当量）	820	849	*1,281*
人均二氧化碳排放量（吨）	2.0	2.2	*3.5*
人均用电量（千瓦时）	708	921	*1,816*
经济			
GDP（10亿美元）	3,031	5,511	22,258
GDP增长率（年度百分比）	2.4	5.3	4.9
GDP隐含价格平减指数（年度增长百分比）	12.9	8.8	4.3
农业增加值（占GDP的百分比）	19	13	10
工业增加值（占GDP的百分比）	36	37	36
服务业增加值（占GDP的百分比）	44	50	54
货物和服务出口（占GDP的百分比）	19	28	30
货物和服务进口（占GDP的百分比）	19	26	31
资本形成总额（占GDP的百分比）	27	25	32
中央政府收入（占GDP的百分比）	..	..	*19.0*
中央政府现金盈余/赤字（占GDP的百分比）	..	..	..
政府与市场			
创办企业的时间（天）	..	*56*	28
股票市场资本总额（占GDP的百分比）	*21.6*	36.1	48.9
军费支出（占GDP的百分比）	7.6	2.0	3.3
移动电话用户（每100人）	0.0	4.9	87.7
互联网用户（占总人口的百分比）	0.0	1.6	29.9
铺敷道路（占总数的百分比）	..	*39.0*	53.5
高科技出口（占制成品出口的百分比）	*10*	20	18
全球联系			
商品贸易（占GDP的百分比）	32	44	51
净易货贸易条件指数（2000年=100）	..	..	..
外债总额（10亿美元）	1,104	1,856	4,695
债务还本付息总额（占出口的百分比）	21.8	21.3	9.9
净移民（百万）	*-13.8*	*-17.6*	-13.3
获得的侨汇（10亿美元）	28	74	320
外国直接投资，净流入额（10亿美元）	21	141	593
获得的净官方发展援助（10亿美元）	33.0	27.1	53.5

中低收入经济体

人口（百万）	2,507.0	人口增长率（百分比）	1.5
陆地面积（千平方公里）	20,740	每天生活费用不足1.25美元的人口（占人口的百分比）	*27.1*
GNI，图表集法（10亿美元）	4,745.3	人均GNI，图表集法（美元）	1,893
PPP衡量的GNI（10亿美元）	9,718.6	PPP衡量的人均GNI（美元）	3,877

	1990	**2000**	**2012**
人口			
最贫困的20%人口占国家消费/收入的份额（百分比）	..	..	..
出生时的预期寿命（岁）	60	63	66
总生育率（每个女性生育数）	4.2	3.4	2.9
青年女性生育率（每千名15—19岁女性生育数）	95	74	47
避孕普及率（占15—49岁已婚女性的百分比）	40	46	*51*
在熟练医护人员护理下的分娩（占总数的百分比）	..	47	*57*
5岁以下儿童死亡率（每千人）	118	93	61
儿童营养不良，体重不足（占5岁以下儿童的百分比）	38.7	31.6	24.1
儿童麻疹免疫接种率（占12—23个月年龄组的百分比）	61	64	75
小学毕业率，总数（占适龄年龄组的百分比）	70	75	*91*
中学总入学率，总数（占适龄年龄组的百分比）	41	47	*61*
小学和中学中女孩与男孩的比率（百分比）	77	84	*95*
HIV感染率（占15—49岁人口的百分比）	0.2	0.7	0.6
环境			
森林（千平方公里）	6,318	5,905	*5,533*
森林采伐（1990—2000年和2000—2010年，平均年度百分比）		0.6	*0.3*
淡水使用量（占内陆水资源的百分比）	..	*17.8*	*19.6*
获得改善的水资源的人口（占总人口的百分比）	71	79	88
获得改善的卫生设施的人口（占总人口的百分比）	29	39	48
人均能源使用量（千克石油当量）	594	573	*687*
人均二氧化碳排放量（吨）	1.1	1.2	*1.6*
人均用电量（千瓦时）	444	469	*734*
经济			
GDP（10亿美元）	861	1,239	4,838
GDP增长率（年度百分比）	3.4	4.2	4.7
GDP隐含价格平减指数（年度增长百分比）	13.7	6.8	4.6
农业增加值（占GDP的百分比）	26	21	17
工业增加值（占GDP的百分比）	31	32	32
服务业增加值（占GDP的百分比）	43	47	51
货物和服务出口（占GDP的百分比）	18	27	28
货物和服务进口（占GDP的百分比）	20	26	33
资本形成总额（占GDP的百分比）	24	22	*29*
中央政府收入（占GDP的百分比）	*15.5*	*14.1*	*15.2*
中央政府现金盈余/赤字（占GDP的百分比）	*-1.6*	*-3.3*	*-3.2*
政府与市场			
创办企业的时间（天）	..	*54*	26
股票市场资本总额（占GDP的百分比）	9.5	23.9	50.6
军费支出（占GDP的百分比）	19.4	2.8	8.9
移动电话用户（每100人）	0.0	1.2	83.1
互联网用户（占总人口的百分比）	0.0	0.6	18.7
铺敷道路（占总数的百分比）	..	*29.6*	*36.0*
高科技出口（占制成品出口的百分比）	..	16	8
全球联系			
商品贸易（占GDP的百分比）	30	43	51
净易货贸易条件指数（2000年=100）	..	..	..
外债总额（10亿美元）	445	592	1,273
债务还本付息总额（占出口的百分比）	25.2	16.7	9.7
净移民（百万）	*-5.8*	*-12.4*	-11.0
获得的侨汇（10亿美元）	16	39	200
外国直接投资，净流入额（10亿美元）	4	11	103
获得的净官方发展援助（10亿美元）	23.1	16.9	35.9

中高收入经济体

人口（百万）	2,390.6	人口增长率（百分比）	0.8
陆地面积（千平方公里）	43,472	每天生活费用不足1.25美元的人口（占人口的百分比）	*8.4*
GNI，图表集法（10亿美元）	16,661.1	人均GNI，图表集法（美元）	6,969
PPP衡量的GNI（10亿美元）	25,389.9	PPP衡量的人均GNI（美元）	10,621

	1990	2000	2012
人口			
最贫困的20%人口占国家消费/收入的份额（百分比）	..	..	..
出生时的预期寿命（岁）	69	71	74
总生育率（每个女性生育数）	2.8	1.9	1.9
青年女性生育率（每千名15—19岁女性生育数）	38	34	31
避孕普及率（占15—49岁已婚女性的百分比）	76	80	..
在熟练医护人员护理下的分娩（占总数的百分比）	89	93	*96*
5岁以下儿童死亡率（每千人）	54	38	20
儿童营养不良，体重不足（占5岁以下儿童的百分比）	12.6	6.5	2.8
儿童麻疹免疫接种率（占12—23个月年龄组的百分比）	90	87	96
小学毕业率，总数（占适龄年龄组的百分比）	97	97	..
中学总入学率，总数（占适龄年龄组的百分比）	48	70	*84*
小学和中学中女孩与男孩的比率（百分比）	90	98	*102*
HIV感染率（占15—49岁人口的百分比）	..	..	..
环境			
森林（千平方公里）	12,794	12,536	*12,438*
森林采伐（1990—2000年和2000—2010年，平均年度百分比）		0.2	*0.0*
淡水使用量（占内陆水资源的百分比）	..	*6.8*	*7.4*
获得改善的水资源的人口（占总人口的百分比）	75	84	93
获得改善的卫生设施的人口（占总人口的百分比）	43	59	74
人均能源使用量（千克石油当量）	1,021	1,111	*1,893*
人均二氧化碳排放量（吨）	2.7	3.1	*5.4*
人均用电量（千瓦时）	945	1,350	*2,932*
经济			
GDP（10亿美元）	2,166	4,272	17,416
GDP增长率（年度百分比）	2.1	5.6	5.0
GDP隐含价格平减指数（年度增长百分比）	11.6	9.7	3.8
农业增加值（占GDP的百分比）	17	10	8
工业增加值（占GDP的百分比）	38	39	38
服务业增加值（占GDP的百分比）	45	51	54
货物和服务出口（占GDP的百分比）	20	28	30
货物和服务进口（占GDP的百分比）	19	26	30
资本形成总额（占GDP的百分比）	28	26	33
中央政府收入（占GDP的百分比）	..	..	*20.3*
中央政府现金盈余/赤字（占GDP的百分比）	..	..	..
政府与市场			
创办企业的时间（天）	..	*57*	30
股票市场资本总额（占GDP的百分比）	*24.3*	39.4	48.4
军费支出（占GDP的百分比）	3.3	1.8	1.8
移动电话用户（每100人）	0.0	8.4	92.4
互联网用户（占总人口的百分比）	0.0	2.6	41.6
铺敷道路（占总数的百分比）	..	*49.2*	*67.0*
高科技出口（占制成品出口的百分比）	*11*	21	21
全球联系			
商品贸易（占GDP的百分比）	32	44	50
净易货贸易条件指数（2000年=100）	..	..	..
外债总额（10亿美元）	660	1,264	3,422
债务还本付息总额（占出口的百分比）	20.5	22.6	10.0
净移民（千人）	*-8,078*	*-5,191*	-2,314
获得的侨汇（10亿美元）	11	35	121
外国直接投资，净流入额（10亿美元）	16	130	489
获得的净官方发展援助（10亿美元）	9.8	9.5	16.6

低收入和中等收入经济体

人口（百万）	5,744.1	人口增长率（百分比）	1.3
陆地面积（千平方公里）	80,410	每天生活费用不足1.25美元的人口（占人口的百分比）	*20.6*
GNI，图表集法（10亿美元）	21,916.1	人均GNI，图表集法（美元）	3,815
PPP衡量的GNI（10亿美元）	36,250.5	PPP衡量的人均GNI（美元）	6,311

	1990	**2000**	**2012**
人口			
最贫困的20%人口占国家消费/收入的份额（百分比）	..	..	..
出生时的预期寿命（岁）	63	66	69
总生育率（每个女性生育数）	3.7	2.9	2.6
青年女性生育率（每千名15—19岁女性生育数）	72	63	49
避孕普及率（占15—49岁已婚女性的百分比）	56	59	..
在熟练医护人员护理下的分娩（占总数的百分比）	..	59	*64*
5岁以下儿童死亡率（每千人）	99	83	53
儿童营养不良，体重不足（占5岁以下儿童的百分比）	28.1	23.2	17.0
儿童麻疹免疫接种率（占12—23个月年龄组的百分比）	72	71	83
小学毕业率，总数（占适龄年龄组的百分比）	78	80	*89*
中学总入学率，总数（占适龄年龄组的百分比）	41	54	*66*
小学和中学中女孩与男孩的比率（百分比）	83	90	*97*
HIV感染率（占15—49岁人口的百分比）	..	..	1.2
环境			
森林（千平方公里）	23,849	22,865	*22,248*
森林采伐（1990—2000年和2000—2010年，平均年度百分比）		0.4	*0.2*
淡水使用量（占内陆水资源的百分比）	..	*9.2*	*10.3*
获得改善的水资源的人口（占总人口的百分比）	70	79	87
获得改善的卫生设施的人口（占总人口的百分比）	35	47	57
人均能源使用量（千克石油当量）	780	796	*1,179*
人均二氧化碳排放量（吨）	1.8	1.9	*3.0*
人均用电量（千瓦时）	664	844	*1,646*
经济			
GDP（10亿美元）	3,167	5,674	22,779
GDP增长率（年度百分比）	2.4	5.2	4.9
GDP隐含价格平减指数（年度增长百分比）	11.2	7.3	4.7
农业增加值（占GDP的百分比）	20	13	11
工业增加值（占GDP的百分比）	36	37	36
服务业增加值（占GDP的百分比）	44	50	54
货物和服务出口（占GDP的百分比）	19	27	30
货物和服务进口（占GDP的百分比）	19	26	31
资本形成总额（占GDP的百分比）	27	25	32
中央政府收入（占GDP的百分比）	..	..	*18.8*
中央政府现金盈余/赤字（占GDP的百分比）	..	..	..
政府与市场			
创办企业的时间（天）	..	57	28
股票市场资本总额（占GDP的百分比）	*21.3*	35.6	48.6
军费支出（占GDP的百分比）	7.4	2.0	3.3
移动电话用户（每100人）	0.0	4.3	81.7
互联网用户（占总人口的百分比）	0.0	1.4	26.5
铺敷道路（占总数的百分比）	..	*30.0*	*37.9*
高科技出口（占制成品出口的百分比）	*10*	20	18
全球联系			
商品贸易（占GDP的百分比）	32	44	51
净易货贸易条件指数（2000年=100）	..	..	..
外债总额（10亿美元）	1,194	1,966	4,830
债务还本付息总额（占出口的百分比）	21.9	21.1	9.8
净移民（百万）	*-13.3*	*-22.5*	-17.0
获得的侨汇（10亿美元）	29	79	350
外国直接投资，净流入额（10亿美元）	21	143	617
获得的净官方发展援助（10亿美元）	56	49	133

高收入经济体

人口（百万）	1,299.8	人口增长率（百分比）	0.3
陆地面积（千平方公里）	53,880	每天生活费用不足1.25美元的人口（占人口的百分比）	..
GNI，图表集法（10亿美元）	49,905.7	人均GNI，图表集法（美元）	38,394
PPP衡量的GNI（10亿美元）	50,055.1	PPP衡量的人均GNI（美元）	38,509

	1990	2000	2012
人口			
最贫困的20%人口占国家消费/收入的份额（百分比）	..	..	..
出生时的预期寿命（岁）	75	76	79
总生育率（每个女性生育数）	1.9	1.6	1.7
青年女性生育率（每千名15—19岁女性生育数）	31	25	18
避孕普及率（占15—49岁已婚女性的百分比）	..	..	..
在熟练医护人员护理下的分娩（占总数的百分比）	..	..	..
5岁以下儿童死亡率（每千人）	15	10	6
儿童营养不良，体重不足（占5岁以下儿童的百分比）	1.4	1.4	1.4
儿童麻疹免疫接种率（占12—23个月年龄组的百分比）	84	92	94
小学毕业率，总数（占适龄年龄组的百分比）	97	97	*100*
中学总入学率，总数（占适龄年龄组的百分比）	92	98	*100*
小学和中学中女孩与男孩的比率（百分比）	100	100	*99*
HIV感染率（占15—49岁人口的百分比）	..	..	..
环境			
森林（千平方公里）	17,759	17,896	*17,936*
森林采伐（1990—2000年和2000—2010年，平均年度百分比）		-0.1	*0.0*
淡水使用量（占内陆水资源的百分比）	..	*7.1*	*7.0*
获得改善的水资源的人口（占总人口的百分比）	98	98	99
获得改善的卫生设施的人口（占总人口的百分比）	95	96	96
人均能源使用量（千克石油当量）	4,776	4,985	4,675
人均二氧化碳排放量（吨）	11.9	12.1	*11.6*
人均用电量（千瓦时）	7,226	8,405	*8,896*
经济			
GDP（10亿美元）	19,068	27,199	49,771
GDP增长率（年度百分比）	2.9	4.1	1.5
GDP隐含价格平减指数（年度增长百分比）	5.4	3.3	1.7
农业增加值（占GDP的百分比）	3	2	*1*
工业增加值（占GDP的百分比）	32	28	*25*
服务业增加值（占GDP的百分比）	64	70	*74*
货物和服务出口（占GDP的百分比）	20	25	30
货物和服务进口（占GDP的百分比）	20	25	30
资本形成总额（占GDP的百分比）	24	23	20
中央政府收入（占GDP的百分比）	..	*26.2*	*23.8*
中央政府现金盈余/赤字（占GDP的百分比）	..	*-1.7*	-5.6
政府与市场			
创办企业的时间（天）	..	*33*	17
股票市场资本总额（占GDP的百分比）	50.2	112.0	86.8
军费支出（占GDP的百分比）	3.7	2.3	2.7
移动电话用户（每100人）	1.0	43.7	122.9
互联网用户（占总人口的百分比）	0.2	27.3	75.4
铺敷道路（占总数的百分比）	..	*87.4*	*83.7*
高科技出口（占制成品出口的百分比）	19	25	17
全球联系			
商品贸易（占GDP的百分比）	32	39	51
净易货贸易条件指数（2000年=100）	..	..	..
外债总额（百万美元）	..	..	..
债务还本付息总额（占出口的百分比）	..	..	..
净移民（百万）	*13.5*	*22.2*	16.9
获得的侨汇（10亿美元）	39	57	128
外国直接投资，净流入额（10亿美元）	175	1,176	893
获得的净官方发展援助（百万美元）	2,816	420	188

欧元区

人口（百万）	331.2	人口增长率（百分比）	-0.6
陆地面积（千平方公里）	2,693	每天生活费用不足1.25美元的人口（占人口的百分比）	..
GNI，图表集法（10亿美元）	12,673.5	人均GNI，图表集法（美元）	38,263
PPP衡量的GNI（10亿美元）	12,354.0	PPP衡量的人均GNI（美元）	37,299

	1990	2000	2012
人口			
最贫困的20%人口占国家消费/收入的份额（百分比）	..	..	..
出生时的预期寿命（岁）	76	78	82
总生育率（每个女性生育数）	1.5	1.5	1.5
青年女性生育率（每千名15—19岁女性生育数）	14	11	6
避孕普及率（占15—49岁已婚女性的百分比）	..	..	..
在熟练医护人员护理下的分娩（占总数的百分比）	..	..	..
5岁以下儿童死亡率（每千人）	10	6	4
儿童营养不良，体重不足（占5岁以下儿童的百分比）	..	..	..
儿童麻疹免疫接种率（占12—23个月年龄组的百分比）	74	87	93
小学毕业率，总数（占适龄年龄组的百分比）	98	99	*99*
中学总入学率，总数（占适龄年龄组的百分比）	93	103	*109*
小学和中学中女孩与男孩的比率（百分比）	101	100	*99*
HIV感染率（占15—49岁人口的百分比）	..	..	..
环境			
森林（千平方公里）	891	957	*989*
森林采伐（1990—2000年和2000—2010年，平均年度百分比）		-0.8	*-0.3*
淡水使用量（占内陆水资源的百分比）	..	*20.7*	*19.1*
获得改善的水资源的人口（占总人口的百分比）	100	100	100
获得改善的卫生设施的人口（占总人口的百分比）	100	100	100
人均能源使用量（千克石油当量）	3,501	3,711	3,455
人均二氧化碳排放量（吨）	8.4	8.3	*7.4*
人均用电量（千瓦时）	5,318	6,287	*6,599*
经济			
GDP（10亿美元）	5,697	6,264	12,221
GDP增长率（年度百分比）	3.5	3.8	-0.6
GDP隐含价格平减指数（年度增长百分比）	4.4	3.4	1.5
农业增加值（占GDP的百分比）	4	2	2
工业增加值（占GDP的百分比）	33	28	25
服务业增加值（占GDP的百分比）	64	70	73
货物和服务出口（占GDP的百分比）	27	37	45
货物和服务进口（占GDP的百分比）	28	36	42
资本形成总额（占GDP的百分比）	23	22	18
中央政府收入（占GDP的百分比）	..	36.4	*35.0*
中央政府现金盈余/赤字（占GDP的百分比）	..	0.0	-3.2
政府与市场			
创办企业的时间（天）	..	*49*	13
股票市场资本总额（占GDP的百分比）	21.1	86.8	51.6
军费支出（占GDP的百分比）	2.5	1.8	1.5
移动电话用户（每100人）	0.4	59.6	120.3
互联网用户（占总人口的百分比）	0.1	22.7	75.9
铺敷道路（占总数的百分比）	..	*95.4*	*93.8*
高科技出口（占制成品出口的百分比）	13	20	15
全球联系			
商品贸易（占GDP的百分比）	44	61	72
净易货贸易条件指数（2000年=100）	..	..	..
外债总额（百万美元）	..	..	..
债务还本付息总额（占出口的百分比）	..	..	..
净移民（千人）	*5,030*	*7,806*	3,402
获得的侨汇（10亿美元）	27.9	33.4	78.8
外国直接投资，净流入额（10亿美元）	53	423	201
获得的净官方发展援助（百万美元）	43.7	82.1	..

中国

除非另有说明，中国的数据不包括中国香港、中国澳门和中国台湾。

塞浦路斯

GNI 和 GDP 数据以及利用 GNI 和 GDP 计算的数据为塞浦路斯政府控制地区的数据。

法国

马约特岛的数据已包含在法国的数据中，以前的版本中仅为参考数据。

格鲁吉亚

GNI、GDP 和人口数据以及使用 GNI、GDP 和人口计算的数据都不包括阿布哈兹和南奥塞梯。

科索沃、黑山和塞尔维亚

如果数据可以获得，各国的数据单独给出。然而，2006 年以前塞尔维亚的一些指标包括黑山，这些数据在表中给予了注释。此外，1999 年以来塞尔维亚的大多数指标数据不包括科索沃。根据联合国安理会第 1244 号决议（1999 年），科索沃在 1999 年由国际托管。科索沃于 2009 年 6 月 29 日成为世界银行成员，数据如果可以获得，则给出该国数据。

摩尔多瓦

GNI、GDP 和人口数据以及利用 GNI、GDP 和人口计算的数据不包括德涅斯特地区。

摩洛哥

GNI 和 GDP 数据以及利用 GNI 和 GDP 计算的数据包括前西属撒哈拉。

南苏丹和苏丹

南苏丹于 2011 年 7 月 9 日宣布独立。如果数据可以获得，则单独给出南苏丹的数据。但是苏丹公布的数据包含南苏丹，除非另有说明。

坦桑尼亚

GNI 和 GDP 数据以及利用 GNI 和 GDP 计算的数据仅为坦桑尼亚大陆的数据。

更多的信息见《2014 年世界发展指标》及其网站 data. worldbank. org。

阿富汗

南亚 **低收入经济体**

人口（百万）	29.8	人口增长率（百分比）	2.4
陆地面积（千平方公里）	652	每天生活费用不足 1.25 美元的人口（占人口的百分比）	..
GNI，图表集法（10 亿美元）	20.4	人均 GNI，图表集法（美元）	680
PPP 衡量的 GNI（10 亿美元）	46.6	PPP 衡量的人均 GNI（美元）	1,560

	1990	2000	2012
人口			
最贫困的 20% 人口占国家消费/收入的份额（百分比）	..	..	*9.4*
出生时的预期寿命（岁）	49	55	61
总生育率（每个女性生育数）	7.7	7.7	5.1
青年女性生育率（每千名 15—19 岁女性生育数）	168	158	87
避孕普及率（占 15—49 岁已婚女性的百分比）	..	5	*21*
在熟练医护人员护理下的分娩（占总数的百分比）	..	12	*39*
5 岁以下儿童死亡率（每千人）	176	134	99
儿童营养不良，体重不足（占 5 岁以下儿童的百分比）	..	*32.9*	..
儿童麻疹免疫接种率（占 12—23 个月年龄组的百分比）	20	27	68
小学毕业率，总数（占适龄年龄组的百分比）	*29*	..	..
中学总入学率，总数（占适龄年龄组的百分比）	11	*13*	54
小学和中学中女孩与男孩的比率（百分比）	*54*	*0*	67
HIV 感染率（占 15—49 岁人口的百分比）	0.1	0.1	0.1
环境			
森林（千平方公里）	14	14	*14*
森林采伐（1990—2000 年和 2000—2010 年，平均年度百分比）		0.0	*0.0*
淡水使用量（占内陆水资源的百分比）	..	*43.0*	*43.0*
获得改善的水资源的人口（占总人口的百分比）	..	22	64
获得改善的卫生设施的人口（占总人口的百分比）	..	23	29
人均能源使用量（千克石油当量）	..	..	..
人均二氧化碳排放量（吨）	0.23	0.04	*0.29*
人均用电量（千瓦时）	..	..	..
经济			
GDP（10 亿美元）	..	*2.5*	20.5
GDP 增长率（年度百分比）	..	*8.4*	14.4
GDP 隐含价格平减指数（年度增长百分比）	..	*11.7*	8.3
农业增加值（占 GDP 的百分比）	..	*38*	25
工业增加值（占 GDP 的百分比）	..	*24*	22
服务业增加值（占 GDP 的百分比）	..	*38*	54
货物和服务出口（占 GDP 的百分比）	..	*32*	6
货物和服务进口（占 GDP 的百分比）	..	*65*	39
资本形成总额（占 GDP 的百分比）	..	*12*	17
中央政府收入（占 GDP 的百分比）	..	..	*11.4*
中央政府现金盈余/赤字（占 GDP 的百分比）	..	..	*-0.6*
政府与市场			
创办企业的时间（天）	..	..	5
股票市场资本总额（占 GDP 的百分比）	..	..	..
军费支出（占 GDP 的百分比）	..	*2.1*	3.6
移动电话用户（每 100 人）	0.0	0.0	60.4
互联网用户（占总人口的百分比）	0.0	*0.0*	5.5
铺敷道路（占总数的百分比）	..	*18.0*	*36.4*
高科技出口（占制成品出口的百分比）	..	..	..
全球联系			
商品贸易（占 GDP 的百分比）	..	*72*	32
净易货贸易条件指数（2000 年 =100）	..	100	139
外债总额（百万美元）	..	..	2,709
债务还本付息总额（占出口的百分比）	..	..	0.3
净移民（千人）	*3,257*	*137*	-400
获得的侨汇（百万美元）	..	..	385
外国直接投资，净流入额（百万美元）	*-0.3*	0.2	94.0
获得的净官方发展援助（百万美元）	122	136	6,725

阿尔巴尼亚

欧洲和中亚			中高收入经济体
人口（百万）	3.2	人口增长率（百分比）	0.3
陆地面积（千平方公里）	29	每天生活费用不足1.25美元的人口（占人口的百分比）	<2
GNI，图表集法（10亿美元）	12.7	人均GNI，图表集法（美元）	4,030
PPP衡量的GNI（10亿美元）	29.3	PPP衡量的人均GNI（美元）	9,280

	1990	2000	2012
人口			
最贫困的20%人口占国家消费/收入的份额（百分比）	..	*9.1*	*8.1*
出生时的预期寿命（岁）	72	74	77
总生育率（每个女性生育数）	3.0	2.4	1.8
青年女性生育率（每千名15—19岁女性生育数）	42	33	15
避孕普及率（占15—49岁已婚女性的百分比）	..	58	*69*
在熟练医护人员护理下的分娩（占总数的百分比）	93	99	*99*
5岁以下儿童死亡率（每千人）	43	29	17
儿童营养不良，体重不足（占5岁以下儿童的百分比）	..	17.0	*6.3*
儿童麻疹免疫接种率（占12—23个月年龄组的百分比）	88	95	99
小学毕业率，总数（占适龄年龄组的百分比）	..	94	..
中学总入学率，总数（占适龄年龄组的百分比）	81	67	..
小学和中学中女孩与男孩的比率（百分比）	93	96	..
HIV感染率（占15—49岁人口的百分比）	..	..	..
环境			
森林（千平方公里）	7.9	7.7	*7.8*
森林采伐（1990—2000年和2000—2010年，平均年度百分比）		0.3	*-0.1*
淡水使用量（占内陆水资源的百分比）	*4.5*	*6.8*	*6.8*
获得改善的水资源的人口（占总人口的百分比）	..	96	96
获得改善的卫生设施的人口（占总人口的百分比）	79	84	91
人均能源使用量（千克石油当量）	775	534	*689*
人均二氧化碳排放量（吨）	2.2	0.9	*1.4*
人均用电量（千瓦时）	498	1,343	*2,022*
经济			
GDP（10亿美元）	2.1	3.7	12.6
GDP增长率（年度百分比）	-9.6	7.3	1.6
GDP隐含价格平减指数（年度增长百分比）	-0.5	4.3	3.0
农业增加值（占GDP的百分比）	36	29	18
工业增加值（占GDP的百分比）	48	19	16
服务业增加值（占GDP的百分比）	16	52	66
货物和服务出口（占GDP的百分比）	15	19	31
货物和服务进口（占GDP的百分比）	23	37	49
资本形成总额（占GDP的百分比）	29	25	25
中央政府收入（占GDP的百分比）	..	*19.3*	23.7
中央政府现金盈余/赤字（占GDP的百分比）	..	-6.5	-3.4
政府与市场			
创办企业的时间（天）	..	*41*	5
股票市场资本总额（占GDP的百分比）	..	..	..
军费支出（占GDP的百分比）	5.9	1.2	1.5
移动电话用户（每100人）	0.0	0.9	110.7
互联网用户（占总人口的百分比）	0.0	0.1	54.7
铺敷道路（占总数的百分比）	..	39.0	..
高科技出口（占制成品出口的百分比）	..	1	0
全球联系			
商品贸易（占GDP的百分比）	29	37	54
净易货贸易条件指数（2000年=100）	..	100	96
外债总额（10亿美元）	*0.5*	1.1	6.9
债务还本付息总额（占出口的百分比）	*4.3*	3.7	7.1
净移民（千人）	*-391*	*-290*	-50
获得的侨汇（百万美元）	*152*	598	1,027
外国直接投资，净流入额（百万美元）	*20*	143	1,265
获得的净官方发展援助（百万美元）	11	318	342

阿尔及利亚

中东和北非			中高收入经济体
人口（百万）	38.5	人口增长率（百分比）	1.9
陆地面积（千平方公里）	2,382	每天生活费用不足1.25美元的人口（占人口的百分比）	*6.8*
GNI，图表集法（10亿美元）	193.2	人均GNI，图表集法（美元）	5,020
PPP衡量的GNI（10亿美元）	321.6	PPP衡量的人均GNI（美元）	8,360

	1990	2000	2012
人口			
最贫困的20%人口占国家消费/收入的份额（百分比）	6.5	..	..
出生时的预期寿命（岁）	67	69	71
总生育率（每个女性生育数）	4.8	2.5	2.8
青年女性生育率（每千名15—19岁女性生育数）	28	12	10
避孕普及率（占15—49岁已婚女性的百分比）	*51*	64	*61*
在熟练医护人员护理下的分娩（占总数的百分比）	*77*	93	*95*
5岁以下儿童死亡率（每千人）	50	35	20
儿童营养不良，体重不足（占5岁以下儿童的百分比）	*9.2*	5.4	..
儿童麻疹免疫接种率（占12—23个月年龄组的百分比）	83	80	95
小学毕业率，总数（占适龄年龄组的百分比）	77	77	100
中学总入学率，总数（占适龄年龄组的百分比）	59	62	*98*
小学和中学中女孩与男孩的比率（百分比）	82	96	*100*
HIV感染率（占15—49岁人口的百分比）	..	..	..
环境			
森林（千平方公里）	17	16	*15*
森林采伐（1990—2000年和2000—2010年，平均年度百分比）		0.5	*0.6*
淡水使用量（占内陆水资源的百分比）	*40.0*	*54.8*	*54.8*
获得改善的水资源的人口（占总人口的百分比）	94	89	84
获得改善的卫生设施的人口（占总人口的百分比）	89	92	95
人均能源使用量（千克石油当量）	846	851	*1,108*
人均二氧化碳排放量（吨）	3.0	2.8	*3.3*
人均用电量（千瓦时）	522	669	*1,091*
经济			
GDP（10亿美元）	62	55	206
GDP增长率（年度百分比）	0.8	2.2	3.3
GDP隐含价格平减指数（年度增长百分比）	30.3	24.6	5.6
农业增加值（占GDP的百分比）	11	9	9
工业增加值（占GDP的百分比）	48	59	49
服务业增加值（占GDP的百分比）	40	33	42
货物和服务出口（占GDP的百分比）	23	41	37
货物和服务进口（占GDP的百分比）	25	21	28
资本形成总额（占GDP的百分比）	29	25	37
中央政府收入（占GDP的百分比）	..	..	*40.6*
中央政府现金盈余/赤字（占GDP的百分比）	..	..	*-0.3*
政府与市场			
创办企业的时间（天）	..	*25*	25
股票市场资本总额（占GDP的百分比）	..	..	..
军费支出（占GDP的百分比）	1.5	3.4	4.6
移动电话用户（每100人）	0.0	0.3	97.9
互联网用户（占总人口的百分比）	0.0	0.5	15.2
铺敷道路（占总数的百分比）	67.0	69.0	*77.1*
高科技出口（占制成品出口的百分比）	*1*	4	0
全球联系			
商品贸易（占GDP的百分比）	37	57	59
净易货贸易条件指数（2000年=100）	74	100	217
外债总额（10亿美元）	28.2	25.5	5.6
债务还本付息总额（占出口的百分比）	65.1	..	1.1
净移民（千人）	*-104*	*-58*	-50
获得的侨汇（百万美元）	352	790	213
外国直接投资，净流入额（百万美元）	0	280	1,602
获得的净官方发展援助（百万美元）	332	200	145

美属萨摩亚

东亚和太平洋地区 | **中高收入经济体**

人口（千人）	55	人口增长率（百分比）	-0.3
陆地面积（平方公里）	200	每天生活费用不足1.25美元的人口（占人口的百分比）	..
GNI，图表集法（百万美元）	..	人均GNI，图表集法（美元）	..
PPP衡量的GNI（百万美元）	..	PPP衡量的人均GNI（美元）	..

	1990	2000	2012
人口			
最贫困的20%人口占国家消费/收入的份额（百分比）	..	..	..
出生时的预期寿命（岁）	..	..	..
总生育率（每个女性生育数）	..	..	..
青年女性生育率（每千名15—19岁女性生育数）	..	..	..
避孕普及率（占15—49岁已婚女性的百分比）	..	..	..
在熟练医护人员护理下的分娩（占总数的百分比）	..	*100*	..
5岁以下儿童死亡率（每千人）	..	..	..
儿童营养不良，体重不足（占5岁以下儿童的百分比）	..	..	..
儿童麻疹免疫接种率（占12—23个月年龄组的百分比）	..	..	..
小学毕业率，总数（占适龄年龄组的百分比）	..	..	..
中学总入学率，总数（占适龄年龄组的百分比）	91	..	..
小学和中学中女孩与男孩的比率（百分比）	102	..	..
HIV感染率（占15—49岁人口的百分比）	..	..	..
环境			
森林（平方公里）	184	181	*177*
森林采伐（1990—2000年和2000—2010年，平均年度百分比）		0.2	*0.2*
淡水使用量（占内陆水资源的百分比）	..	..	..
获得改善的水资源的人口（占总人口的百分比）	94	98	100
获得改善的卫生设施的人口（占总人口的百分比）	61	62	62
人均能源使用量（千克石油当量）	..	..	..
人均二氧化碳排放量（吨）	..	..	..
人均用电量（千瓦时）	..	..	..
经济			
GDP（百万美元）	..	..	..
GDP增长率（年度百分比）	..	..	..
GDP隐含价格平减指数（年度增长百分比）	..	..	..
农业增加值（占GDP的百分比）	..	..	..
工业增加值（占GDP的百分比）	..	..	..
服务业增加值（占GDP的百分比）	..	..	..
货物和服务出口（占GDP的百分比）	..	..	..
货物和服务进口（占GDP的百分比）	..	..	..
资本形成总额（占GDP的百分比）	..	..	..
中央政府收入（占GDP的百分比）	..	..	..
中央政府现金盈余/赤字（占GDP的百分比）	..	..	..
政府与市场			
创办企业的时间（天）	..	..	..
股票市场资本总额（占GDP的百分比）	..	..	..
军费支出（占GDP的百分比）	..	..	..
移动电话用户（每100人）	0.0	3.5	..
互联网用户（占总人口的百分比）	0.0	..	..
铺敷道路（占总数的百分比）	..	..	..
高科技出口（占制成品出口的百分比）	..	..	..
全球联系			
商品贸易（占GDP的百分比）	..	..	..
净易货贸易条件指数（2000年=100）	..	100	129
外债总额（百万美元）	..	..	..
债务还本付息总额（占出口的百分比）	..	..	..
净移民（千人）	..	..	..
获得的侨汇（百万美元）	..	..	..
外国直接投资，净流入额（百万美元）	..	..	..
获得的净官方发展援助（百万美元）	..	..	..

安道尔

高收入经济体

人口（千人）	78	人口增长率（百分比）	0.6
陆地面积（平方公里）	470	每天生活费用不足 1.25 美元的人口（占人口的百分比）	..
GNI，图表集法（10 亿美元）	..	人均 GNI，图表集法（美元）	..
PPP 衡量的 GNI（百万美元）	..	PPP 衡量的人均 GNI（美元）	..

	1990	2000	2012
人口			
最贫困的 20% 人口占国家消费/收入的份额（百分比）	..	..	..
出生时的预期寿命（岁）	..	..	..
总生育率（每个女性生育数）	..	..	*1.2*
青年女性生育率（每千名 15—19 岁女性生育数）	..	..	..
避孕普及率（占 15—49 岁已婚女性的百分比）	..	..	..
在熟练医护人员护理下的分娩（占总数的百分比）	..	..	..
5 岁以下儿童死亡率（每千人）	8	5	3
儿童营养不良，体重不足（占 5 岁以下儿童的百分比）	..	..	..
儿童麻疹免疫接种率（占 12—23 个月年龄组的百分比）	..	97	98
小学毕业率，总数（占适龄年龄组的百分比）	..	..	..
中学总入学率，总数（占适龄年龄组的百分比）	..	..	..
小学和中学中女孩与男孩的比率（百分比）	..	..	..
HIV 感染率（占 15—49 岁人口的百分比）	..	..	..
环境			
森林（平方公里）	160	160	*160*
森林采伐（1990—2000 年和 2000—2010 年，平均年度百分比）		0.0	*0.0*
淡水使用量（占内陆水资源的百分比）	..	..	..
获得改善的水资源的人口（占总人口的百分比）	100	100	100
获得改善的卫生设施的人口（占总人口的百分比）	100	100	100
人均能源使用量（千克石油当量）	..	..	..
人均二氧化碳排放量（吨）	..	8.0	*6.6*
人均用电量（千瓦时）	..	..	..
经济			
GDP（百万美元）	1,029	1,134	..
GDP 增长率（年度百分比）	3.8	1.2	..
GDP 隐含价格平减指数（年度增长百分比）	7.3	4.5	..
农业增加值（占 GDP 的百分比）	..	..	..
工业增加值（占 GDP 的百分比）	..	..	..
服务业增加值（占 GDP 的百分比）	..	..	..
货物和服务出口（占 GDP 的百分比）	..	..	..
货物和服务进口（占 GDP 的百分比）	..	..	..
资本形成总额（占 GDP 的百分比）	..	..	..
中央政府收入（占 GDP 的百分比）	..	..	..
中央政府现金盈余/赤字（占 GDP 的百分比）	..	..	..
政府与市场			
创办企业的时间（天）	..	..	..
股票市场资本总额（占 GDP 的百分比）	..	..	..
军费支出（占 GDP 的百分比）	..	..	..
移动电话用户（每 100 人）	0.0	36.0	81.5
互联网用户（占总人口的百分比）	0.0	10.5	86.4
铺敷道路（占总数的百分比）	..	..	..
高科技出口（占制成品出口的百分比）	..	11	..
全球联系			
商品贸易（占 GDP 的百分比）	..	..	..
净易货贸易条件指数（2000 年 =100）	..	100	..
外债总额（百万美元）	..	..	..
债务还本付息总额（占出口的百分比）	..	..	..
净移民（千人）	..	..	..
获得的侨汇（百万美元）	..	..	..
外国直接投资，净流入额（百万美元）	..	..	..
获得的净官方发展援助（百万美元）	..	..	..

安哥拉

撒哈拉以南非洲地区		中高收入经济体	
人口（百万）	20.8	人口增长率（百分比）	3.1
陆地面积（千平方公里）	1,247	每天生活费用不足1.25美元的人口（占人口的百分比）	*43.4*
GNI，图表集法（10亿美元）	95.4	人均GNI，图表集法（美元）	4,580
PPP衡量的GNI（10亿美元）	112.4	PPP衡量的人均GNI（美元）	5,400

	1990	2000	2012
人口			
最贫困的20%人口占国家消费/收入的份额（百分比）	..	2.0	*5.4*
出生时的预期寿命（岁）	41	45	51
总生育率（每个女性生育数）	7.2	6.8	6.0
青年女性生育率（每千名15—19岁女性生育数）	227	209	170
避孕普及率（占15—49岁已婚女性的百分比）	..	*6*	..
在熟练医护人员护理下的分娩（占总数的百分比）	..	*45*	*47*
5岁以下儿童死亡率（每千人）	213	203	164
儿童营养不良，体重不足（占5岁以下儿童的百分比）	..	..	*15.6*
儿童麻疹免疫接种率（占12—23个月年龄组的百分比）	38	41	97
小学毕业率，总数（占适龄年龄组的百分比）	*34*	..	*54*
中学总入学率，总数（占适龄年龄组的百分比）	11	15	*32*
小学和中学中女孩与男孩的比率（百分比）	..	*82*	*64*
HIV感染率（占15—49岁人口的百分比）	0.6	1.7	2.3
环境			
森林（千平方公里）	610	597	*584*
森林采伐（1990—2000年和2000—2010年，平均年度百分比）		0.2	*0.2*
淡水使用量（占内陆水资源的百分比）	..	*0.4*	*0.4*
获得改善的水资源的人口（占总人口的百分比）	42	46	54
获得改善的卫生设施的人口（占总人口的百分比）	29	42	60
人均能源使用量（千克石油当量）	569	539	*673*
人均二氧化碳排放量（吨）	0.4	0.7	*1.6*
人均用电量（千瓦时）	61	89	*248*
经济			
GDP（10亿美元）	10.3	9.1	114.1
GDP增长率（年度百分比）	-0.3	3.0	6.8
GDP隐含价格平减指数（年度增长百分比）	10.9	418.2	4.3
农业增加值（占GDP的百分比）	18	6	10
工业增加值（占GDP的百分比）	41	72	60
服务业增加值（占GDP的百分比）	41	22	30
货物和服务出口（占GDP的百分比）	39	90	60
货物和服务进口（占GDP的百分比）	21	63	42
资本形成总额（占GDP的百分比）	12	13	12
中央政府收入（占GDP的百分比）	..	52.8	..
中央政府现金盈余/赤字（占GDP的百分比）	..	26.4	..
政府与市场			
创办企业的时间（天）	..	*119*	66
股票市场资本总额（占GDP的百分比）	..	..	..
军费支出（占GDP的百分比）	*7.1*	6.4	3.6
移动电话用户（每100人）	0.0	0.2	47.1
互联网用户（占总人口的百分比）	0.0	0.1	16.9
铺敷道路（占总数的百分比）	..	10.0	..
高科技出口（占制成品出口的百分比）	..	..	..
全球联系			
商品贸易（占GDP的百分比）	53	120	85
净易货贸易条件指数（2000年=100）	94	100	258
外债总额（10亿美元）	8.6	9.8	22.2
债务还本付息总额（占出口的百分比）	8.1	20.9	5.9
净移民（千人）	*143*	*172*	66
获得的侨汇（百万美元）	..	..	0.0
外国直接投资，净流入额（百万美元）	-335	879	-6,898
获得的净官方发展援助（百万美元）	266	302	242

安提瓜和巴布达

高收入经济体

人口（千人）	89	人口增长率（百分比）	1.0
陆地面积（平方公里）	440	每天生活费用不足1.25美元的人口（占人口的百分比）	..
GNI，图表集法（10亿美元）	1.1	人均GNI，图表集法（美元）	12,480
PPP衡量的GNI（10亿美元）	1.7	PPP衡量的人均GNI（美元）	18,920

	1990	2000	2012
人口			
最贫困的20%人口占国家消费/收入的份额（百分比）	..	..	..
出生时的预期寿命（岁）	71	73	76
总生育率（每个女性生育数）	2.1	2.3	2.1
青年女性生育率（每千名15—19岁女性生育数）	64	65	49
避孕普及率（占15—49岁已婚女性的百分比）	*53*	53	..
在熟练医护人员护理下的分娩（占总数的百分比）	..	100	*100*
5岁以下儿童死亡率（每千人）	24	16	10
儿童营养不良，体重不足（占5岁以下儿童的百分比）	..	..	..
儿童麻疹免疫接种率（占12—23个月年龄组的百分比）	89	95	98
小学毕业率，总数（占适龄年龄组的百分比）	*97*	..	*100*
中学总入学率，总数（占适龄年龄组的百分比）	*120*	78	105
小学和中学中女孩与男孩的比率（百分比）	*94*	..	102
HIV感染率（占15—49岁人口的百分比）	..	..	..
环境			
森林（平方公里）	103	100	*98*
森林采伐（1990—2000年和2000—2010年，平均年度百分比）		0.3	*0.2*
淡水使用量（占内陆水资源的百分比）	*9.6*	*9.6*	*9.6*
获得改善的水资源的人口（占总人口的百分比）	97	98	98
获得改善的卫生设施的人口（占总人口的百分比）	75	85	*91*
人均能源使用量（千克石油当量）	1,596	..	..
人均二氧化碳排放量（吨）	4.9	4.4	5.9
人均用电量（千瓦时）	..	..	..
经济			
GDP（百万美元）	392	788	1,134
GDP增长率（年度百分比）	2.5	5.1	2.8
GDP隐含价格平减指数（年度增长百分比）	2.3	15.0	0.7
农业增加值（占GDP的百分比）	4	2	2
工业增加值（占GDP的百分比）	20	16	20
服务业增加值（占GDP的百分比）	76	82	78
货物和服务出口（占GDP的百分比）	89	63	49
货物和服务进口（占GDP的百分比）	87	64	54
资本形成总额（占GDP的百分比）	32	29	32
中央政府收入（占GDP的百分比）	..	15.3	21.1
中央政府现金盈余/赤字（占GDP的百分比）	..	-5.3	-1.4
政府与市场			
创办企业的时间（天）	..	..	21
股票市场资本总额（占GDP的百分比）	..	..	..
军费支出（占GDP的百分比）	..	..	..
移动电话用户（每100人）	0.0	28.3	143.0
互联网用户（占总人口的百分比）	0.0	6.5	59.0
铺敷道路（占总数的百分比）	..	*33.0*	..
高科技出口（占制成品出口的百分比）	..	0	0
全球联系			
商品贸易（占GDP的百分比）	70	58	52
净易货贸易条件指数（2000年=100）	..	100	64
外债总额（百万美元）	..	..	..
债务还本付息总额（占出口的百分比）	..	..	..
净移民（千人）	*2.6*	*-0.3*	-0.1
获得的侨汇（百万美元）	12.5	20.7	20.6
外国直接投资，净流入额（百万美元）	60.6	43.1	70.9
获得的净官方发展援助（百万美元）	4.6	9.8	2.4

阿根廷

拉丁美洲和加勒比地区 | **中高收入经济体**

人口（百万）	41.1	人口增长率（百分比）	0.9
陆地面积（千平方公里）	2,780	每天生活费用不足1.25美元的人口（占人口的百分比）	<2
GNI，图表集法（10亿美元）	..[a]	人均GNI，图表集法（美元）	..[a]
PPP衡量的GNI（10亿美元）	..[a]	PPP衡量的人均GNI（美元）	..[a]

	1990	2000	2012
人口			
最贫困的20%人口占国家消费/收入的份额（百分比）	*5.0*	3.2	*4.4*
出生时的预期寿命（岁）	72	74	76
总生育率（每个女性生育数）	3.0	2.5	2.2
青年女性生育率（每千名15—19岁女性生育数）	73	64	54
避孕普及率（占15—49岁已婚女性的百分比）	..	*65*	..
在熟练医护人员护理下的分娩（占总数的百分比）	*96*	*98*	*97*
5岁以下儿童死亡率（每千人）	28	20	14
儿童营养不良，体重不足（占5岁以下儿童的百分比）	..	..	..
儿童麻疹免疫接种率（占12—23个月年龄组的百分比）	93	91	94
小学毕业率，总数（占适龄年龄组的百分比）	..	99	*109*
中学总入学率，总数（占适龄年龄组的百分比）	71	87	*92*
小学和中学中女孩与男孩的比率（百分比）	*107*	101	*104*
HIV感染率（占15—49岁人口的百分比）	0.1	0.4	0.4
环境			
森林（千平方公里）	348	319	*292*
森林采伐（1990—2000年和2000—2010年，平均年度百分比）		0.9	*0.8*
淡水使用量（占内陆水资源的百分比）	..	*11.8*	*11.8*
获得改善的水资源的人口（占总人口的百分比）	94	96	99
获得改善的卫生设施的人口（占总人口的百分比）	86	92	97
人均能源使用量（千克石油当量）	1,412	1,652	*1,967*
人均二氧化碳排放量（吨）	3.5	3.8	*4.5*
人均用电量（千瓦时）	1,304	2,087	*2,967*
经济			
GDP（10亿美元）	141	284	476
GDP增长率（年度百分比）	-2.4	-0.8	1.9[b]
GDP隐含价格平减指数（年度增长百分比）	2,076.8	1.0	15.3[b]
农业增加值（占GDP的百分比）	8	5	9
工业增加值（占GDP的百分比）	36	28	31
服务业增加值（占GDP的百分比）	56	67	60
货物和服务出口（占GDP的百分比）	10	11	20
货物和服务进口（占GDP的百分比）	5	12	17
资本形成总额（占GDP的百分比）	14	16	22
中央政府收入（占GDP的百分比）	..	*14.1*	..
中央政府现金盈余/赤字（占GDP的百分比）	..	*-5.7*	..
政府与市场			
创办企业的时间（天）	..	*66*	*25*
股票市场资本总额（占GDP的百分比）	2.3	58.4	7.2
军费支出（占GDP的百分比）	1.4	1.1	0.9
移动电话用户（每100人）	0.0	17.6	151.9
互联网用户（占总人口的百分比）	0.0	7.0	55.8
铺敷道路（占总数的百分比）	28.5	29.0	*32.2*
高科技出口（占制成品出口的百分比）	*8*	9	8
全球联系			
商品贸易（占GDP的百分比）	12	18	31
净易货贸易条件指数（2000年=100）	64	100	130
外债总额（10亿美元）	63	147	121
债务还本付息总额（占出口的百分比）	37.1	64.0	13.2
净移民（千人）	*0*	*-180*	-100
获得的侨汇（百万美元）	23	86	573
外国直接投资，净流入额（10亿美元）	1.8	10.4	12.1
获得的净官方发展援助（百万美元）	169	52	179

亚美尼亚

欧洲和中亚			中低收入经济体
人口（百万）	3.0	人口增长率（百分比）	0.2
陆地面积（千平方公里）	30	每天生活费用不足1.25美元的人口（占人口的百分比）	2.5
GNI，图表集法（10亿美元）	11.0	人均GNI，图表集法（美元）	3,720
PPP衡量的GNI（10亿美元）	20.4	PPP衡量的人均GNI（美元）	6,860

	1990	2000	2012
人口			
最贫困的20%人口占国家消费/收入的份额（百分比）	..	7.6	8.8
出生时的预期寿命（岁）	68	71	74
总生育率（每个女性生育数）	2.5	1.7	1.7
青年女性生育率（每千名15—19岁女性生育数）	74	40	27
避孕普及率（占15—49岁已婚女性的百分比）	56	61	55
在熟练医护人员护理下的分娩（占总数的百分比）	100	97	100
5岁以下儿童死亡率（每千人）	49	30	16
儿童营养不良，体重不足（占5岁以下儿童的百分比）	..	2.6	5.3
儿童麻疹免疫接种率（占12—23个月年龄组的百分比）	93	92	97
小学毕业率，总数（占适龄年龄组的百分比）	..	94	..
中学总入学率，总数（占适龄年龄组的百分比）	91	91	96
小学和中学中女孩与男孩的比率（百分比）	..	106	115
HIV感染率（占15—49岁人口的百分比）	0.1	0.1	0.2
环境			
森林（千平方公里）	3.5	3.0	2.6
森林采伐（1990—2000年和2000—2010年，平均年度百分比）		1.3	1.5
淡水使用量（占内陆水资源的百分比）	..	25.3	41.2
获得改善的水资源的人口（占总人口的百分比）	..	93	100
获得改善的卫生设施的人口（占总人口的百分比）	..	89	91
人均能源使用量（千克石油当量）	2,175	655	916
人均二氧化碳排放量（吨）	1.2	1.1	1.4
人均用电量（千瓦时）	2,718	1,295	1,755
经济			
GDP（10亿美元）	2.3	1.9	10.0
GDP增长率（年度百分比）	-11.7	5.9	7.2
GDP隐含价格平减指数（年度增长百分比）	79.4	-1.4	-1.3
农业增加值（占GDP的百分比）	17	26	22
工业增加值（占GDP的百分比）	52	39	33
服务业增加值（占GDP的百分比）	31	35	45
货物和服务出口（占GDP的百分比）	35	23	25
货物和服务进口（占GDP的百分比）	46	51	49
资本形成总额（占GDP的百分比）	47	19	24
中央政府收入（占GDP的百分比）	..	17.7	24.1
中央政府现金盈余/赤字（占GDP的百分比）	..	-0.7	-1.4
政府与市场			
创办企业的时间（天）	..	18	4
股票市场资本总额（占GDP的百分比）	..	0.1	1.3
军费支出（占GDP的百分比）	2.1	3.6	3.9
移动电话用户（每100人）	0.0	0.6	111.9
互联网用户（占总人口的百分比）	0.0	1.3	39.2
铺敷道路（占总数的百分比）	99.2	96.8	..
高科技出口（占制成品出口的百分比）	..	5	3
全球联系			
商品贸易（占GDP的百分比）	..	62	57
净易货贸易条件指数（2000年=100）	..	100	118
外债总额（10亿美元）	0.1	1.0	7.6
债务还本付息总额（占出口的百分比）	1.2	9.2	30.9
净移民（千人）	-496	-144	-50
获得的侨汇（百万美元）	..	87	2,123
外国直接投资，净流入额（百万美元）	2	104	489
获得的净官方发展援助（百万美元）	3	216	273

阿鲁巴

高收入经济体

人口（千人）	102	人口增长率（百分比）	0.4
陆地面积（平方公里）	180	每天生活费用不足1.25美元的人口（占人口的百分比）	..
GNI，图表集法（10亿美元）	..	人均GNI，图表集法（美元）	..
PPP衡量的GNI（百万美元）	..	PPP衡量的人均GNI（美元）	..

	1990	2000	2012
人口			
最贫困的20%人口占国家消费/收入的份额（百分比）	..	..	..
出生时的预期寿命（岁）	73	74	75
总生育率（每个女性生育数）	2.2	1.9	1.7
青年女性生育率（每千名15—19岁女性生育数）	50	44	27
避孕普及率（占15—49岁已婚女性的百分比）	..	..	..
在熟练医护人员护理下的分娩（占总数的百分比）	..	*96*	..
5岁以下儿童死亡率（每千人）	..	..	..
儿童营养不良，体重不足（占5岁以下儿童的百分比）	..	..	..
儿童麻疹免疫接种率（占12—23个月年龄组的百分比）	..	..	..
小学毕业率，总数（占适龄年龄组的百分比）	..	97	*95*
中学总入学率，总数（占适龄年龄组的百分比）	..	96	*97*
小学和中学中女孩与男孩的比率（百分比）	..	99	*101*
HIV感染率（占15—49岁人口的百分比）	..	..	..
环境			
森林（平方公里）	4.0	4.0	*4.2*
森林采伐（1990—2000年和2000—2010年，平均年度百分比）		0.0	*0.0*
淡水使用量（占内陆水资源的百分比）	..	..	..
获得改善的水资源的人口（占总人口的百分比）	91	94	98
获得改善的卫生设施的人口（占总人口的百分比）	99	98	98
人均能源使用量（千克石油当量）	..	..	..
人均二氧化碳排放量（吨）	29.6	24.6	*22.8*
人均用电量（千瓦时）	..	..	..
经济			
GDP（百万美元）	..	1,873	*2,584*
GDP增长率（年度百分比）	..	-0.4	*-5.7*
GDP隐含价格平减指数（年度增长百分比）	..	9.1	*-5.1*
农业增加值（占GDP的百分比）	..	0	*1*
工业增加值（占GDP的百分比）	..	17	*16*
服务业增加值（占GDP的百分比）	..	82	*83*
货物和服务出口（占GDP的百分比）	..	74	*71*
货物和服务进口（占GDP的百分比）	..	71	*86*
资本形成总额（占GDP的百分比）	..	25	*28*
中央政府收入（占GDP的百分比）	..	..	..
中央政府现金盈余/赤字（占GDP的百分比）	..	..	..
政府与市场			
创办企业的时间（天）	..	..	..
股票市场资本总额（占GDP的百分比）	..	..	..
军费支出（占GDP的百分比）	..	..	..
移动电话用户（每100人）	0.0	16.5	131.9
互联网用户（占总人口的百分比）	0.0	15.4	74.0
铺敷道路（占总数的百分比）	..	..	..
高科技出口（占制成品出口的百分比）	..	..	10
全球联系			
商品贸易（占GDP的百分比）	..	54	*52*
净易货贸易条件指数（2000年=100）	..	100	122
外债总额（百万美元）	..	..	..
债务还本付息总额（占出口的百分比）	..	..	..
净移民（千人）	*14.2*	*6.3*	1.3
获得的侨汇（百万美元）	*2.6*	7.9	4.9
外国直接投资，净流入额（百万美元）	131	-128	-140
获得的净官方发展援助（百万美元）	30.0	*-7.4*	..

澳大利亚

高收入经济体

人口（百万）	22.7	人口增长率（百分比）	1.7
陆地面积（千平方公里）	7,741	每天生活费用不足1.25美元的人口（占人口的百分比）	..
GNI，图表集法（10亿美元）	1,346.6	人均GNI，图表集法（美元）	59,260
PPP衡量的GNI（10亿美元）	966.6	PPP衡量的人均GNI（美元）	42,540

	1990	2000	2012
人口			
最贫困的20%人口占国家消费/收入的份额（百分比）	..	..	..
出生时的预期寿命（岁）	77	79	82
总生育率（每个女性生育数）	1.9	1.8	1.9
青年女性生育率（每千名15—19岁女性生育数）	21	18	12
避孕普及率（占15—49岁已婚女性的百分比）	..	*71*	..
在熟练医护人员护理下的分娩（占总数的百分比）	*100*	*100*	..
5岁以下儿童死亡率（每千人）	9	6	5
儿童营养不良，体重不足（占5岁以下儿童的百分比）	..	..	*0.2*
儿童麻疹免疫接种率（占12—23个月年龄组的百分比）	86	91	94
小学毕业率，总数（占适龄年龄组的百分比）	..	..	..
中学总入学率，总数（占适龄年龄组的百分比）	*134*	161	*133*
小学和中学中女孩与男孩的比率（百分比）	*100*	100	97
HIV感染率（占15—49岁人口的百分比）	..	..	..
环境			
森林（千平方公里）	1,545	1,549	*1,484*
森林采伐（1990—2000年和2000—2010年，平均年度百分比）		0.0	*0.4*
淡水使用量（占内陆水资源的百分比）	..	*4.6*	4.6
获得改善的水资源的人口（占总人口的百分比）	100	100	100
获得改善的卫生设施的人口（占总人口的百分比）	100	100	100
人均能源使用量（千克石油当量）	5,053	5,645	5,883
人均二氧化碳排放量（吨）	16.8	17.2	*16.9*
人均用电量（千瓦时）	8,527	10,194	*10,712*
经济			
GDP（10亿美元）	311	415	1,532
GDP增长率（年度百分比）	3.6	3.8	3.4
GDP隐含价格平减指数（年度增长百分比）	5.7	2.6	2.2
农业增加值（占GDP的百分比）	5	3	2
工业增加值（占GDP的百分比）	31	27	28
服务业增加值（占GDP的百分比）	64	70	69
货物和服务出口（占GDP的百分比）	15	19	21
货物和服务进口（占GDP的百分比）	17	21	21
资本形成总额（占GDP的百分比）	29	26	28
中央政府收入（占GDP的百分比）	..	25.9	*22.9*
中央政府现金盈余/赤字（占GDP的百分比）	..	2.0	*-3.7*
政府与市场			
创办企业的时间（天）	..	*3*	3
股票市场资本总额（占GDP的百分比）	35.0	89.8	83.9
军费支出（占GDP的百分比）	2.1	1.9	1.7
移动电话用户（每100人）	1.1	44.5	105.6
互联网用户（占总人口的百分比）	0.6	46.8	82.3
铺敷道路（占总数的百分比）	35.0	40.0	*43.3*
高科技出口（占制成品出口的百分比）	8	15	13
全球联系			
商品贸易（占GDP的百分比）	26	33	34
净易货贸易条件指数（2000年=100）	..	100	185
外债总额（百万美元）	..	..	..
债务还本付息总额（占出口的百分比）	..	..	..
净移民（千人）	*351*	663	750
获得的侨汇（10亿美元）	2.4	1.9	1.8
外国直接投资，净流入额（10亿美元）	8.1	13.6	56.6
获得的净官方发展援助（百万美元）	..	..	..

奥地利

高收入经济体

人口（百万）	8.4	人口增长率（百分比）	0.3
陆地面积（千平方公里）	84	每天生活费用不足1.25美元的人口（占人口的百分比）	..
GNI，图表集法（10亿美元）	403.4	人均GNI，图表集法（美元）	47,850
PPP衡量的GNI（10亿美元）	369.7	PPP衡量的人均GNI（美元）	43,850

	1990	2000	2012
人口			
最贫困的20%人口占国家消费/收入的份额（百分比）	..	8.6	..
出生时的预期寿命（岁）	76	78	81
总生育率（每个女性生育数）	1.5	1.4	1.4
青年女性生育率（每千名15—19岁女性生育数）	21	14	4
避孕普及率（占15—49岁已婚女性的百分比）	..	..	..
在熟练医护人员护理下的分娩（占总数的百分比）	*100*	..	..
5岁以下儿童死亡率（每千人）	10	6	4
儿童营养不良，体重不足（占5岁以下儿童的百分比）	..	..	..
儿童麻疹免疫接种率（占12—23个月年龄组的百分比）	60	75	76
小学毕业率，总数（占适龄年龄组的百分比）	..	*101*	97
中学总入学率，总数（占适龄年龄组的百分比）	102	98	98
小学和中学中女孩与男孩的比率（百分比）	94	97	97
HIV感染率（占15—49岁人口的百分比）	..	..	..
环境			
森林（千平方公里）	38	38	*39*
森林采伐（1990—2000年和2000—2010年，平均年度百分比）		-0.2	*-0.1*
淡水使用量（占内陆水资源的百分比）	*6.9*	*6.6*	*6.6*
获得改善的水资源的人口（占总人口的百分比）	100	100	100
获得改善的卫生设施的人口（占总人口的百分比）	100	100	100
人均能源使用量（千克石油当量）	3,236	3,565	3,902
人均二氧化碳排放量（吨）	7.9	8.0	*8.0*
人均用电量（千瓦时）	6,111	7,076	*8,374*
经济			
GDP（10亿美元）	165	192	395
GDP增长率（年度百分比）	4.3	3.7	0.9
GDP隐含价格平减指数（年度增长百分比）	3.0	0.9	1.7
农业增加值（占GDP的百分比）	4	2	2
工业增加值（占GDP的百分比）	33	31	29
服务业增加值（占GDP的百分比）	64	67	70
货物和服务出口（占GDP的百分比）	37	46	57
货物和服务进口（占GDP的百分比）	37	44	54
资本形成总额（占GDP的百分比）	25	25	23
中央政府收入（占GDP的百分比）	..	37.7	*36.3*
中央政府现金盈余/赤字（占GDP的百分比）	..	-2.0	*-2.2*
政府与市场			
创办企业的时间（天）	..	*25*	25
股票市场资本总额（占GDP的百分比）	7.0	15.6	26.9
军费支出（占GDP的百分比）	1.2	1.0	0.8
移动电话用户（每100人）	1.0	76.3	160.5
互联网用户（占总人口的百分比）	0.1	33.7	81.0
铺敷道路（占总数的百分比）	100.0	100.0	*100.0*
高科技出口（占制成品出口的百分比）	8	15	13
全球联系			
商品贸易（占GDP的百分比）	55	73	87
净易货贸易条件指数（2000年=100）	..	100	87
外债总额（百万美元）	..	..	..
债务还本付息总额（占出口的百分比）	..	..	..
净移民（千人）	*275*	*213*	150
获得的侨汇（10亿美元）	0.6	1.8	2.8
外国直接投资，净流入额（10亿美元）	0.7	8.5	4.1
获得的净官方发展援助（百万美元）	..	..	..

阿塞拜疆

欧洲和中亚			中高收入经济体
人口（百万）	9.3	人口增长率（百分比）	1.3
陆地面积（千平方公里）	87	每天生活费用不足 1.25 美元的人口（占人口的百分比）	<2
GNI，图表集法（10 亿美元）	57.9	人均 GNI，图表集法（美元）	6,220
PPP 衡量的 GNI（10 亿美元）	86.5	PPP 衡量的人均 GNI（美元）	9,310

	1990	2000	2012
人口			
最贫困的 20% 人口占国家消费/收入的份额（百分比）	..	*7.5*	*8.0*
出生时的预期寿命（岁）	65	67	71
总生育率（每个女性生育数）	2.7	2.0	2.0
青年女性生育率（每千名 15—19 岁女性生育数）	32	37	40
避孕普及率（占 15—49 岁已婚女性的百分比）	..	55	*51*
在熟练医护人员护理下的分娩（占总数的百分比）	97	84	99
5 岁以下儿童死亡率（每千人）	93	72	35
儿童营养不良，体重不足（占 5 岁以下儿童的百分比）	..	14.0	*8.4*
儿童麻疹免疫接种率（占 12—23 个月年龄组的百分比）	*52*	67	66
小学毕业率，总数（占适龄年龄组的百分比）	*96*	90	92
中学总入学率，总数（占适龄年龄组的百分比）	89	..	100
小学和中学中女孩与男孩的比率（百分比）	*100*	..	98
HIV 感染率（占 15—49 岁人口的百分比）	0.1	0.1	0.2
环境			
森林（千平方公里）	9.4	9.4	*9.4*
森林采伐（1990—2000 年和 2000—2010 年，平均年度百分比）		0.0	*0.0*
淡水使用量（占内陆水资源的百分比）	..	*124.1*	*150.5*
获得改善的水资源的人口（占总人口的百分比）	70	74	80
获得改善的卫生设施的人口（占总人口的百分比）	..	62	82
人均能源使用量（千克石油当量）	3,165	1,403	*1,369*
人均二氧化碳排放量（吨）	*7.8*	3.7	*5.1*
人均用电量（千瓦时）	2,576	2,040	*1,705*
经济			
GDP（10 亿美元）	8.9	5.3	66.6
GDP 增长率（年度百分比）	*-0.7*	11.1	2.2
GDP 隐含价格平减指数（年度增长百分比）	*83.5*	12.5	1.4
农业增加值（占 GDP 的百分比）	29	17	5
工业增加值（占 GDP 的百分比）	33	45	63
服务业增加值（占 GDP 的百分比）	38	38	31
货物和服务出口（占 GDP 的百分比）	44	39	54
货物和服务进口（占 GDP 的百分比）	39	38	26
资本形成总额（占 GDP 的百分比）	27	21	22
中央政府收入（占 GDP 的百分比）	..	*17.6*	41.8
中央政府现金盈余/赤字（占 GDP 的百分比）	..	*-4.7*	6.1
政府与市场			
创办企业的时间（天）	..	*105*	7
股票市场资本总额（占 GDP 的百分比）	..	*0.1*	..
军费支出（占 GDP 的百分比）	*2.1*	2.3	4.6
移动电话用户（每 100 人）	0.0	5.2	108.8
互联网用户（占总人口的百分比）	0.0	0.1	54.2
铺敷道路（占总数的百分比）	..	52.0	55.6
高科技出口（占制成品出口的百分比）	..	5	7
全球联系			
商品贸易（占 GDP 的百分比）	..	55	64
净易货贸易条件指数（2000 年 = 100）	..	100	200
外债总额（10 亿美元）	*0.0*	1.5	9.7
债务还本付息总额（占出口的百分比）	..	6.4	5.1
净移民（千人）	*-106*	*11*	0
获得的侨汇（百万美元）	..	57	1,990
外国直接投资，净流入额（百万美元）	..	130	5,293
获得的净官方发展援助（百万美元）	*0*	139	338

巴哈马

高收入经济体

人口（千人）	372	人口增长率（百分比）	1.5
陆地面积（千平方公里）	14	每天生活费用不足1.25美元的人口（占人口的百分比）	..
GNI，图表集法（10亿美元）	7.7	人均GNI，图表集法（美元）	20,600
PPP衡量的GNI（10亿美元）	10.8	PPP衡量的人均GNI（美元）	29,020

	1990	2000	2012
人口			
最贫困的20%人口占国家消费/收入的份额（百分比）	..	..	..
出生时的预期寿命（岁）	71	72	75
总生育率（每个女性生育数）	2.6	2.1	1.9
青年女性生育率（每千名15—19岁女性生育数）	70	51	28
避孕普及率（占15—49岁已婚女性的百分比）	*62*	*45*	..
在熟练医护人员护理下的分娩（占总数的百分比）	99	99	*99*
5岁以下儿童死亡率（每千人）	23	17	17
儿童营养不良，体重不足（占5岁以下儿童的百分比）	..	..	..
儿童麻疹免疫接种率（占12—23个月年龄组的百分比）	86	93	91
小学毕业率，总数（占适龄年龄组的百分比）	..	*82*	*93*
中学总入学率，总数（占适龄年龄组的百分比）	86	*78*	*93*
小学和中学中女孩与男孩的比率（百分比）	*102*	*97*	*104*
HIV感染率（占15—49岁人口的百分比）	1.9	3.5	3.3
环境			
森林（千平方公里）	5.2	5.2	*5.2*
森林采伐（1990—2000年和2000—2010年，平均年度百分比）		0.0	*0.0*
淡水使用量（占内陆水资源的百分比）	..	..	..
获得改善的水资源的人口（占总人口的百分比）	..	97	98
获得改善的卫生设施的人口（占总人口的百分比）	..	89	92
人均能源使用量（千克石油当量）	2,517	..	..
人均二氧化碳排放量（吨）	7.6	5.6	*6.8*
人均用电量（千瓦时）	..	..	..
经济			
GDP（10亿美元）	3.2	6.3	8.1
GDP增长率（年度百分比）	-1.6	4.1	1.8
GDP隐含价格平减指数（年度增长百分比）	5.1	0.9	1.6
农业增加值（占GDP的百分比）	3	3	2
工业增加值（占GDP的百分比）	16	18	18
服务业增加值（占GDP的百分比）	81	80	80
货物和服务出口（占GDP的百分比）	54	44	45
货物和服务进口（占GDP的百分比）	56	62	63
资本形成总额（占GDP的百分比）	29	28	33
中央政府收入（占GDP的百分比）	15.7	14.8	17.5
中央政府现金盈余/赤字（占GDP的百分比）	-1.9	0.3	-4.1
政府与市场			
创办企业的时间（天）	..	..	24
股票市场资本总额（占GDP的百分比）	..	..	..
军费支出（占GDP的百分比）	..	..	..
移动电话用户（每100人）	0.7	10.6	80.7
互联网用户（占总人口的百分比）	0.0	8.0	71.7
铺敷道路（占总数的百分比）	52.0	57.0	..
高科技出口（占制成品出口的百分比）	..	7	0
全球联系			
商品贸易（占GDP的百分比）	88	42	55
净易货贸易条件指数（2000年=100）	..	100	89
外债总额（百万美元）	..	..	..
债务还本付息总额（占出口的百分比）	..	..	..
净移民（千人）	*-0.4*	*15.5*	9.7
获得的侨汇（百万美元）	..	..	..
外国直接投资，净流入额（百万美元）	-17	250	360
获得的净官方发展援助（百万美元）	3.2	..	..

巴林

高收入经济体

人口（百万）	1.3	人口增长率（百分比）	1.9
陆地面积（平方公里）	760	每天生活费用不足1.25美元的人口（占人口的百分比）	..
GNI，图表集法（10亿美元）	25.8	人均GNI，图表集法（美元）	19,560
PPP衡量的GNI（10亿美元）	*27.8*	PPP衡量的人均GNI（美元）	*22,250*

	1990	2000	2012
人口			
最贫困的20%人口占国家消费/收入的份额（百分比）	..	..	..
出生时的预期寿命（岁）	73	75	*77*
总生育率（每个女性生育数）	3.7	2.8	2.1
青年女性生育率（每千名15—19岁女性生育数）	26	17	14
避孕普及率（占15—49岁已婚女性的百分比）	*54*	..	..
在熟练医护人员护理下的分娩（占总数的百分比）	..	..	*100*
5岁以下儿童死亡率（每千人）	23	13	10
儿童营养不良，体重不足（占5岁以下儿童的百分比）	*6.3*	..	..
儿童麻疹免疫接种率（占12—23个月年龄组的百分比）	87	98	99
小学毕业率，总数（占适龄年龄组的百分比）	*103*	*99*	..
中学总入学率，总数（占适龄年龄组的百分比）	87	*100*	96
小学和中学中女孩与男孩的比率（百分比）	103	*102*	..
HIV感染率（占15—49岁人口的百分比）	..	..	..
环境			
森林（平方公里）	2.0	4.0	*5.4*
森林采伐（1990—2000年和2000—2010年，平均年度百分比）		-5.6	*-3.6*
淡水使用量（占内陆水资源的百分比）	*5,975.0*	*5,975.0*	*8,935.0*
获得改善的水资源的人口（占总人口的百分比）	95	99	100
获得改善的卫生设施的人口（占总人口的百分比）	99	99	99
人均能源使用量（千克石油当量）	8,771	8,776	*7,353*
人均二氧化碳排放量（吨）	24.0	27.9	*19.3*
人均用电量（千瓦时）	6,533	8,590	*10,018*
经济			
GDP（10亿美元）	4.2	9.1	30.4
GDP增长率（年度百分比）	4.4	5.3	3.4
GDP隐含价格平减指数（年度增长百分比）	4.8	30.0	1.1
农业增加值（占GDP的百分比）	1	..	..
工业增加值（占GDP的百分比）	46	..	..
服务业增加值（占GDP的百分比）	53	..	..
货物和服务出口（占GDP的百分比）	116	79	*75*
货物和服务进口（占GDP的百分比）	95	57	48
资本形成总额（占GDP的百分比）	16	17	20
中央政府收入（占GDP的百分比）	..	..	*24.9*
中央政府现金盈余/赤字（占GDP的百分比）	..	..	*-0.5*
政府与市场			
创办企业的时间（天）	..	..	9
股票市场资本总额（占GDP的百分比）	..	73.1	52.9
军费支出（占GDP的百分比）	5.1	4.0	3.1
移动电话用户（每100人）	1.0	30.8	161.2
互联网用户（占总人口的百分比）	0.0	6.2	88.0
铺敷道路（占总数的百分比）	75.4	78.0	*83.7*
高科技出口（占制成品出口的百分比）	..	0	*0*
全球联系			
商品贸易（占GDP的百分比）	177	119	117
净易货贸易条件指数（2000年=100）	..	100	129
外债总额（百万美元）	..	..	..
债务还本付息总额（占出口的百分比）	..	..	..
净移民（千人）	*5*	*143*	22
获得的侨汇（百万美元）	..	..	..
外国直接投资，净流入额（百万美元）	-183	364	891
获得的净官方发展援助（百万美元）	138	60	..

孟加拉国

南亚 **低收入经济体**

人口（百万）	154.7	人口增长率（百分比）	1.2
陆地面积（千平方公里）	144	每天生活费用不足1.25美元的人口（占人口的百分比）	*43.3*
GNI，图表集法（10亿美元）	129.3	人均GNI，图表集法（美元）	840
PPP衡量的GNI（10亿美元）	314.2	PPP衡量的人均GNI（美元）	2,030

	1990	2000	2012
人口			
最贫困的20%人口占国家消费/收入的份额（百分比）	*9.5*	8.7	*8.9*
出生时的预期寿命（岁）	60	65	70
总生育率（每个女性生育数）	4.6	3.1	2.2
青年女性生育率（每千名15—19岁女性生育数）	164	117	81
避孕普及率（占15—49岁已婚女性的百分比）	*40*	54	*61*
在熟练医护人员护理下的分娩（占总数的百分比）	..	12	*32*
5岁以下儿童死亡率（每千人）	144	88	41
儿童营养不良，体重不足（占5岁以下儿童的百分比）	61.5	42.3	*36.8*
儿童麻疹免疫接种率（占12—23个月年龄组的百分比）	65	72	96
小学毕业率，总数（占适龄年龄组的百分比）	*46*	..	*75*
中学总入学率，总数（占适龄年龄组的百分比）	20	48	*51*
小学和中学中女孩与男孩的比率（百分比）	76	..	*110*
HIV感染率（占15—49岁人口的百分比）	0.1	0.1	0.1
环境			
森林（千平方公里）	15	15	*14*
森林采伐（1990—2000年和2000—2010年，平均年度百分比）		0.2	*0.2*
淡水使用量（占内陆水资源的百分比）	..	..	*34.2*
获得改善的水资源的人口（占总人口的百分比）	68	76	85
获得改善的卫生设施的人口（占总人口的百分比）	33	45	57
人均能源使用量（千克石油当量）	119	140	*205*
人均二氧化碳排放量（吨）	0.1	0.2	*0.4*
人均用电量（千瓦时）	48	101	*259*
经济			
GDP（10亿美元）	30.5	47.1	116.4
GDP增长率（年度百分比）	5.9	5.9	6.2
GDP隐含价格平减指数（年度增长百分比）	6.3	1.9	8.5
农业增加值（占GDP的百分比）	30	26	18
工业增加值（占GDP的百分比）	21	25	28
服务业增加值（占GDP的百分比）	48	49	54
货物和服务出口（占GDP的百分比）	6	14	23
货物和服务进口（占GDP的百分比）	14	19	32
资本形成总额（占GDP的百分比）	17	23	*27*
中央政府收入（占GDP的百分比）	..	*9.8*	*12.0*
中央政府现金盈余/赤字（占GDP的百分比）	..	*-0.7*	*-0.9*
政府与市场			
创办企业的时间（天）	..	*50*	11
股票市场资本总额（占GDP的百分比）	1.1	2.5	15.0
军费支出（占GDP的百分比）	1.1	1.4	1.3
移动电话用户（每100人）	0.0	0.2	62.8
互联网用户（占总人口的百分比）	0.0	0.1	6.3
铺敷道路（占总数的百分比）	*7.2*	10.0	..
高科技出口（占制成品出口的百分比）	0	0	..
全球联系			
商品贸易（占GDP的百分比）	17	32	51
净易货贸易条件指数（2000年=100）	117	100	59
外债总额（10亿美元）	12.3	15.6	26.1
债务还本付息总额（占出口的百分比）	34.6	10.5	5.4
净移民（千人）	*-934*	*-2,000*	-2,041
获得的侨汇（10亿美元）	0.8	2.0	14.1
外国直接投资，净流入额（百万美元）	3	280	1,178
获得的净官方发展援助（10亿美元）	2.1	1.2	2.2

巴巴多斯

高收入经济体

人口（千人）	283	人口增长率（百分比）	0.5
陆地面积（平方公里）	430	每天生活费用不足1.25美元的人口（占人口的百分比）	..
GNI，图表集法（10亿美元）	4.3	人均GNI，图表集法（美元）	15,080
PPP衡量的GNI（10亿美元）	7.3	PPP衡量的人均GNI（美元）	25,670

	1990	2000	2012
人口			
最贫困的20%人口占国家消费/收入的份额（百分比）	..	..	..
出生时的预期寿命（岁）	71	73	75
总生育率（每个女性生育数）	1.7	1.8	1.8
青年女性生育率（每千名15—19岁女性生育数）	55	51	48
避孕普及率（占15—49岁已婚女性的百分比）	55	55	..
在熟练医护人员护理下的分娩（占总数的百分比）	..	98	*100*
5岁以下儿童死亡率（每千人）	18	18	18
儿童营养不良，体重不足（占5岁以下儿童的百分比）	..	..	..
儿童麻疹免疫接种率（占12—23个月年龄组的百分比）	87	94	90
小学毕业率，总数（占适龄年龄组的百分比）	..	99	*104*
中学总入学率，总数（占适龄年龄组的百分比）	86	105	*105*
小学和中学中女孩与男孩的比率（百分比）	94	108	*105*
HIV感染率（占15—49岁人口的百分比）	0.2	0.7	0.9
环境			
森林（平方公里）	84	84	*84*
森林采伐（1990—2000年和2000—2010年，平均年度百分比）		0.0	*0.0*
淡水使用量（占内陆水资源的百分比）	..	*76.1*	*76.1*
获得改善的水资源的人口（占总人口的百分比）	95	99	100
获得改善的卫生设施的人口（占总人口的百分比）	82	90	..
人均能源使用量（千克石油当量）	1,242	..	..
人均二氧化碳排放量（吨）	4.1	4.4	*5.4*
人均用电量（千瓦时）	..	..	..
经济			
GDP（10亿美元）	2.0	3.1	4.2
GDP增长率（年度百分比）	-4.8	2.3	0.0
GDP隐含价格平减指数（年度增长百分比）	24.7	0.7	-3.3
农业增加值（占GDP的百分比）	4	2	1
工业增加值（占GDP的百分比）	21	18	16
服务业增加值（占GDP的百分比）	75	80	83
货物和服务出口（占GDP的百分比）	43	42	42
货物和服务进口（占GDP的百分比）	43	46	54
资本形成总额（占GDP的百分比）	14	17	14
中央政府收入（占GDP的百分比）	..	..	*27.2*
中央政府现金盈余/赤字（占GDP的百分比）	..	..	*-8.0*
政府与市场			
创办企业的时间（天）	..	..	18
股票市场资本总额（占GDP的百分比）	13.9	54.2	106.4
军费支出（占GDP的百分比）	..	..	..
移动电话用户（每100人）	0.0	10.7	122.5
互联网用户（占总人口的百分比）	0.0	4.0	73.3
铺敷道路（占总数的百分比）	86.8	99.0	..
高科技出口（占制成品出口的百分比）	*20*	23	12
全球联系			
商品贸易（占GDP的百分比）	45	46	55
净易货贸易条件指数（2000年=100）	..	100	108
外债总额（百万美元）	..	..	..
债务还本付息总额（占出口的百分比）	..	..	..
净移民（千人）	*-3.7*	*2.0*	2.0
获得的侨汇（百万美元）	38	115	*82*
外国直接投资，净流入额（百万美元）	11	19	*356*
获得的净官方发展援助（百万美元）	2.6	0.2	*16.2*

白俄罗斯

欧洲和中亚 **中高收入经济体**

人口（百万）	9.5	人口增长率（百分比）	-0.1
陆地面积（千平方公里）	208	每天生活费用不足1.25美元的人口（占人口的百分比）	<2
GNI，图表集法（10亿美元）	61.8	人均GNI，图表集法（美元）	6,530
PPP衡量的GNI（10亿美元）	141.6	PPP衡量的人均GNI（美元）	14,960

	1990	2000	2012
人口			
最贫困的20%人口占国家消费/收入的份额（百分比）	*11.1*	8.5	*9.4*
出生时的预期寿命（岁）	71	69	72
总生育率（每个女性生育数）	1.9	1.3	1.6
青年女性生育率（每千名15—19岁女性生育数）	44	28	21
避孕普及率（占15—49岁已婚女性的百分比）	..	..	63
在熟练医护人员护理下的分娩（占总数的百分比）	100	100	100
5岁以下儿童死亡率（每千人）	17	14	5
儿童营养不良，体重不足（占5岁以下儿童的百分比）	..	..	..
儿童麻疹免疫接种率（占12—23个月年龄组的百分比）	*94*	98	98
小学毕业率，总数（占适龄年龄组的百分比）	94	100	103
中学总入学率，总数（占适龄年龄组的百分比）	97	*85*	106
小学和中学中女孩与男孩的比率（百分比）	..	*101*	98
HIV感染率（占15—49岁人口的百分比）	0.1	0.1	0.4
环境			
森林（千平方公里）	78	83	*87*
森林采伐（1990—2000年和2000—2010年，平均年度百分比）		-0.6	*-0.4*
淡水使用量（占内陆水资源的百分比）	..	*11.7*	*11.7*
获得改善的水资源的人口（占总人口的百分比）	100	100	100
获得改善的卫生设施的人口（占总人口的百分比）	95	95	94
人均能源使用量（千克石油当量）	4,465	2,468	*3,114*
人均二氧化碳排放量（吨）	*8.6*	5.3	*6.6*
人均用电量（千瓦时）	4,381	2,989	*3,628*
经济			
GDP（10亿美元）	17.4	12.7	63.3
GDP增长率（年度百分比）	*-1.2*	5.8	1.5
GDP隐含价格平减指数（年度增长百分比）	*103.6*	185.3	74.9
农业增加值（占GDP的百分比）	24	14	10
工业增加值（占GDP的百分比）	47	39	44
服务业增加值（占GDP的百分比）	29	47	46
货物和服务出口（占GDP的百分比）	46	69	82
货物和服务进口（占GDP的百分比）	44	72	77
资本形成总额（占GDP的百分比）	27	25	34
中央政府收入（占GDP的百分比）	*31.5*	28.7	*29.0*
中央政府现金盈余/赤字（占GDP的百分比）	*-4.8*	0.1	*1.7*
政府与市场			
创办企业的时间（天）	..	*79*	9
股票市场资本总额（占GDP的百分比）	..	..	..
军费支出（占GDP的百分比）	*1.6*	1.3	1.2
移动电话用户（每100人）	0.0	0.5	113.5
互联网用户（占总人口的百分比）	0.0	1.9	46.9
铺敷道路（占总数的百分比）	*95.8*	89.0	*86.5*
高科技出口（占制成品出口的百分比）	..	4	3
全球联系			
商品贸易（占GDP的百分比）	..	125	146
净易货贸易条件指数（2000年=100）	..	100	101
外债总额（10亿美元）	*1.0*	2.6	34.2
债务还本付息总额（占出口的百分比）	*0.6*	4.9	9.5
净移民（千人）	*-63.1*	*-6.4*	-10.0
获得的侨汇（百万美元）	*0*	139	1,053
外国直接投资，净流入额（百万美元）	*7*	119	1,464
获得的净官方发展援助（百万美元）	..	..	103

比利时

高收入经济体

人口（百万）	11.1	人口增长率（百分比）	0.7
陆地面积（千平方公里）	31	每天生活费用不足1.25美元的人口（占人口的百分比）	..
GNI，图表集法（10亿美元）	497.6	人均GNI，图表集法（美元）	44,720
PPP衡量的GNI（10亿美元）	452.7	PPP衡量的人均GNI（美元）	40,680

	1990	2000	2012
人口			
最贫困的20%人口占国家消费/收入的份额（百分比）	..	8.5	..
出生时的预期寿命（岁）	76	78	80
总生育率（每个女性生育数）	1.6	1.7	1.8
青年女性生育率（每千名15—19岁女性生育数）	11	11	7
避孕普及率（占15—49岁已婚女性的百分比）	*78*	*76*	..
在熟练医护人员护理下的分娩（占总数的百分比）	..	*99*	..
5岁以下儿童死亡率（每千人）	10	6	4
儿童营养不良，体重不足（占5岁以下儿童的百分比）	..	..	..
儿童麻疹免疫接种率（占12—23个月年龄组的百分比）	85	82	96
小学毕业率，总数（占适龄年龄组的百分比）	*79*	..	*91*
中学总入学率，总数（占适龄年龄组的百分比）	103	145	*106*
小学和中学中女孩与男孩的比率（百分比）	101	105	*98*
HIV感染率（占15—49岁人口的百分比）	..	..	..
环境			
森林（千平方公里）	6.8	6.7	*6.8*
森林采伐（1990—2000年和2000—2010年，平均年度百分比）		0.2	*-0.2*
淡水使用量（占内陆水资源的百分比）	..	*62.8*	*51.8*
获得改善的水资源的人口（占总人口的百分比）	100	100	100
获得改善的卫生设施的人口（占总人口的百分比）	100	100	100
人均能源使用量（千克石油当量）	4,844	5,707	5,148
人均二氧化碳排放量（吨）	10.9	11.3	*10.0*
人均用电量（千瓦时）	6,380	8,248	*8,021*
经济			
GDP（10亿美元）	203	233	483
GDP增长率（年度百分比）	3.1	3.7	-0.1
GDP隐含价格平减指数（年度增长百分比）	2.8	2.0	1.9
农业增加值（占GDP的百分比）	2	1	1
工业增加值（占GDP的百分比）	31	27	22
服务业增加值（占GDP的百分比）	67	72	77
货物和服务出口（占GDP的百分比）	67	78	86
货物和服务进口（占GDP的百分比）	65	75	85
资本形成总额（占GDP的百分比）	23	23	21
中央政府收入（占GDP的百分比）	..	42.8	*41.2*
中央政府现金盈余/赤字（占GDP的百分比）	..	0.0	*-3.6*
政府与市场			
创办企业的时间（天）	..	*56*	4
股票市场资本总额（占GDP的百分比）	32.2	78.4	62.1
军费支出（占GDP的百分比）	2.3	1.4	1.1
移动电话用户（每100人）	0.4	54.8	111.3
互联网用户（占总人口的百分比）	0.0	29.4	82.0
铺敷道路（占总数的百分比）	*81.2*	78.0	*78.2*
高科技出口（占制成品出口的百分比）	..	11	11
全球联系			
商品贸易（占GDP的百分比）	117	157	182
净易货贸易条件指数（2000年=100）	..	100	94
外债总额（百万美元）	..	..	..
债务还本付息总额（占出口的百分比）	..	..	..
净移民（千人）	*115*	*197*	150
获得的侨汇（10亿美元）	3.6	4.0	10.1
外国直接投资，净流入额（10亿美元）	..	*18,081*	-1,917
获得的净官方发展援助（百万美元）	..	..	..

伯利兹

拉丁美洲和加勒比地区		中高收入经济体	
人口（千人）	324	人口增长率（百分比）	2.4
陆地面积（千平方公里）	23	每天生活费用不足1.25美元的人口（占人口的百分比）	*12.2*
GNI，图表集法（10亿美元）	*1.4*	人均GNI，图表集法（美元）	*4,490*
PPP衡量的GNI（10亿美元）	2.5	PPP衡量的人均GNI（美元）	7,630

	1990	2000	2012
人口			
最贫困的20%人口占国家消费/收入的份额（百分比）	*3.0*	*3.3*	..
出生时的预期寿命（岁）	71	71	74
总生育率（每个女性生育数）	4.5	3.6	2.7
青年女性生育率（每千名15—19岁女性生育数）	126	97	71
避孕普及率（占15—49岁已婚女性的百分比）	*47*	*56*	*55*
在熟练医护人员护理下的分娩（占总数的百分比）	*77*	100	*96*
5岁以下儿童死亡率（每千人）	43	25	18
儿童营养不良，体重不足（占5岁以下儿童的百分比）	*5.4*	..	*6.2*
儿童麻疹免疫接种率（占12—23个月年龄组的百分比）	86	96	96
小学毕业率，总数（占适龄年龄组的百分比）	*94*	101	116
中学总入学率，总数（占适龄年龄组的百分比）	*61*	68	84
小学和中学中女孩与男孩的比率（百分比）	*98*	99	100
HIV感染率（占15—49岁人口的百分比）	0.2	1.7	1.4
环境			
森林（千平方公里）	16	15	*14*
森林采伐（1990—2000年和2000—2010年，平均年度百分比）		0.6	*0.7*
淡水使用量（占内陆水资源的百分比）	..	*0.9*	*0.9*
获得改善的水资源的人口（占总人口的百分比）	73	85	99
获得改善的卫生设施的人口（占总人口的百分比）	76	83	91
人均能源使用量（千克石油当量）	566	..	..
人均二氧化碳排放量（吨）	1.7	2.9	*1.4*
人均用电量（千瓦时）	..	..	..
经济			
GDP（百万美元）	413	832	*1,493*
GDP增长率（年度百分比）	10.6	13.0	5.3
GDP隐含价格平减指数（年度增长百分比）	2.8	0.4	0.5
农业增加值（占GDP的百分比）	20	17	*13*
工业增加值（占GDP的百分比）	22	21	*23*
服务业增加值（占GDP的百分比）	58	62	*64*
货物和服务出口（占GDP的百分比）	62	53	*61*
货物和服务进口（占GDP的百分比）	60	74	*63*
资本形成总额（占GDP的百分比）	26	29	*15*
中央政府收入（占GDP的百分比）	25.4	20.4	26.0
中央政府现金盈余/赤字（占GDP的百分比）	-0.6	-5.7	-0.2
政府与市场			
创办企业的时间（天）	..	..	44
股票市场资本总额（占GDP的百分比）	..	..	..
军费支出（占GDP的百分比）	1.1	0.9	0.9
移动电话用户（每100人）	0.0	7.0	53.2
互联网用户（占总人口的百分比）	0.0	6.0	25.0
铺敷道路（占总数的百分比）	..	17.0	..
高科技出口（占制成品出口的百分比）	*0*	0	5
全球联系			
商品贸易（占GDP的百分比）	83	89	*81*
净易货贸易条件指数（2000年=100）	..	100	94
外债总额（百万美元）	143	528	1,241
债务还本付息总额（占出口的百分比）	7.2	15.3	11.3
净移民（千人）	*-9.0*	*4.5*	7.6
获得的侨汇（百万美元）	18.5	26.4	75.9
外国直接投资，净流入额（百万美元）	17	23	194
获得的净官方发展援助（百万美元）	30.3	14.7	25.2

贝宁

撒哈拉以南非洲地区		低收入经济体	
人口（百万）	10.1	人口增长率（百分比）	2.7
陆地面积（千平方公里）	115	每天生活费用不足1.25美元的人口（占人口的百分比）	*47.3*
GNI，图表集法（10亿美元）	7.5	人均GNI，图表集法（美元）	750
PPP衡量的GNI（10亿美元）	15.6	PPP衡量的人均GNI（美元）	1,550

	1990	2000	2012
人口			
最贫困的20%人口占国家消费/收入的份额（百分比）	..	*7.0*	..
出生时的预期寿命（岁）	53	55	59
总生育率（每个女性生育数）	6.7	6.0	4.9
青年女性生育率（每千名15—19岁女性生育数）	125	119	90
避孕普及率（占15—49岁已婚女性的百分比）	..	*19*	13
在熟练医护人员护理下的分娩（占总数的百分比）	..	*66*	84
5岁以下儿童死亡率（每千人）	181	147	90
儿童营养不良，体重不足（占5岁以下儿童的百分比）	..	*21.5*	*20.2*
儿童麻疹免疫接种率（占12—23个月年龄组的百分比）	79	70	72
小学毕业率，总数（占适龄年龄组的百分比）	19	37	71
中学总入学率，总数（占适龄年龄组的百分比）	..	22	*48*
小学和中学中女孩与男孩的比率（百分比）	..	62	*79*
HIV感染率（占15—49岁人口的百分比）	0.3	1.6	1.1
环境			
森林（千平方公里）	58	51	*45*
森林采伐（1990—2000年和2000—2010年，平均年度百分比）		1.3	*1.0*
淡水使用量（占内陆水资源的百分比）	..	*1.3*	*1.3*
获得改善的水资源的人口（占总人口的百分比）	57	66	76
获得改善的卫生设施的人口（占总人口的百分比）	5	9	14
人均能源使用量（千克石油当量）	332	285	*385*
人均二氧化碳排放量（吨）	0.1	0.2	*0.5*
人均用电量（千瓦时）	..	57	..
经济			
GDP（10亿美元）	2.0	2.4	7.6
GDP增长率（年度百分比）	9.0	4.9	5.4
GDP隐含价格平减指数（年度增长百分比）	2.2	4.5	6.3
农业增加值（占GDP的百分比）	35	35	*32*
工业增加值（占GDP的百分比）	12	13	*13*
服务业增加值（占GDP的百分比）	53	52	*54*
货物和服务出口（占GDP的百分比）	19	25	*15*
货物和服务进口（占GDP的百分比）	27	30	*27*
资本形成总额（占GDP的百分比）	14	19	*18*
中央政府收入（占GDP的百分比）	..	*15.6*	*17.2*
中央政府现金盈余/赤字（占GDP的百分比）	..	*0.6*	*-1.4*
政府与市场			
创办企业的时间（天）	..	*32*	15
股票市场资本总额（占GDP的百分比）	..	..	..
军费支出（占GDP的百分比）	1.7	0.6	1.0
移动电话用户（每100人）	0.0	0.8	83.7
互联网用户（占总人口的百分比）	0.0	0.2	3.8
铺敷道路（占总数的百分比）	20.0	9.5	..
高科技出口（占制成品出口的百分比）	..	0	*0*
全球联系			
商品贸易（占GDP的百分比）	28	43	48
净易货贸易条件指数（2000年=100）	107	100	118
外债总额（10亿美元）	1.1	1.4	2.1
债务还本付息总额（占出口的百分比）	9.9	13.6	*3.3*
净移民（千人）	*105*	99	-10
获得的侨汇（百万美元）	101	87	*172*
外国直接投资，净流入额（百万美元）	62	60	159
获得的净官方发展援助（百万美元）	267	243	511

百慕大

高收入经济体

人口（千人）	65	人口增长率（百分比）	0.4
陆地面积（平方公里）	50	每天生活费用不足1.25美元的人口（占人口的百分比）	..
GNI，图表集法（10亿美元）	6.8	人均GNI，图表集法（美元）	104,590
PPP衡量的GNI（百万美元）	..	PPP衡量的人均GNI（美元）	..

	1990	2000	2012
人口			
最贫困的20%人口占国家消费/收入的份额（百分比）	..	..	..
出生时的预期寿命（岁）	*74*	78	79
总生育率（每个女性生育数）	..	1.7	1.8
青年女性生育率（每千名15—19岁女性生育数）	..	..	..
避孕普及率（占15—49岁已婚女性的百分比）	..	..	..
在熟练医护人员护理下的分娩（占总数的百分比）	..	..	..
5岁以下儿童死亡率（每千人）	..	..	..
儿童营养不良，体重不足（占5岁以下儿童的百分比）	..	..	..
儿童麻疹免疫接种率（占12—23个月年龄组的百分比）	..	..	..
小学毕业率，总数（占适龄年龄组的百分比）	..	*97*	*91*
中学总入学率，总数（占适龄年龄组的百分比）	..	*79*	77
小学和中学中女孩与男孩的比率（百分比）	..	*104*	107
HIV感染率（占15—49岁人口的百分比）	..	..	..
环境			
森林（平方公里）	10.0	10.0	*10.0*
森林采伐（1990—2000年和2000—2010年，平均年度百分比）		0.0	*0.0*
淡水使用量（占内陆水资源的百分比）	..	..	..
获得改善的水资源的人口（占总人口的百分比）	..	..	..
获得改善的卫生设施的人口（占总人口的百分比）	..	..	..
人均能源使用量（千克石油当量）	..	..	..
人均二氧化碳排放量（吨）	10.1	8.0	*7.3*
人均用电量（千瓦时）	..	..	..
经济			
GDP（10亿美元）	1.6	3.5	5.5
GDP增长率（年度百分比）	0.0	9.3	-4.9
GDP隐含价格平减指数（年度增长百分比）	6.0	-4.2	3.7
农业增加值（占GDP的百分比）	..	1	1
工业增加值（占GDP的百分比）	..	12	6
服务业增加值（占GDP的百分比）	..	88	93
货物和服务出口（占GDP的百分比）	..	..	..
货物和服务进口（占GDP的百分比）	..	..	..
资本形成总额（占GDP的百分比）	..	..	..
中央政府收入（占GDP的百分比）	..	..	..
中央政府现金盈余/赤字（占GDP的百分比）	..	..	..
政府与市场			
创办企业的时间（天）	..	..	..
股票市场资本总额（占GDP的百分比）	..	61.7	27.2
军费支出（占GDP的百分比）	..	..	..
移动电话用户（每100人）	1.9	20.7	139.5
互联网用户（占总人口的百分比）	0.0	42.9	91.3
铺敷道路（占总数的百分比）	..	..	..
高科技出口（占制成品出口的百分比）	..	..	7
全球联系			
商品贸易（占GDP的百分比）	41	22	17
净易货贸易条件指数（2000年=100）	..	100	62
外债总额（百万美元）	..	..	..
债务还本付息总额（占出口的百分比）	..	..	..
净移民（千人）	..	..	..
获得的侨汇（百万美元）	..	..	1,191
外国直接投资，净流入额（百万美元）	..	67	133
获得的净官方发展援助（百万美元）	42.2	..	..

不丹

南亚			中低收入经济体
人口（千人）	742	人口增长率（百分比）	1.7
陆地面积（千平方公里）	38	每天生活费用不足1.25美元的人口（占人口的百分比）	1.7
GNI，图表集法（10亿美元）	1.8	人均GNI，图表集法（美元）	2,420
PPP衡量的GNI（10亿美元）	4.6	PPP衡量的人均GNI（美元）	6,200

	1990	2000	2012
人口			
最贫困的20%人口占国家消费/收入的份额（百分比）	..	*5.4*	6.8
出生时的预期寿命（岁）	52	60	68
总生育率（每个女性生育数）	5.6	3.6	2.3
青年女性生育率（每千名15—19岁女性生育数）	105	78	41
避孕普及率（占15—49岁已婚女性的百分比）	..	31	*66*
在熟练医护人员护理下的分娩（占总数的百分比）	..	24	*65*
5岁以下儿童死亡率（每千人）	131	80	45
儿童营养不良，体重不足（占5岁以下儿童的百分比）	..	*14.1*	*12.8*
儿童麻疹免疫接种率（占12—23个月年龄组的百分比）	93	78	95
小学毕业率，总数（占适龄年龄组的百分比）	*24*	51	101
中学总入学率，总数（占适龄年龄组的百分比）	..	30	74
小学和中学中女孩与男孩的比率（百分比）	..	85	103
HIV感染率（占15—49岁人口的百分比）	0.1	0.1	0.2
环境			
森林（千平方公里）	30	31	*33*
森林采伐（1990—2000年和2000—2010年，平均年度百分比）		-0.3	*-0.3*
淡水使用量（占内陆水资源的百分比）	..	..	*0.4*
获得改善的水资源的人口（占总人口的百分比）	..	86	98
获得改善的卫生设施的人口（占总人口的百分比）	..	35	47
人均能源使用量（千克石油当量）	104	..	..
人均二氧化碳排放量（吨）	0.2	0.7	*0.7*
人均用电量（千瓦时）	..	..	..
经济			
GDP（百万美元）	300	439	1,780
GDP增长率（年度百分比）	10.9	6.9	9.4
GDP隐含价格平减指数（年度增长百分比）	5.7	2.3	1.5
农业增加值（占GDP的百分比）	35	27	*16*
工业增加值（占GDP的百分比）	25	36	*44*
服务业增加值（占GDP的百分比）	40	37	*40*
货物和服务出口（占GDP的百分比）	27	29	*35*
货物和服务进口（占GDP的百分比）	31	53	*53*
资本形成总额（占GDP的百分比）	30	48	*56*
中央政府收入（占GDP的百分比）	17.0	22.9	*22.9*
中央政府现金盈余/赤字（占GDP的百分比）	-5.8	-2.4	*0.5*
政府与市场			
创办企业的时间（天）	..	*62*	32
股票市场资本总额（占GDP的百分比）	..	*10.3*	..
军费支出（占GDP的百分比）	..	..	..
移动电话用户（每100人）	0.0	0.0	75.6
互联网用户（占总人口的百分比）	0.0	0.4	25.4
铺敷道路（占总数的百分比）	77.1	*62.0*	*34.2*
高科技出口（占制成品出口的百分比）	..	*0*	*0*
全球联系			
商品贸易（占GDP的百分比）	50	63	90
净易货贸易条件指数（2000年=100）	..	100	134
外债总额（百万美元）	84	212	1,459
债务还本付息总额（占出口的百分比）	..	..	17.8
净移民（千人）	*-85.9*	*35.0*	10.0
获得的侨汇（百万美元）	..	..	18.1
外国直接投资，净流入额（百万美元）	1.6	*1.1*	9.6
获得的净官方发展援助（百万美元）	46	53	161

玻利维亚

拉丁美洲和加勒比地区		中低收入经济体	
人口（百万）	10.5	人口增长率（百分比）	1.7
陆地面积（千平方公里）	1,099	每天生活费用不足1.25美元的人口（占人口的百分比）	*15.6*
GNI，图表集法（10亿美元）	23.3	人均GNI，图表集法（美元）	2,220
PPP衡量的GNI（10亿美元）	51.2	PPP衡量的人均GNI（美元）	4,880

	1990	2000	2012
人口			
最贫困的20%人口占国家消费/收入的份额（百分比）	*5.6*	0.8	*2.1*
出生时的预期寿命（岁）	59	63	67
总生育率（每个女性生育数）	4.9	4.1	3.3
青年女性生育率（每千名15—19岁女性生育数）	89	85	72
避孕普及率（占15—49岁已婚女性的百分比）	*30*	53	*61*
在熟练医护人员护理下的分娩（占总数的百分比）	*43*	69	*71*
5岁以下儿童死亡率（每千人）	123	78	41
儿童营养不良，体重不足（占5岁以下儿童的百分比）	9.7	*5.9*	*4.5*
儿童麻疹免疫接种率（占12—23个月年龄组的百分比）	53	84	84
小学毕业率，总数（占适龄年龄组的百分比）	70	96	*92*
中学总入学率，总数（占适龄年龄组的百分比）	..	78	*77*
小学和中学中女孩与男孩的比率（百分比）	..	97	*99*
HIV感染率（占15—49岁人口的百分比）	0.1	0.4	0.3
环境			
森林（千平方公里）	628	601	*569*
森林采伐（1990—2000年和2000—2010年，平均年度百分比）		0.4	*0.5*
淡水使用量（占内陆水资源的百分比）	..	*0.7*	*0.7*
获得改善的水资源的人口（占总人口的百分比）	69	79	88
获得改善的卫生设施的人口（占总人口的百分比）	28	37	46
人均能源使用量（千克石油当量）	384	440	*746*
人均二氧化碳排放量（吨）	0.8	1.2	*1.5*
人均用电量（千瓦时）	269	412	*623*
经济			
GDP（10亿美元）	4.9	8.4	27.0
GDP增长率（年度百分比）	4.6	2.5	5.2
GDP隐含价格平减指数（年度增长百分比）	16.3	5.2	6.9
农业增加值（占GDP的百分比）	17	15	13
工业增加值（占GDP的百分比）	35	30	39
服务业增加值（占GDP的百分比）	48	55	48
货物和服务出口（占GDP的百分比）	23	18	47
货物和服务进口（占GDP的百分比）	24	27	38
资本形成总额（占GDP的百分比）	13	18	18
中央政府收入（占GDP的百分比）	..	*18.4*	..
中央政府现金盈余/赤字（占GDP的百分比）	..	*-8.7*	..
政府与市场			
创办企业的时间（天）	..	*60*	49
股票市场资本总额（占GDP的百分比）	..	20.7	16.4
军费支出（占GDP的百分比）	2.8	2.1	1.5
移动电话用户（每100人）	0.0	6.9	90.4
互联网用户（占总人口的百分比）	0.0	1.4	34.2
铺敷道路（占总数的百分比）	4.3	7.0	*11.6*
高科技出口（占制成品出口的百分比）	*7*	40	9
全球联系			
商品贸易（占GDP的百分比）	33	36	70
净易货贸易条件指数（2000年=100）	102	100	179
外债总额（10亿美元）	4.4	5.9	6.9
债务还本付息总额（占出口的百分比）	39.4	39.8	5.3
净移民（千人）	*-100*	*-131*	-125
获得的侨汇（百万美元）	5	127	1,111
外国直接投资，净流入额（百万美元）	27	736	1,060
获得的净官方发展援助（百万美元）	545	482	659

波斯尼亚和黑塞哥维那

欧洲和中亚 **中高收入经济体**

人口（百万）	3.8	人口增长率（百分比）	-0.1
陆地面积（千平方公里）	51	每天生活费用不足1.25美元的人口（占人口的百分比）	<2
GNI，图表集法（10亿美元）	18.2	人均GNI，图表集法（美元）	4,750
PPP衡量的GNI（10亿美元）	37.0	PPP衡量的人均GNI（美元）	9,650

	1990	2000	2012
人口			
最贫困的20%人口占国家消费/收入的份额（百分比）	..	*9.1*	6.7
出生时的预期寿命（岁）	67	75	76
总生育率（每个女性生育数）	1.7	1.4	1.3
青年女性生育率（每千名15—19岁女性生育数）	36	21	15
避孕普及率（占15—49岁已婚女性的百分比）	..	48	46
在熟练医护人员护理下的分娩（占总数的百分比）	97	100	100
5岁以下儿童死亡率（每千人）	18	10	7
儿童营养不良，体重不足（占5岁以下儿童的百分比）	..	4.2	1.5
儿童麻疹免疫接种率（占12—23个月年龄组的百分比）	52	80	94
小学毕业率，总数（占适龄年龄组的百分比）	..	..	..
中学总入学率，总数（占适龄年龄组的百分比）	..	..	..
小学和中学中女孩与男孩的比率（百分比）	..	..	..
HIV感染率（占15—49岁人口的百分比）	..	..	..
环境			
森林（千平方公里）	22	22	*22*
森林采伐（1990—2000年和2000—2010年，平均年度百分比）		0.1	*0.0*
淡水使用量（占内陆水资源的百分比）	..	..	*1.0*
获得改善的水资源的人口（占总人口的百分比）	97	98	100
获得改善的卫生设施的人口（占总人口的百分比）	..	95	95
人均能源使用量（千克石油当量）	1,550	1,133	*1,848*
人均二氧化碳排放量（吨）	*1.0*	6.1	*8.1*
人均用电量（千瓦时）	2,897	1,986	*3,189*
经济			
GDP（10亿美元）	..	5.5	17.5
GDP增长率（年度百分比）	..	5.5	-0.7
GDP隐含价格平减指数（年度增长百分比）	..	28.8	0.6
农业增加值（占GDP的百分比）	..	11	8
工业增加值（占GDP的百分比）	..	23	25
服务业增加值（占GDP的百分比）	..	66	67
货物和服务出口（占GDP的百分比）	..	29	31
货物和服务进口（占GDP的百分比）	..	76	55
资本形成总额（占GDP的百分比）	..	21	22
中央政府收入（占GDP的百分比）	..	*37.1*	*39.7*
中央政府现金盈余/赤字（占GDP的百分比）	..	*0.7*	*-1.2*
政府与市场			
创办企业的时间（天）	..	*68*	37
股票市场资本总额（占GDP的百分比）	..	..	..
军费支出（占GDP的百分比）	..	*3.6*	1.4
移动电话用户（每100人）	0.0	2.4	87.6
互联网用户（占总人口的百分比）	0.0	1.1	65.4
铺敷道路（占总数的百分比）	54.0	*52.3*	*92.1*
高科技出口（占制成品出口的百分比）	..	*2*	2
全球联系			
商品贸易（占GDP的百分比）	..	76	87
净易货贸易条件指数（2000年=100）	..	100	99
外债总额（10亿美元）	..	2.8	10.6
债务还本付息总额（占出口的百分比）	..	14.2	18.4
净移民（千人）	*-1,025*	*38*	-5
获得的侨汇（10亿美元）	..	1.6	1.8
外国直接投资，净流入额（百万美元）	..	146	350
获得的净官方发展援助（百万美元）	0	738	571

博茨瓦纳

撒哈拉以南非洲地区		中高收入经济体	
人口（百万）	2.0	人口增长率（百分比）	0.9
陆地面积（千平方公里）	582	每天生活费用不足1.25美元的人口（占人口的百分比）	*31.2*
GNI，图表集法（10亿美元）	15.3	人均GNI，图表集法（美元）	7,650
PPP衡量的GNI（10亿美元）	32.2	PPP衡量的人均GNI（美元）	16,060

	1990	2000	2012
人口			
最贫困的20%人口占国家消费/收入的份额（百分比）	..	..	..
出生时的预期寿命（岁）	63	50	47
总生育率（每个女性生育数）	4.7	3.4	2.7
青年女性生育率（每千名15—19岁女性生育数）	103	66	44
避孕普及率（占15—49岁已婚女性的百分比）	*33*	44	*53*
在熟练医护人员护理下的分娩（占总数的百分比）	*78*	94	*95*
5岁以下儿童死亡率（每千人）	48	85	53
儿童营养不良，体重不足（占5岁以下儿童的百分比）	..	10.7	*11.2*
儿童麻疹免疫接种率（占12—23个月年龄组的百分比）	87	91	94
小学毕业率，总数（占适龄年龄组的百分比）	89	89	*95*
中学总入学率，总数（占适龄年龄组的百分比）	40	75	..
小学和中学中女孩与男孩的比率（百分比）	108	102	..
HIV感染率（占15—49岁人口的百分比）	4.3	28.2	23.0
环境			
森林（千平方公里）	137	125	*112*
森林采伐（1990—2000年和2000—2010年，平均年度百分比）		0.9	*1.0*
淡水使用量（占内陆水资源的百分比）	*4.7*	*8.1*	*8.1*
获得改善的水资源的人口（占总人口的百分比）	92	95	97
获得改善的卫生设施的人口（占总人口的百分比）	39	52	64
人均能源使用量（千克石油当量）	911	1,046	*1,115*
人均二氧化碳排放量（吨）	1.6	2.4	*2.7*
人均用电量（千瓦时）	715	907	*1,603*
经济			
GDP（10亿美元）	3.8	5.8	14.5
GDP增长率（年度百分比）	6.8	2.0	4.2
GDP隐含价格平减指数（年度增长百分比）	6.3	14.2	1.4
农业增加值（占GDP的百分比）	5	3	3
工业增加值（占GDP的百分比）	61	51	35
服务业增加值（占GDP的百分比）	34	46	62
货物和服务出口（占GDP的百分比）	55	52	44
货物和服务进口（占GDP的百分比）	50	40	50
资本形成总额（占GDP的百分比）	37	30	34
中央政府收入（占GDP的百分比）	50.8	..	*35.7*
中央政府现金盈余/赤字（占GDP的百分比）	19.1	..	*-1.9*
政府与市场			
创办企业的时间（天）	..	*107*	60
股票市场资本总额（占GDP的百分比）	*6.6*	16.9	31.6
军费支出（占GDP的百分比）	4.1	3.2	2.3
移动电话用户（每100人）	0.0	12.7	153.8
互联网用户（占总人口的百分比）	0.0	2.9	11.5
铺敷道路（占总数的百分比）	32.0	*35.3*	..
高科技出口（占制成品出口的百分比）	..	1	1
全球联系			
商品贸易（占GDP的百分比）	98	82	96
净易货贸易条件指数（2000年=100）	98	100	85
外债总额（百万美元）	553	458	2,488
债务还本付息总额（占出口的百分比）	4.3	2.0	0.8
净移民（千人）	*17.9*	*21.3*	20.0
获得的侨汇（百万美元）	85.6	26.2	18.2
外国直接投资，净流入额（百万美元）	96	57	293
获得的净官方发展援助（百万美元）	145	31	74

巴西

拉丁美洲和加勒比地区		中高收入经济体	
人口（百万）	198.7	人口增长率（百分比）	0.9
陆地面积（千平方公里）	8,515	每天生活费用不足1.25美元的人口（占人口的百分比）	*6.1*
GNI，图表集法（10亿美元）	2,311.1	人均GNI，图表集法（美元）	11,630
PPP衡量的GNI（10亿美元）	2,291.0	PPP衡量的人均GNI（美元）	11,530

	1990	2000	2012
人口			
最贫困的20%人口占国家消费/收入的份额（百分比）	2.2	*2.1*	*2.9*
出生时的预期寿命（岁）	67	70	74
总生育率（每个女性生育数）	2.8	2.4	1.8
青年女性生育率（每千名15—19岁女性生育数）	82	87	71
避孕普及率（占15—49岁已婚女性的百分比）	*59*	..	*81*
在熟练医护人员护理下的分娩（占总数的百分比）	*70*	*96*	*97*
5岁以下儿童死亡率（每千人）	62	33	14
儿童营养不良，体重不足（占5岁以下儿童的百分比）	*5.3*	*3.7*	*2.2*
儿童麻疹免疫接种率（占12—23个月年龄组的百分比）	78	99	99
小学毕业率，总数（占适龄年龄组的百分比）	*92*	..	..
中学总入学率，总数（占适龄年龄组的百分比）	..	..	..
小学和中学中女孩与男孩的比率（百分比）	..	..	..
HIV感染率（占15—49岁人口的百分比）	..	..	..
环境			
森林（千平方公里）	5,748	5,459	*5,173*
森林采伐（1990—2000年和2000—2010年，平均年度百分比）		0.5	*0.5*
淡水使用量（占内陆水资源的百分比）	..	*1.1*	*1.1*
获得改善的水资源的人口（占总人口的百分比）	88	93	98
获得改善的卫生设施的人口（占总人口的百分比）	67	75	81
人均能源使用量（千克石油当量）	937	1,074	*1,371*
人均二氧化碳排放量（吨）	1.4	1.9	*2.2*
人均用电量（千瓦时）	1,454	1,900	*2,438*
经济			
GDP（10亿美元）	462	645	2,253
GDP增长率（年度百分比）	-4.3	4.3	0.9
GDP隐含价格平减指数（年度增长百分比）	2,735.5	6.2	5.3
农业增加值（占GDP的百分比）	8	6	5
工业增加值（占GDP的百分比）	39	28	26
服务业增加值（占GDP的百分比）	53	67	68
货物和服务出口（占GDP的百分比）	8	10	13
货物和服务进口（占GDP的百分比）	7	12	14
资本形成总额（占GDP的百分比）	20	18	18
中央政府收入（占GDP的百分比）	22.8	19.9	*25.0*
中央政府现金盈余/赤字（占GDP的百分比）	-3.4	-1.8	*-2.6*
政府与市场			
创办企业的时间（天）	..	*152*	108
股票市场资本总额（占GDP的百分比）	3.6	35.1	54.6
军费支出（占GDP的百分比）	6.3	1.8	1.5
移动电话用户（每100人）	0.0	13.3	125.0
互联网用户（占总人口的百分比）	0.0	2.9	49.8
铺敷道路（占总数的百分比）	9.7	6.0	*13.5*
高科技出口（占制成品出口的百分比）	6	19	10
全球联系			
商品贸易（占GDP的百分比）	12	18	21
净易货贸易条件指数（2000年=100）	66	100	129
外债总额（10亿美元）	120	243	440
债务还本付息总额（占出口的百分比）	22.6	85.9	15.5
净移民（千人）	*-100*	*-500*	-190
获得的侨汇（10亿美元）	0.6	1.6	2.6
外国直接投资，净流入额（10亿美元）	1.0	32.8	76.1
获得的净官方发展援助（百万美元）	151	231	1,288

文莱

高收入经济体

人口（千人）	412	人口增长率（百分比）	1.4
陆地面积（千平方公里）	5.8	每天生活费用不足1.25美元的人口（占人口的百分比）	..
GNI，图表集法（10亿美元）	*12.5*	人均GNI，图表集法（美元）	*31,590*
PPP衡量的GNI（10亿美元）	*19.3*	PPP衡量的人均GNI（美元）	*49,000*

	1990	2000	2012
人口			
最贫困的20%人口占国家消费/收入的份额（百分比）	..	..	..
出生时的预期寿命（岁）	74	76	78
总生育率（每个女性生育数）	3.5	2.4	2.0
青年女性生育率（每千名15—19岁女性生育数）	42	27	23
避孕普及率（占15—49岁已婚女性的百分比）	..	..	..
在熟练医护人员护理下的分娩（占总数的百分比）	..	*99*	*100*
5岁以下儿童死亡率（每千人）	12	10	8
儿童营养不良，体重不足（占5岁以下儿童的百分比）	..	..	..
儿童麻疹免疫接种率（占12—23个月年龄组的百分比）	99	99	99
小学毕业率，总数（占适龄年龄组的百分比）	99	116	102
中学总入学率，总数（占适龄年龄组的百分比）	*75*	86	108
小学和中学中女孩与男孩的比率（百分比）	*100*	100	100
HIV感染率（占15—49岁人口的百分比）	..	..	..
环境			
森林（千平方公里）	4.1	4.0	*3.8*
森林采伐（1990—2000年和2000—2010年，平均年度百分比）		0.4	*0.4*
淡水使用量（占内陆水资源的百分比）	*0.9*	*1.1*	*1.1*
获得改善的水资源的人口（占总人口的百分比）	..	..	..
获得改善的卫生设施的人口（占总人口的百分比）	..	..	..
人均能源使用量（千克石油当量）	6,721	7,187	*9,427*
人均二氧化碳排放量（吨）	25.0	19.7	*22.9*
人均用电量（千瓦时）	4,355	7,577	*8,507*
经济			
GDP（10亿美元）	3.5	6.0	17.0
GDP增长率（年度百分比）	1.1	2.8	2.2
GDP隐含价格平减指数（年度增长百分比）	8.4	29.0	0.8
农业增加值（占GDP的百分比）	1	1	1
工业增加值（占GDP的百分比）	62	64	71
服务业增加值（占GDP的百分比）	37	35	28
货物和服务出口（占GDP的百分比）	62	67	81
货物和服务进口（占GDP的百分比）	37	36	31
资本形成总额（占GDP的百分比）	19	13	14
中央政府收入（占GDP的百分比）	..	..	..
中央政府现金盈余/赤字（占GDP的百分比）	..	..	..
政府与市场			
创办企业的时间（天）	..	..	101
股票市场资本总额（占GDP的百分比）	..	..	..
军费支出（占GDP的百分比）	6.6	4.1	2.4
移动电话用户（每100人）	0.7	28.6	113.9
互联网用户（占总人口的百分比）	0.0	9.0	60.3
铺敷道路（占总数的百分比）	31.4	35.0	*82.3*
高科技出口（占制成品出口的百分比）	..	*0*	13
全球联系			
商品贸易（占GDP的百分比）	91	83	100
净易货贸易条件指数（2000年=100）	..	100	226
外债总额（百万美元）	..	..	..
债务还本付息总额（占出口的百分比）	..	..	..
净移民（千人）	*1.1*	*3.5*	1.8
获得的侨汇（百万美元）	..	..	..
外国直接投资，净流入额（百万美元）	..	*61*	850
获得的净官方发展援助（百万美元）	3.9	..	..

保加利亚

欧洲和中亚		中高收入经济体	
人口（百万）	7.3	人口增长率（百分比）	-0.6
陆地面积（千平方公里）	111	每天生活费用不足1.25美元的人口（占人口的百分比）	<2
GNI，图表集法（10亿美元）	50.0	人均GNI，图表集法（美元）	6,840
PPP衡量的GNI（10亿美元）	112.9	PPP衡量的人均GNI（美元）	15,450

	1990	2000	2012
人口			
最贫困的20%人口占国家消费/收入的份额（百分比）	*10.5*	*6.5*	*8.5*
出生时的预期寿命（岁）	72	72	74
总生育率（每个女性生育数）	1.8	1.3	1.5
青年女性生育率（每千名15—19岁女性生育数）	70	44	36
避孕普及率（占15—49岁已婚女性的百分比）	..	*63*	..
在熟练医护人员护理下的分娩（占总数的百分比）	99	100	*100*
5岁以下儿童死亡率（每千人）	22	21	12
儿童营养不良，体重不足（占5岁以下儿童的百分比）	..	*1.6*	..
儿童麻疹免疫接种率（占12—23个月年龄组的百分比）	99	89	94
小学毕业率，总数（占适龄年龄组的百分比）	99	97	*104*
中学总入学率，总数（占适龄年龄组的百分比）	99	93	*93*
小学和中学中女孩与男孩的比率（百分比）	99	98	*97*
HIV感染率（占15—49岁人口的百分比）	..	..	..
环境			
森林（千平方公里）	33	34	*40*
森林采伐（1990—2000年和2000—2010年，平均年度百分比）		-0.1	*-1.5*
淡水使用量（占内陆水资源的百分比）	*35.7*	*29.2*	*29.1*
获得改善的水资源的人口（占总人口的百分比）	100	100	99
获得改善的卫生设施的人口（占总人口的百分比）	99	100	100
人均能源使用量（千克石油当量）	3,236	2,287	*2,615*
人均二氧化碳排放量（吨）	8.7	5.3	*6.0*
人均用电量（千瓦时）	4,759	3,674	*4,864*
经济			
GDP（10亿美元）	20.7	12.9	51.0
GDP增长率（年度百分比）	-9.1	5.7	0.8
GDP隐含价格平减指数（年度增长百分比）	26.2	6.6	2.2
农业增加值（占GDP的百分比）	17	13	6
工业增加值（占GDP的百分比）	49	26	30
服务业增加值（占GDP的百分比）	34	61	63
货物和服务出口（占GDP的百分比）	33	50	67
货物和服务进口（占GDP的百分比）	37	56	70
资本形成总额（占GDP的百分比）	26	18	24
中央政府收入（占GDP的百分比）	47.1	32.9	*29.4*
中央政府现金盈余/赤字（占GDP的百分比）	-5.0	-0.4	*-2.0*
政府与市场			
创办企业的时间（天）	..	*32*	18
股票市场资本总额（占GDP的百分比）	..	4.8	13.1
军费支出（占GDP的百分比）	3.7	2.7	1.5
移动电话用户（每100人）	0.0	9.2	148.1
互联网用户（占总人口的百分比）	0.0	5.4	55.1
铺敷道路（占总数的百分比）	91.6	*92.1*	*98.6*
高科技出口（占制成品出口的百分比）	..	3	8
全球联系			
商品贸易（占GDP的百分比）	49	88	117
净易货贸易条件指数（2000年=100）	..	100	107
外债总额（10亿美元）	10.9	12.0	50.8
债务还本付息总额（占出口的百分比）	19.4	18.2	13.0
净移民（千人）	*-356*	*-83*	-50
获得的侨汇（百万美元）	..	58	1,449
外国直接投资，净流入额（10亿美元）	0.0	1.0	2.1
获得的净官方发展援助（百万美元）	..	..	..

布基纳法索

撒哈拉以南非洲地区　　低收入经济体

人口（百万）	16.5	人口增长率（百分比）	2.9
陆地面积（千平方公里）	274	每天生活费用不足1.25美元的人口（占人口的百分比）	*44.6*
GNI，图表集法（10亿美元）	11.0	人均GNI，图表集法（美元）	670
PPP衡量的GNI（10亿美元）	24.4	PPP衡量的人均GNI（美元）	1,480

	1990	2000	2012
人口			
最贫困的20%人口占国家消费/收入的份额（百分比）	..	*7.0*	6.7
出生时的预期寿命（岁）	49	50	56
总生育率（每个女性生育数）	7.0	6.6	5.7
青年女性生育率（每千名15—19岁女性生育数）	147	139	115
避孕普及率（占15—49岁已婚女性的百分比）	*8*	*12*	*16*
在熟练医护人员护理下的分娩（占总数的百分比）	*42*	*31*	66
5岁以下儿童死亡率（每千人）	202	186	102
儿童营养不良，体重不足（占5岁以下儿童的百分比）	*29.6*	*33.7*	*26.2*
儿童麻疹免疫接种率（占12—23个月年龄组的百分比）	79	48	87
小学毕业率，总数（占适龄年龄组的百分比）	19	25	58
中学总入学率，总数（占适龄年龄组的百分比）	7	10	26
小学和中学中女孩与男孩的比率（百分比）	..	70	91
HIV感染率（占15—49岁人口的百分比）	3.3	2.5	1.0
环境			
森林（千平方公里）	68	62	56
森林采伐（1990—2000年和2000—2010年，平均年度百分比）		0.9	*1.0*
淡水使用量（占内陆水资源的百分比）	*3.0*	*7.9*	*7.9*
获得改善的水资源的人口（占总人口的百分比）	44	60	82
获得改善的卫生设施的人口（占总人口的百分比）	8	12	19
人均能源使用量（千克石油当量）	..	..	..
人均二氧化碳排放量（吨）	0.07	0.09	*0.11*
人均用电量（千瓦时）	..	..	..
经济			
GDP（10亿美元）	3.1	2.6	10.7
GDP增长率（年度百分比）	-0.6	1.8	9.5
GDP隐含价格平减指数（年度增长百分比）	1.8	-1.7	1.9
农业增加值（占GDP的百分比）	29	29	35
工业增加值（占GDP的百分比）	21	25	26
服务业增加值（占GDP的百分比）	50	46	38
货物和服务出口（占GDP的百分比）	11	9	27
货物和服务进口（占GDP的百分比）	24	25	34
资本形成总额（占GDP的百分比）	19	17	28
中央政府收入（占GDP的百分比）	..	*11.7*	18.2
中央政府现金盈余/赤字（占GDP的百分比）	..	*-4.6*	-3.2
政府与市场			
创办企业的时间（天）	..	*40*	13
股票市场资本总额（占GDP的百分比）	..	..	..
军费支出（占GDP的百分比）	2.3	1.2	1.4
移动电话用户（每100人）	0.0	0.2	60.6
互联网用户（占总人口的百分比）	0.0	0.1	3.7
铺敷道路（占总数的百分比）	16.6	13.0	*20.6*
高科技出口（占制成品出口的百分比）	..	3	6
全球联系			
商品贸易（占GDP的百分比）	22	31	51
净易货贸易条件指数（2000年=100）	119	100	127
外债总额（10亿美元）	0.8	1.4	2.5
债务还本付息总额（占出口的百分比）	9.4	18.8	*2.5*
净移民（千人）	*-150*	*-125*	-125
获得的侨汇（百万美元）	140	67	120
外国直接投资，净流入额（百万美元）	0.5	23.2	40.1
获得的净官方发展援助（百万美元）	327	180	1,159

布隆迪

撒哈拉以南非洲地区		低收入经济体	
人口（百万）	9.8	人口增长率（百分比）	3.2
陆地面积（千平方公里）	28	每天生活费用不足1.25美元的人口（占人口的百分比）	*81.3*
GNI，图表集法（10亿美元）	2.4	人均GNI，图表集法（美元）	240
PPP衡量的GNI（10亿美元）	5.4	PPP衡量的人均GNI（美元）	550

	1990	2000	2012
人口			
最贫困的20%人口占国家消费/收入的份额（百分比）	*7.9*	*5.1*	*9.0*
出生时的预期寿命（岁）	47	48	54
总生育率（每个女性生育数）	7.5	7.1	6.1
青年女性生育率（每千名15—19岁女性生育数）	49	41	30
避孕普及率（占15—49岁已婚女性的百分比）	..	16	*22*
在熟练医护人员护理下的分娩（占总数的百分比）	..	25	*60*
5岁以下儿童死亡率（每千人）	164	150	104
儿童营养不良，体重不足（占5岁以下儿童的百分比）	..	38.9	*29.1*
儿童麻疹免疫接种率（占12—23个月年龄组的百分比）	74	72	93
小学毕业率，总数（占适龄年龄组的百分比）	41	24	62
中学总入学率，总数（占适龄年龄组的百分比）	5	*10*	28
小学和中学中女孩与男孩的比率（百分比）	79	*79*	93
HIV感染率（占15—49岁人口的百分比）	1.7	3.3	1.3
环境			
森林（千平方公里）	2.9	2.0	*1.7*
森林采伐（1990—2000年和2000—2010年，平均年度百分比）		3.7	*1.4*
淡水使用量（占内陆水资源的百分比）	..	*2.9*	*2.9*
获得改善的水资源的人口（占总人口的百分比）	69	72	75
获得改善的卫生设施的人口（占总人口的百分比）	42	44	47
人均能源使用量（千克石油当量）	..	..	..
人均二氧化碳排放量（吨）	0.05	0.05	0.03
人均用电量（千瓦时）	..	..	..
经济			
GDP（百万美元）	1,132	870	2,472
GDP增长率（年度百分比）	3.5	-0.9	4.0
GDP隐含价格平减指数（年度增长百分比）	6.0	38.9	15.4
农业增加值（占GDP的百分比）	56	48	41
工业增加值（占GDP的百分比）	19	17	17
服务业增加值（占GDP的百分比）	25	35	43
货物和服务出口（占GDP的百分比）	8	6	9
货物和服务进口（占GDP的百分比）	28	16	37
资本形成总额（占GDP的百分比）	15	3	28
中央政府收入（占GDP的百分比）	*18.2*	*15.8*	..
中央政府现金盈余/赤字（占GDP的百分比）	*-2.3*	*-2.4*	..
政府与市场			
创办企业的时间（天）	..	*13*	5
股票市场资本总额（占GDP的百分比）	..	..	..
军费支出（占GDP的百分比）	3.5	4.9	*2.4*
移动电话用户（每100人）	0.0	0.2	22.8
互联网用户（占总人口的百分比）	0.0	0.1	1.2
铺敷道路（占总数的百分比）	..	7.0	..
高科技出口（占制成品出口的百分比）	*0*	0	*3*
全球联系			
商品贸易（占GDP的百分比）	27	23	37
净易货贸易条件指数（2000年=100）	128	100	149
外债总额（百万美元）	907	1,126	663
债务还本付息总额（占出口的百分比）	43.4	40.9	8.5
净移民（千人）	*-250*	*113*	-20
获得的侨汇（百万美元）	..	..	46.4
外国直接投资，净流入额（百万美元）	1.3	11.7	0.6
获得的净官方发展援助（百万美元）	263	93	523

佛得角

撒哈拉以南非洲地区 　　　　**中低收入经济体**

人口（千人）	494	人口增长率（百分比）	0.8
陆地面积（千平方公里）	4.0	每天生活费用不足1.25美元的人口（占人口的百分比）	*21.0*
GNI，图表集法（10亿美元）	1.9	人均GNI，图表集法（美元）	3,830
PPP衡量的GNI（10亿美元）	2.4	PPP衡量的人均GNI（美元）	4,930

	1990	2000	2012
人口			
最贫困的20%人口占国家消费/收入的份额（百分比）	..	*4.5*	..
出生时的预期寿命（岁）	66	70	75
总生育率（每个女性生育数）	5.3	3.7	2.3
青年女性生育率（每千名15—19岁女性生育数）	109	99	71
避孕普及率（占15—49岁已婚女性的百分比）	*24*	*53*	..
在熟练医护人员护理下的分娩（占总数的百分比）	..	*89*	..
5岁以下儿童死亡率（每千人）	62	38	22
儿童营养不良，体重不足（占5岁以下儿童的百分比）	..	..	..
儿童麻疹免疫接种率（占12—23个月年龄组的百分比）	79	86	96
小学毕业率，总数（占适龄年龄组的百分比）	56	106	99
中学总入学率，总数（占适龄年龄组的百分比）	20	67	93
小学和中学中女孩与男孩的比率（百分比）	99	99	104
HIV感染率（占15—49岁人口的百分比）	0.4	0.6	0.2
环境			
森林（平方公里）	578	821	*848*
森林采伐（1990—2000年和2000—2010年，平均年度百分比）		-3.6	*-0.4*
淡水使用量（占内陆水资源的百分比）	..	*7.3*	*7.3*
获得改善的水资源的人口（占总人口的百分比）	..	83	89
获得改善的卫生设施的人口（占总人口的百分比）	..	44	65
人均能源使用量（千克石油当量）	83	..	..
人均二氧化碳排放量（吨）	0.3	0.4	*0.7*
人均用电量（千瓦时）	..	..	..
经济			
GDP（百万美元）	359	605	1,827
GDP增长率（年度百分比）	0.7	14.3	2.5
GDP隐含价格平减指数（年度增长百分比）	19.8	-9.4	3.4
农业增加值（占GDP的百分比）	12	11	*8*
工业增加值（占GDP的百分比）	26	19	*18*
服务业增加值（占GDP的百分比）	62	69	*74*
货物和服务出口（占GDP的百分比）	15	24	32
货物和服务进口（占GDP的百分比）	59	54	53
资本形成总额（占GDP的百分比）	..	..	*48*
中央政府收入（占GDP的百分比）	..	..	*22.3*
中央政府现金盈余/赤字（占GDP的百分比）	..	..	*-9.0*
政府与市场			
创办企业的时间（天）	..	..	10
股票市场资本总额（占GDP的百分比）	..	..	..
军费支出（占GDP的百分比）	*0.8*	1.1	*0.5*
移动电话用户（每100人）	0.0	4.5	86.0
互联网用户（占总人口的百分比）	0.0	1.8	34.7
铺敷道路（占总数的百分比）	78.0	69.0	..
高科技出口（占制成品出口的百分比）	..	1	*1*
全球联系			
商品贸易（占GDP的百分比）	40	40	45
净易货贸易条件指数（2000年=100）	100	100	109
外债总额（百万美元）	134	320	1,261
债务还本付息总额（占出口的百分比）	9.1	10.7	4.6
净移民（千人）	*-6.4*	*-10.9*	-17.2
获得的侨汇（百万美元）	59	87	167
外国直接投资，净流入额（百万美元）	0.3	33.4	74.1
获得的净官方发展援助（百万美元）	105	94	246

柬埔寨

东亚和太平洋			低收入经济体
人口（百万）	14.9	人口增长率（百分比）	1.8
陆地面积（千平方公里）	181	每天生活费用不足1.25美元的人口（占人口的百分比）	*18.6*
GNI，图表集法（10亿美元）	13.0	人均GNI，图表集法（美元）	880
PPP衡量的GNI（10亿美元）	34.6	PPP衡量的人均GNI（美元）	2,330

	1990	2000	2012
人口			
最贫困的20%人口占国家消费/收入的份额（百分比）	..	*6.9*	*7.9*
出生时的预期寿命（岁）	55	62	71
总生育率（每个女性生育数）	5.6	3.8	2.9
青年女性生育率（每千名15—19岁女性生育数）	75	49	44
避孕普及率（占15—49岁已婚女性的百分比）	..	24	*51*
在熟练医护人员护理下的分娩（占总数的百分比）	..	32	74
5岁以下儿童死亡率（每千人）	116	111	40
儿童营养不良，体重不足（占5岁以下儿童的百分比）	..	39.5	*29.0*
儿童麻疹免疫接种率（占12—23个月年龄组的百分比）	34	65	93
小学毕业率，总数（占适龄年龄组的百分比）	..	*51*	98
中学总入学率，总数（占适龄年龄组的百分比）	*28*	17	..
小学和中学中女孩与男孩的比率（百分比）	..	82	..
HIV感染率（占15—49岁人口的百分比）	0.1	1.5	0.8
环境			
森林（千平方公里）	129	115	*100*
森林采伐（1990—2000年和2000—2010年，平均年度百分比）		1.1	*1.3*
淡水使用量（占内陆水资源的百分比）	..	..	*1.8*
获得改善的水资源的人口（占总人口的百分比）	22	42	71
获得改善的卫生设施的人口（占总人口的百分比）	3	16	37
人均能源使用量（千克石油当量）	..	279	*365*
人均二氧化碳排放量（吨）	0.05	0.16	*0.29*
人均用电量（千瓦时）	..	33	*164*
经济			
GDP（10亿美元）	*2.5*	3.7	14.0
GDP增长率（年度百分比）	..	8.8	7.3
GDP隐含价格平减指数（年度增长百分比）	..	-3.2	1.4
农业增加值（占GDP的百分比）	*47*	38	36
工业增加值（占GDP的百分比）	*13*	23	24
服务业增加值（占GDP的百分比）	*40*	39	40
货物和服务出口（占GDP的百分比）	*16*	50	*54*
货物和服务进口（占GDP的百分比）	*33*	62	*60*
资本形成总额（占GDP的百分比）	*12*	18	*17*
中央政府收入（占GDP的百分比）	..	*10.3*	13.2
中央政府现金盈余/赤字（占GDP的百分比）	..	*-3.4*	-4.4
政府与市场			
创办企业的时间（天）	..	*94*	104
股票市场资本总额（占GDP的百分比）	..	..	..
军费支出（占GDP的百分比）	*1.8*	2.2	1.5
移动电话用户（每100人）	0.0	1.1	128.5
互联网用户（占总人口的百分比）	0.0	0.0	4.9
铺敷道路（占总数的百分比）	7.5	6.3	..
高科技出口（占制成品出口的百分比）	..	0	0
全球联系			
商品贸易（占GDP的百分比）	*30*	91	137
净易货贸易条件指数（2000年=100）	..	100	75
外债总额（10亿美元）	1.8	2.6	5.7
债务还本付息总额（占出口的百分比）	*4.1*	1.7	1.5
净移民（千人）	*409*	*-73*	-175
获得的侨汇（百万美元）	*9*	121	256
外国直接投资，净流入额（百万美元）	*33*	149	1,557
获得的净官方发展援助（百万美元）	41	396	807

喀麦隆

撒哈拉以南非洲地区 | **中低收入经济体**

人口（百万）	21.7	人口增长率（百分比）	2.5
陆地面积（千平方公里）	475	每天生活费用不足1.25美元的人口（占人口的百分比）	*9.6*
GNI，图表集法（10亿美元）	25.3	人均GNI，图表集法（美元）	1,170
PPP衡量的GNI（10亿美元）	49.3	PPP衡量的人均GNI（美元）	2,270

	1990	2000	2012
人口			
最贫困的20%人口占国家消费/收入的份额（百分比）	..	*6.5*	*6.7*
出生时的预期寿命（岁）	54	52	55
总生育率（每个女性生育数）	6.4	5.6	4.9
青年女性生育率（每千名15—19岁女性生育数）	183	156	116
避孕普及率（占15—49岁已婚女性的百分比）	*16*	26	*23*
在熟练医护人员护理下的分娩（占总数的百分比）	*64*	60	*64*
5岁以下儿童死亡率（每千人）	135	150	95
儿童营养不良，体重不足（占5岁以下儿童的百分比）	*18.0*	*15.1*	*15.1*
儿童麻疹免疫接种率（占12—23个月年龄组的百分比）	56	49	82
小学毕业率，总数（占适龄年龄组的百分比）	56	49	73
中学总入学率，总数（占适龄年龄组的百分比）	25	27	50
小学和中学中女孩与男孩的比率（百分比）	82	*85*	87
HIV感染率（占15—49岁人口的百分比）	0.5	5.1	4.5
环境			
森林（千平方公里）	243	221	*197*
森林采伐（1990—2000年和2000—2010年，平均年度百分比）		0.9	*1.0*
淡水使用量（占内陆水资源的百分比）	*0.1*	*0.4*	*0.4*
获得改善的水资源的人口（占总人口的百分比）	51	62	74
获得改善的卫生设施的人口（占总人口的百分比）	40	42	45
人均能源使用量（千克石油当量）	413	396	*318*
人均二氧化碳排放量（吨）	0.1	0.2	*0.4*
人均用电量（千瓦时）	194	171	*256*
经济			
GDP（10亿美元）	11.2	9.3	25.3
GDP增长率（年度百分比）	-6.1	4.2	4.6
GDP隐含价格平减指数（年度增长百分比）	1.6	2.8	2.8
农业增加值（占GDP的百分比）	25	22	..
工业增加值（占GDP的百分比）	29	36	..
服务业增加值（占GDP的百分比）	46	42	..
货物和服务出口（占GDP的百分比）	20	29	29
货物和服务进口（占GDP的百分比）	17	25	32
资本形成总额（占GDP的百分比）	18	17	19
中央政府收入（占GDP的百分比）	14.3	*14.1*	..
中央政府现金盈余/赤字（占GDP的百分比）	-5.6	0.1	..
政府与市场			
创办企业的时间（天）	..	*45*	15
股票市场资本总额（占GDP的百分比）	..	..	..
军费支出（占GDP的百分比）	1.5	1.3	1.4
移动电话用户（每100人）	0.0	0.6	60.4
互联网用户（占总人口的百分比）	0.0	0.3	5.7
铺敷道路（占总数的百分比）	10.5	8.0	*10.1*
高科技出口（占制成品出口的百分比）	3	1	4
全球联系			
商品贸易（占GDP的百分比）	31	36	46
净易货贸易条件指数（2000年=100）	81	100	157
外债总额（10亿美元）	6.6	10.6	3.7
债务还本付息总额（占出口的百分比）	20.5	20.8	3.1
净移民（千人）	*-80.0*	*-80.0*	-50.0
获得的侨汇（百万美元）	23	30	210
外国直接投资，净流入额（百万美元）	-113	159	526
获得的净官方发展援助（百万美元）	444	377	596

加拿大

高收入经济体

人口（百万）	34.8	人口增长率（百分比）	1.2
陆地面积（千平方公里）	9,985	每天生活费用不足1.25美元的人口（占人口的百分比）	..
GNI，图表集法（10亿美元）	1,792.3	人均GNI，图表集法（美元）	51,570
PPP衡量的GNI（10亿美元）	1,469.0	PPP衡量的人均GNI（美元）	42,270

	1990	2000	2012
人口			
最贫困的20%人口占国家消费/收入的份额（百分比）	..	7.2	..
出生时的预期寿命（岁）	77	79	81
总生育率（每个女性生育数）	1.8	1.5	1.6
青年女性生育率（每千名15—19岁女性生育数）	24	17	14
避孕普及率（占15—49岁已婚女性的百分比）	..	*74*	..
在熟练医护人员护理下的分娩（占总数的百分比）	..	*98*	*100*
5岁以下儿童死亡率（每千人）	8	6	5
儿童营养不良，体重不足（占5岁以下儿童的百分比）	..	..	..
儿童麻疹免疫接种率（占12—23个月年龄组的百分比）	89	96	98
小学毕业率，总数（占适龄年龄组的百分比）	..	97	..
中学总入学率，总数（占适龄年龄组的百分比）	99	102	*102*
小学和中学中女孩与男孩的比率（百分比）	100	101	99
HIV感染率（占15—49岁人口的百分比）	..	..	..
环境			
森林（千平方公里）	3,101	3,101	*3,101*
森林采伐（1990—2000年和2000—2010年，平均年度百分比）		0.0	*0.0*
淡水使用量（占内陆水资源的百分比）	..	*1.6*	*1.6*
获得改善的水资源的人口（占总人口的百分比）	100	100	100
获得改善的卫生设施的人口（占总人口的百分比）	100	100	100
人均能源使用量（千克石油当量）	7,505	8,172	7,270
人均二氧化碳排放量（吨）	16.2	17.4	*14.7*
人均用电量（千瓦时）	16,109	16,991	*16,473*
经济			
GDP（10亿美元）	583	725	1,780
GDP增长率（年度百分比）	0.2	5.2	1.7
GDP隐含价格平减指数（年度增长百分比）	3.2	4.1	1.7
农业增加值（占GDP的百分比）	3	2	..
工业增加值（占GDP的百分比）	31	33	..
服务业增加值（占GDP的百分比）	66	65	..
货物和服务出口（占GDP的百分比）	26	46	30
货物和服务进口（占GDP的百分比）	26	40	32
资本形成总额（占GDP的百分比）	21	20	23
中央政府收入（占GDP的百分比）	*20.9*	21.4	*17.2*
中央政府现金盈余/赤字（占GDP的百分比）	*-5.1*	2.3	*-1.3*
政府与市场			
创办企业的时间（天）	..	*3*	5
股票市场资本总额（占GDP的百分比）	41.5	116.1	113.3
军费支出（占GDP的百分比）	2.0	1.1	1.3
移动电话用户（每100人）	2.1	28.4	80.1
互联网用户（占总人口的百分比）	0.4	51.3	86.8
铺敷道路（占总数的百分比）	35.0	*39.9*	..
高科技出口（占制成品出口的百分比）	14	19	12
全球联系			
商品贸易（占GDP的百分比）	43	72	52
净易货贸易条件指数（2000年=100）	..	100	119
外债总额（百万美元）	..	..	..
债务还本付息总额（占出口的百分比）	..	..	..
净移民（千人）	*699*	*1,029*	1,100
获得的侨汇（百万美元）	..	..	1,206
外国直接投资，净流入额（10亿美元）	7.6	66.1	43.1
获得的净官方发展援助（百万美元）	..	..	..

开曼群岛

高收入经济体

人口（千人）	58	人口增长率（百分比）	1.7
陆地面积（平方公里）	264	每天生活费用不足1.25美元的人口（占人口的百分比）	..
GNI，图表集法（百万美元）	..	人均GNI，图表集法（美元）	..
PPP衡量的GNI（百万美元）	..	PPP衡量的人均GNI（美元）	..

	1990	2000	2012
人口			
最贫困的20%人口占国家消费/收入的份额（百分比）	..	..	..
出生时的预期寿命（岁）	..	..	..
总生育率（每个女性生育数）	..	..	..
青年女性生育率（每千名15—19岁女性生育数）	..	..	..
避孕普及率（占15—49岁已婚女性的百分比）	..	..	..
在熟练医护人员护理下的分娩（占总数的百分比）	..	..	..
5岁以下儿童死亡率（每千人）	..	..	..
儿童营养不良，体重不足（占5岁以下儿童的百分比）	..	..	..
儿童麻疹免疫接种率（占12—23个月年龄组的百分比）	..	..	..
小学毕业率，总数（占适龄年龄组的百分比）	..	104	..
中学总入学率，总数（占适龄年龄组的百分比）	..	*95*	..
小学和中学中女孩与男孩的比率（百分比）	..	*92*	..
HIV感染率（占15—49岁人口的百分比）	..	..	..
环境			
森林（平方公里）	124	124	*127*
森林采伐（1990—2000年和2000—2010年，平均年度百分比）		0.0	*0.0*
淡水使用量（占内陆水资源的百分比）	..	..	..
获得改善的水资源的人口（占总人口的百分比）	..	93	96
获得改善的卫生设施的人口（占总人口的百分比）	96	96	96
人均能源使用量（千克石油当量）	..	..	..
人均二氧化碳排放量（吨）	10.1	10.9	*10.6*
人均用电量（千瓦时）	..	..	..
经济			
GDP（百万美元）	..	..	..
GDP增长率（年度百分比）	..	..	..
GDP隐含价格平减指数（年度增长百分比）	..	..	..
农业增加值（占GDP的百分比）	..	..	..
工业增加值（占GDP的百分比）	..	..	..
服务业增加值（占GDP的百分比）	..	..	..
货物和服务出口（占GDP的百分比）	..	..	..
货物和服务进口（占GDP的百分比）	..	..	..
资本形成总额（占GDP的百分比）	..	..	..
中央政府收入（占GDP的百分比）	..	..	..
中央政府现金盈余/赤字（占GDP的百分比）	..	..	..
政府与市场			
创办企业的时间（天）	..	..	..
股票市场资本总额（占GDP的百分比）	..	..	..
军费支出（占GDP的百分比）	..	..	..
移动电话用户（每100人）	0.0	25.7	171.7
互联网用户（占总人口的百分比）	0.0	..	74.1
铺敷道路（占总数的百分比）	..	..	97.9
高科技出口（占制成品出口的百分比）	..	..	..
全球联系			
商品贸易（占GDP的百分比）	..	..	..
净易货贸易条件指数（2000年=100）	..	100	83
外债总额（百万美元）	..	..	..
债务还本付息总额（占出口的百分比）	..	..	..
净移民（千人）	..	..	..
获得的侨汇（百万美元）	..	..	..
外国直接投资，净流入额（10亿美元）	0.0	7.6	4.2
获得的净官方发展援助（百万美元）	3.0	..	..

中非共和国

撒哈拉以南非洲地区 **低收入经济体**

人口（百万）	4.5	人口增长率（百分比）	2.0
陆地面积（千平方公里）	623	每天生活费用不足1.25美元的人口（占人口的百分比）	*62.8*
GNI，图表集法（10亿美元）	2.3	人均GNI，图表集法（美元）	510
PPP衡量的GNI（10亿美元）	4.9	PPP衡量的人均GNI（美元）	1,080

	1990	2000	2012
人口			
最贫困的20%人口占国家消费/收入的份额（百分比）	*2.0*	5.2	*3.4*
出生时的预期寿命（岁）	46	44	49
总生育率（每个女性生育数）	5.8	5.4	4.5
青年女性生育率（每千名15—19岁女性生育数）	149	127	98
避孕普及率（占15—49岁已婚女性的百分比）	..	28	*15*
在熟练医护人员护理下的分娩（占总数的百分比）	..	44	*54*
5岁以下儿童死亡率（每千人）	171	164	129
儿童营养不良，体重不足（占5岁以下儿童的百分比）	..	21.8	*28.0*
儿童麻疹免疫接种率（占12—23个月年龄组的百分比）	82	36	49
小学毕业率，总数（占适龄年龄组的百分比）	30	..	45
中学总入学率，总数（占适龄年龄组的百分比）	11	*12*	18
小学和中学中女孩与男孩的比率（百分比）	59	..	70
HIV感染率（占15—49岁人口的百分比）	..	..	..
环境			
森林（千平方公里）	232	229	*226*
森林采伐（1990—2000年和2000—2010年，平均年度百分比）		0.1	*0.1*
淡水使用量（占内陆水资源的百分比）	..	*0.0*	*0.0*
获得改善的水资源的人口（占总人口的百分比）	59	62	68
获得改善的卫生设施的人口（占总人口的百分比）	15	17	22
人均能源使用量（千克石油当量）	..	..	..
人均二氧化碳排放量（吨）	0.07	0.07	*0.06*
人均用电量（千瓦时）	..	..	..
经济			
GDP（百万美元）	1,441	915	2,184
GDP增长率（年度百分比）	-2.1	-2.5	6.9
GDP隐含价格平减指数（年度增长百分比）	1.8	8.5	-0.1
农业增加值（占GDP的百分比）	49	52	54
工业增加值（占GDP的百分比）	20	15	14
服务业增加值（占GDP的百分比）	30	33	32
货物和服务出口（占GDP的百分比）	17	20	12
货物和服务进口（占GDP的百分比）	26	25	22
资本形成总额（占GDP的百分比）	13	11	15
中央政府收入（占GDP的百分比）	..	..	11.0
中央政府现金盈余/赤字（占GDP的百分比）	..	..	0.7
政府与市场			
创办企业的时间（天）	..	*22*	22
股票市场资本总额（占GDP的百分比）	..	..	..
军费支出（占GDP的百分比）	*1.6*	*1.1*	2.6
移动电话用户（每100人）	0.0	0.1	25.3
互联网用户（占总人口的百分比）	0.0	0.1	3.0
铺敷道路（占总数的百分比）	..	*2.7*	6.8
高科技出口（占制成品出口的百分比）	*1*	0	*0*
全球联系			
商品贸易（占GDP的百分比）	19	30	24
净易货贸易条件指数（2000年=100）	238	100	69
外债总额（百万美元）	699	872	552
债务还本付息总额（占出口的百分比）	13.2	..	..
净移民（千人）	*37.4*	*-45.0*	10.0
获得的侨汇（百万美元）	0.1	..	..
外国直接投资，净流入额（百万美元）	0.7	0.9	71.2
获得的净官方发展援助（百万美元）	249	75	227

乍得

撒哈拉以南非洲地区 **低收入经济体**

人口（百万）	12.4	人口增长率（百分比）	3.0
陆地面积（千平方公里）	1,284	每天生活费用不足1.25美元的人口（占人口的百分比）	*61.9*
GNI，图表集法（10亿美元）	9.6	人均GNI，图表集法（美元）	770
PPP衡量的GNI（10亿美元）	20.1	PPP衡量的人均GNI（美元）	1,620

	1990	**2000**	**2012**
人口			
最贫困的20%人口占国家消费/收入的份额（百分比）	..	6.3	..
出生时的预期寿命（岁）	46	47	51
总生育率（每个女性生育数）	7.3	7.4	6.4
青年女性生育率（每千名15—19岁女性生育数）	218	212	152
避孕普及率（占15—49岁已婚女性的百分比）	..	8	5
在熟练医护人员护理下的分娩（占总数的百分比）	..	16	*23*
5岁以下儿童死亡率（每千人）	209	189	150
儿童营养不良，体重不足（占5岁以下儿童的百分比）	..	29.4	..
儿童麻疹免疫接种率（占12—23个月年龄组的百分比）	32	28	64
小学毕业率，总数（占适龄年龄组的百分比）	17	22	35
中学总入学率，总数（占适龄年龄组的百分比）	7	11	23
小学和中学中女孩与男孩的比率（百分比）	42	56	70
HIV感染率（占15—49岁人口的百分比）	1.7	3.8	2.7
环境			
森林（千平方公里）	131	123	*114*
森林采伐（1990—2000年和2000—2010年，平均年度百分比）		0.6	0.7
淡水使用量（占内陆水资源的百分比）	..	*2.4*	*2.4*
获得改善的水资源的人口（占总人口的百分比）	40	45	51
获得改善的卫生设施的人口（占总人口的百分比）	8	10	12
人均能源使用量（千克石油当量）	..	..	..
人均二氧化碳排放量（吨）	0.02	0.02	*0.04*
人均用电量（千瓦时）	..	..	..
经济			
GDP（10亿美元）	1.7	1.4	12.9
GDP增长率（年度百分比）	-4.2	-0.9	8.9
GDP隐含价格平减指数（年度增长百分比）	8.0	5.3	5.3
农业增加值（占GDP的百分比）	29	42	56
工业增加值（占GDP的百分比）	18	11	13
服务业增加值（占GDP的百分比）	53	46	31
货物和服务出口（占GDP的百分比）	13	17	29
货物和服务进口（占GDP的百分比）	28	35	39
资本形成总额（占GDP的百分比）	7	23	27
中央政府收入（占GDP的百分比）	..	..	..
中央政府现金盈余/赤字（占GDP的百分比）	..	..	..
政府与市场			
创办企业的时间（天）	..	*64*	62
股票市场资本总额（占GDP的百分比）	..	..	..
军费支出（占GDP的百分比）	*3.3*	1.9	*2.0*
移动电话用户（每100人）	0.0	0.1	35.4
互联网用户（占总人口的百分比）	0.0	0.0	2.1
铺敷道路（占总数的百分比）	0.8	1.0	..
高科技出口（占制成品出口的百分比）	..	..	..
全球联系			
商品贸易（占GDP的百分比）	27	36	50
净易货贸易条件指数（2000年=100）	112	100	221
外债总额（10亿美元）	0.5	1.1	1.8
债务还本付息总额（占出口的百分比）	4.3	..	..
净移民（千人）	*-10*	*219*	-120
获得的侨汇（百万美元）	*0.8*	..	..
外国直接投资，净流入额（百万美元）	9	115	323
获得的净官方发展援助（百万美元）	311	131	479

海峡群岛

高收入经济体

人口（千人）	161	人口增长率（百分比）	0.5
陆地面积（平方公里）	190	每天生活费用不足1.25美元的人口（占人口的百分比）	..
GNI，图表集法（10亿美元）	..	人均GNI，图表集法（美元）	..
PPP衡量的GNI（百万美元）	..	PPP衡量的人均GNI（美元）	..

	1990	2000	2012
人口			
最贫困的20%人口占国家消费/收入的份额（百分比）	..	..	..
出生时的预期寿命（岁）	75	78	80
总生育率（每个女性生育数）	1.5	1.4	1.5
青年女性生育率（每千名15—19岁女性生育数）	17	13	8
避孕普及率（占15—49岁已婚女性的百分比）	..	..	..
在熟练医护人员护理下的分娩（占总数的百分比）	..	..	..
5岁以下儿童死亡率（每千人）	..	..	..
儿童营养不良，体重不足（占5岁以下儿童的百分比）	..	..	..
儿童麻疹免疫接种率（占12—23个月年龄组的百分比）	..	..	..
小学毕业率，总数（占适龄年龄组的百分比）	..	..	..
中学总入学率，总数（占适龄年龄组的百分比）	..	..	..
小学和中学中女孩与男孩的比率（百分比）	..	..	..
HIV感染率（占15—49岁人口的百分比）	..	..	..
环境			
森林（平方公里）	8.0	8.0	*8.0*
森林采伐（1990—2000年和2000—2010年，平均年度百分比）		..	..
淡水使用量（占内陆水资源的百分比）	..	..	..
获得改善的水资源的人口（占总人口的百分比）	..	..	..
获得改善的卫生设施的人口（占总人口的百分比）	..	..	..
人均能源使用量（千克石油当量）	..	..	..
人均二氧化碳排放量（吨）	..	..	..
人均用电量（千瓦时）	..	..	..
经济			
GDP（10亿美元）	..	6.4	..
GDP增长率（年度百分比）	..	5.8	..
GDP隐含价格平减指数（年度增长百分比）	..	3.9	..
农业增加值（占GDP的百分比）	..	..	..
工业增加值（占GDP的百分比）	..	..	..
服务业增加值（占GDP的百分比）	..	..	..
货物和服务出口（占GDP的百分比）	..	..	..
货物和服务进口（占GDP的百分比）	..	..	..
资本形成总额（占GDP的百分比）	..	..	..
中央政府收入（占GDP的百分比）	..	..	..
中央政府现金盈余/赤字（占GDP的百分比）	..	..	..
政府与市场			
创办企业的时间（天）	..	..	..
股票市场资本总额（占GDP的百分比）	..	..	..
军费支出（占GDP的百分比）	..	..	..
移动电话用户（每100人）	..	..	..
互联网用户（占总人口的百分比）	..	..	..
铺敷道路（占总数的百分比）	..	..	..
高科技出口（占制成品出口的百分比）	..	..	..
全球联系			
商品贸易（占GDP的百分比）	..	..	..
净易货贸易条件指数（2000年=100）	..	..	..
外债总额（百万美元）	..	..	..
债务还本付息总额（占出口的百分比）	..	..	..
净移民（千人）	*2.1*	*4.6*	3.7
获得的侨汇（百万美元）	..	..	..
外国直接投资，净流入额（百万美元）	..	..	..
获得的净官方发展援助（百万美元）	..	..	..

智 利

高收入经济体

人口（百万）	17.5	人口增长率（百分比）	0.9
陆地面积（千平方公里）	756	每天生活费用不足1.25美元的人口（占人口的百分比）	<2
GNI，图表集法（10亿美元）	249.9	人均GNI，图表集法（美元）	14,310
PPP衡量的GNI（10亿美元）	357.2	PPP衡量的人均GNI（美元）	20,450

	1990	**2000**	**2012**
人口			
最贫困的20%人口占国家消费/收入的份额（百分比）	3.6	3.7	*4.3*
出生时的预期寿命（岁）	74	77	80
总生育率（每个女性生育数）	2.6	2.1	1.8
青年女性生育率（每千名15—19岁女性生育数）	66	64	55
避孕普及率（占15—49岁已婚女性的百分比）	56	*61*	*58*
在熟练医护人员护理下的分娩（占总数的百分比）	*99*	*100*	*100*
5岁以下儿童死亡率（每千人）	19	11	9
儿童营养不良，体重不足（占5岁以下儿童的百分比）	..	*0.7*	*0.5*
儿童麻疹免疫接种率（占12—23个月年龄组的百分比）	97	97	90
小学毕业率，总数（占适龄年龄组的百分比）	..	98	97
中学总入学率，总数（占适龄年龄组的百分比）	78	82	*89*
小学和中学中女孩与男孩的比率（百分比）	101	100	100
HIV感染率（占15—49岁人口的百分比）	0.1	0.4	0.4
环境			
森林（千平方公里）	153	158	*163*
森林采伐（1990—2000年和2000—2010年，平均年度百分比）		-0.4	*-0.2*
淡水使用量（占内陆水资源的百分比）	*2.3*	*1.3*	*1.3*
获得改善的水资源的人口（占总人口的百分比）	90	95	99
获得改善的卫生设施的人口（占总人口的百分比）	85	92	99
人均能源使用量（千克石油当量）	1,060	1,629	1,874
人均二氧化碳排放量（吨）	2.6	3.8	*4.2*
人均用电量（千瓦时）	1,243	2,481	*3,568*
经济			
GDP（10亿美元）	32	79	270
GDP增长率（年度百分比）	3.7	4.5	5.6
GDP隐含价格平减指数（年度增长百分比）	22.5	10.3	1.8
农业增加值（占GDP的百分比）	9	6	4
工业增加值（占GDP的百分比）	41	32	36
服务业增加值（占GDP的百分比）	50	62	61
货物和服务出口（占GDP的百分比）	34	29	34
货物和服务进口（占GDP的百分比）	31	29	34
资本形成总额（占GDP的百分比）	25	23	25
中央政府收入（占GDP的百分比）	..	20.5	*22.7*
中央政府现金盈余/赤字（占GDP的百分比）	..	-0.6	*1.3*
政府与市场			
创办企业的时间（天）	..	*27*	6
股票市场资本总额（占GDP的百分比）	43.1	76.1	116.1
军费支出（占GDP的百分比）	3.3	2.7	2.0
移动电话用户（每100人）	0.1	22.0	138.2
互联网用户（占总人口的百分比）	0.0	16.6	61.4
铺敷道路（占总数的百分比）	13.8	19.0	*23.8*
高科技出口（占制成品出口的百分比）	5	3	*5*
全球联系			
商品贸易（占GDP的百分比）	51	48	59
净易货贸易条件指数（2000年=100）	114	100	182
外债总额（10亿美元）	..	..	..
债务还本付息总额（占出口的百分比）	..	..	..
净移民（千人）	*90.0*	*30.0*	30.0
获得的侨汇（百万美元）	0.4	13.3	*4.4*
外国直接投资，净流入额（10亿美元）	0.7	4.9	30.3
获得的净官方发展援助（百万美元）	104	49	126

中国

东亚和太平洋地区		中高收入经济体	
人口（百万）	1,350.7	人口增长率（百分比）	0.5
陆地面积（千平方公里）	9,600	每天生活费用不足1.25美元的人口（占人口的百分比）	*11.8*
GNI，图表集法（10亿美元）	7,731.3	人均GNI，图表集法（美元）	5,720
PPP衡量的GNI（10亿美元）	12,205.8	PPP衡量的人均GNI（美元）	9,040

	1990	2000	2012
人口			
最贫困的20%人口占国家消费/收入的份额（百分比）	8.0	*6.4*	*4.7*
出生时的预期寿命（岁）	69	72	75
总生育率（每个女性生育数）	2.5	1.5	1.7
青年女性生育率（每千名15—19岁女性生育数）	13	7	9
避孕普及率（占15—49岁已婚女性的百分比）	*85*	84	88
在熟练医护人员护理下的分娩（占总数的百分比）	94	97	100
5岁以下儿童死亡率（每千人）	54	37	14
儿童营养不良，体重不足（占5岁以下儿童的百分比）	12.6	7.4	*3.4*
儿童麻疹免疫接种率（占12—23个月年龄组的百分比）	98	84	99
小学毕业率，总数（占适龄年龄组的百分比）	106	..	..
中学总入学率，总数（占适龄年龄组的百分比）	38	58	89
小学和中学中女孩与男孩的比率（百分比）	85	*98*	101
HIV感染率（占15—49岁人口的百分比）	..	..	..
环境			
森林（千平方公里）	1,571	1,770	*2,096*
森林采伐（1990—2000年和2000—2010年，平均年度百分比）		-1.2	*-1.6*
淡水使用量（占内陆水资源的百分比）	*17.8*	*18.7*	*19.7*
获得改善的水资源的人口（占总人口的百分比）	67	80	92
获得改善的卫生设施的人口（占总人口的百分比）	24	45	65
人均能源使用量（千克石油当量）	767	920	*2,029*
人均二氧化碳排放量（吨）	2.2	2.7	*6.2*
人均用电量（千瓦时）	511	993	*3,298*
经济			
GDP（10亿美元）	357	1,198	8,227
GDP增长率（年度百分比）	3.8	8.4	7.8
GDP隐含价格平减指数（年度增长百分比）	5.8	2.1	1.8
农业增加值（占GDP的百分比）	27	15	10
工业增加值（占GDP的百分比）	41	46	45
服务业增加值（占GDP的百分比）	32	39	45
货物和服务出口（占GDP的百分比）	16	23	27
货物和服务进口（占GDP的百分比）	13	21	25
资本形成总额（占GDP的百分比）	36	35	49
中央政府收入（占GDP的百分比）	..	..	*11.6*
中央政府现金盈余/赤字（占GDP的百分比）	..	..	..
政府与市场			
创办企业的时间（天）	..	*48*	33
股票市场资本总额（占GDP的百分比）	*0.5*	48.5	44.9
军费支出（占GDP的百分比）	2.6	1.9[d]	2.0
移动电话用户（每100人）	0.0	6.7	80.8
互联网用户（占总人口的百分比）	0.0	1.8	42.3
铺敷道路（占总数的百分比）	..	*43.5*	63.7
高科技出口（占制成品出口的百分比）	6	19	26
全球联系			
商品贸易（占GDP的百分比）	32	40	47
净易货贸易条件指数（2000年=100）	102	100	72
外债总额（10亿美元）	55	146	754
债务还本付息总额（占出口的百分比）	11.7	9.1	3.3
净移民（千人）	*-824*	*-2,298*	-1,500
获得的侨汇（10亿美元）	0.2	4.8	39.2
外国直接投资，净流入额（10亿美元）	3	38	253
获得的净官方发展援助（10亿美元）	2.0	1.7	-0.2

哥伦比亚

拉丁美洲和加勒比地区		中高收入经济体	
人口（百万）	47.7	人口增长率（百分比）	1.3
陆地面积（千平方公里）	1,142	每天生活费用不足1.25美元的人口（占人口的百分比）	*8.2*
GNI，图表集法（10亿美元）	334.8	人均GNI，图表集法（美元）	7,020
PPP衡量的GNI（10亿美元）	476.4	PPP衡量的人均GNI（美元）	9,990

	1990	2000	2012
人口			
最贫困的20%人口占国家消费/收入的份额（百分比）	*3.6*	1.9	*3.0*
出生时的预期寿命（岁）	68	71	74
总生育率（每个女性生育数）	3.1	2.6	2.3
青年女性生育率（每千名15—19岁女性生育数）	83	94	69
避孕普及率（占15—49岁已婚女性的百分比）	66	77	*79*
在熟练医护人员护理下的分娩（占总数的百分比）	94	86	99
5岁以下儿童死亡率（每千人）	35	25	18
儿童营养不良，体重不足（占5岁以下儿童的百分比）	*8.8*	4.9	*3.4*
儿童麻疹免疫接种率（占12—23个月年龄组的百分比）	82	88	94
小学毕业率，总数（占适龄年龄组的百分比）	74	95	105
中学总入学率，总数（占适龄年龄组的百分比）	*52*	72	93
小学和中学中女孩与男孩的比率（百分比）	*108*	104	103
HIV感染率（占15—49岁人口的百分比）	0.1	0.6	0.5
环境			
森林（千平方公里）	625	615	604
森林采伐（1990—2000年和2000—2010年，平均年度百分比）		0.2	*0.2*
淡水使用量（占内陆水资源的百分比）	..	*0.6*	*0.6*
获得改善的水资源的人口（占总人口的百分比）	88	90	91
获得改善的卫生设施的人口（占总人口的百分比）	69	75	80
人均能源使用量（千克石油当量）	727	647	*671*
人均二氧化碳排放量（吨）	1.7	1.5	1.6
人均用电量（千瓦时）	866	840	*1,123*
经济			
GDP（10亿美元）	40	100	370
GDP增长率（年度百分比）	6.0	4.4	4.2
GDP隐含价格平减指数（年度增长百分比）	26.1	31.8	2.6
农业增加值（占GDP的百分比）	17	9	7
工业增加值（占GDP的百分比）	38	29	38
服务业增加值（占GDP的百分比）	45	62	56
货物和服务出口（占GDP的百分比）	21	16	18
货物和服务进口（占GDP的百分比）	15	17	20
资本形成总额（占GDP的百分比）	19	15	23
中央政府收入（占GDP的百分比）	..	*22.8*	*23.4*
中央政府现金盈余/赤字（占GDP的百分比）	..	*-5.0*	*-1.1*
政府与市场			
创办企业的时间（天）	..	*60*	15
股票市场资本总额（占GDP的百分比）	3.5	9.6	70.9
军费支出（占GDP的百分比）	2.2	3.0	3.3
移动电话用户（每100人）	0.0	5.7	102.9
互联网用户（占总人口的百分比）	0.0	2.2	49.0
铺敷道路（占总数的百分比）	11.9	*14.4*	..
高科技出口（占制成品出口的百分比）	5	8	5
全球联系			
商品贸易（占GDP的百分比）	31	25	32
净易货贸易条件指数（2000年=100）	81	100	151
外债总额（10亿美元）	17.4	33.2	79.1
债务还本付息总额（占出口的百分比）	43.3	29.7	22.0
净移民（千人）	*-250*	*-120*	-120
获得的侨汇（10亿美元）	0.5	1.6	4.0
外国直接投资，净流入额（10亿美元）	0.5	2.4	15.6
获得的净官方发展援助（百万美元）	89	186	764

科摩罗

撒哈拉以南非洲地区 **低收入经济体**

人口（千人）	718	人口增长率（百分比）	2.4
陆地面积（千平方公里）	1.9	每天生活费用不足1.25美元的人口（占人口的百分比）	*46.1*
GNI，图表集法（百万美元）	605.2	人均GNI，图表集法（美元）	840
PPP衡量的GNI（百万美元）	867.2	PPP衡量的人均GNI（美元）	1,210

	1990	2000	2012
人口			
最贫困的20%人口占国家消费/收入的份额（百分比）	..	*2.6*	..
出生时的预期寿命（岁）	56	58	61
总生育率（每个女性生育数）	5.6	5.3	4.8
青年女性生育率（每千名15—19岁女性生育数）	73	65	51
避孕普及率（占15—49岁已婚女性的百分比）	..	26	19
在熟练医护人员护理下的分娩（占总数的百分比）	..	62	82
5岁以下儿童死亡率（每千人）	124	99	78
儿童营养不良，体重不足（占5岁以下儿童的百分比）	*16.2*	25.0	..
儿童麻疹免疫接种率（占12—23个月年龄组的百分比）	87	70	85
小学毕业率，总数（占适龄年龄组的百分比）	*44*	*53*	..
中学总入学率，总数（占适龄年龄组的百分比）	*24*	32	73
小学和中学中女孩与男孩的比率（百分比）	..	84	93
HIV感染率（占15—49岁人口的百分比）	0.1	0.1	2.1
环境			
森林（平方公里）	120	80	*26*
森林采伐（1990—2000年和2000—2010年，平均年度百分比）		4.0	*9.3*
淡水使用量（占内陆水资源的百分比）	..	*0.8*	*0.8*
获得改善的水资源的人口（占总人口的百分比）	87	92	*95*
获得改善的卫生设施的人口（占总人口的百分比）	18	28	*35*
人均能源使用量（千克石油当量）	43	..	..
人均二氧化碳排放量（吨）	0.2	0.2	*0.2*
人均用电量（千瓦时）	..	..	..
经济			
GDP（百万美元）	250	202	596
GDP增长率（年度百分比）	5.1	1.4	3.0
GDP隐含价格平减指数（年度增长百分比）	2.2	3.4	2.6
农业增加值（占GDP的百分比）	41	49	*46*
工业增加值（占GDP的百分比）	8	12	*12*
服务业增加值（占GDP的百分比）	50	40	*42*
货物和服务出口（占GDP的百分比）	14	17	*15*
货物和服务进口（占GDP的百分比）	37	33	*52*
资本形成总额（占GDP的百分比）	20	10	*12*
中央政府收入（占GDP的百分比）	..	..	..
中央政府现金盈余/赤字（占GDP的百分比）	..	..	..
政府与市场			
创办企业的时间（天）	..	..	15
股票市场资本总额（占GDP的百分比）	..	..	..
军费支出（占GDP的百分比）	..	..	..
移动电话用户（每100人）	0.0	0.0	39.5
互联网用户（占总人口的百分比）	0.0	0.3	6.0
铺敷道路（占总数的百分比）	69.3	77.0	..
高科技出口（占制成品出口的百分比）	..	0	*7*
全球联系			
商品贸易（占GDP的百分比）	28	28	55
净易货贸易条件指数（2000年=100）	86	100	80
外债总额（百万美元）	185	227	251
债务还本付息总额（占出口的百分比）	2.9	*4.8*	*3.8*
净移民（千人）	*-3.0*	*-10.0*	-10.0
获得的侨汇（百万美元）	9.9	..	..
外国直接投资，净流入额（百万美元）	0.4	0.1	17.0
获得的净官方发展援助（百万美元）	44.9	18.7	68.7

刚果民主共和国

撒哈拉以南非洲地区 | **低收入经济体**

人口（百万）	65.7	人口增长率（百分比）	2.7
陆地面积（千平方公里）	2,345	每天生活费用不足 1.25 美元的人口（占人口的百分比）	*87.7*
GNI，图表集法（10 亿美元）	15.4	人均 GNI，图表集法（美元）	230
PPP 衡量的 GNI（10 亿美元）	25.5	PPP 衡量的人均 GNI（美元）	390

	1990	2000	2012
人口			
最贫困的 20% 人口占国家消费/收入的份额（百分比）	..	..	*5.5*
出生时的预期寿命（岁）	47	46	50
总生育率（每个女性生育数）	7.1	7.1	6.0
青年女性生育率（每千名 15—19 岁女性生育数）	137	131	135
避孕普及率（占 15—49 岁已婚女性的百分比）	*8*	*31*	*17*
在熟练医护人员护理下的分娩（占总数的百分比）	..	*61*	*80*
5 岁以下儿童死亡率（每千人）	171	171	146
儿童营养不良，体重不足（占 5 岁以下儿童的百分比）	..	*33.6*	*24.2*
儿童麻疹免疫接种率（占 12—23 个月年龄组的百分比）	38	46	73
小学毕业率，总数（占适龄年龄组的百分比）	*52*	*35*	*73*
中学总入学率，总数（占适龄年龄组的百分比）	*23*	..	43
小学和中学中女孩与男孩的比率（百分比）	*70*	..	80
HIV 感染率（占 15—49 岁人口的百分比）	1.3	1.5	1.1
环境			
森林（千平方公里）	1,604	1,572	*1,538*
森林采伐（1990—2000 年和 2000—2010 年，平均年度百分比）		0.2	*0.2*
淡水使用量（占内陆水资源的百分比）	..	*0.1*	*0.1*
获得改善的水资源的人口（占总人口的百分比）	43	44	46
获得改善的卫生设施的人口（占总人口的百分比）	17	23	31
人均能源使用量（千克石油当量）	338	355	*383*
人均二氧化碳排放量（吨）	0.12	0.04	*0.05*
人均用电量（千瓦时）	130	97	*105*
经济			
GDP（10 亿美元）	9.3	4.3	17.2
GDP 增长率（年度百分比）	-6.6	-6.9	7.2
GDP 隐含价格平减指数（年度增长百分比）	109.0	515.8	2.3
农业增加值（占 GDP 的百分比）	31	50	45
工业增加值（占 GDP 的百分比）	29	20	22
服务业增加值（占 GDP 的百分比）	40	30	33
货物和服务出口（占 GDP 的百分比）	30	22	55
货物和服务进口（占 GDP 的百分比）	29	21	67
资本形成总额（占 GDP 的百分比）	9	1	27
中央政府收入（占 GDP 的百分比）	10.1	3.7	*23.4*
中央政府现金盈余/赤字（占 GDP 的百分比）	-6.5	-4.2	*3.8*
政府与市场			
创办企业的时间（天）	..	*166*	31
股票市场资本总额（占 GDP 的百分比）	..	..	..
军费支出（占 GDP 的百分比）	..	1.0	1.8
移动电话用户（每 100 人）	0.0	0.0	30.6
互联网用户（占总人口的百分比）	0.0	0.0	1.7
铺敷道路（占总数的百分比）	..	*1.8*	..
高科技出口（占制成品出口的百分比）	..	..	..
全球联系			
商品贸易（占 GDP 的百分比）	43	35	72
净易货贸易条件指数（2000 年 = 100）	86	100	143
外债总额（10 亿美元）	10.3	11.8	5.7
债务还本付息总额（占出口的百分比）	..	..	3.2
净移民（千人）	*1,202*	*-242*	-75
获得的侨汇（百万美元）	..	..	12.2
外国直接投资，净流入额（百万美元）	-14	72	2,892
获得的净官方发展援助（百万美元）	896	177	2,859

刚果共和国

撒哈拉以南非洲地区 **中低收入经济体**

人口（百万）	4.3	人口增长率（百分比）	2.6
陆地面积（千平方公里）	342	每天生活费用不足1.25美元的人口（占人口的百分比）	*54.1*
GNI，图表集法（10亿美元）	11.1	人均GNI，图表集法（美元）	2,550
PPP衡量的GNI（10亿美元）	15.0	PPP衡量的人均GNI（美元）	3,450

	1990	2000	2012
人口			
最贫困的20%人口占国家消费/收入的份额（百分比）	..	..	..
出生时的预期寿命（岁）	55	52	58
总生育率（每个女性生育数）	5.3	5.1	5.0
青年女性生育率（每千名15—19岁女性生育数）	132	136	127
避孕普及率（占15—49岁已婚女性的百分比）	..	..	45
在熟练医护人员护理下的分娩（占总数的百分比）	..	..	94
5岁以下儿童死亡率（每千人）	100	118	96
儿童营养不良，体重不足（占5岁以下儿童的百分比）	..	..	..
儿童麻疹免疫接种率（占12—23个月年龄组的百分比）	75	34	80
小学毕业率，总数（占适龄年龄组的百分比）	61	*57*	*73*
中学总入学率，总数（占适龄年龄组的百分比）	49	36	54
小学和中学中女孩与男孩的比率（百分比）	89	85	100
HIV感染率（占15—49岁人口的百分比）	4.4	4.9	2.8
环境			
森林（千平方公里）	227	226	224
森林采伐（1990—2000年和2000—2010年，平均年度百分比）		0.1	*0.1*
淡水使用量（占内陆水资源的百分比）	..	*0.0*	*0.0*
获得改善的水资源的人口（占总人口的百分比）	..	69	75
获得改善的卫生设施的人口（占总人口的百分比）	..	13	15
人均能源使用量（千克石油当量）	325	260	*393*
人均二氧化碳排放量（吨）	0.5	0.3	*0.5*
人均用电量（千瓦时）	172	96	*172*
经济			
GDP（10亿美元）	2.8	3.2	13.7
GDP增长率（年度百分比）	1.0	7.6	3.8
GDP隐含价格平减指数（年度增长百分比）	-1.0	47.0	-1.2
农业增加值（占GDP的百分比）	13	5	3
工业增加值（占GDP的百分比）	41	72	*77*
服务业增加值（占GDP的百分比）	46	23	*20*
货物和服务出口（占GDP的百分比）	52	80	*87*
货物和服务进口（占GDP的百分比）	19	44	*35*
资本形成总额（占GDP的百分比）	16	23	*25*
中央政府收入（占GDP的百分比）	..	*32.3*	..
中央政府现金盈余/赤字（占GDP的百分比）	..	*-1.3*	..
政府与市场			
创办企业的时间（天）	..	*37*	101
股票市场资本总额（占GDP的百分比）	..	..	..
军费支出（占GDP的百分比）	..	*1.4*	*1.1*
移动电话用户（每100人）	0.0	2.2	98.8
互联网用户（占总人口的百分比）	0.0	0.0	6.1
铺敷道路（占总数的百分比）	9.7	10.0	*7.1*
高科技出口（占制成品出口的百分比）	5	..	*4*
全球联系			
商品贸易（占GDP的百分比）	57	92	118
净易货贸易条件指数（2000年=100）	63	100	221
外债总额（10亿美元）	4.9	4.9	2.8
债务还本付息总额（占出口的百分比）	34.6	1.7	..
净移民（千人）	*15.5*	*-13.3*	-45.4
获得的侨汇（百万美元）	4.4	10.4	..
外国直接投资，净流入额（百万美元）	23	166	2,758
获得的净官方发展援助（百万美元）	217	32	139

哥斯达黎加

拉丁美洲和加勒比地区 **中高收入经济体**

人口（百万）	4.8	人口增长率（百分比）	1.4
陆地面积（千平方公里）	51	每天生活费用不足1.25美元的人口（占人口的百分比）	*3.1*
GNI，图表集法（10亿美元）	42.4	人均GNI，图表集法（美元）	8,820
PPP衡量的GNI（10亿美元）	60.1	PPP衡量的人均GNI（美元）	12,500

	1990	2000	2012
人口			
最贫困的20%人口占国家消费/收入的份额（百分比）	3.8	4.0	*3.9*
出生时的预期寿命（岁）	76	78	80
总生育率（每个女性生育数）	3.2	2.4	1.8
青年女性生育率（每千名15—19岁女性生育数）	96	81	61
避孕普及率（占15—49岁已婚女性的百分比）	*75*	*80*	*82*
在熟练医护人员护理下的分娩（占总数的百分比）	*98*	*98*	*99*
5岁以下儿童死亡率（每千人）	17	13	10
儿童营养不良，体重不足（占5岁以下儿童的百分比）	2.5	..	*1.1*
儿童麻疹免疫接种率（占12—23个月年龄组的百分比）	90	82	90
小学毕业率，总数（占适龄年龄组的百分比）	75	87	95
中学总入学率，总数（占适龄年龄组的百分比）	43	61	104
小学和中学中女孩与男孩的比率（百分比）	100	101	102
HIV感染率（占15—49岁人口的百分比）	0.1	0.2	0.3
环境			
森林（千平方公里）	26	24	*26*
森林采伐（1990—2000年和2000—2010年，平均年度百分比）		0.8	*-0.9*
淡水使用量（占内陆水资源的百分比）	..	*2.4*	*2.4*
获得改善的水资源的人口（占总人口的百分比）	93	95	97
获得改善的卫生设施的人口（占总人口的百分比）	88	91	94
人均能源使用量（千克石油当量）	545	731	*983*
人均二氧化碳排放量（吨）	1.0	1.4	*1.7*
人均用电量（千瓦时）	1,086	1,519	*1,844*
经济			
GDP（10亿美元）	7.4	15.9	45.1
GDP增长率（年度百分比）	3.9	1.8	5.1
GDP隐含价格平减指数（年度增长百分比）	17.1	7.0	4.0
农业增加值（占GDP的百分比）	12	9	6
工业增加值（占GDP的百分比）	30	32	25
服务业增加值（占GDP的百分比）	58	58	69
货物和服务出口（占GDP的百分比）	30	49	38
货物和服务进口（占GDP的百分比）	36	46	42
资本形成总额（占GDP的百分比）	18	17	21
中央政府收入（占GDP的百分比）	..	..	*24.3*
中央政府现金盈余/赤字（占GDP的百分比）	..	..	*-3.5*
政府与市场			
创办企业的时间（天）	..	*77*	24
股票市场资本总额（占GDP的百分比）	5.5	18.3	4.5
军费支出（占GDP的百分比）	..	..	..
移动电话用户（每100人）	0.0	5.4	111.9
互联网用户（占总人口的百分比）	0.0	5.8	47.5
铺敷道路（占总数的百分比）	15.3	22.0	26.0
高科技出口（占制成品出口的百分比）	..	52	40
全球联系			
商品贸易（占GDP的百分比）	46	77	64
净易货贸易条件指数（2000年=100）	75	100	78
外债总额（10亿美元）	3.8	4.7	14.5
债务还本付息总额（占出口的百分比）	24.5	8.2	17.6
净移民（千人）	*62.4*	*84.0*	64.3
获得的侨汇（百万美元）	12	136	562
外国直接投资，净流入额（百万美元）	163	409	2,636
获得的净官方发展援助（百万美元）	227	10	33

科特迪瓦

撒哈拉以南非洲地区		中低收入经济体	
人口（百万）	19.8	人口增长率（百分比）	2.3
陆地面积（千平方公里）	322	每天生活费用不足1.25美元的人口（占人口的百分比）	*23.8*
GNI，图表集法（10亿美元）	24.2	人均GNI，图表集法（美元）	1,220
PPP衡量的GNI（10亿美元）	38.2	PPP衡量的人均GNI（美元）	1,920

	1990	2000	2012
人口			
最贫困的20%人口占国家消费/收入的份额（百分比）	*7.1*	*5.0*	5.6
出生时的预期寿命（岁）	53	46	50
总生育率（每个女性生育数）	6.4	5.4	4.9
青年女性生育率（每千名15—19岁女性生育数）	149	126	130
避孕普及率（占15—49岁已婚女性的百分比）	..	*15*	18
在熟练医护人员护理下的分娩（占总数的百分比）	..	63	59
5岁以下儿童死亡率（每千人）	152	145	108
儿童营养不良，体重不足（占5岁以下儿童的百分比）	..	*18.2*	*29.4*
儿童麻疹免疫接种率（占12—23个月年龄组的百分比）	56	68	85
小学毕业率，总数（占适龄年龄组的百分比）	42	45	61
中学总入学率，总数（占适龄年龄组的百分比）	..	*24*	..
小学和中学中女孩与男孩的比率（百分比）	..	*69*	..
HIV感染率（占15—49岁人口的百分比）	2.3	6.6	3.2
环境			
森林（千平方公里）	102	103	*104*
森林采伐（1990—2000年和2000—2010年，平均年度百分比）		-0.1	*-0.2*
淡水使用量（占内陆水资源的百分比）	*1.4*	*1.8*	*1.8*
获得改善的水资源的人口（占总人口的百分比）	76	78	80
获得改善的卫生设施的人口（占总人口的百分比）	15	18	22
人均能源使用量（千克石油当量）	357	417	*579*
人均二氧化碳排放量（吨）	0.5	0.4	*0.3*
人均用电量（千瓦时）	158	177	*212*
经济			
GDP（10亿美元）	10.8	10.4	24.7
GDP增长率（年度百分比）	-1.1	-3.7	9.5
GDP隐含价格平减指数（年度增长百分比）	-4.5	-0.4	1.3
农业增加值（占GDP的百分比）	32	24	..
工业增加值（占GDP的百分比）	23	25	..
服务业增加值（占GDP的百分比）	44	51	..
货物和服务出口（占GDP的百分比）	32	40	..
货物和服务进口（占GDP的百分比）	27	33	..
资本形成总额（占GDP的百分比）	7	11	..
中央政府收入（占GDP的百分比）	..	*15.6*	17.8
中央政府现金盈余/赤字（占GDP的百分比）	..	*-2.4*	-3.1
政府与市场			
创办企业的时间（天）	..	*62*	8
股票市场资本总额（占GDP的百分比）	5.1	11.4	31.7
军费支出（占GDP的百分比）	1.3	*1.6*	1.7
移动电话用户（每100人）	0.0	2.9	91.2
互联网用户（占总人口的百分比）	0.0	0.2	2.4
铺敷道路（占总数的百分比）	8.7	10.0	*7.9*
高科技出口（占制成品出口的百分比）	..	3	*15*
全球联系			
商品贸易（占GDP的百分比）	48	61	90
净易货贸易条件指数（2000年=100）	143	100	144
外债总额（10亿美元）	17.3	12.2	9.9
债务还本付息总额（占出口的百分比）	35.4	22.7	5.9
净移民（千人）	*375*	*-420*	50
获得的侨汇（百万美元）	44	119	*373*
外国直接投资，净流入额（百万美元）	48	235	478
获得的净官方发展援助（百万美元）	686	351	2,636

克罗地亚

高收入经济体

人口（百万）	4.3	人口增长率（百分比）	-0.3
陆地面积（千平方公里）	57	每天生活费用不足1.25美元的人口（占人口的百分比）	<2
GNI，图表集法（10亿美元）	57.6	人均GNI，图表集法（美元）	13,490
PPP衡量的GNI（10亿美元）	86.2	PPP衡量的人均GNI（美元）	20,200

	1990	2000	2012
人口			
最贫困的20%人口占国家消费/收入的份额（百分比）	*10.3*	8.3	*8.1*
出生时的预期寿命（岁）	72	73	77
总生育率（每个女性生育数）	1.6	1.4	1.5
青年女性生育率（每千名15—19岁女性生育数）	19	16	13
避孕普及率（占15—49岁已婚女性的百分比）	..	69	..
在熟练医护人员护理下的分娩（占总数的百分比）	100	100	*100*
5岁以下儿童死亡率（每千人）	13	8	5
儿童营养不良，体重不足（占5岁以下儿童的百分比）	..	..	..
儿童麻疹免疫接种率（占12—23个月年龄组的百分比）	*90*	93	95
小学毕业率，总数（占适龄年龄组的百分比）	..	93	*94*
中学总入学率，总数（占适龄年龄组的百分比）	*79*	86	*98*
小学和中学中女孩与男孩的比率（百分比）	*102*	101	*103*
HIV感染率（占15—49岁人口的百分比）	..	..	..
环境			
森林（千平方公里）	19	19	*19*
森林采伐（1990—2000年和2000—2010年，平均年度百分比）		-0.2	*-0.2*
淡水使用量（占内陆水资源的百分比）	..	..	*1.7*
获得改善的水资源的人口（占总人口的百分比）	98	98	99
获得改善的卫生设施的人口（占总人口的百分比）	98	98	98
人均能源使用量（千克石油当量）	1,888	1,760	*1,971*
人均二氧化碳排放量（吨）	*3.8*	4.4	*4.7*
人均用电量（千瓦时）	2,965	2,856	*3,901*
经济			
GDP（10亿美元）	24.8	21.5	59.2
GDP增长率（年度百分比）	..	3.8	-2.0
GDP隐含价格平减指数（年度增长百分比）	..	4.6	2.0
农业增加值（占GDP的百分比）	11	6	5
工业增加值（占GDP的百分比）	36	29	26
服务业增加值（占GDP的百分比）	53	65	69
货物和服务出口（占GDP的百分比）	*78*	42	43
货物和服务进口（占GDP的百分比）	*86*	45	43
资本形成总额（占GDP的百分比）	12	19	19
中央政府收入（占GDP的百分比）	*33.0*	35.7	*33.2*
中央政府现金盈余/赤字（占GDP的百分比）	*-4.6*	-5.3	*-4.7*
政府与市场			
创办企业的时间（天）	..	*29*	8
股票市场资本总额（占GDP的百分比）	..	12.7	36.4
军费支出（占GDP的百分比）	*7.6*	3.1	1.7
移动电话用户（每100人）	0.0	23.1	115.4
互联网用户（占总人口的百分比）	0.0	6.6	63.0
铺敷道路（占总数的百分比）	..	*84.6*	*91.1*
高科技出口（占制成品出口的百分比）	*6*	9	10
全球联系			
商品贸易（占GDP的百分比）	*88*	57	56
净易货贸易条件指数（2000年=100）	..	100	98
外债总额（百万美元）	..	..	..
债务还本付息总额（占出口的百分比）	..	..	..
净移民（千人）	*-93.4*	*-30.0*	-20.0
获得的侨汇（百万美元）	*230*	641	1,437
外国直接投资，净流入额（10亿美元）	*0.0*	1.1	1.4
获得的净官方发展援助（百万美元）	*0*	66	*151*

古巴

拉丁美洲和加勒比地区		中高收入经济体	
人口（百万）	11.3	人口增长率（百分比）	0.0
陆地面积（千平方公里）	110	每天生活费用不足 1.25 美元的人口（占人口的百分比）	..
GNI，图表集法（10 亿美元）	*66.4*	人均 GNI，图表集法（美元）	*5,890*
PPP 衡量的 GNI（百万美元）	..	PPP 衡量的人均 GNI（美元）	..

	1990	2000	2012
人口			
最贫困的 20% 人口占国家消费/收入的份额（百分比）	..	..	..
出生时的预期寿命（岁）	75	77	79
总生育率（每个女性生育数）	1.8	1.6	1.5
青年女性生育率（每千名 15—19 岁女性生育数）	76	57	43
避孕普及率（占 15—49 岁已婚女性的百分比）	..	73	*74*
在熟练医护人员护理下的分娩（占总数的百分比）	*100*	*100*	*100*
5 岁以下儿童死亡率（每千人）	13	8	6
儿童营养不良，体重不足（占 5 岁以下儿童的百分比）	..	3.4	..
儿童麻疹免疫接种率（占 12—23 个月年龄组的百分比）	94	94	99
小学毕业率，总数（占适龄年龄组的百分比）	94	96	96
中学总入学率，总数（占适龄年龄组的百分比）	89	82	90
小学和中学中女孩与男孩的比率（百分比）	105	100	100
HIV 感染率（占 15—49 岁人口的百分比）	0.1	0.1	0.1
环境			
森林（千平方公里）	21	24	*29*
森林采伐（1990—2000 年和 2000—2010 年，平均年度百分比）		-1.7	*-1.7*
淡水使用量（占内陆水资源的百分比）	..	*19.8*	*19.8*
获得改善的水资源的人口（占总人口的百分比）	..	91	94
获得改善的卫生设施的人口（占总人口的百分比）	81	87	93
人均能源使用量（千克石油当量）	1,669	1,154	*992*
人均二氧化碳排放量（吨）	3.1	2.3	*3.4*
人均用电量（千瓦时）	1,212	1,137	*1,327*
经济			
GDP（10 亿美元）	28.6	30.6	*68.2*
GDP 增长率（年度百分比）	-2.9	5.9	*2.7*
GDP 隐含价格平减指数（年度增长百分比）	5.3	1.7	*3.3*
农业增加值（占 GDP 的百分比）	14	8	*5*
工业增加值（占 GDP 的百分比）	19	28	*21*
服务业增加值（占 GDP 的百分比）	67	64	*74*
货物和服务出口（占 GDP 的百分比）	30	14	*20*
货物和服务进口（占 GDP 的百分比）	41	17	*19*
资本形成总额（占 GDP 的百分比）	25	13	*12*
中央政府收入（占 GDP 的百分比）	..	..	..
中央政府现金盈余/赤字（占 GDP 的百分比）	..	..	..
政府与市场			
创办企业的时间（天）	..	..	..
股票市场资本总额（占 GDP 的百分比）	..	..	..
军费支出（占 GDP 的百分比）	6.4	*3.5*	*3.3*
移动电话用户（每 100 人）	0.0	0.1	14.9
互联网用户（占总人口的百分比）	0.0	0.5	25.6
铺敷道路（占总数的百分比）	50.5	49.0	..
高科技出口（占制成品出口的百分比）	..	21	..
全球联系			
商品贸易（占 GDP 的百分比）	34	21	*30*
净易货贸易条件指数（2000 年 =100）	..	100	145
外债总额（百万美元）	..	..	..
债务还本付息总额（占出口的百分比）	..	..	..
净移民（千人）	*-114*	*-143*	-140
获得的侨汇（百万美元）	..	..	..
外国直接投资，净流入额（百万美元）	..	..	..
获得的净官方发展援助（百万美元）	51.8	44.0	87.9

库拉索

高收入经济体

人口（千人）	152	人口增长率（百分比）	1.0
陆地面积（平方公里）	444	每天生活费用不足1.25美元的人口（占人口的百分比）	..
GNI，图表集法（百万美元）	..	人均GNI，图表集法（美元）	..
PPP衡量的GNI（百万美元）	..	PPP衡量的人均GNI（美元）	..

	1990	2000	2012
人口			
最贫困的20%人口占国家消费/收入的份额（百分比）	..	..	..
出生时的预期寿命（岁）	..	..	77
总生育率（每个女性生育数）	..	..	2.2
青年女性生育率（每千名15—19岁女性生育数）	52	39	28
避孕普及率（占15—49岁已婚女性的百分比）	..	..	..
在熟练医护人员护理下的分娩（占总数的百分比）	..	..	..
5岁以下儿童死亡率（每千人）	..	..	..
儿童营养不良，体重不足（占5岁以下儿童的百分比）	..	..	..
儿童麻疹免疫接种率（占12—23个月年龄组的百分比）	..	..	..
小学毕业率，总数（占适龄年龄组的百分比）	..	..	..
中学总入学率，总数（占适龄年龄组的百分比）	..	..	..
小学和中学中女孩与男孩的比率（百分比）	..	..	..
HIV感染率（占15—49岁人口的百分比）	..	..	..
环境			
森林（平方公里）	..	..	..
森林采伐（1990—2000年和2000—2010年，平均年度百分比）		..	..
淡水使用量（占内陆水资源的百分比）	..	..	..
获得改善的水资源的人口（占总人口的百分比）	..	..	..
获得改善的卫生设施的人口（占总人口的百分比）	..	..	..
人均能源使用量（千克石油当量）	..	..	..
人均二氧化碳排放量（吨）	..	..	..
人均用电量（千瓦时）	..	..	..
经济			
GDP（百万美元）	..	..	..
GDP增长率（年度百分比）	..	..	..
GDP隐含价格平减指数（年度增长百分比）	..	..	..
农业增加值（占GDP的百分比）	..	..	..
工业增加值（占GDP的百分比）	..	..	..
服务业增加值（占GDP的百分比）	..	..	..
货物和服务出口（占GDP的百分比）	..	..	..
货物和服务进口（占GDP的百分比）	..	..	..
资本形成总额（占GDP的百分比）	..	..	..
中央政府收入（占GDP的百分比）	..	..	..
中央政府现金盈余/赤字（占GDP的百分比）	..	..	..
政府与市场			
创办企业的时间（天）	..	..	..
股票市场资本总额（占GDP的百分比）	..	..	..
军费支出（占GDP的百分比）	..	..	..
移动电话用户（每100人）	..	..	..
互联网用户（占总人口的百分比）	..	..	..
铺敷道路（占总数的百分比）	..	..	..
高科技出口（占制成品出口的百分比）	..	..	..
全球联系			
商品贸易（占GDP的百分比）	..	..	..
净易货贸易条件指数（2000年=100）	..	..	*100*
外债总额（百万美元）	..	..	..
债务还本付息总额（占出口的百分比）	..	..	..
净移民（千人）	*-11.5*	*-6.1*	14.1
获得的侨汇（百万美元）	..	..	30.4
外国直接投资，净流入额（百万美元）	..	..	56.9
获得的净官方发展援助（百万美元）	..	..	..

塞浦路斯

高收入经济体

人口（百万）	1.1	人口增长率（百分比）	1.1
陆地面积（千平方公里）	9.3	每天生活费用不足1.25美元的人口（占人口的百分比）	..
GNI，图表集法（10亿美元）	22.8	人均GNI，图表集法（美元）	26,110
PPP衡量的GNI（10亿美元）	26.1	PPP衡量的人均GNI（美元）	29,840

	1990	2000	2012
人口			
最贫困的20%人口占国家消费/收入的份额（百分比）	..	..	..
出生时的预期寿命（岁）	77	78	80
总生育率（每个女性生育数）	2.4	1.7	1.5
青年女性生育率（每千名15—19岁女性生育数）	28	10	5
避孕普及率（占15—49岁已婚女性的百分比）	..	..	..
在熟练医护人员护理下的分娩（占总数的百分比）	..	99	..
5岁以下儿童死亡率（每千人）	11	7	3
儿童营养不良，体重不足（占5岁以下儿童的百分比）	..	..	..
儿童麻疹免疫接种率（占12—23个月年龄组的百分比）	77	86	86
小学毕业率，总数（占适龄年龄组的百分比）	79	98	*102*
中学总入学率，总数（占适龄年龄组的百分比）	64	93	*93*
小学和中学中女孩与男孩的比率（百分比）	101	101	*100*
HIV感染率（占15—49岁人口的百分比）	..	..	..
环境			
森林（千平方公里）	1.6	1.7	1.7
森林采伐（1990—2000年和2000—2010年，平均年度百分比）		-0.6	*-0.1*
淡水使用量（占内陆水资源的百分比）	*29.0*	*24.9*	*23.6*
获得改善的水资源的人口（占总人口的百分比）	100	100	100
获得改善的卫生设施的人口（占总人口的百分比）	100	100	100
人均能源使用量（千克石油当量）	1,781	2,265	*2,121*
人均二氧化碳排放量（吨）	6.1	7.3	*7.0*
人均用电量（千瓦时）	2,430	3,373	*4,271*
经济			
GDP（10亿美元）	5.6	9.3	22.8
GDP增长率（年度百分比）	7.4	5.0	-2.4
GDP隐含价格平减指数（年度增长百分比）	5.4	3.8	1.6
农业增加值（占GDP的百分比）	7	4	..
工业增加值（占GDP的百分比）	26	19	..
服务业增加值（占GDP的百分比）	67	77	..
货物和服务出口（占GDP的百分比）	52	55	*40*
货物和服务进口（占GDP的百分比）	57	55	*47*
资本形成总额（占GDP的百分比）	27	18	*18*
中央政府收入（占GDP的百分比）	..	..	*39.1*
中央政府现金盈余/赤字（占GDP的百分比）	..	..	*-6.3*
政府与市场			
创办企业的时间（天）	..	..	8
股票市场资本总额（占GDP的百分比）	*22.4*	46.7	8.8
军费支出（占GDP的百分比）	7.4	3.0	2.1
移动电话用户（每100人）	0.4	23.1	98.4
互联网用户（占总人口的百分比）	0.0	15.3	61.0
铺敷道路（占总数的百分比）	59.6	61.0	*65.8*
高科技出口（占制成品出口的百分比）	4	2	13
全球联系			
商品贸易（占GDP的百分比）	63	51	40
净易货贸易条件指数（2000年=100）	..	100	94
外债总额（百万美元）	..	..	..
债务还本付息总额（占出口的百分比）	..	..	..
净移民（千人）	*43.2*	*61.8*	35.0
获得的侨汇（百万美元）	79	64	112
外国直接投资，净流入额（百万美元）	127	855	1,247
获得的净官方发展援助（百万美元）	38.4	..	..

捷克

高收入经济体

人口（百万）	10.5	人口增长率（百分比）	0.1
陆地面积（千平方公里）	79	每天生活费用不足1.25美元的人口（占人口的百分比）	<2
GNI，图表集法（10亿美元）	190.5	人均GNI，图表集法（美元）	18,130
PPP衡量的GNI（10亿美元）	267.9	PPP衡量的人均GNI（美元）	25,480

	1990	2000	2012
人口			
最贫困的20%人口占国家消费/收入的份额（百分比）	*10.4*	..	..
出生时的预期寿命（岁）	71	75	78
总生育率（每个女性生育数）	1.9	1.2	1.5
青年女性生育率（每千名15—19岁女性生育数）	45	13	5
避孕普及率（占15—49岁已婚女性的百分比）	*78*	..	..
在熟练医护人员护理下的分娩（占总数的百分比）	100	100	*100*
5岁以下儿童死亡率（每千人）	15	7	4
儿童营养不良，体重不足（占5岁以下儿童的百分比）	*0.9*	*2.1*	..
儿童麻疹免疫接种率（占12—23个月年龄组的百分比）	98	98	98
小学毕业率，总数（占适龄年龄组的百分比）	*98*	99	102
中学总入学率，总数（占适龄年龄组的百分比）	91	89	97
小学和中学中女孩与男孩的比率（百分比）	94	101	100
HIV感染率（占15—49岁人口的百分比）	..	..	..
环境			
森林（千平方公里）	26	26	27
森林采伐（1990—2000年和2000—2010年，平均年度百分比）		0.0	*-0.1*
淡水使用量（占内陆水资源的百分比）	..	*13.3*	12.9
获得改善的水资源的人口（占总人口的百分比）	100	100	100
获得改善的卫生设施的人口（占总人口的百分比）	100	100	100
人均能源使用量（千克石油当量）	4,797	3,997	4,074
人均二氧化碳排放量（吨）	*13.5*	12.2	*10.7*
人均用电量（千瓦时）	5,600	5,704	*6,289*
经济			
GDP（10亿美元）	39.1	58.8	196.4
GDP增长率（年度百分比）	*-11.6*	4.2	-1.0
GDP隐含价格平减指数（年度增长百分比）	*36.2*	1.4	1.6
农业增加值（占GDP的百分比）	8	4	2
工业增加值（占GDP的百分比）	40	38	37
服务业增加值（占GDP的百分比）	52	59	60
货物和服务出口（占GDP的百分比）	39	61	78
货物和服务进口（占GDP的百分比）	37	63	72
资本形成总额（占GDP的百分比）	23	30	23
中央政府收入（占GDP的百分比）	*33.6*	29.4	*29.2*
中央政府现金盈余/赤字（占GDP的百分比）	*0.1*	-3.5	*-4.4*
政府与市场			
创办企业的时间（天）	..	*40*	20
股票市场资本总额（占GDP的百分比）	..	18.7	18.9
军费支出（占GDP的百分比）	*2.1*	2.0	1.1
移动电话用户（每100人）	0.0	42.4	126.8
互联网用户（占总人口的百分比）	0.0	9.8	75.0
铺敷道路（占总数的百分比）	100.0	*100.0*	..
高科技出口（占制成品出口的百分比）	*4*	8	16
全球联系			
商品贸易（占GDP的百分比）	*75*	104	151
净易货贸易条件指数（2000年=100）	..	100	101
外债总额（百万美元）	..	..	..
债务还本付息总额（占出口的百分比）	..	..	..
净移民（千人）	*30*	67	200
获得的侨汇（百万美元）	*138*	297	2,026
外国直接投资，净流入额（10亿美元）	*0.7*	5.0	10.6
获得的净官方发展援助（百万美元）	..	..	..

丹 麦

高收入经济体

人口（百万）	5.6	人口增长率（百分比）	0.4
陆地面积（千平方公里）	43	每天生活费用不足1.25美元的人口（占人口的百分比）	..
GNI，图表集法（10亿美元）	334.8	人均GNI，图表集法（美元）	59,870
PPP衡量的GNI（10亿美元）	246.4	PPP衡量的人均GNI（美元）	44,070

	1990	2000	2012
人口			
最贫困的20%人口占国家消费/收入的份额（百分比）	..	..	..
出生时的预期寿命（岁）	75	77	80
总生育率（每个女性生育数）	1.7	1.8	1.7
青年女性生育率（每千名15—19岁女性生育数）	9	7	5
避孕普及率（占15—49岁已婚女性的百分比）	*78*	..	..
在熟练医护人员护理下的分娩（占总数的百分比）	..	..	..
5岁以下儿童死亡率（每千人）	9	6	4
儿童营养不良，体重不足（占5岁以下儿童的百分比）	..	..	..
儿童麻疹免疫接种率（占12—23个月年龄组的百分比）	84	99	90
小学毕业率，总数（占适龄年龄组的百分比）	95	100	*99*
中学总入学率，总数（占适龄年龄组的百分比）	110	127	*120*
小学和中学中女孩与男孩的比率（百分比）	101	102	*101*
HIV感染率（占15—49岁人口的百分比）	..	..	..
环境			
森林（千平方公里）	4.5	4.9	5.5
森林采伐（1990—2000年和2000—2010年，平均年度百分比）		-0.9	*-1.1*
淡水使用量（占内陆水资源的百分比）	*18.9*	*11.4*	*11.0*
获得改善的水资源的人口（占总人口的百分比）	100	100	100
获得改善的卫生设施的人口（占总人口的百分比）	100	100	100
人均能源使用量（千克石油当量）	3,377	3,490	3,048
人均二氧化碳排放量（吨）	9.7	8.9	*8.3*
人均用电量（千瓦时）	5,945	6,482	*6,122*
经济			
GDP（10亿美元）	136	160	315
GDP增长率（年度百分比）	1.6	3.5	-0.4
GDP隐含价格平减指数（年度增长百分比）	2.8	3.0	2.3
农业增加值（占GDP的百分比）	4	3	1
工业增加值（占GDP的百分比）	26	27	22
服务业增加值（占GDP的百分比）	71	71	77
货物和服务出口（占GDP的百分比）	37	47	55
货物和服务进口（占GDP的百分比）	33	40	50
资本形成总额（占GDP的百分比）	20	21	17
中央政府收入（占GDP的百分比）	..	35.3	*40.5*
中央政府现金盈余/赤字（占GDP的百分比）	..	1.6	*-2.0*
政府与市场			
创办企业的时间（天）	..	7	6
股票市场资本总额（占GDP的百分比）	28.8	67.3	71.3
军费支出（占GDP的百分比）	2.0	1.5	1.4
移动电话用户（每100人）	2.9	63.0	117.6
互联网用户（占总人口的百分比）	0.1	39.2	93.0
铺敷道路（占总数的百分比）	100.0	100.0	*100.0*
高科技出口（占制成品出口的百分比）	16	21	14
全球联系			
商品贸易（占GDP的百分比）	52	60	63
净易货贸易条件指数（2000年=100）	..	100	100
外债总额（百万美元）	..	..	..
债务还本付息总额（占出口的百分比）	..	..	..
净移民（千人）	*65.5*	*46.3*	75.0
获得的侨汇（百万美元）	*464*	667	1,257
外国直接投资，净流入额（10亿美元）	1.1	36.0	1.3
获得的净官方发展援助（百万美元）	..	..	..

吉布提

中东和北非			中低收入经济体
人口（千人）	860	人口增长率（百分比）	1.5
陆地面积（千平方公里）	23	每天生活费用不足1.25美元的人口（占人口的百分比）	*18.8*
GNI，图表集法（10亿美元）	..	人均GNI，图表集法（美元）	..
PPP衡量的GNI（10亿美元）	..	PPP衡量的人均GNI（美元）	..

	1990	2000	2012
人口			
最贫困的20%人口占国家消费/收入的份额（百分比）	..	*6.0*	..
出生时的预期寿命（岁）	57	57	61
总生育率（每个女性生育数）	6.1	4.5	3.5
青年女性生育率（每千名15—19岁女性生育数）	68	28	19
避孕普及率（占15—49岁已婚女性的百分比）	..	*9*	*23*
在熟练医护人员护理下的分娩（占总数的百分比）	..	*61*	*93*
5岁以下儿童死亡率（每千人）	119	108	81
儿童营养不良，体重不足（占5岁以下儿童的百分比）	*20.2*	*25.4*	29.8
儿童麻疹免疫接种率（占12—23个月年龄组的百分比）	85	50	83
小学毕业率，总数（占适龄年龄组的百分比）	28	26	*52*
中学总入学率，总数（占适龄年龄组的百分比）	10	14	*46*
小学和中学中女孩与男孩的比率（百分比）	*72*	71	*83*
HIV感染率（占15—49岁人口的百分比）	0.1	2.1	1.2
环境			
森林（平方公里）	56	56	*56*
森林采伐（1990—2000年和2000—2010年，平均年度百分比）		0.0	*0.0*
淡水使用量（占内陆水资源的百分比）	..	*6.3*	*6.3*
获得改善的水资源的人口（占总人口的百分比）	77	82	*92*
获得改善的卫生设施的人口（占总人口的百分比）	62	62	61
人均能源使用量（千克石油当量）	220	..	..
人均二氧化碳排放量（吨）	0.7	0.6	*0.6*
人均用电量（千瓦时）	..	..	..
经济			
GDP（百万美元）	452	551	..
GDP增长率（年度百分比）	*-4.3*	0.4	..
GDP隐含价格平减指数（年度增长百分比）	*6.8*	2.4	..
农业增加值（占GDP的百分比）	3	4	..
工业增加值（占GDP的百分比）	22	15	..
服务业增加值（占GDP的百分比）	75	81	..
货物和服务出口（占GDP的百分比）	54	35	..
货物和服务进口（占GDP的百分比）	78	50	..
资本形成总额（占GDP的百分比）	14	9	..
中央政府收入（占GDP的百分比）	..	..	..
中央政府现金盈余/赤字（占GDP的百分比）	..	..	..
政府与市场			
创办企业的时间（天）	..	..	17
股票市场资本总额（占GDP的百分比）	..	..	..
军费支出（占GDP的百分比）	6.9	4.7	..
移动电话用户（每100人）	0.0	0.0	24.7
互联网用户（占总人口的百分比）	0.0	0.2	8.3
铺敷道路（占总数的百分比）	..	45.0	..
高科技出口（占制成品出口的百分比）	..	..	*0*
全球联系			
商品贸易（占GDP的百分比）	53	43	..
净易货贸易条件指数（2000年=100）	..	100	82
外债总额（百万美元）	155	299	808
债务还本付息总额（占出口的百分比）	*4.7*	6.9	8.8
净移民（千人）	*-15.0*	*-18.2*	-16.0
获得的侨汇（百万美元）	*13.1*	12.3	33.3
外国直接投资，净流入额（百万美元）	*2*	3	110
获得的净官方发展援助（百万美元）	207	72	147

多米尼克

拉丁美洲和加勒比地区 **中高收入经济体**

人口（千人）	72	人口增长率（百分比）	0.4
陆地面积（平方公里）	750	每天生活费用不足1.25美元的人口（占人口的百分比）	..
GNI，图表集法（百万美元）	461.6	人均GNI，图表集法（美元）	6,440
PPP衡量的GNI（百万美元）	859.0	PPP衡量的人均GNI（美元）	11,980

	1990	2000	2012
人口			
最贫困的20%人口占国家消费/收入的份额（百分比）	..	..	..
出生时的预期寿命（岁）	*74*	*77*	..
总生育率（每个女性生育数）	*2.5*	*1.9*	..
青年女性生育率（每千名15—19岁女性生育数）	..	..	..
避孕普及率（占15—49岁已婚女性的百分比）	..	*50*	..
在熟练医护人员护理下的分娩（占总数的百分比）	..	100	*100*
5岁以下儿童死亡率（每千人）	17	16	13
儿童营养不良，体重不足（占5岁以下儿童的百分比）	..	..	..
儿童麻疹免疫接种率（占12—23个月年龄组的百分比）	88	99	99
小学毕业率，总数（占适龄年龄组的百分比）	*101*	119	104
中学总入学率，总数（占适龄年龄组的百分比）	70	106	*97*
小学和中学中女孩与男孩的比率（百分比）	102	106	*103*
HIV感染率（占15—49岁人口的百分比）	..	..	..
环境			
森林（平方公里）	500	473	*444*
森林采伐（1990—2000年和2000—2010年，平均年度百分比）		0.6	*0.6*
淡水使用量（占内陆水资源的百分比）	..	..	..
获得改善的水资源的人口（占总人口的百分比）	..	94	..
获得改善的卫生设施的人口（占总人口的百分比）	..	81	..
人均能源使用量（千克石油当量）	298	..	..
人均二氧化碳排放量（吨）	0.8	1.5	*1.9*
人均用电量（千瓦时）	..	..	..
经济			
GDP（百万美元）	166	324	480
GDP增长率（年度百分比）	5.3	-5.6	-1.7
GDP隐含价格平减指数（年度增长百分比）	3.0	28.4	0.8
农业增加值（占GDP的百分比）	25	14	15
工业增加值（占GDP的百分比）	19	19	16
服务业增加值（占GDP的百分比）	56	67	69
货物和服务出口（占GDP的百分比）	55	45	40
货物和服务进口（占GDP的百分比）	81	56	51
资本形成总额（占GDP的百分比）	41	21	22
中央政府收入（占GDP的百分比）	..	24.4	27.0
中央政府现金盈余/赤字（占GDP的百分比）	..	-5.4	-11.9
政府与市场			
创办企业的时间（天）	..	..	12
股票市场资本总额（占GDP的百分比）	..	..	..
军费支出（占GDP的百分比）	..	..	..
移动电话用户（每100人）	0.0	1.7	152.5
互联网用户（占总人口的百分比）	0.0	8.8	*55.2*
铺敷道路（占总数的百分比）	45.6	50.0	*81.9*
高科技出口（占制成品出口的百分比）	*2*	7	9
全球联系			
商品贸易（占GDP的百分比）	104	62	49
净易货贸易条件指数（2000年=100）	..	100	103
外债总额（百万美元）	91	183	284
债务还本付息总额（占出口的百分比）	6.6	7.4	10.0
净移民（千人）	..	..	..
获得的侨汇（百万美元）	13.9	16.3	23.2
外国直接投资，净流入额（百万美元）	12.9	17.6	19.6
获得的净官方发展援助（百万美元）	19.6	15.2	25.7

多米尼加共和国

拉丁美洲和加勒比地区		中高收入经济体	
人口（百万）	10.3	人口增长率（百分比）	1.3
陆地面积（千平方公里）	49	每天生活费用不足1.25美元的人口（占人口的百分比）	*2.2*
GNI，图表集法（10亿美元）	56.3	人均GNI，图表集法（美元）	5,470
PPP衡量的GNI（10亿美元）	99.3	PPP衡量的人均GNI（美元）	9,660

	1990	2000	2012
人口			
最贫困的20%人口占国家消费/收入的份额（百分比）	*4.2*	3.7	*4.7*
出生时的预期寿命（岁）	68	71	73
总生育率（每个女性生育数）	3.5	2.9	2.5
青年女性生育率（每千名15—19岁女性生育数）	113	110	100
避孕普及率（占15—49岁已婚女性的百分比）	*56*	65	*73*
在熟练医护人员护理下的分娩（占总数的百分比）	*92*	98	*98*
5岁以下儿童死亡率（每千人）	60	40	27
儿童营养不良，体重不足（占5岁以下儿童的百分比）	*8.4*	3.5	*3.4*
儿童麻疹免疫接种率（占12—23个月年龄组的百分比）	70	85	79
小学毕业率，总数（占适龄年龄组的百分比）	..	77	90
中学总入学率，总数（占适龄年龄组的百分比）	..	59	76
小学和中学中女孩与男孩的比率（百分比）	..	104	99
HIV感染率（占15—49岁人口的百分比）	0.5	1.3	0.7
环境			
森林（千平方公里）	20	20	*20*
森林采伐（1990—2000年和2000—2010年，平均年度百分比）		0.0	*0.0*
淡水使用量（占内陆水资源的百分比）	..	*16.6*	*16.6*
获得改善的水资源的人口（占总人口的百分比）	89	86	81
获得改善的卫生设施的人口（占总人口的百分比）	73	77	82
人均能源使用量（千克石油当量）	563	866	*727*
人均二氧化碳排放量（吨）	1.3	2.3	*2.1*
人均用电量（千瓦时）	385	722	*893*
经济			
GDP（10亿美元）	7.1	24.0	59.0
GDP增长率（年度百分比）	-5.5	5.7	3.9
GDP隐含价格平减指数（年度增长百分比）	50.5	6.9	5.2
农业增加值（占GDP的百分比）	15	7	6
工业增加值（占GDP的百分比）	34	36	32
服务业增加值（占GDP的百分比）	60	57	62
货物和服务出口（占GDP的百分比）	34	37	25
货物和服务进口（占GDP的百分比）	44	46	34
资本形成总额（占GDP的百分比）	25	23	16
中央政府收入（占GDP的百分比）	..	..	*14.4*
中央政府现金盈余/赤字（占GDP的百分比）	..	..	*-2.9*
政府与市场			
创办企业的时间（天）	..	*77*	19
股票市场资本总额（占GDP的百分比）	..	..	..
军费支出（占GDP的百分比）	0.7	1.0	0.6
移动电话用户（每100人）	0.0	8.1	86.9
互联网用户（占总人口的百分比）	0.0	3.7	45.0
铺敷道路（占总数的百分比）	44.7	49.0	..
高科技出口（占制成品出口的百分比）	..	*1*	3
全球联系			
商品贸易（占GDP的百分比）	73	63	45
净易货贸易条件指数（2000年=100）	96	100	91
外债总额（10亿美元）	4.5	4.7	16.9
债务还本付息总额（占出口的百分比）	12.5	5.7	14.0
净移民（千人）	*-129*	*-148*	-140
获得的侨汇（10亿美元）	0.3	1.8	3.6
外国直接投资，净流入额（百万美元）	133	953	3,857
获得的净官方发展援助（百万美元）	102	56	261

厄瓜多尔

拉丁美洲和加勒比地区		中高收入经济体	
人口（百万）	15.5	人口增长率（百分比）	1.6
陆地面积（千平方公里）	256	每天生活费用不足1.25美元的人口（占人口的百分比）	*4.6*
GNI，图表集法（10亿美元）	80.1	人均GNI，图表集法（美元）	5,170
PPP衡量的GNI（10亿美元）	147.0	PPP衡量的人均GNI（美元）	9,490

	1990	2000	2012
人口			
最贫困的20%人口占国家消费/收入的份额（百分比）	..	3.0	*4.3*
出生时的预期寿命（岁）	69	73	76
总生育率（每个女性生育数）	3.8	3.1	2.6
青年女性生育率（每千名15—19岁女性生育数）	87	85	77
避孕普及率（占15—49岁已婚女性的百分比）	53	*66*	..
在熟练医护人员护理下的分娩（占总数的百分比）	..	*99*	..
5岁以下儿童死亡率（每千人）	56	34	23
儿童营养不良，体重不足（占5岁以下儿童的百分比）	..	*6.2*	..
儿童麻疹免疫接种率（占12—23个月年龄组的百分比）	60	99	94
小学毕业率，总数（占适龄年龄组的百分比）	*96*	98	111
中学总入学率，总数（占适龄年龄组的百分比）	59	59	87
小学和中学中女孩与男孩的比率（百分比）	*100*	100	101
HIV感染率（占15—49岁人口的百分比）	0.2	0.6	0.6
环境			
森林（千平方公里）	138	118	*97*
森林采伐（1990—2000年和2000—2010年，平均年度百分比）		1.5	*1.8*
淡水使用量（占内陆水资源的百分比）	..	*3.5*	*3.5*
获得改善的水资源的人口（占总人口的百分比）	74	80	86
获得改善的卫生设施的人口（占总人口的百分比）	57	70	83
人均能源使用量（千克石油当量）	577	624	*849*
人均二氧化碳排放量（吨）	1.7	1.7	2.2
人均用电量（千瓦时）	486	642	*1,192*
经济			
GDP（10亿美元）	15.2	18.3	84.0
GDP增长率（年度百分比）	3.7	1.1	5.1
GDP隐含价格平减指数（年度增长百分比）	5.8	-4.7	4.1
农业增加值（占GDP的百分比）	21	16	10
工业增加值（占GDP的百分比）	30	36	37
服务业增加值（占GDP的百分比）	49	48	53
货物和服务出口（占GDP的百分比）	23	32	31
货物和服务进口（占GDP的百分比）	22	27	33
资本形成总额（占GDP的百分比）	24	21	28
中央政府收入（占GDP的百分比）	9.8	..	..
中央政府现金盈余/赤字（占GDP的百分比）	2.0	..	..
政府与市场			
创办企业的时间（天）	..	*92*	56
股票市场资本总额（占GDP的百分比）	*0.4*	3.8	7.0
军费支出（占GDP的百分比）	1.3	1.5	2.8
移动电话用户（每100人）	0.0	3.8	106.2
互联网用户（占总人口的百分比）	0.0	1.5	35.1
铺敷道路（占总数的百分比）	13.4	19.0	*14.8*
高科技出口（占制成品出口的百分比）	0	6	2
全球联系			
商品贸易（占GDP的百分比）	30	47	58
净易货贸易条件指数（2000年=100）	114	100	135
外债总额（10亿美元）	12.2	13.3	16.9
债务还本付息总额（占出口的百分比）	33.2	30.6	9.8
净移民（千人）	*-17.7*	*-43.5*	-30.0
获得的侨汇（10亿美元）	0.1	1.3	2.5
外国直接投资，净流入额（百万美元）	126	-23	591
获得的净官方发展援助（百万美元）	159	146	149

埃及

中东和北非 **中低收入经济体**

人口（百万）	80.7	人口增长率（百分比）	1.7
陆地面积（千平方公里）	1,001	每天生活费用不足1.25美元的人口（占人口的百分比）	<2
GNI，图表集法（10亿美元）	240.3	人均GNI，图表集法（美元）	2,980
PPP衡量的GNI（10亿美元）	520.7	PPP衡量的人均GNI（美元）	6,450

	1990	2000	2012
人口			
最贫困的20%人口占国家消费/收入的份额（百分比）	*8.7*	9.0	*9.2*
出生时的预期寿命（岁）	65	69	71
总生育率（每个女性生育数）	4.4	3.3	2.8
青年女性生育率（每千名15—19岁女性生育数）	77	55	43
避孕普及率（占15—49岁已婚女性的百分比）	*48*	56	*60*
在熟练医护人员护理下的分娩（占总数的百分比）	*37*	61	*79*
5岁以下儿童死亡率（每千人）	86	45	21
儿童营养不良，体重不足（占5岁以下儿童的百分比）	*10.5*	4.3	*6.8*
儿童麻疹免疫接种率（占12—23个月年龄组的百分比）	86	98	93
小学毕业率，总数（占适龄年龄组的百分比）	..	97	107
中学总入学率，总数（占适龄年龄组的百分比）	73	86	86
小学和中学中女孩与男孩的比率（百分比）	81	92	97
HIV感染率（占15—49岁人口的百分比）	0.1	0.1	0.1
环境			
森林（平方公里）	440	590	*706*
森林采伐（1990—2000年和2000—2010年，平均年度百分比）		-3.0	*-1.7*
淡水使用量（占内陆水资源的百分比）	..	*3,794.4*	*3,794.4*
获得改善的水资源的人口（占总人口的百分比）	93	96	99
获得改善的卫生设施的人口（占总人口的百分比）	72	86	96
人均能源使用量（千克石油当量）	574	615	*978*
人均二氧化碳排放量（吨）	1.3	2.1	*2.6*
人均用电量（千瓦时）	675	1,017	*1,743*
经济			
GDP（10亿美元）	43	100	263
GDP增长率（年度百分比）	5.7	5.4	2.2
GDP隐含价格平减指数（年度增长百分比）	18.4	4.9	12.4
农业增加值（占GDP的百分比）	19	17	14
工业增加值（占GDP的百分比）	29	33	39
服务业增加值（占GDP的百分比）	52	50	46
货物和服务出口（占GDP的百分比）	20	16	17
货物和服务进口（占GDP的百分比）	33	23	26
资本形成总额（占GDP的百分比）	29	20	16
中央政府收入（占GDP的百分比）	23.0	*24.3*	21.5
中央政府现金盈余/赤字（占GDP的百分比）	-2.0	*-6.7*	-10.6
政府与市场			
创办企业的时间（天）	..	*37*	8
股票市场资本总额（占GDP的百分比）	4.1	28.8	22.1
军费支出（占GDP的百分比）	4.7	3.2	1.7
移动电话用户（每100人）	0.0	2.1	119.9
互联网用户（占总人口的百分比）	0.0	0.6	44.1
铺敷道路（占总数的百分比）	72.0	78.0	*92.2*
高科技出口（占制成品出口的百分比）	..	0	1
全球联系			
商品贸易（占GDP的百分比）	37	20	38
净易货贸易条件指数（2000年=100）	101	100	156
外债总额（10亿美元）	33.0	29.2	40.0
债务还本付息总额（占出口的百分比）	28.6	9.8	6.6
净移民（千人）	*-1,109*	*-371*	-216
获得的侨汇（10亿美元）	4.3	2.9	19.2
外国直接投资，净流入额（10亿美元）	0.7	1.2	2.8
获得的净官方发展援助（10亿美元）	6.1	1.4	1.8

萨尔瓦多

拉丁美洲和加勒比地区 | **中低收入经济体**

人口（百万）	6.3	人口增长率（百分比）	0.7
陆地面积（千平方公里）	21	每天生活费用不足1.25美元的人口（占人口的百分比）	*9.0*
GNI，图表集法（10亿美元）	22.6	人均GNI，图表集法（美元）	3,590
PPP衡量的GNI（10亿美元）	42.3	PPP衡量的人均GNI（美元）	6,720

	1990	2000	2012
人口			
最贫困的20%人口占国家消费/收入的份额（百分比）	*2.6*	*2.3*	*3.7*
出生时的预期寿命（岁）	66	70	72
总生育率（每个女性生育数）	4.0	2.9	2.2
青年女性生育率（每千名15—19岁女性生育数）	122	100	76
避孕普及率（占15—49岁已婚女性的百分比）	*53*	*67*	*73*
在熟练医护人员护理下的分娩（占总数的百分比）	*87*	*92*	*96*
5岁以下儿童死亡率（每千人）	59	32	16
儿童营养不良，体重不足（占5岁以下儿童的百分比）	*7.2*	*6.1*	*6.6*
儿童麻疹免疫接种率（占12—23个月年龄组的百分比）	98	97	93
小学毕业率，总数（占适龄年龄组的百分比）	*63*	83	101
中学总入学率，总数（占适龄年龄组的百分比）	*38*	54	69
小学和中学中女孩与男孩的比率（百分比）	*102*	97	97
HIV感染率（占15—49岁人口的百分比）	0.3	0.8	0.6
环境			
森林（千平方公里）	3.8	3.3	2.8
森林采伐（1990—2000年和2000—2010年，平均年度百分比）		1.3	*1.5*
淡水使用量（占内陆水资源的百分比）	*4.1*	*7.8*	*7.8*
获得改善的水资源的人口（占总人口的百分比）	75	84	90
获得改善的卫生设施的人口（占总人口的百分比）	50	61	70
人均能源使用量（千克石油当量）	462	666	*690*
人均二氧化碳排放量（吨）	0.5	1.0	*1.0*
人均用电量（千瓦时）	347	608	*830*
经济			
GDP（10亿美元）	4.8	13.1	23.9
GDP增长率（年度百分比）	4.8	2.2	1.9
GDP隐含价格平减指数（年度增长百分比）	4.7	3.1	1.2
农业增加值（占GDP的百分比）	17	10	12
工业增加值（占GDP的百分比）	27	31	27
服务业增加值（占GDP的百分比）	55	58	61
货物和服务出口（占GDP的百分比）	19	27	28
货物和服务进口（占GDP的百分比）	31	42	46
资本形成总额（占GDP的百分比）	14	17	14
中央政府收入（占GDP的百分比）	..	*16.0*	*20.4*
中央政府现金盈余/赤字（占GDP的百分比）	..	*-4.7*	*-2.2*
政府与市场			
创办企业的时间（天）	..	*115*	17
股票市场资本总额（占GDP的百分比）	..	15.5	45.0
军费支出（占GDP的百分比）	4.2	1.3	1.0
移动电话用户（每100人）	0.0	12.5	137.3
互联网用户（占总人口的百分比）	0.0	1.2	25.5
铺敷道路（占总数的百分比）	14.4	*19.8*	*53.1*
高科技出口（占制成品出口的百分比）	..	3	5
全球联系			
商品贸易（占GDP的百分比）	38	60	65
净易货贸易条件指数（2000年=100）	84	100	90
外债总额（10亿美元）	2.2	4.5	13.3
债务还本付息总额（占出口的百分比）	21.7	9.9	18.7
净移民（千人）	*-255*	*-356*	-225
获得的侨汇（10亿美元）	0.4	1.8	3.9
外国直接投资，净流入额（百万美元）	2	173	467
获得的净官方发展援助（百万美元）	347	180	230

赤道几内亚

高收入经济体

人口（千人）	736	人口增长率（百分比）	2.8
陆地面积（千平方公里）	28	每天生活费用不足1.25美元的人口（占人口的百分比）	..
GNI，图表集法（10亿美元）	10.0	人均GNI，图表集法（美元）	13,560
PPP衡量的GNI（10亿美元）	13.7	PPP衡量的人均GNI（美元）	18,570

	1990	2000	2012
人口			
最贫困的20%人口占国家消费/收入的份额（百分比）	..	..	..
出生时的预期寿命（岁）	47	48	53
总生育率（每个女性生育数）	5.9	5.8	4.9
青年女性生育率（每千名15—19岁女性生育数）	134	131	113
避孕普及率（占15—49岁已婚女性的百分比）	..	10	..
在熟练医护人员护理下的分娩（占总数的百分比）	..	65	..
5岁以下儿童死亡率（每千人）	182	143	100
儿童营养不良，体重不足（占5岁以下儿童的百分比）	..	15.7	..
儿童麻疹免疫接种率（占12—23个月年龄组的百分比）	88	51	51
小学毕业率，总数（占适龄年龄组的百分比）	..	*48*	55
中学总入学率，总数（占适龄年龄组的百分比）	*42*	31	..
小学和中学中女孩与男孩的比率（百分比）	*82*	72	..
HIV感染率（占15—49岁人口的百分比）	0.8	3.3	6.2
环境			
森林（千平方公里）	19	17	*16*
森林采伐（1990—2000年和2000—2010年，平均年度百分比）		0.7	*0.7*
淡水使用量（占内陆水资源的百分比）	..	*0.1*	*0.1*
获得改善的水资源的人口（占总人口的百分比）	..	51	..
获得改善的卫生设施的人口（占总人口的百分比）	..	89	..
人均能源使用量（千克石油当量）	..	..	..
人均二氧化碳排放量（吨）	0.3	0.9	*6.7*
人均用电量（千瓦时）	..	..	..
经济			
GDP（10亿美元）	0.1	1.2	17.7
GDP增长率（年度百分比）	3.3	12.5	2.5
GDP隐含价格平减指数（年度增长百分比）	-2.5	46.6	11.1
农业增加值（占GDP的百分比）	62	10	..
工业增加值（占GDP的百分比）	11	87	..
服务业增加值（占GDP的百分比）	28	3	..
货物和服务出口（占GDP的百分比）	32	99	84
货物和服务进口（占GDP的百分比）	70	86	61
资本形成总额（占GDP的百分比）	17	72	51
中央政府收入（占GDP的百分比）	..	..	*48.4*
中央政府现金盈余/赤字（占GDP的百分比）	..	..	*-9.4*
政府与市场			
创办企业的时间（天）	..	..	135
股票市场资本总额（占GDP的百分比）	..	..	..
军费支出（占GDP的百分比）	..	..	*3.6*
移动电话用户（每100人）	0.0	1.0	68.1
互联网用户（占总人口的百分比）	0.0	0.1	13.9
铺敷道路（占总数的百分比）	..	..	..
高科技出口（占制成品出口的百分比）	..	..	..
全球联系			
商品贸易（占GDP的百分比）	95	125	121
净易货贸易条件指数（2000年=100）	38	100	245
外债总额（百万美元）	..	..	..
债务还本付息总额（占出口的百分比）	..	..	..
净移民（千人）	*15.0*	*25.0*	20.0
获得的侨汇（百万美元）	1.3	..	..
外国直接投资，净流入额（百万美元）	11	154	2,115
获得的净官方发展援助（百万美元）	60.2	21.3	14.2

厄立特里亚

撒哈拉以南非洲地区 **低收入经济体**

人口（百万）	6.1	人口增长率（百分比）	3.3
陆地面积（千平方公里）	118	每天生活费用不足1.25美元的人口（占人口的百分比）	..
GNI，图表集法（10亿美元）	2.8	人均GNI，图表集法（美元）	450
PPP衡量的GNI（10亿美元）	3.4	PPP衡量的人均GNI（美元）	550

	1990	2000	2012
人口			
最贫困的20%人口占国家消费/收入的份额（百分比）	..	..	..
出生时的预期寿命（岁）	48	56	62
总生育率（每个女性生育数）	6.5	5.9	4.8
青年女性生育率（每千名15—19岁女性生育数）	119	98	65
避孕普及率（占15—49岁已婚女性的百分比）	..	*8*	..
在熟练医护人员护理下的分娩（占总数的百分比）	..	*28*	..
5岁以下儿童死亡率（每千人）	150	89	52
儿童营养不良，体重不足（占5岁以下儿童的百分比）	*36.9*	*34.5*	..
儿童麻疹免疫接种率（占12—23个月年龄组的百分比）	*34*	76	99
小学毕业率，总数（占适龄年龄组的百分比）	..	32	*31*
中学总入学率，总数（占适龄年龄组的百分比）	*13*	22	30
小学和中学中女孩与男孩的比率（百分比）	*82*	79	82
HIV感染率（占15—49岁人口的百分比）	1.2	2.2	0.7
环境			
森林（千平方公里）	16	16	*15*
森林采伐（1990—2000年和2000—2010年，平均年度百分比）		0.3	*0.3*
淡水使用量（占内陆水资源的百分比）	..	*14.8*	*20.8*
获得改善的水资源的人口（占总人口的百分比）	43	54	..
获得改善的卫生设施的人口（占总人口的百分比）	9	11	..
人均能源使用量（千克石油当量）	*263*	180	*129*
人均二氧化碳排放量（吨）	..	0.15	*0.09*
人均用电量（千瓦时）	*37*	44	*49*
经济			
GDP（百万美元）	*477*	706	3,092
GDP增长率（年度百分比）	*13.5*	-3.1	7.0
GDP隐含价格平减指数（年度增长百分比）	*-1.4*	25.0	10.8
农业增加值（占GDP的百分比）	*31*	13	*15*
工业增加值（占GDP的百分比）	*12*	20	*22*
服务业增加值（占GDP的百分比）	*57*	66	*63*
货物和服务出口（占GDP的百分比）	*11*	10	*14*
货物和服务进口（占GDP的百分比）	*45*	58	*23*
资本形成总额（占GDP的百分比）	*8*	22	10
中央政府收入（占GDP的百分比）	..	..	..
中央政府现金盈余/赤字（占GDP的百分比）	..	..	..
政府与市场			
创办企业的时间（天）	..	..	84
股票市场资本总额（占GDP的百分比）	..	..	..
军费支出（占GDP的百分比）	*22.0*	32.7	..
移动电话用户（每100人）	0.0	0.0	5.0
互联网用户（占总人口的百分比）	0.0	0.1	0.8
铺敷道路（占总数的百分比）	19.4	22.0	..
高科技出口（占制成品出口的百分比）	..	0	..
全球联系			
商品贸易（占GDP的百分比）	77	72	46
净易货贸易条件指数（2000年=100）	99	100	99
外债总额（百万美元）	..	330	994
债务还本付息总额（占出口的百分比）	..	4.3	..
净移民（千人）	*-359*	229	55
获得的侨汇（百万美元）	..	3.3	..
外国直接投资，净流入额（百万美元）	..	27.9	73.7
获得的净官方发展援助（百万美元）	5	177	134

爱沙尼亚

高收入经济体

人口（百万）	1.3	人口增长率（百分比）	-0.4
陆地面积（千平方公里）	45	每天生活费用不足1.25美元的人口（占人口的百分比）	<2
GNI，图表集法（10亿美元）	21.6	人均GNI，图表集法（美元）	16,270
PPP衡量的GNI（10亿美元）	31.0	PPP衡量的人均GNI（美元）	23,280

	1990	2000	2012
人口			
最贫困的20%人口占国家消费/收入的份额（百分比）	*6.4*	6.6	..
出生时的预期寿命（岁）	69	70	76
总生育率（每个女性生育数）	2.1	1.4	1.6
青年女性生育率（每千名15—19岁女性生育数）	46	25	17
避孕普及率（占15—49岁已婚女性的百分比）	..	..	..
在熟练医护人员护理下的分娩（占总数的百分比）	*99*	100	*100*
5岁以下儿童死亡率（每千人）	20	11	4
儿童营养不良，体重不足（占5岁以下儿童的百分比）	..	..	..
儿童麻疹免疫接种率（占12—23个月年龄组的百分比）	*0*	93	94
小学毕业率，总数（占适龄年龄组的百分比）	..	94	*96*
中学总入学率，总数（占适龄年龄组的百分比）	105	93	*109*
小学和中学中女孩与男孩的比率（百分比）	*103*	100	*100*
HIV感染率（占15—49岁人口的百分比）	..	..	..
环境			
森林（千平方公里）	21	22	22
森林采伐（1990—2000年和2000—2010年，平均年度百分比）		-0.7	*0.1*
淡水使用量（占内陆水资源的百分比）	..	*11.5*	*14.1*
获得改善的水资源的人口（占总人口的百分比）	99	99	99
获得改善的卫生设施的人口（占总人口的百分比）	95	95	95
人均能源使用量（千克石油当量）	6,316	3,418	4,304
人均二氧化碳排放量（吨）	*15.0*	11.0	*13.7*
人均用电量（千瓦时）	5,890	4,596	*6,279*
经济			
GDP（10亿美元）	*1.7*	5.7	22.4
GDP增长率（年度百分比）	..	9.7	3.9
GDP隐含价格平减指数（年度增长百分比）	..	4.8	3.3
农业增加值（占GDP的百分比）	..	5	4
工业增加值（占GDP的百分比）	..	28	29
服务业增加值（占GDP的百分比）	..	68	67
货物和服务出口（占GDP的百分比）	*66*	85	91
货物和服务进口（占GDP的百分比）	*70*	88	90
资本形成总额（占GDP的百分比）	*28*	28	28
中央政府收入（占GDP的百分比）	..	29.4	*32.9*
中央政府现金盈余/赤字（占GDP的百分比）	..	0.2	*1.0*
政府与市场			
创办企业的时间（天）	..	*72*	7
股票市场资本总额（占GDP的百分比）	..	32.5	10.4
军费支出（占GDP的百分比）	*0.8*	1.4	1.9
移动电话用户（每100人）	0.0	40.8	160.4
互联网用户（占总人口的百分比）	0.0	28.6	79.0
铺敷道路（占总数的百分比）	51.8	20.0	*18.2*
高科技出口（占制成品出口的百分比）	..	30	11
全球联系			
商品贸易（占GDP的百分比）	..	157	151
净易货贸易条件指数（2000年=100）	..	100	94
外债总额（百万美元）	..	..	..
债务还本付息总额（占出口的百分比）	..	..	..
净移民（千人）	*-112*	*-14*	0
获得的侨汇（百万美元）	..	4	401
外国直接投资，净流入额（百万美元）	*82*	387	1,648
获得的净官方发展援助（百万美元）	..	..	..

埃塞俄比亚

撒哈拉以南非洲地区		低收入经济体	
人口（百万）	91.7	人口增长率（百分比）	2.6
陆地面积（千平方公里）	1,104	每天生活费用不足1.25美元的人口（占人口的百分比）	*30.7*
GNI，图表集法（10亿美元）	34.7	人均GNI，图表集法（美元）	380
PPP衡量的GNI（10亿美元）	101.5	PPP衡量的人均GNI（美元）	1,110

	1990	2000	2012
人口			
最贫困的20%人口占国家消费/收入的份额（百分比）	..	9.2	*8.0*
出生时的预期寿命（岁）	47	52	63
总生育率（每个女性生育数）	7.2	6.5	4.6
青年女性生育率（每千名15—19岁女性生育数）	118	110	78
避孕普及率（占15—49岁已婚女性的百分比）	5	8	29
在熟练医护人员护理下的分娩（占总数的百分比）	..	6	*10*
5岁以下儿童死亡率（每千人）	204	146	68
儿童营养不良，体重不足（占5岁以下儿童的百分比）	*43.3*	42.0	*29.2*
儿童麻疹免疫接种率（占12—23个月年龄组的百分比）	38	33	66
小学毕业率，总数（占适龄年龄组的百分比）	*23*	22	..
中学总入学率，总数（占适龄年龄组的百分比）	*14*	14	..
小学和中学中女孩与男孩的比率（百分比）	69	65	..
HIV感染率（占15—49岁人口的百分比）	1.3	3.7	1.3
环境			
森林（千平方公里）	167	137	*122*
森林采伐（1990—2000年和2000—2010年，平均年度百分比）		1.0	*1.1*
淡水使用量（占内陆水资源的百分比）	..	*4.6*	*4.6*
获得改善的水资源的人口（占总人口的百分比）	13	29	52
获得改善的卫生设施的人口（占总人口的百分比）	2	8	24
人均能源使用量（千克石油当量）	411	382	*381*
人均二氧化碳排放量（吨）	0.06	0.09	*0.07*
人均用电量（千瓦时）	23	23	*52*
经济			
GDP（10亿美元）	12.1	8.1	41.6
GDP增长率（年度百分比）	2.7	6.1	8.5
GDP隐含价格平减指数（年度增长百分比）	3.3	5.8	34.2
农业增加值（占GDP的百分比）	54	49	49
工业增加值（占GDP的百分比）	11	12	10
服务业增加值（占GDP的百分比）	35	39	41
货物和服务出口（占GDP的百分比）	6	12	14
货物和服务进口（占GDP的百分比）	9	24	32
资本形成总额（占GDP的百分比）	13	23	35
中央政府收入（占GDP的百分比）	12.4	*12.0*	*11.1*
中央政府现金盈余/赤字（占GDP的百分比）	-6.6	*-4.3*	*-1.4*
政府与市场			
创办企业的时间（天）	..	*46*	15
股票市场资本总额（占GDP的百分比）	..	..	..
军费支出（占GDP的百分比）	6.5	7.7	0.9
移动电话用户（每100人）	0.0	0.0	22.4
互联网用户（占总人口的百分比）	0.0	0.0	1.5
铺敷道路（占总数的百分比）	15.0	12.0	*13.7*
高科技出口（占制成品出口的百分比）	..	0	2
全球联系			
商品贸易（占GDP的百分比）	11	22	36
净易货贸易条件指数（2000年=100）	*125*	100	131
外债总额（10亿美元）	8.6	5.5	10.5
债务还本付息总额（占出口的百分比）	39.0	13.7	7.2
净移民（千人）	*1,295*	*-83*	-60
获得的侨汇（百万美元）	5	53	624
外国直接投资，净流入额（百万美元）	*0*	135	279
获得的净官方发展援助（10亿美元）	1.0	0.7	3.3

法罗群岛

高收入经济体

人口（千人）	50	人口增长率（百分比）	-0.1
陆地面积（千平方公里）	1.4	每天生活费用不足1.25美元的人口（占人口的百分比）	..
GNI，图表集法（百万美元）	..	人均GNI，图表集法（美元）	..
PPP衡量的GNI（百万美元）	..	PPP衡量的人均GNI（美元）	..

	1990	2000	2012
人口			
最贫困的20%人口占国家消费/收入的份额（百分比）	..	..	..
出生时的预期寿命（岁）	77	79	82
总生育率（每个女性生育数）	..	..	..
青年女性生育率（每千名15—19岁女性生育数）	..	..	..
避孕普及率（占15—49岁已婚女性的百分比）	..	..	..
在熟练医护人员护理下的分娩（占总数的百分比）	..	..	..
5岁以下儿童死亡率（每千人）	..	..	..
儿童营养不良，体重不足（占5岁以下儿童的百分比）	..	..	..
儿童麻疹免疫接种率（占12—23个月年龄组的百分比）	..	..	..
小学毕业率，总数（占适龄年龄组的百分比）	..	..	..
中学总入学率，总数（占适龄年龄组的百分比）	..	..	..
小学和中学中女孩与男孩的比率（百分比）	..	..	..
HIV感染率（占15—49岁人口的百分比）	..	..	..
环境			
森林（平方公里）	1.0	1.0	*1.0*
森林采伐（1990—2000年和2000—2010年，平均年度百分比）		0.0	*0.0*
淡水使用量（占内陆水资源的百分比）	..	..	..
获得改善的水资源的人口（占总人口的百分比）	..	..	..
获得改善的卫生设施的人口（占总人口的百分比）	..	..	..
人均能源使用量（千克石油当量）	..	..	..
人均二氧化碳排放量（吨）	13.0	15.3	*14.3*
人均用电量（千瓦时）	..	..	..
经济			
GDP（百万美元）	..	1,062	*2,198*
GDP增长率（年度百分比）	..	..	..
GDP隐含价格平减指数（年度增长百分比）	..	..	..
农业增加值（占GDP的百分比）	..	..	..
工业增加值（占GDP的百分比）	..	..	..
服务业增加值（占GDP的百分比）	..	..	..
货物和服务出口（占GDP的百分比）	..	..	..
货物和服务进口（占GDP的百分比）	..	..	..
资本形成总额（占GDP的百分比）	..	..	..
中央政府收入（占GDP的百分比）	..	..	..
中央政府现金盈余/赤字（占GDP的百分比）	..	..	..
政府与市场			
创办企业的时间（天）	..	..	..
股票市场资本总额（占GDP的百分比）	..	..	..
军费支出（占GDP的百分比）	..	..	..
移动电话用户（每100人）	0.0	36.5	118.6
互联网用户（占总人口的百分比）	0.0	32.9	85.3
铺敷道路（占总数的百分比）	..	..	..
高科技出口（占制成品出口的百分比）	0	0	*1*
全球联系			
商品贸易（占GDP的百分比）	..	95	*70*
净易货贸易条件指数（2000年=100）	..	100	104
外债总额（百万美元）	..	..	..
债务还本付息总额（占出口的百分比）	..	..	..
净移民（千人）	..	..	..
获得的侨汇（百万美元）	..	43	*158*
外国直接投资，净流入额（百万美元）	..	..	..
获得的净官方发展援助（百万美元）	..	..	..

斐济

东亚和太平洋地区			中高收入经济体
人口（千人）	875	人口增长率（百分比）	0.8
陆地面积（千平方公里）	18	每天生活费用不足1.25美元的人口（占人口的百分比）	*5.9*
GNI，图表集法（10亿美元）	3.6	人均GNI，图表集法（美元）	4,110
PPP衡量的GNI（10亿美元）	4.1	PPP衡量的人均GNI（美元）	4,690

	1990	2000	2012
人口			
最贫困的20%人口占国家消费/收入的份额（百分比）	..	*4.1*	*6.2*
出生时的预期寿命（岁）	66	68	70
总生育率（每个女性生育数）	3.4	3.1	2.6
青年女性生育率（每千名15—19岁女性生育数）	63	43	43
避孕普及率（占15—49岁已婚女性的百分比）	..	44	*32*
在熟练医护人员护理下的分娩（占总数的百分比）	..	99	*100*
5岁以下儿童死亡率（每千人）	31	24	22
儿童营养不良，体重不足（占5岁以下儿童的百分比）	*6.9*	*5.3*	..
儿童麻疹免疫接种率（占12—23个月年龄组的百分比）	84	81	99
小学毕业率，总数（占适龄年龄组的百分比）	*105*	95	*103*
中学总入学率，总数（占适龄年龄组的百分比）	*77*	78	*90*
小学和中学中女孩与男孩的比率（百分比）	*98*	103	*104*
HIV感染率（占15—49岁人口的百分比）	0.1	0.1	0.2
环境			
森林（千平方公里）	10	10	*10*
森林采伐（1990—2000年和2000—2010年，平均年度百分比）		-0.3	*-0.3*
淡水使用量（占内陆水资源的百分比）	..	*0.3*	*0.3*
获得改善的水资源的人口（占总人口的百分比）	85	91	96
获得改善的卫生设施的人口（占总人口的百分比）	57	74	87
人均能源使用量（千克石油当量）	392	..	..
人均二氧化碳排放量（吨）	1.1	1.1	*1.5*
人均用电量（千瓦时）	..	..	..
经济			
GDP（百万美元）	1,337	1,684	3,908
GDP增长率（年度百分比）	5.8	-1.7	2.3
GDP隐含价格平减指数（年度增长百分比）	6.7	-4.7	1.6
农业增加值（占GDP的百分比）	20	17	13
工业增加值（占GDP的百分比）	24	22	19
服务业增加值（占GDP的百分比）	56	61	68
货物和服务出口（占GDP的百分比）	62	65	62
货物和服务进口（占GDP的百分比）	67	70	65
资本形成总额（占GDP的百分比）	14	17	..
中央政府收入（占GDP的百分比）	26.8	..	..
中央政府现金盈余/赤字（占GDP的百分比）	0.9	..	..
政府与市场			
创办企业的时间（天）	..	*45*	59
股票市场资本总额（占GDP的百分比）	..	14.5	11.6
军费支出（占GDP的百分比）	2.3	1.9	1.5
移动电话用户（每100人）	0.0	6.8	98.2
互联网用户（占总人口的百分比）	0.0	1.5	33.7
铺敷道路（占总数的百分比）	44.5	49.0	..
高科技出口（占制成品出口的百分比）	12	0	*2*
全球联系			
商品贸易（占GDP的百分比）	94	84	87
净易货贸易条件指数（2000年=100）	*142*	100	108
外债总额（百万美元）	308	182	732
债务还本付息总额（占出口的百分比）	9.1	2.4	*1.3*
净移民（千人）	*-35.8*	*-61.8*	-28.7
获得的侨汇（百万美元）	22	44	191
外国直接投资，净流入额（百万美元）	92	1	267
获得的净官方发展援助（百万美元）	50	29	107

芬兰

高收入经济体

人口（百万）	5.4	人口增长率（百分比）	0.5
陆地面积（千平方公里）	338	每天生活费用不足1.25美元的人口（占人口的百分比）	..
GNI，图表集法（10亿美元）	251.7	人均GNI，图表集法（美元）	46,490
PPP衡量的GNI（10亿美元）	212.0	PPP衡量的人均GNI（美元）	39,150

	1990	2000	2012
人口			
最贫困的20%人口占国家消费/收入的份额（百分比）	..	9.6	..
出生时的预期寿命（岁）	75	77	81
总生育率（每个女性生育数）	1.8	1.7	1.8
青年女性生育率（每千名15—19岁女性生育数）	12	10	9
避孕普及率（占15—49岁已婚女性的百分比）	*77*	..	..
在熟练医护人员护理下的分娩（占总数的百分比）	*100*	*100*	..
5岁以下儿童死亡率（每千人）	7	4	3
儿童营养不良，体重不足（占5岁以下儿童的百分比）	..	..	..
儿童麻疹免疫接种率（占12—23个月年龄组的百分比）	97	96	97
小学毕业率，总数（占适龄年龄组的百分比）	102	96	*97*
中学总入学率，总数（占适龄年龄组的百分比）	115	125	*107*
小学和中学中女孩与男孩的比率（百分比）	109	105	*102*
HIV感染率（占15—49岁人口的百分比）	..	..	..
环境			
森林（千平方公里）	219	225	*222*
森林采伐（1990—2000年和2000—2010年，平均年度百分比）		-0.3	*0.1*
淡水使用量（占内陆水资源的百分比）	*2.2*	*2.1*	*1.5*
获得改善的水资源的人口（占总人口的百分比）	100	100	100
获得改善的卫生设施的人口（占总人口的百分比）	100	100	100
人均能源使用量（千克石油当量）	5,692	6,227	6,183
人均二氧化碳排放量（吨）	10.4	10.1	*11.5*
人均用电量（千瓦时）	12,486	15,304	*15,738*
经济			
GDP（10亿美元）	139	122	248
GDP增长率（年度百分比）	0.5	5.3	-0.8
GDP隐含价格平减指数（年度增长百分比）	5.4	2.6	2.9
农业增加值（占GDP的百分比）	6	3	3
工业增加值（占GDP的百分比）	33	34	26
服务业增加值（占GDP的百分比）	61	62	71
货物和服务出口（占GDP的百分比）	23	44	41
货物和服务进口（占GDP的百分比）	24	34	41
资本形成总额（占GDP的百分比）	28	21	20
中央政府收入（占GDP的百分比）	..	41.1	*38.4*
中央政府现金盈余/赤字（占GDP的百分比）	..	6.8	*-0.5*
政府与市场			
创办企业的时间（天）	..	*31*	14
股票市场资本总额（占GDP的百分比）	16.3	241.1	64.1
军费支出（占GDP的百分比）	1.5	1.3	1.5
移动电话用户（每100人）	5.2	72.0	172.3
互联网用户（占总人口的百分比）	0.4	37.2	91.0
铺敷道路（占总数的百分比）	61.0	62.0	*65.8*
高科技出口（占制成品出口的百分比）	8	27	9
全球联系			
商品贸易（占GDP的百分比）	39	66	60
净易货贸易条件指数（2000年=100）	..	100	87
外债总额（百万美元）	..	..	..
债务还本付息总额（占出口的百分比）	..	..	..
净移民（千人）	*47.2*	*31.9*	50.0
获得的侨汇（百万美元）	63	473	866
外国直接投资，净流入额（10亿美元）	0.8	9.1	4.3
获得的净官方发展援助（百万美元）	..	..	..

法国

高收入经济体

人口（百万）	65.7	人口增长率（百分比）	0.5
陆地面积（千平方公里）	549	每天生活费用不足1.25美元的人口（占人口的百分比）	..
GNI，图表集法（10亿美元）	2,742.9	人均GNI，图表集法（美元）	41,750
PPP衡量的GNI（10亿美元）	2,458.1	PPP衡量的人均GNI（美元）	37,420

	1990	2000	2012
人口			
最贫困的20%人口占国家消费/收入的份额（百分比）	..	..	..
出生时的预期寿命（岁）[e]	77	79	83
总生育率（每个女性生育数）[e]	1.8	1.9	2.0
青年女性生育率（每千名15—19岁女性生育数）[e]	12	10	6
避孕普及率（占15—49岁已婚女性的百分比）	*81*	82	..
在熟练医护人员护理下的分娩（占总数的百分比）	99	..	..
5岁以下儿童死亡率（每千人）[e]	9	5	4
儿童营养不良，体重不足（占5岁以下儿童的百分比）	..	..	..
儿童麻疹免疫接种率（占12—23个月年龄组的百分比）	71	84	89
小学毕业率，总数（占适龄年龄组的百分比）	111	97	..
中学总入学率，总数（占适龄年龄组的百分比）	96	106	110
小学和中学中女孩与男孩的比率（百分比）	103	100	100
HIV感染率（占15—49岁人口的百分比）	..	..	..
环境			
森林（千平方公里）	145	154	*160*
森林采伐（1990—2000年和2000—2010年，平均年度百分比）		-0.6	*-0.4*
淡水使用量（占内陆水资源的百分比）	*18.8*	*16.4*	*15.8*
获得改善的水资源的人口（占总人口的百分比）	100	100	100
获得改善的卫生设施的人口（占总人口的百分比）	100	100	100
人均能源使用量（千克石油当量）	3,835	4,137	3,831
人均二氧化碳排放量（吨）	6.8	6.0	*5.6*
人均用电量（千瓦时）	5,951	7,238	*7,289*
经济			
GDP（10亿美元）	1,244	1,326	2,613
GDP增长率（年度百分比）	2.6	3.7	0.0
GDP隐含价格平减指数（年度增长百分比）	2.8	1.6	1.5
农业增加值（占GDP的百分比）	4	2	2
工业增加值（占GDP的百分比）	27	23	*19*
服务业增加值（占GDP的百分比）	69	75	*79*
货物和服务出口（占GDP的百分比）	21	29	27
货物和服务进口（占GDP的百分比）	22	28	30
资本形成总额（占GDP的百分比）	22	20	20
中央政府收入（占GDP的百分比）	..	43.2	*42.7*
中央政府现金盈余/赤字（占GDP的百分比）	..	-1.6	*-5.1*
政府与市场			
创办企业的时间（天）	..	*41*	7
股票市场资本总额（占GDP的百分比）	25.2	109.1	69.8
军费支出（占GDP的百分比）	3.4	2.5	2.3
移动电话用户（每100人）	0.5	49.1	97.4
互联网用户（占总人口的百分比）	0.1	14.3	83.0
铺敷道路（占总数的百分比）	..	100.0	*100.0*
高科技出口（占制成品出口的百分比）	17	25	25
全球联系			
商品贸易（占GDP的百分比）	36	50	48
净易货贸易条件指数（2000年=100）	..	100	89
外债总额（百万美元）	..	..	..
债务还本付息总额（占出口的百分比）	..	..	..
净移民（千人）	*138*	*1,078*	650
获得的侨汇（10亿美元）	4.0	8.6	21.7
外国直接投资，净流入额（10亿美元）	13.2	42.4	28.1
获得的净官方发展援助（百万美元）	..	..	..

法属波利尼西亚

高收入经济体

人口（千人）	274	人口增长率（百分比）	1.1
陆地面积（千平方公里）	4.0	每天生活费用不足1.25美元的人口（占人口的百分比）	..
GNI，图表集法（10亿美元）	..	人均GNI，图表集法（美元）	..
PPP衡量的GNI（百万美元）	..	PPP衡量的人均GNI（美元）	..

	1990	2000	2012
人口			
最贫困的20%人口占国家消费/收入的份额（百分比）	..	..	..
出生时的预期寿命（岁）	69	72	76
总生育率（每个女性生育数）	3.4	2.5	2.1
青年女性生育率（每千名15—19岁女性生育数）	63	47	38
避孕普及率（占15—49岁已婚女性的百分比）	..	..	..
在熟练医护人员护理下的分娩（占总数的百分比）	..	99	..
5岁以下儿童死亡率（每千人）	..	..	..
儿童营养不良，体重不足（占5岁以下儿童的百分比）	..	..	..
儿童麻疹免疫接种率（占12—23个月年龄组的百分比）	..	..	..
小学毕业率，总数（占适龄年龄组的百分比）	..	..	..
中学总入学率，总数（占适龄年龄组的百分比）	67	..	..
小学和中学中女孩与男孩的比率（百分比）	111	..	..
HIV感染率（占15—49岁人口的百分比）	..	..	..
环境			
森林（千平方公里）	0.6	1.1	*1.6*
森林采伐（1990—2000年和2000—2010年，平均年度百分比）		-6.7	*-4.0*
淡水使用量（占内陆水资源的百分比）	..	..	..
获得改善的水资源的人口（占总人口的百分比）	100	100	100
获得改善的卫生设施的人口（占总人口的百分比）	99	98	97
人均能源使用量（千克石油当量）	..	..	..
人均二氧化碳排放量（吨）	3.2	2.7	*3.3*
人均用电量（千瓦时）	..	..	..
经济			
GDP（10亿美元）	3.2	3.4	..
GDP增长率（年度百分比）	2.2	4.0	..
GDP隐含价格平减指数（年度增长百分比）	0.8	1.0	..
农业增加值（占GDP的百分比）	1	5	..
工业增加值（占GDP的百分比）	..	..	..
服务业增加值（占GDP的百分比）	..	..	..
货物和服务出口（占GDP的百分比）	*1*	5	..
货物和服务进口（占GDP的百分比）	*28*	24	..
资本形成总额（占GDP的百分比）	..	..	..
中央政府收入（占GDP的百分比）	..	..	..
中央政府现金盈余/赤字（占GDP的百分比）	..	..	..
政府与市场			
创办企业的时间（天）	..	..	..
股票市场资本总额（占GDP的百分比）	..	..	..
军费支出（占GDP的百分比）	..	..	..
移动电话用户（每100人）	0.0	16.8	82.5
互联网用户（占总人口的百分比）	0.0	6.4	52.9
铺敷道路（占总数的百分比）	..	..	..
高科技出口（占制成品出口的百分比）	..	8	2
全球联系			
商品贸易（占GDP的百分比）	33	35	..
净易货贸易条件指数（2000年=100）	..	100	79
外债总额（百万美元）	..	..	..
债务还本付息总额（占出口的百分比）	..	..	..
净移民（千人）	*-4.3*	*0.1*	-0.5
获得的侨汇（百万美元）	..	*408*	*755*
外国直接投资，净流入额（百万美元）	..	*10.9*	87.4
获得的净官方发展援助（百万美元）	260	*352*	..

加蓬

撒哈拉以南非洲地区		中高收入经济体	
人口（百万）	1.6	人口增长率（百分比）	2.4
陆地面积（千平方公里）	268	每天生活费用不足1.25美元的人口（占人口的百分比）	*4.8*
GNI，图表集法（10亿美元）	16.4	人均GNI，图表集法（美元）	10,040
PPP衡量的GNI（10亿美元）	23.0	PPP衡量的人均GNI（美元）	14,090

	1990	2000	2012
人口			
最贫困的20%人口占国家消费/收入的份额（百分比）	..	..	..
出生时的预期寿命（岁）	61	60	63
总生育率（每个女性生育数）	5.4	4.6	4.1
青年女性生育率（每千名15—19岁女性生育数）	160	133	103
避孕普及率（占15—49岁已婚女性的百分比）	..	33	31
在熟练医护人员护理下的分娩（占总数的百分比）	..	86	89
5岁以下儿童死亡率（每千人）	92	86	62
儿童营养不良，体重不足（占5岁以下儿童的百分比）	..	8.8	6.5
儿童麻疹免疫接种率（占12—23个月年龄组的百分比）	76	55	71
小学毕业率，总数（占适龄年龄组的百分比）	*67*	*74*	..
中学总入学率，总数（占适龄年龄组的百分比）	*37*	53	..
小学和中学中女孩与男孩的比率（百分比）	*97*	97	..
HIV感染率（占15—49岁人口的百分比）	1.0	5.8	4.0
环境			
森林（千平方公里）	220	220	*220*
森林采伐（1990—2000年和2000—2010年，平均年度百分比）		0.0	*0.0*
淡水使用量（占内陆水资源的百分比）	..	*0.1*	*0.1*
获得改善的水资源的人口（占总人口的百分比）	..	84	92
获得改善的卫生设施的人口（占总人口的百分比）	..	39	41
人均能源使用量（千克石油当量）	1,248	1,194	*1,253*
人均二氧化碳排放量（吨）	5.1	0.9	*1.7*
人均用电量（千瓦时）	922	882	*907*
经济			
GDP（10亿美元）	6.0	5.1	18.4
GDP增长率（年度百分比）	5.2	-1.9	5.6
GDP隐含价格平减指数（年度增长百分比）	15.4	28.1	0.4
农业增加值（占GDP的百分比）	7	6	4
工业增加值（占GDP的百分比）	43	56	62
服务业增加值（占GDP的百分比）	50	38	34
货物和服务出口（占GDP的百分比）	46	69	57
货物和服务进口（占GDP的百分比）	31	33	31
资本形成总额（占GDP的百分比）	22	22	31
中央政府收入（占GDP的百分比）	..	..	..
中央政府现金盈余/赤字（占GDP的百分比）	..	..	..
政府与市场			
创办企业的时间（天）	..	..	50
股票市场资本总额（占GDP的百分比）	..	..	..
军费支出（占GDP的百分比）	..	1.8	1.4
移动电话用户（每100人）	0.0	9.8	179.5
互联网用户（占总人口的百分比）	0.0	1.2	8.6
铺敷道路（占总数的百分比）	8.2	10.0	*12.0*
高科技出口（占制成品出口的百分比）	*45*	5	*3*
全球联系			
商品贸易（占GDP的百分比）	52	70	87
净易货贸易条件指数（2000年=100）	157	100	226
外债总额（10亿美元）	4.0	3.9	2.9
债务还本付息总额（占出口的百分比）	6.4	9.9	..
净移民（千人）	*5.0*	*9.6*	5.0
获得的侨汇（百万美元）	0.9	6.1	..
外国直接投资，净流入额（百万美元）	73	-43	702
获得的净官方发展援助（百万美元）	131	12	73

冈比亚

撒哈拉以南非洲地区　低收入经济体

人口（百万）	1.8	人口增长率（百分比）	3.2
陆地面积（千平方公里）	11	每天生活费用不足1.25美元的人口（占人口的百分比）	*33.6*
GNI，图表集法（百万美元）	912.3	人均GNI，图表集法（美元）	510
PPP衡量的GNI（百万美元）	3,277.9	PPP衡量的人均GNI（美元）	1,830

	1990	2000	2012
人口			
最贫困的20%人口占国家消费/收入的份额（百分比）	..	*4.8*	..
出生时的预期寿命（岁）	52	55	59
总生育率（每个女性生育数）	6.1	5.9	5.8
青年女性生育率（每千名15—19岁女性生育数）	164	124	116
避孕普及率（占15—49岁已婚女性的百分比）	12	10	*13*
在熟练医护人员护理下的分娩（占总数的百分比）	44	55	*57*
5岁以下儿童死亡率（每千人）	170	116	73
儿童营养不良，体重不足（占5岁以下儿童的百分比）	..	15.4	*15.8*
儿童麻疹免疫接种率（占12—23个月年龄组的百分比）	86	89	95
小学毕业率，总数（占适龄年龄组的百分比）	*44*	72	70
中学总入学率，总数（占适龄年龄组的百分比）	17	..	*57*
小学和中学中女孩与男孩的比率（百分比）	*58*	..	*100*
HIV感染率（占15—49岁人口的百分比）	0.1	0.9	1.3
环境			
森林（千平方公里）	4.4	4.6	*4.8*
森林采伐（1990—2000年和2000—2010年，平均年度百分比）		-0.4	*-0.4*
淡水使用量（占内陆水资源的百分比）	..	*2.4*	*2.4*
获得改善的水资源的人口（占总人口的百分比）	76	83	90
获得改善的卫生设施的人口（占总人口的百分比）	..	61	60
人均能源使用量（千克石油当量）	67	..	..
人均二氧化碳排放量（吨）	0.2	0.2	*0.3*
人均用电量（千瓦时）	..	..	..
经济			
GDP（百万美元）	317	783	907
GDP增长率（年度百分比）	3.6	5.5	5.3
GDP隐含价格平减指数（年度增长百分比）	12.0	2.2	4.5
农业增加值（占GDP的百分比）	24	25	20
工业增加值（占GDP的百分比）	11	15	13
服务业增加值（占GDP的百分比）	65	61	67
货物和服务出口（占GDP的百分比）	60	26	29
货物和服务进口（占GDP的百分比）	72	31	51
资本形成总额（占GDP的百分比）	22	5	23
中央政府收入（占GDP的百分比）	19.4	..	..
中央政府现金盈余/赤字（占GDP的百分比）	0.1	..	..
政府与市场			
创办企业的时间（天）	..	..	27
股票市场资本总额（占GDP的百分比）	..	..	..
军费支出（占GDP的百分比）	1.1	0.4	..
移动电话用户（每100人）	0.0	0.5	85.2
互联网用户（占总人口的百分比）	0.0	0.9	12.4
铺敷道路（占总数的百分比）	..	35.0	..
高科技出口（占制成品出口的百分比）	..	3	*3*
全球联系			
商品贸易（占GDP的百分比）	69	26	53
净易货贸易条件指数（2000年=100）	100	100	92
外债总额（百万美元）	369	490	513
债务还本付息总额（占出口的百分比）	22.2	*14.8*	7.1
净移民（千人）	*-14.8*	*-13.7*	-13.5
获得的侨汇（百万美元）	..	*56*	141
外国直接投资，净流入额（百万美元）	14.1	*18.3*	33.5
获得的净官方发展援助（百万美元）	97	50	139

格鲁吉亚

欧洲和中亚			中低收入经济体
人口（百万）	4.5	人口增长率（百分比）	0.2
陆地面积（千平方公里）	70	每天生活费用不足1.25美元的人口（占人口的百分比）	*18.0*
GNI，图表集法（10亿美元）	14.8	人均GNI，图表集法（美元）	3,290
PPP衡量的GNI（10亿美元）	26.0	PPP衡量的人均GNI（美元）	5,790

	1990	2000	2012
人口			
最贫困的20%人口占国家消费/收入的份额（百分比）	..	5.3	*5.0*
出生时的预期寿命（岁）	70	72	74
总生育率（每个女性生育数）	2.2	1.6	1.8
青年女性生育率（每千名15—19岁女性生育数）	72	53	47
避孕普及率（占15—49岁已婚女性的百分比）	..	41	*53*
在熟练医护人员护理下的分娩（占总数的百分比）	97	96	*100*
5岁以下儿童死亡率（每千人）	35	34	20
儿童营养不良，体重不足（占5岁以下儿童的百分比）	..	*2.7*	*1.1*
儿童麻疹免疫接种率（占12—23个月年龄组的百分比）	*16*	73	93
小学毕业率，总数（占适龄年龄组的百分比）	..	98	108
中学总入学率，总数（占适龄年龄组的百分比）	*95*	79	*87*
小学和中学中女孩与男孩的比率（百分比）	*98*	98	..
HIV感染率（占15—49岁人口的百分比）	0.1	0.1	0.3
环境			
森林（千平方公里）	28	28	*27*
森林采伐（1990—2000年和2000—2010年，平均年度百分比）		0.0	*0.1*
淡水使用量（占内陆水资源的百分比）	..	..	*3.1*
获得改善的水资源的人口（占总人口的百分比）	85	89	99
获得改善的卫生设施的人口（占总人口的百分比）	96	95	93
人均能源使用量（千克石油当量）	2,586	649	*790*
人均二氧化碳排放量（吨）	*3.1*	1.0	*1.4*
人均用电量（千瓦时）	3,039	1,453	*1,918*
经济			
GDP（10亿美元）	7.7	3.1	15.7
GDP增长率（年度百分比）	-14.8	1.8	6.0
GDP隐含价格平减指数（年度增长百分比）	22.4	4.7	1.3
农业增加值（占GDP的百分比）	32	22	9
工业增加值（占GDP的百分比）	33	22	23
服务业增加值（占GDP的百分比）	35	56	68
货物和服务出口（占GDP的百分比）	40	23	38
货物和服务进口（占GDP的百分比）	46	40	58
资本形成总额（占GDP的百分比）	31	27	29
中央政府收入（占GDP的百分比）	..	10.4	25.8
中央政府现金盈余/赤字（占GDP的百分比）	..	-1.6	-0.5
政府与市场			
创办企业的时间（天）	..	*25*	2
股票市场资本总额（占GDP的百分比）	..	0.8	6.0
军费支出（占GDP的百分比）	..	0.6	2.9
移动电话用户（每100人）	0.0	4.1	107.8
互联网用户（占总人口的百分比）	0.0	0.5	45.5
铺敷道路（占总数的百分比）	93.8	*93.4*	*36.4*
高科技出口（占制成品出口的百分比）	..	11	2
全球联系			
商品贸易（占GDP的百分比）	..	34	65
净易货贸易条件指数（2000年=100）	..	100	134
外债总额（10亿美元）	*0.1*	1.8	13.4
债务还本付息总额（占出口的百分比）	..	12.5	23.3
净移民（千人）	*-544*	*-309*	-125
获得的侨汇（百万美元）	..	274	1,770
外国直接投资，净流入额（百万美元）	..	131	831
获得的净官方发展援助（百万美元）	*0*	169	662

德国

高收入经济体

人口（百万）	80.4	人口增长率（百分比）	-1.7
陆地面积（千平方公里）	357	每天生活费用不足1.25美元的人口（占人口的百分比）	..
GNI，图表集法（10亿美元）	3,624.6	人均GNI，图表集法（美元）	45,070
PPP衡量的GNI（10亿美元）	3,516.2	PPP衡量的人均GNI（美元）	43,720

	1990	2000	2012
人口			
最贫困的20%人口占国家消费/收入的份额（百分比）	..	8.5	..
出生时的预期寿命（岁）	75	78	81
总生育率（每个女性生育数）	1.5	1.4	1.4
青年女性生育率（每千名15—19岁女性生育数）	16	13	4
避孕普及率（占15—49岁已婚女性的百分比）	*70*	..	..
在熟练医护人员护理下的分娩（占总数的百分比）	..	..	*100*
5岁以下儿童死亡率（每千人）	9	5	4
儿童营养不良，体重不足（占5岁以下儿童的百分比）	..	..	..
儿童麻疹免疫接种率（占12—23个月年龄组的百分比）	75	92	97
小学毕业率，总数（占适龄年龄组的百分比）	*96*	102	*100*
中学总入学率，总数（占适龄年龄组的百分比）	*98*	96	*102*
小学和中学中女孩与男孩的比率（百分比）	*99*	99	*96*
HIV感染率（占15—49岁人口的百分比）	..	..	..
环境			
森林（千平方公里）	107	111	*111*
森林采伐（1990—2000年和2000—2010年，平均年度百分比）		-0.3	*0.0*
淡水使用量（占内陆水资源的百分比）	..	*36.6*	*30.2*
获得改善的水资源的人口（占总人口的百分比）	100	100	100
获得改善的卫生设施的人口（占总人口的百分比）	100	100	100
人均能源使用量（千克石油当量）	4,421	4,094	3,822
人均二氧化碳排放量（吨）	*11.6*	10.1	*9.1*
人均用电量（千瓦时）	6,640	6,635	*7,081*
经济			
GDP（10亿美元）	1,714	1,886	3,428
GDP增长率（年度百分比）	5.3	3.1	0.7
GDP隐含价格平减指数（年度增长百分比）	3.4	-0.7	1.5
农业增加值（占GDP的百分比）	1	1	1
工业增加值（占GDP的百分比）	37	31	31
服务业增加值（占GDP的百分比）	61	68	69
货物和服务出口（占GDP的百分比）	25	33	52
货物和服务进口（占GDP的百分比）	25	33	46
资本形成总额（占GDP的百分比）	23	22	17
中央政府收入（占GDP的百分比）	..	30.3	*28.9*
中央政府现金盈余/赤字（占GDP的百分比）	..	1.4	*-0.4*
政府与市场			
创办企业的时间（天）	..	*45*	15
股票市场资本总额（占GDP的百分比）	20.7	67.3	43.4
军费支出（占GDP的百分比）	2.5	1.5	1.3
移动电话用户（每100人）	0.3	57.7	111.6
互联网用户（占总人口的百分比）	0.1	30.2	84.0
铺敷道路（占总数的百分比）	99.0	..	..
高科技出口（占制成品出口的百分比）	12	19	16
全球联系			
商品贸易（占GDP的百分比）	45	56	75
净易货贸易条件指数（2000年=100）	..	100	95
外债总额（百万美元）	..	..	..
债务还本付息总额（占出口的百分比）	..	..	..
净移民（千人）	*3,233*	*937*	550
获得的侨汇（10亿美元）	4.9	3.6	14.0
外国直接投资，净流入额（10亿美元）	3	210	27
获得的净官方发展援助（百万美元）	..	..	..

加纳

撒哈拉以南非洲地区		中低收入经济体	
人口（百万）	25.4	人口增长率（百分比）	2.2
陆地面积（千平方公里）	239	每天生活费用不足1.25美元的人口（占人口的百分比）	*28.6*
GNI，图表集法（10亿美元）	39.4	人均GNI，图表集法（美元）	1,550
PPP衡量的GNI（10亿美元）	48.4	PPP衡量的人均GNI（美元）	1,910

	1990	2000	2012
人口			
最贫困的20%人口占国家消费/收入的份额（百分比）	*7.0*	*5.6*	*5.2*
出生时的预期寿命（岁）	57	57	61
总生育率（每个女性生育数）	5.6	4.7	3.9
青年女性生育率（每千名15—19岁女性生育数）	110	81	58
避孕普及率（占15—49岁已婚女性的百分比）	*17*	*22*	*34*
在熟练医护人员护理下的分娩（占总数的百分比）	*44*	*47*	*68*
5岁以下儿童死亡率（每千人）	128	103	72
儿童营养不良，体重不足（占5岁以下儿童的百分比）	*25.1*	*20.3*	*14.3*
儿童麻疹免疫接种率（占12—23个月年龄组的百分比）	61	90	88
小学毕业率，总数（占适龄年龄组的百分比）	*66*	*72*	*98*
中学总入学率，总数（占适龄年龄组的百分比）	36	41	*61*
小学和中学中女孩与男孩的比率（百分比）	78	90	96
HIV感染率（占15—49岁人口的百分比）	0.7	2.3	1.4
环境			
森林（千平方公里）	74	61	*48*
森林采伐（1990—2000年和2000—2010年，平均年度百分比）		2.0	*2.1*
淡水使用量（占内陆水资源的百分比）	..	*3.2*	*3.2*
获得改善的水资源的人口（占总人口的百分比）	54	71	87
获得改善的卫生设施的人口（占总人口的百分比）	7	10	14
人均能源使用量（千克石油当量）	362	411	*425*
人均二氧化碳排放量（吨）	0.3	0.3	*0.4*
人均用电量（千瓦时）	327	346	*344*
经济			
GDP（10亿美元）	5.9	5.0	40.7
GDP增长率（年度百分比）	3.3	3.7	7.9
GDP隐含价格平减指数（年度增长百分比）	31.2	27.2	13.3
农业增加值（占GDP的百分比）	45	39	23
工业增加值（占GDP的百分比）	17	28	27
服务业增加值（占GDP的百分比）	38	32	50
货物和服务出口（占GDP的百分比）	17	49	46
货物和服务进口（占GDP的百分比）	26	67	56
资本形成总额（占GDP的百分比）	14	24	31
中央政府收入（占GDP的百分比）	12.5	*18.1*	*19.4*
中央政府现金盈余/赤字（占GDP的百分比）	..	*-6.5*	*-3.9*
政府与市场			
创办企业的时间（天）	..	*22*	14
股票市场资本总额（占GDP的百分比）	*1.2*	10.1	8.5
军费支出（占GDP的百分比）	0.5	1.0	0.3
移动电话用户（每100人）	0.0	0.7	101.0
互联网用户（占总人口的百分比）	0.0	0.2	17.1
铺敷道路（占总数的百分比）	19.6	30.0	*12.6*
高科技出口（占制成品出口的百分比）	*2*	2	7
全球联系			
商品贸易（占GDP的百分比）	36	93	74
净易货贸易条件指数（2000年=100）	100	100	172
外债总额（10亿美元）	3.7	6.3	12.4
债务还本付息总额（占出口的百分比）	38.4	16.0	4.2
净移民（千人）	*-16*	*166*	-100
获得的侨汇（百万美元）	6	32	138
外国直接投资，净流入额（百万美元）	15	166	3,295
获得的净官方发展援助（百万美元）	560	598	1,808

希腊

高收入经济体

人口（百万）	11.1	人口增长率（百分比）	-0.3
陆地面积（千平方公里）	132	每天生活费用不足1.25美元的人口（占人口的百分比）	..
GNI，图表集法（10亿美元）	262.4	人均GNI，图表集法（美元）	23,660
PPP衡量的GNI（10亿美元）	290.3	PPP衡量的人均GNI（美元）	26,170

	1990	2000	2012
人口			
最贫困的20%人口占国家消费/收入的份额（百分比）	..	6.7	..
出生时的预期寿命（岁）	77	78	81
总生育率（每个女性生育数）	1.4	1.3	1.3
青年女性生育率（每千名15—19岁女性生育数）	22	11	12
避孕普及率（占15—49岁已婚女性的百分比）	..	*76*	..
在熟练医护人员护理下的分娩（占总数的百分比）	..	..	..
5岁以下儿童死亡率（每千人）	13	8	5
儿童营养不良，体重不足（占5岁以下儿童的百分比）	..	..	..
儿童麻疹免疫接种率（占12—23个月年龄组的百分比）	76	89	99
小学毕业率，总数（占适龄年龄组的百分比）	*98*	..	*100*
中学总入学率，总数（占适龄年龄组的百分比）	94	89	*111*
小学和中学中女孩与男孩的比率（百分比）	99	103	*98*
HIV感染率（占15—49岁人口的百分比）	..	..	..
环境			
森林（千平方公里）	33	36	39
森林采伐（1990—2000年和2000—2010年，平均年度百分比）		-0.9	*-0.8*
淡水使用量（占内陆水资源的百分比）	*12.1*	*17.1*	*16.3*
获得改善的水资源的人口（占总人口的百分比）	96	99	100
获得改善的卫生设施的人口（占总人口的百分比）	97	98	99
人均能源使用量（千克石油当量）	2,111	2,481	2,343
人均二氧化碳排放量（吨）	7.2	8.4	*7.7*
人均用电量（千瓦时）	3,234	4,539	*5,380*
经济			
GDP（10亿美元）	93	124	249
GDP增长率（年度百分比）	0.0	4.5	-6.4
GDP隐含价格平减指数（年度增长百分比）	20.7	3.4	-0.8
农业增加值（占GDP的百分比）	..	..	3
工业增加值（占GDP的百分比）	..	..	16
服务业增加值（占GDP的百分比）	..	..	80
货物和服务出口（占GDP的百分比）	18	26	27
货物和服务进口（占GDP的百分比）	31	40	32
资本形成总额（占GDP的百分比）	25	25	14
中央政府收入（占GDP的百分比）	..	41.9	*41.0*
中央政府现金盈余/赤字（占GDP的百分比）	..	-3.8	*-9.8*
政府与市场			
创办企业的时间（天）	..	*38*	14
股票市场资本总额（占GDP的百分比）	16.3	89.1	17.9
军费支出（占GDP的百分比）	3.4	3.6	2.6
移动电话用户（每100人）	0.0	54.0	120.0
互联网用户（占总人口的百分比）	0.0	9.1	56.0
铺敷道路（占总数的百分比）	91.7	92.0	..
高科技出口（占制成品出口的百分比）	2	14	9
全球联系			
商品贸易（占GDP的百分比）	30	36	38
净易货贸易条件指数（2000年=100）	..	100	87
外债总额（百万美元）	..	..	..
债务还本付息总额（占出口的百分比）	..	..	..
净移民（千人）	*465*	54	50
获得的侨汇（10亿美元）	1.8	2.2	0.7
外国直接投资，净流入额（10亿美元）	1.0	1.1	1.7
获得的净官方发展援助（百万美元）	..	..	..

格陵兰

高收入经济体

人口（千人）	57	人口增长率（百分比）	-0.1
陆地面积（千平方公里）	410	每天生活费用不足1.25美元的人口（占人口的百分比）	..
GNI，图表集法（10亿美元）	*1.5*	人均GNI，图表集法（美元）	*26,020*
PPP衡量的GNI（百万美元）	..	PPP衡量的人均GNI（美元）	..

	1990	2000	2012
人口			
最贫困的20%人口占国家消费/收入的份额（百分比）	..	..	..
出生时的预期寿命（岁）	*65*	67	*71*
总生育率（每个女性生育数）	2.4	2.3	2.0
青年女性生育率（每千名15—19岁女性生育数）	..	..	..
避孕普及率（占15—49岁已婚女性的百分比）	..	..	..
在熟练医护人员护理下的分娩（占总数的百分比）	..	..	..
5岁以下儿童死亡率（每千人）	..	..	..
儿童营养不良，体重不足（占5岁以下儿童的百分比）	..	..	..
儿童麻疹免疫接种率（占12—23个月年龄组的百分比）	..	..	..
小学毕业率，总数（占适龄年龄组的百分比）	..	..	..
中学总入学率，总数（占适龄年龄组的百分比）	..	..	..
小学和中学中女孩与男孩的比率（百分比）	..	..	..
HIV感染率（占15—49岁人口的百分比）	..	..	..
环境			
森林（平方公里）	2.0	2.0	*2.2*
森林采伐（1990—2000年和2000—2010年，平均年度百分比）		0.0	*0.0*
淡水使用量（占内陆水资源的百分比）	..	..	..
获得改善的水资源的人口（占总人口的百分比）	100	100	100
获得改善的卫生设施的人口（占总人口的百分比）	100	100	100
人均能源使用量（千克石油当量）	..	..	..
人均二氧化碳排放量（吨）	10.0	9.5	*11.1*
人均用电量（千瓦时）	..	..	..
经济			
GDP（百万美元）	1,019	1,068	*1,268*
GDP增长率（年度百分比）	-11.7	7.1	*-5.4*
GDP隐含价格平减指数（年度增长百分比）	5.1	2.1	*-19.0*
农业增加值（占GDP的百分比）	..	..	..
工业增加值（占GDP的百分比）	..	..	..
服务业增加值（占GDP的百分比）	..	..	..
货物和服务出口（占GDP的百分比）	..	..	..
货物和服务进口（占GDP的百分比）	..	..	..
资本形成总额（占GDP的百分比）	..	..	..
中央政府收入（占GDP的百分比）	..	..	..
中央政府现金盈余/赤字（占GDP的百分比）	..	..	..
政府与市场			
创办企业的时间（天）	..	..	..
股票市场资本总额（占GDP的百分比）	..	..	..
军费支出（占GDP的百分比）	..	..	..
移动电话用户（每100人）	0.0	26.9	104.7
互联网用户（占总人口的百分比）	0.0	31.7	64.9
铺敷道路（占总数的百分比）	..	..	..
高科技出口（占制成品出口的百分比）	10	37	2
全球联系			
商品贸易（占GDP的百分比）	88	60	*87*
净易货贸易条件指数（2000年=100）	..	100	79
外债总额（百万美元）	..	..	..
债务还本付息总额（占出口的百分比）	..	..	..
净移民（千人）	..	..	..
获得的侨汇（百万美元）	..	..	..
外国直接投资，净流入额（百万美元）	..	..	..
获得的净官方发展援助（百万美元）	..	..	..

格林纳达

拉丁美洲和加勒比地区		中高收入经济体	
人口（千人）	105	人口增长率（百分比）	0.4
陆地面积（平方公里）	340	每天生活费用不足1.25美元的人口（占人口的百分比）	..
GNI，图表集法（百万美元）	761.5	人均GNI，图表集法（美元）	7,220
PPP衡量的GNI（百万美元）	1,091.7	PPP衡量的人均GNI（美元）	10,350

	1990	2000	2012
人口			
最贫困的20%人口占国家消费/收入的份额（百分比）	..	..	..
出生时的预期寿命（岁）	68	70	73
总生育率（每个女性生育数）	3.8	2.6	2.2
青年女性生育率（每千名15—19岁女性生育数）	90	55	35
避孕普及率（占15—49岁已婚女性的百分比）	54	*54*	*54*
在熟练医护人员护理下的分娩（占总数的百分比）	..	100	*99*
5岁以下儿童死亡率（每千人）	22	16	14
儿童营养不良，体重不足（占5岁以下儿童的百分比）	..	..	..
儿童麻疹免疫接种率（占12—23个月年龄组的百分比）	85	92	94
小学毕业率，总数（占适龄年龄组的百分比）	..	*93*	*112*
中学总入学率，总数（占适龄年龄组的百分比）	91	*108*	*108*
小学和中学中女孩与男孩的比率（百分比）	*104*	*103*	*99*
HIV感染率（占15—49岁人口的百分比）	..	..	..
环境			
森林（平方公里）	170	170	*170*
森林采伐（1990—2000年和2000—2010年，平均年度百分比）		0.0	*0.0*
淡水使用量（占内陆水资源的百分比）	..	..	..
获得改善的水资源的人口（占总人口的百分比）	97	97	97
获得改善的卫生设施的人口（占总人口的百分比）	98	98	98
人均能源使用量（千克石油当量）	441	..	..
人均二氧化碳排放量（吨）	1.1	1.9	*2.5*
人均用电量（千瓦时）	..	..	..
经济			
GDP（百万美元）	221	523	767
GDP增长率（年度百分比）	5.2	2.5	0.6
GDP隐含价格平减指数（年度增长百分比）	-1.4	34.5	-6.6
农业增加值（占GDP的百分比）	13	6	6
工业增加值（占GDP的百分比）	18	21	12
服务业增加值（占GDP的百分比）	69	73	83
货物和服务出口（占GDP的百分比）	42	45	25
货物和服务进口（占GDP的百分比）	63	59	51
资本形成总额（占GDP的百分比）	38	38	18
中央政府收入（占GDP的百分比）	..	21.4	20.6
中央政府现金盈余/赤字（占GDP的百分比）	..	-2.1	-5.8
政府与市场			
创办企业的时间（天）	..	..	15
股票市场资本总额（占GDP的百分比）	..	..	..
军费支出（占GDP的百分比）	..	..	..
移动电话用户（每100人）	0.2	4.2	121.3
互联网用户（占总人口的百分比）	0.0	4.1	42.1
铺敷道路（占总数的百分比）	55.4	61.0	..
高科技出口（占制成品出口的百分比）	*4*	30	..
全球联系			
商品贸易（占GDP的百分比）	60	55	48
净易货贸易条件指数（2000年=100）	..	100	91
外债总额（百万美元）	112	203	591
债务还本付息总额（占出口的百分比）	4.3	6.0	7.7
净移民（千人）	*-3.9*	*-4.1*	-4.3
获得的侨汇（百万美元）	18.0	46.4	29.4
外国直接投资，净流入额（百万美元）	12.9	37.4	30.2
获得的净官方发展援助（百万美元）	13.8	16.5	7.7

关岛

高收入经济体

人口（千人）	163	人口增长率（百分比）	1.2
陆地面积（平方公里）	540	每天生活费用不足1.25美元的人口（占人口的百分比）	..
GNI，图表集法（百万美元）	..	人均GNI，图表集法（美元）	..
PPP衡量的GNI（百万美元）	..	PPP衡量的人均GNI（美元）	..

	1990	2000	2012
人口			
最贫困的20%人口占国家消费/收入的份额（百分比）	..	..	..
出生时的预期寿命（岁）	72	75	79
总生育率（每个女性生育数）	3.0	2.8	2.4
青年女性生育率（每千名15—19岁女性生育数）	80	62	50
避孕普及率（占15—49岁已婚女性的百分比）	..	67	..
在熟练医护人员护理下的分娩（占总数的百分比）	..	99	..
5岁以下儿童死亡率（每千人）	..	..	..
儿童营养不良，体重不足（占5岁以下儿童的百分比）	..	..	..
儿童麻疹免疫接种率（占12—23个月年龄组的百分比）	..	..	..
小学毕业率，总数（占适龄年龄组的百分比）	..	..	..
中学总入学率，总数（占适龄年龄组的百分比）	..	..	..
小学和中学中女孩与男孩的比率（百分比）	..	..	..
HIV感染率（占15—49岁人口的百分比）	..	..	..
环境			
森林（平方公里）	259	259	259
森林采伐（1990—2000年和2000—2010年，平均年度百分比）		0.0	0.0
淡水使用量（占内陆水资源的百分比）	..	..	..
获得改善的水资源的人口（占总人口的百分比）	100	100	100
获得改善的卫生设施的人口（占总人口的百分比）	89	89	90
人均能源使用量（千克石油当量）	..	..	..
人均二氧化碳排放量（吨）	..	..	..
人均用电量（千瓦时）	..	..	..
经济			
GDP（百万美元）	..	..	..
GDP增长率（年度百分比）	..	..	..
GDP隐含价格平减指数（年度增长百分比）	..	..	..
农业增加值（占GDP的百分比）	..	..	..
工业增加值（占GDP的百分比）	..	..	..
服务业增加值（占GDP的百分比）	..	..	..
货物和服务出口（占GDP的百分比）	..	..	..
货物和服务进口（占GDP的百分比）	..	..	..
资本形成总额（占GDP的百分比）	..	..	..
中央政府收入（占GDP的百分比）	..	..	..
中央政府现金盈余/赤字（占GDP的百分比）	..	..	..
政府与市场			
创办企业的时间（天）	..	..	..
股票市场资本总额（占GDP的百分比）	..	..	..
军费支出（占GDP的百分比）	..	..	..
移动电话用户（每100人）	0.0	17.5	..
互联网用户（占总人口的百分比）	0.0	16.1	61.5
铺敷道路（占总数的百分比）	..	..	..
高科技出口（占制成品出口的百分比）	..	..	..
全球联系			
商品贸易（占GDP的百分比）	..	..	..
净易货贸易条件指数（2000年=100）	..	100	81
外债总额（百万美元）	..	..	..
债务还本付息总额（占出口的百分比）	..	..	..
净移民（千人）	*1.7*	*-9.6*	0.0
获得的侨汇（百万美元）	..	..	..
外国直接投资，净流入额（百万美元）	..	..	..
获得的净官方发展援助（百万美元）	..	..	..

危地马拉

拉丁美洲和加勒比地区 **中低收入经济体**

人口（百万）	15.1	人口增长率（百分比）	2.5
陆地面积（千平方公里）	109	每天生活费用不足1.25美元的人口（占人口的百分比）	*13.5*
GNI，图表集法（10亿美元）	47.1	人均GNI，图表集法（美元）	3,120
PPP衡量的GNI（10亿美元）	73.6	PPP衡量的人均GNI（美元）	4,880

	1990	2000	2012
人口			
最贫困的20%人口占国家消费/收入的份额（百分比）	*2.2*	3.5	*3.1*
出生时的预期寿命（岁）	62	68	72
总生育率（每个女性生育数）	5.6	4.8	3.8
青年女性生育率（每千名15—19岁女性生育数）	129	118	97
避孕普及率（占15—49岁已婚女性的百分比）	..	*38*	*54*
在熟练医护人员护理下的分娩（占总数的百分比）	..	*41*	*52*
5岁以下儿童死亡率（每千人）	80	51	32
儿童营养不良，体重不足（占5岁以下儿童的百分比）	..	19.6	*13.0*
儿童麻疹免疫接种率（占12—23个月年龄组的百分比）	68	86	93
小学毕业率，总数（占适龄年龄组的百分比）	..	58	*88*
中学总入学率，总数（占适龄年龄组的百分比）	*23*	38	65
小学和中学中女孩与男孩的比率（百分比）	*87*	89	95
HIV感染率（占15—49岁人口的百分比）	0.1	0.8	0.7
环境			
森林（千平方公里）	47	42	*36*
森林采伐（1990—2000年和2000—2010年，平均年度百分比）		1.2	*1.4*
淡水使用量（占内陆水资源的百分比）	..	*2.7*	*2.7*
获得改善的水资源的人口（占总人口的百分比）	81	87	94
获得改善的卫生设施的人口（占总人口的百分比）	62	71	80
人均能源使用量（千克石油当量）	496	628	*691*
人均二氧化碳排放量（吨）	0.6	0.9	*0.8*
人均用电量（千瓦时）	209	344	*539*
经济			
GDP（10亿美元）	7.7	19.3	50.2
GDP增长率（年度百分比）	3.1	3.6	3.0
GDP隐含价格平减指数（年度增长百分比）	40.5	6.8	2.9
农业增加值（占GDP的百分比）	..	*15*	12
工业增加值（占GDP的百分比）	..	*29*	29
服务业增加值（占GDP的百分比）	..	*56*	59
货物和服务出口（占GDP的百分比）	21	20	25
货物和服务进口（占GDP的百分比）	25	29	36
资本形成总额（占GDP的百分比）	14	18	14
中央政府收入（占GDP的百分比）	7.9	10.2	11.5
中央政府现金盈余/赤字（占GDP的百分比）	-1.9	-1.8	-2.3
政府与市场			
创办企业的时间（天）	..	*39*	20
股票市场资本总额（占GDP的百分比）	..	*0.9*	..
军费支出（占GDP的百分比）	1.5	0.8	0.4
移动电话用户（每100人）	0.0	7.6	137.8
互联网用户（占总人口的百分比）	0.0	0.7	16.0
铺敷道路（占总数的百分比）	24.9	*34.5*	*44.8*
高科技出口（占制成品出口的百分比）	6	8	5
全球联系			
商品贸易（占GDP的百分比）	37	39	54
净易货贸易条件指数（2000年＝100）	115	100	88
外债总额（10亿美元）	2.9	3.9	15.0
债务还本付息总额（占出口的百分比）	15.4	9.7	10.9
净移民（千人）	*-360*	*-300*	-75
获得的侨汇（百万美元）	119	596	5,035
外国直接投资，净流入额（百万美元）	48	230	1,150
获得的净官方发展援助（百万美元）	201	263	299

几内亚

撒哈拉以南非洲地区		低收入经济体	
人口（百万）	11.5	人口增长率（百分比）	2.6
陆地面积（千平方公里）	246	每天生活费用不足1.25美元的人口（占人口的百分比）	*43.3*
GNI，图表集法（10亿美元）	5.0	人均GNI，图表集法（美元）	440
PPP衡量的GNI（10亿美元）	11.1	PPP衡量的人均GNI（美元）	970

	1990	2000	2012
人口			
最贫困的20%人口占国家消费/收入的份额（百分比）	*3.1*	*6.4*	*6.4*
出生时的预期寿命（岁）	50	51	56
总生育率（每个女性生育数）	6.6	5.9	5.0
青年女性生育率（每千名15—19岁女性生育数）	181	168	131
避孕普及率（占15—49岁已婚女性的百分比）	*2*	*6*	6
在熟练医护人员护理下的分娩（占总数的百分比）	*31*	*35*	45
5岁以下儿童死亡率（每千人）	241	171	101
儿童营养不良，体重不足（占5岁以下儿童的百分比）	..	29.1	16.3
儿童麻疹免疫接种率（占12—23个月年龄组的百分比）	35	42	58
小学毕业率，总数（占适龄年龄组的百分比）	20	31	*61*
中学总入学率，总数（占适龄年龄组的百分比）	11	*18*	38
小学和中学中女孩与男孩的比率（百分比）	42	*62*	78
HIV感染率（占15—49岁人口的百分比）	0.2	1.2	1.7
环境			
森林（千平方公里）	73	69	*65*
森林采伐（1990—2000年和2000—2010年，平均年度百分比）		0.5	*0.5*
淡水使用量（占内陆水资源的百分比）	..	*0.7*	*0.7*
获得改善的水资源的人口（占总人口的百分比）	52	63	75
获得改善的卫生设施的人口（占总人口的百分比）	8	13	19
人均能源使用量（千克石油当量）	..	..	..
人均二氧化碳排放量（吨）	0.2	0.1	*0.1*
人均用电量（千瓦时）	..	..	..
经济			
GDP（10亿美元）	2.7	3.0	5.6
GDP增长率（年度百分比）	4.3	2.5	3.9
GDP隐含价格平减指数（年度增长百分比）	17.3	6.3	12.9
农业增加值（占GDP的百分比）	24	22	21
工业增加值（占GDP的百分比）	33	33	*45*
服务业增加值（占GDP的百分比）	43	44	*33*
货物和服务出口（占GDP的百分比）	31	25	30
货物和服务进口（占GDP的百分比）	33	29	62
资本形成总额（占GDP的百分比）	25	20	*18*
中央政府收入（占GDP的百分比）	..	*12.0*	..
中央政府现金盈余/赤字（占GDP的百分比）	..	*-2.4*	..
政府与市场			
创办企业的时间（天）	..	*40*	16
股票市场资本总额（占GDP的百分比）	..	..	..
军费支出（占GDP的百分比）	*2.4*	1.5	..
移动电话用户（每100人）	0.0	0.5	41.8
互联网用户（占总人口的百分比）	0.0	0.1	1.5
铺敷道路（占总数的百分比）	15.2	17.0	..
高科技出口（占制成品出口的百分比）	..	0	..
全球联系			
商品贸易（占GDP的百分比）	52	43	66
净易货贸易条件指数（2000年=100）	122	100	104
外债总额（10亿美元）	2.5	3.1	1.1
债务还本付息总额（占出口的百分比）	20.1	20.7	7.0
净移民（千人）	*800*	*-368*	-10
获得的侨汇（百万美元）	18.0	1.2	66.3
外国直接投资，净流入额（百万美元）	18	10	605
获得的净官方发展援助（百万美元）	292	153	340

几内亚比绍

撒哈拉以南非洲地区 **低收入经济体**

人口（百万）	1.7	人口增长率（百分比）	2.4
陆地面积（千平方公里）	36	每天生活费用不足1.25美元的人口（占人口的百分比）	*48.9*
GNI，图表集法（百万美元）	855.6	人均GNI，图表集法（美元）	510
PPP衡量的GNI（百万美元）	1,830.1	PPP衡量的人均GNI（美元）	1,100

	1990	2000	2012
人口			
最贫困的20%人口占国家消费/收入的份额（百分比）	*2.1*	*7.3*	..
出生时的预期寿命（岁）	49	51	54
总生育率（每个女性生育数）	6.6	5.8	5.0
青年女性生育率（每千名15—19岁女性生育数）	136	131	99
避孕普及率（占15—49岁已婚女性的百分比）	..	8	*14*
在熟练医护人员护理下的分娩（占总数的百分比）	..	35	*43*
5岁以下儿童死亡率（每千人）	206	174	129
儿童营养不良，体重不足（占5岁以下儿童的百分比）	..	21.9	*16.6*
儿童麻疹免疫接种率（占12—23个月年龄组的百分比）	53	71	69
小学毕业率，总数（占适龄年龄组的百分比）	*5*	29	*64*
中学总入学率，总数（占适龄年龄组的百分比）	*5*	18	..
小学和中学中女孩与男孩的比率（百分比）	55	65	..
HIV感染率（占15—49岁人口的百分比）	0.2	2.4	3.9
环境			
森林（千平方公里）	22	21	*20*
森林采伐（1990—2000年和2000—2010年，平均年度百分比）		0.4	*0.5*
淡水使用量（占内陆水资源的百分比）	*0.1*	*1.1*	*1.1*
获得改善的水资源的人口（占总人口的百分比）	36	52	74
获得改善的卫生设施的人口（占总人口的百分比）	..	12	20
人均能源使用量（千克石油当量）	73	..	..
人均二氧化碳排放量（吨）	0.2	0.1	*0.2*
人均用电量（千瓦时）	..	..	..
经济			
GDP（百万美元）	244	362	822
GDP增长率（年度百分比）	6.1	3.6	-6.7
GDP隐含价格平减指数（年度增长百分比）	30.2	79.9	-1.5
农业增加值（占GDP的百分比）	61	59	..
工业增加值（占GDP的百分比）	19	*13*	..
服务业增加值（占GDP的百分比）	21	*28*	..
货物和服务出口（占GDP的百分比）	10	19	17
货物和服务进口（占GDP的百分比）	37	31	32
资本形成总额（占GDP的百分比）	30	7	7
中央政府收入（占GDP的百分比）	..	..	..
中央政府现金盈余/赤字（占GDP的百分比）	..	..	..
政府与市场			
创办企业的时间（天）	..	..	9
股票市场资本总额（占GDP的百分比）	..	..	..
军费支出（占GDP的百分比）	*2.1*	2.6	2.0
移动电话用户（每100人）	0.0	0.0	63.1
互联网用户（占总人口的百分比）	0.0	0.2	2.9
铺敷道路（占总数的百分比）	8.3	*27.9*	..
高科技出口（占制成品出口的百分比）	..	..	..
全球联系			
商品贸易（占GDP的百分比）	43	33	46
净易货贸易条件指数（2000年=100）	146	100	82
外债总额（百万美元）	695	948	279
债务还本付息总额（占出口的百分比）	32.3	*7.1*	*9.5*
净移民（千人）	*-30.0*	*-30.0*	-10.0
获得的侨汇（百万美元）	1.0	8.0	*45.9*
外国直接投资，净流入额（百万美元）	2.0	0.7	16.2
获得的净官方发展援助（百万美元）	126	81	79

圭亚那

拉丁美洲和加勒比地区		中低收入经济体	
人口（千人）	795	人口增长率（百分比）	0.6
陆地面积（千平方公里）	215	每天生活费用不足1.25美元的人口（占人口的百分比）	*8.7*
GNI，图表集法（10亿美元）	2.7	人均GNI，图表集法（美元）	3,410
PPP衡量的GNI（10亿美元）	2.7	PPP衡量的人均GNI（美元）	3,340

	1990	2000	2012
人口			
最贫困的20%人口占国家消费/收入的份额（百分比）	*4.3*	*4.5*	..
出生时的预期寿命（岁）	62	63	66
总生育率（每个女性生育数）	2.5	2.6	2.6
青年女性生育率（每千名15—19岁女性生育数）	68	85	88
避孕普及率（占15—49岁已婚女性的百分比）	*38*	37	*43*
在熟练医护人员护理下的分娩（占总数的百分比）	..	86	*92*
5岁以下儿童死亡率（每千人）	60	46	35
儿童营养不良，体重不足（占5岁以下儿童的百分比）	*16.1*	11.9	*11.1*
儿童麻疹免疫接种率（占12—23个月年龄组的百分比）	73	86	99
小学毕业率，总数（占适龄年龄组的百分比）	*97*	102	85
中学总入学率，总数（占适龄年龄组的百分比）	..	*97*	101
小学和中学中女孩与男孩的比率（百分比）	..	*98*	114
HIV感染率（占15—49岁人口的百分比）	0.1	0.6	1.3
环境			
森林（千平方公里）	152	152	*152*
森林采伐（1990—2000年和2000—2010年，平均年度百分比）		0.0	*0.0*
淡水使用量（占内陆水资源的百分比）	*0.6*	*0.7*	*0.7*
获得改善的水资源的人口（占总人口的百分比）	77	86	98
获得改善的卫生设施的人口（占总人口的百分比）	76	79	84
人均能源使用量（千克石油当量）	527	..	..
人均二氧化碳排放量（吨）	1.6	2.2	*2.2*
人均用电量（千瓦时）	..	..	..
经济			
GDP（百万美元）	397	713	2,851
GDP增长率（年度百分比）	-3.0	-1.4	4.8
GDP隐含价格平减指数（年度增长百分比）	56.4	6.6	5.7
农业增加值（占GDP的百分比）	38	31	21
工业增加值（占GDP的百分比）	25	29	34
服务业增加值（占GDP的百分比）	37	40	45
货物和服务出口（占GDP的百分比）	63	96	..
货物和服务进口（占GDP的百分比）	80	111	..
资本形成总额（占GDP的百分比）	31	24	25
中央政府收入（占GDP的百分比）	..	..	..
中央政府现金盈余/赤字（占GDP的百分比）	..	..	..
政府与市场			
创办企业的时间（天）	..	..	20
股票市场资本总额（占GDP的百分比）	..	*12.7*	21.4
军费支出（占GDP的百分比）	0.9	1.5	1.1
移动电话用户（每100人）	0.0	5.4	68.8
互联网用户（占总人口的百分比）	0.0	6.6	33.0
铺敷道路（占总数的百分比）	6.6	7.0	..
高科技出口（占制成品出口的百分比）	..	2	0
全球联系			
商品贸易（占GDP的百分比）	143	150	112
净易货贸易条件指数（2000年=100）	..	100	128
外债总额（10亿美元）	2.0	1.4	2.0
债务还本付息总额（占出口的百分比）	*18.7*	10.2	8.7
净移民（千人）	*-46.5*	*-32.8*	-32.8
获得的侨汇（百万美元）	*1*	27	469
外国直接投资，净流入额（百万美元）	8	67	276
获得的净官方发展援助（百万美元）	168	116	114

海 地

拉丁美洲和加勒比地区		低收入经济体	
人口（百万）	10.2	人口增长率（百分比）	1.4
陆地面积（千平方公里）	28	每天生活费用不足1.25美元的人口（占人口的百分比）	*61.7*
GNI，图表集法（10亿美元）	7.7	人均GNI，图表集法（美元）	760
PPP衡量的GNI（10亿美元）	12.4	PPP衡量的人均GNI（美元）	1,220

	1990	2000	2012
人口			
最贫困的20%人口占国家消费/收入的份额（百分比）	..	*2.4*	..
出生时的预期寿命（岁）	54	57	63
总生育率（每个女性生育数）	5.4	4.3	3.2
青年女性生育率（每千名15—19岁女性生育数）	73	56	42
避孕普及率（占15—49岁已婚女性的百分比）	*10*	28	35
在熟练医护人员护理下的分娩（占总数的百分比）	*23*	24	37
5岁以下儿童死亡率（每千人）	144	105	76
儿童营养不良，体重不足（占5岁以下儿童的百分比）	23.7	13.9	*18.9*
儿童麻疹免疫接种率（占12—23个月年龄组的百分比）	31	55	58
小学毕业率，总数（占适龄年龄组的百分比）	..	..	..
中学总入学率，总数（占适龄年龄组的百分比）	..	..	..
小学和中学中女孩与男孩的比率（百分比）	..	..	..
HIV感染率（占15—49岁人口的百分比）	3.8	3.0	2.1
环境			
森林（千平方公里）	1.2	1.1	*1.0*
森林采伐（1990—2000年和2000—2010年，平均年度百分比）		0.6	*0.8*
淡水使用量（占内陆水资源的百分比）	*7.5*	*9.2*	*9.2*
获得改善的水资源的人口（占总人口的百分比）	61	61	62
获得改善的卫生设施的人口（占总人口的百分比）	19	21	24
人均能源使用量（千克石油当量）	219	234	*320*
人均二氧化碳排放量（吨）	0.1	0.2	*0.2*
人均用电量（千瓦时）	58	35	*32*
经济			
GDP（10亿美元）	*3.5*	3.7	7.8
GDP增长率（年度百分比）	..	0.9	2.8
GDP隐含价格平减指数（年度增长百分比）	..	11.1	7.5
农业增加值（占GDP的百分比）	..	..	..
工业增加值（占GDP的百分比）	..	..	..
服务业增加值（占GDP的百分比）	..	..	..
货物和服务出口（占GDP的百分比）	*10*	13	13
货物和服务进口（占GDP的百分比）	*29*	33	48
资本形成总额（占GDP的百分比）	*24*	27	29
中央政府收入（占GDP的百分比）	..	..	..
中央政府现金盈余/赤字（占GDP的百分比）	..	..	..
政府与市场			
创办企业的时间（天）	..	*202*	97
股票市场资本总额（占GDP的百分比）	..	..	..
军费支出（占GDP的百分比）	*0.1*	..	..
移动电话用户（每100人）	0.0	0.6	59.9
互联网用户（占总人口的百分比）	0.0	0.2	9.8
铺敷道路（占总数的百分比）	21.9	24.0	..
高科技出口（占制成品出口的百分比）	14	..	..
全球联系			
商品贸易（占GDP的百分比）	*16*	37	46
净易货贸易条件指数（2000年=100）	132	100	68
外债总额（百万美元）	0.9	1.2	1.2
债务还本付息总额（占出口的百分比）	11.9	9.2	0.3
净移民（千人）	*-133*	*-170*	-175
获得的侨汇（百万美元）	*123*	578	1,612
外国直接投资，净流入额（百万美元）	8	13	179
获得的净官方发展援助（百万美元）	167	208	1,275

洪都拉斯

拉丁美洲和加勒比地区		中低收入经济体	
人口（百万）	7.9	人口增长率（百分比）	2.0
陆地面积（千平方公里）	112	每天生活费用不足1.25美元的人口（占人口的百分比）	*17.9*
GNI，图表集法（10亿美元）	16.8	人均GNI，图表集法（美元）	2,120
PPP衡量的GNI（10亿美元）	30.8	PPP衡量的人均GNI（美元）	3,880

	1990	2000	2012
人口			
最贫困的20%人口占国家消费/收入的份额（百分比）	2.8	*2.7*	*2.0*
出生时的预期寿命（岁）	67	70	73
总生育率（每个女性生育数）	5.1	4.0	3.1
青年女性生育率（每千名15—19岁女性生育数）	129	107	84
避孕普及率（占15—49岁已婚女性的百分比）	*47*	62	73
在熟练医护人员护理下的分娩（占总数的百分比）	*47*	56	83
5岁以下儿童死亡率（每千人）	59	38	23
儿童营养不良，体重不足（占5岁以下儿童的百分比）	*15.8*	*12.5*	*8.6*
儿童麻疹免疫接种率（占12—23个月年龄组的百分比）	90	98	93
小学毕业率，总数（占适龄年龄组的百分比）	*64*	*80*	100
中学总入学率，总数（占适龄年龄组的百分比）	*33*	..	73
小学和中学中女孩与男孩的比率（百分比）	*104*	..	107
HIV感染率（占15—49岁人口的百分比）	0.8	1.3	0.5
环境			
森林（千平方公里）	81	64	*51*
森林采伐（1990—2000年和2000—2010年，平均年度百分比）		2.4	*2.1*
淡水使用量（占内陆水资源的百分比）	..	*1.2*	*1.2*
获得改善的水资源的人口（占总人口的百分比）	73	81	*90*
获得改善的卫生设施的人口（占总人口的百分比）	48	63	80
人均能源使用量（千克石油当量）	485	479	*609*
人均二氧化碳排放量（吨）	0.5	0.8	*1.1*
人均用电量（千瓦时）	372	515	*708*
经济			
GDP（10亿美元）	3.0	7.1	18.4
GDP增长率（年度百分比）	0.1	5.7	3.9
GDP隐含价格平减指数（年度增长百分比）	21.2	30.8	4.0
农业增加值（占GDP的百分比）	22	16	15
工业增加值（占GDP的百分比）	26	32	28
服务业增加值（占GDP的百分比）	51	52	57
货物和服务出口（占GDP的百分比）	37	54	50
货物和服务进口（占GDP的百分比）	40	66	70
资本形成总额（占GDP的百分比）	23	28	26
中央政府收入（占GDP的百分比）	..	*20.0*	21.1
中央政府现金盈余/赤字（占GDP的百分比）	..	*-3.0*	-3.2
政府与市场			
创办企业的时间（天）	..	*62*	14
股票市场资本总额（占GDP的百分比）	*1.3*	*8.8*	..
军费支出（占GDP的百分比）	..	0.7	1.1
移动电话用户（每100人）	0.0	2.5	92.9
互联网用户（占总人口的百分比）	0.0	1.2	18.1
铺敷道路（占总数的百分比）	21.1	20.0	..
高科技出口（占制成品出口的百分比）	*1*	0	*1*
全球联系			
商品贸易（占GDP的百分比）	61	103	104
净易货贸易条件指数（2000年=100）	78	100	84
外债总额（10亿美元）	3.8	5.5	5.0
债务还本付息总额（占出口的百分比）	38.3	9.9	13.8
净移民（千人）	*-120*	*-150*	-50
获得的侨汇（百万美元）	63	484	2,909
外国直接投资，净流入额（百万美元）	44	382	1,068
获得的净官方发展援助（百万美元）	448	448	572

中国香港

高收入经济体

人口（百万）	7.2	人口增长率（百分比）	1.2
陆地面积（千平方公里）	1.1	每天生活费用不足1.25美元的人口（占人口的百分比）	..
GNI，图表集法（10亿美元）	261.6	人均GNI，图表集法（美元）	36,560
PPP衡量的GNI（10亿美元）	373.4	PPP衡量的人均GNI（美元）	52,190

	1990	2000	2012
人口			
最贫困的20%人口占国家消费/收入的份额（百分比）	..	..	..
出生时的预期寿命（岁）	77	81	83
总生育率（每个女性生育数）	1.3	1.0	1.3
青年女性生育率（每千名15—19岁女性生育数）	7	4	3
避孕普及率（占15—49岁已婚女性的百分比）	*86*	86	*80*
在熟练医护人员护理下的分娩（占总数的百分比）	..	..	..
5岁以下儿童死亡率（每千人）	..	..	..
儿童营养不良，体重不足（占5岁以下儿童的百分比）	..	..	..
儿童麻疹免疫接种率（占12—23个月年龄组的百分比）	..	..	..
小学毕业率，总数（占适龄年龄组的百分比）	102	95	98
中学总入学率，总数（占适龄年龄组的百分比）	*76*	*76*	106
小学和中学中女孩与男孩的比率（百分比）	*102*	98	99
HIV感染率（占15—49岁人口的百分比）	..	..	..
环境			
森林（平方公里）	..	..	..
森林采伐（1990—2000年和2000—2010年，平均年度百分比）		..	..
淡水使用量（占内陆水资源的百分比）	..	..	..
获得改善的水资源的人口（占总人口的百分比）	..	..	..
获得改善的卫生设施的人口（占总人口的百分比）	..	..	..
人均能源使用量（千克石油当量）	1,518	2,009	*2,106*
人均二氧化碳排放量（吨）	4.8	6.1	*5.2*
人均用电量（千瓦时）	4,178	5,447	*5,949*
经济			
GDP（10亿美元）	77	172	263
GDP增长率（年度百分比）	3.8	7.7	1.5
GDP隐含价格平减指数（年度增长百分比）	7.6	-3.4	3.9
农业增加值（占GDP的百分比）	..	0	0
工业增加值（占GDP的百分比）	..	12	7
服务业增加值（占GDP的百分比）	..	88	93
货物和服务出口（占GDP的百分比）	131	142	225
货物和服务进口（占GDP的百分比）	122	137	224
资本形成总额（占GDP的百分比）	27	28	26
中央政府收入（占GDP的百分比）	..	*14.7*	*23.8*
中央政府现金盈余/赤字（占GDP的百分比）	..	-6.7	*3.8*
政府与市场			
创办企业的时间（天）	..	*11*	3
股票市场资本总额（占GDP的百分比）	108.4	363.1	420.9
军费支出（占GDP的百分比）	..	..	..
移动电话用户（每100人）	2.3	79.7	229.2
互联网用户（占总人口的百分比）	0.0	27.8	72.8
铺敷道路（占总数的百分比）	100.0	*100.0*	*100.0*
高科技出口（占制成品出口的百分比）	*17*	23	16
全球联系			
商品贸易（占GDP的百分比）	217	243	398
净易货贸易条件指数（2000年=100）	100	100	96
外债总额（百万美元）	..	..	..
债务还本付息总额（占出口的百分比）	..	..	..
净移民（千人）	*156*	*-41*	150
获得的侨汇（百万美元）	..	136	368
外国直接投资，净流入额（10亿美元）	..	61.9	74.6
获得的净官方发展援助（百万美元）	38.2	..	..

匈牙利

欧洲和中亚		中高收入经济体	
人口（百万）	9.9	人口增长率（百分比）	-0.5
陆地面积（千平方公里）	93	每天生活费用不足1.25美元的人口（占人口的百分比）	<2
GNI，图表集法（10亿美元）	123.1	人均GNI，图表集法（美元）	12,410
PPP衡量的GNI（10亿美元）	211.8	PPP衡量的人均GNI（美元）	21,350

	1990	2000	2012
人口			
最贫困的20%人口占国家消费/收入的份额（百分比）	*10.4*	9.6	*8.4*
出生时的预期寿命（岁）	69	71	75
总生育率（每个女性生育数）	1.9	1.3	1.3
青年女性生育率（每千名15—19岁女性生育数）	41	23	12
避孕普及率（占15—49岁已婚女性的百分比）	*81*	..	..
在熟练医护人员护理下的分娩（占总数的百分比）	99	100	*99*
5岁以下儿童死亡率（每千人）	19	11	6
儿童营养不良，体重不足（占5岁以下儿童的百分比）	..	..	..
儿童麻疹免疫接种率（占12—23个月年龄组的百分比）	99	99	99
小学毕业率，总数（占适龄年龄组的百分比）	82	96	*99*
中学总入学率，总数（占适龄年龄组的百分比）	87	96	*101*
小学和中学中女孩与男孩的比率（百分比）	100	100	*98*
HIV感染率（占15—49岁人口的百分比）	..	..	..
环境			
森林（千平方公里）	18	19	*20*
森林采伐（1990—2000年和2000—2010年，平均年度百分比）		-0.6	*-0.6*
淡水使用量（占内陆水资源的百分比）	..	*97.3*	*93.2*
获得改善的水资源的人口（占总人口的百分比）	96	99	100
获得改善的卫生设施的人口（占总人口的百分比）	100	100	100
人均能源使用量（千克石油当量）	2,772	2,448	2,369
人均二氧化碳排放量（吨）	6.1	5.6	*5.1*
人均用电量（千瓦时）	3,427	3,309	*3,895*
经济			
GDP（10亿美元）	33.1	46.4	124.6
GDP增长率（年度百分比）	-3.5	4.2	-1.7
GDP隐含价格平减指数（年度增长百分比）	25.7	9.7	3.2
农业增加值（占GDP的百分比）	15	6	*4*
工业增加值（占GDP的百分比）	39	32	*31*
服务业增加值（占GDP的百分比）	46	62	*65*
货物和服务出口（占GDP的百分比）	31	75	*94*
货物和服务进口（占GDP的百分比）	29	78	*87*
资本形成总额（占GDP的百分比）	25	27	*19*
中央政府收入（占GDP的百分比）	..	38.5	*48.2*
中央政府现金盈余/赤字（占GDP的百分比）	..	-2.8	*3.7*
政府与市场			
创办企业的时间（天）	..	*52*	5
股票市场资本总额（占GDP的百分比）	*1.5*	25.9	16.9
军费支出（占GDP的百分比）	2.8	1.7	0.8
移动电话用户（每100人）	0.0	30.1	116.1
互联网用户（占总人口的百分比）	0.0	7.0	72.0
铺敷道路（占总数的百分比）	*44.1*	*39.2*	*37.9*
高科技出口（占制成品出口的百分比）	*4*	27	18
全球联系			
商品贸易（占GDP的百分比）	62	130	160
净易货贸易条件指数（2000年=100）	..	100	93
外债总额（百万美元）	21	31	204
债务还本付息总额（占出口的百分比）	..	..	84.6
净移民（千人）	*96.8*	*66.2*	75.0
获得的侨汇（百万美元）	..	281	2,144
外国直接投资，净流入额（10亿美元）	0.6	2.8	9.4
获得的净官方发展援助（百万美元）	..	..	..

冰 岛

高收入经济体

人口（千人）	321	人口增长率（百分比）	0.5
陆地面积（千平方公里）	103	每天生活费用不足1.25美元的人口（占人口的百分比）	..
GNI，图表集法（10亿美元）	12.3	人均GNI，图表集法（美元）	38,270
PPP衡量的GNI（10亿美元）	11.2	PPP衡量的人均GNI（美元）	34,770

	1990	2000	2012
人口			
最贫困的20%人口占国家消费/收入的份额（百分比）	..	..	..
出生时的预期寿命（岁）	78	80	83
总生育率（每个女性生育数）	2.3	2.1	2.0
青年女性生育率（每千名15—19岁女性生育数）	28	20	11
避孕普及率（占15—49岁已婚女性的百分比）	..	..	..
在熟练医护人员护理下的分娩（占总数的百分比）	..	..	..
5岁以下儿童死亡率（每千人）	6	4	2
儿童营养不良，体重不足（占5岁以下儿童的百分比）	..	..	..
儿童麻疹免疫接种率（占12—23个月年龄组的百分比）	99	91	90
小学毕业率，总数（占适龄年龄组的百分比）	..	98	*99*
中学总入学率，总数（占适龄年龄组的百分比）	98	107	*109*
小学和中学中女孩与男孩的比率（百分比）	*98*	102	*101*
HIV感染率（占15—49岁人口的百分比）	..	..	..
环境			
森林（平方公里）	87	184	308
森林采伐（1990—2000年和2000—2010年，平均年度百分比）		-7.8	*-5.0*
淡水使用量（占内陆水资源的百分比）	*0.1*	*0.1*	*0.1*
获得改善的水资源的人口（占总人口的百分比）	100	100	100
获得改善的卫生设施的人口（占总人口的百分比）	100	100	100
人均能源使用量（千克石油当量）	8,196	11,023	18,775
人均二氧化碳排放量（吨）	7.8	7.7	*6.2*
人均用电量（千瓦时）	16,148	26,202	*52,374*
经济			
GDP（10亿美元）	6.4	8.7	13.6
GDP增长率（年度百分比）	1.2	4.3	1.4
GDP隐含价格平减指数（年度增长百分比）	15.2	3.6	2.8
农业增加值（占GDP的百分比）	12	8	*7*
工业增加值（占GDP的百分比）	31	26	*24*
服务业增加值（占GDP的百分比）	57	65	*69*
货物和服务出口（占GDP的百分比）	34	34	59
货物和服务进口（占GDP的百分比）	32	41	53
资本形成总额（占GDP的百分比）	19	23	15
中央政府收入（占GDP的百分比）	..	33.3	*30.0*
中央政府现金盈余/赤字（占GDP的百分比）	..	2.7	*-5.3*
政府与市场			
创办企业的时间（天）	..	..	5
股票市场资本总额（占GDP的百分比）	..	51.0	20.8
军费支出（占GDP的百分比）	..	..	0.1
移动电话用户（每100人）	3.9	76.4	108.1
互联网用户（占总人口的百分比）	0.0	44.5	96.2
铺敷道路（占总数的百分比）	19.9	30.0	*40.7*
高科技出口（占制成品出口的百分比）	10	13	14
全球联系			
商品贸易（占GDP的百分比）	51	52	72
净易货贸易条件指数（2000年=100）	..	100	87
外债总额（百万美元）	..	..	..
债务还本付息总额（占出口的百分比）	..	..	..
净移民（千人）	*-1.1*	*3.9*	5.4
获得的侨汇（百万美元）	62.3	87.6	19.2
外国直接投资，净流入额（百万美元）	22	155	1,086
获得的净官方发展援助（百万美元）	..	..	..

印 度

南亚			中低收入经济体
人口（百万）	1,236.7	人口增长率（百分比）	1.3
陆地面积（千平方公里）	3,287	每天生活费用不足1.25美元的人口（占人口的百分比）	*32.7*
GNI，图表集法（10亿美元）	1,913.2	人均GNI，图表集法（美元）	1,550
PPP衡量的GNI（10亿美元）	4,730.3	PPP衡量的人均GNI（美元）	3,820

	1990	2000	2012
人口			
最贫困的20%人口占国家消费/收入的份额（百分比）	*8.8*	..	*8.5*
出生时的预期寿命（岁）	59	62	66
总生育率（每个女性生育数）	3.9	3.1	2.5
青年女性生育率（每千名15—19岁女性生育数）	108	79	33
避孕普及率（占15—49岁已婚女性的百分比）	*41*	47	55
在熟练医护人员护理下的分娩（占总数的百分比）	*34*	43	52
5岁以下儿童死亡率（每千人）	126	92	56
儿童营养不良，体重不足（占5岁以下儿童的百分比）	59.5	*44.4*	*43.5*
儿童麻疹免疫接种率（占12—23个月年龄组的百分比）	56	59	74
小学毕业率，总数（占适龄年龄组的百分比）	*64*	73	*96*
中学总入学率，总数（占适龄年龄组的百分比）	*37*	46	*69*
小学和中学中女孩与男孩的比率（百分比）	*67*	79	*98*
HIV感染率（占15—49岁人口的百分比）	0.1	0.4	0.3
环境			
森林（千平方公里）	639	654	*686*
森林采伐（1990—2000年和2000—2010年，平均年度百分比）		-0.2	*-0.5*
淡水使用量（占内陆水资源的百分比）	*34.6*	*42.2*	*52.6*
获得改善的水资源的人口（占总人口的百分比）	70	81	93
获得改善的卫生设施的人口（占总人口的百分比）	18	25	36
人均能源使用量（千克石油当量）	365	439	*614*
人均二氧化碳排放量（吨）	0.8	1.1	*1.7*
人均用电量（千瓦时）	270	391	*684*
经济			
GDP（10亿美元）	327	477	1,859
GDP增长率（年度百分比）	5.5	3.8	4.7
GDP隐含价格平减指数（年度增长百分比）	10.7	3.6	7.2
农业增加值（占GDP的百分比）	29	23	18
工业增加值（占GDP的百分比）	26	26	26
服务业增加值（占GDP的百分比）	44	51	56
货物和服务出口（占GDP的百分比）	7	13	24
货物和服务进口（占GDP的百分比）	8	14	31
资本形成总额（占GDP的百分比）	25	24	35
中央政府收入（占GDP的百分比）	12.2	11.5	12.4
中央政府现金盈余/赤字（占GDP的百分比）	-3.3	-3.7	-3.8
政府与市场			
创办企业的时间（天）	..	*89*	27
股票市场资本总额（占GDP的百分比）	11.8	31.1	68.0
军费支出（占GDP的百分比）	3.1	2.9	2.4
移动电话用户（每100人）	0.0	0.3	69.9
互联网用户（占总人口的百分比）	0.0	0.5	12.6
铺敷道路（占总数的百分比）	*47.3*	47.0	*53.8*
高科技出口（占制成品出口的百分比）	4	6	7
全球联系			
商品贸易（占GDP的百分比）	13	20	42
净易货贸易条件指数（2000年=100）	86	100	127
外债总额（10亿美元）	86	101	379
债务还本付息总额（占出口的百分比）	34.9	17.5	6.8
净移民（千人）	*-127*	*-1,923*	-2,294
获得的侨汇（10亿美元）	2.4	12.9	68.8
外国直接投资，净流入额（10亿美元）	0.2	3.6	24.0
获得的净官方发展援助（10亿美元）	1.4	1.4	1.7

印度尼西亚

东亚和太平洋地区　　中低收入经济体

人口（百万）	246.9	人口增长率（百分比）	1.2
陆地面积（千平方公里）	1,905	每天生活费用不足1.25美元的人口（占人口的百分比）	16.2
GNI，图表集法（10亿美元）	844.0	人均GNI，图表集法（美元）	3,420
PPP衡量的GNI（10亿美元）	1,168.7	PPP衡量的人均GNI（美元）	4,730

	1990	2000	2012
人口			
最贫困的20%人口占国家消费/收入的份额（百分比）	9.4	9.6	7.3
出生时的预期寿命（岁）	63	67	71
总生育率（每个女性生育数）	3.1	2.5	2.4
青年女性生育率（每千名15—19岁女性生育数）	67	50	48
避孕普及率（占15—49岁已婚女性的百分比）	50	55	62
在熟练医护人员护理下的分娩（占总数的百分比）	41	67	83
5岁以下儿童死亡率（每千人）	84	52	31
儿童营养不良，体重不足（占5岁以下儿童的百分比）	31.0	24.8	18.6
儿童麻疹免疫接种率（占12—23个月年龄组的百分比）	58	76	80
小学毕业率，总数（占适龄年龄组的百分比）	95	95	100
中学总入学率，总数（占适龄年龄组的百分比）	47	56	81
小学和中学中女孩与男孩的比率（百分比）	92	98	103
HIV感染率（占15—49岁人口的百分比）	0.1	0.1	0.4
环境			
森林（千平方公里）	1,185	994	937
森林采伐（1990—2000年和2000—2010年，平均年度百分比）		1.8	0.5
淡水使用量（占内陆水资源的百分比）	3.7	5.6	5.6
获得改善的水资源的人口（占总人口的百分比）	70	78	85
获得改善的卫生设施的人口（占总人口的百分比）	35	47	59
人均能源使用量（千克石油当量）	552	741	857
人均二氧化碳排放量（吨）	0.8	1.3	1.8
人均用电量（千瓦时）	165	395	680
经济			
GDP（10亿美元）	114	165	878
GDP增长率（年度百分比）	9.0	4.9	6.2
GDP隐含价格平减指数（年度增长百分比）	7.7	20.4	4.5
农业增加值（占GDP的百分比）	19	16	14
工业增加值（占GDP的百分比）	39	46	47
服务业增加值（占GDP的百分比）	41	38	39
货物和服务出口（占GDP的百分比）	25	41	24
货物和服务进口（占GDP的百分比）	24	30	26
资本形成总额（占GDP的百分比）	31	22	36
中央政府收入（占GDP的百分比）	16.6	18.3	16.2
中央政府现金盈余/赤字（占GDP的百分比）	0.7	-3.7	-1.1
政府与市场			
创办企业的时间（天）	..	168	48
股票市场资本总额（占GDP的百分比）	7.1	16.3	45.2
军费支出（占GDP的百分比）	0.9	0.5	0.8
移动电话用户（每100人）	0.0	1.8	114.2
互联网用户（占总人口的百分比）	0.0	0.9	15.4
铺敷道路（占总数的百分比）	45.1	58.0	57.0
高科技出口（占制成品出口的百分比）	2	16	7
全球联系			
商品贸易（占GDP的百分比）	42	66	43
净易货贸易条件指数（2000年=100）	95	100	129
外债总额（10亿美元）	70	144	255
债务还本付息总额（占出口的百分比）	33.5	22.8	17.1
净移民（千人）	-347	-526	-700
获得的侨汇（10亿美元）	0.2	1.2	7.2
外国直接投资，净流入额（10亿美元）	1.1	-4.6	19.6
获得的净官方发展援助（10亿美元）	1.7	1.7	0.1

伊朗

中东和北非 **中高收入经济体**

人口（百万）	76.4	人口增长率（百分比）	1.3
陆地面积（千平方公里）	1,745	每天生活费用不足1.25美元的人口（占人口的百分比）	<2
GNI，图表集法（10亿美元）	318.3	人均GNI，图表集法（美元）	4,330
PPP衡量的GNI（10亿美元）	756.6	PPP衡量的人均GNI（美元）	10,290

	1990	2000	2012
人口			
最贫困的20%人口占国家消费/收入的份额（百分比）	5.2	5.2	..
出生时的预期寿命（岁）	63	70	74
总生育率（每个女性生育数）	4.8	2.2	1.9
青年女性生育率（每千名15—19岁女性生育数）	90	39	32
避孕普及率（占15—49岁已婚女性的百分比）	49	74	77
在熟练医护人员护理下的分娩（占总数的百分比）	..	90	96
5岁以下儿童死亡率（每千人）	56	35	18
儿童营养不良，体重不足（占5岁以下儿童的百分比）	..	4.6	..
儿童麻疹免疫接种率（占12—23个月年龄组的百分比）	85	99	98
小学毕业率，总数（占适龄年龄组的百分比）	85	93	102
中学总入学率，总数（占适龄年龄组的百分比）	53	79	86
小学和中学中女孩与男孩的比率（百分比）	82	94	96
HIV感染率（占15—49岁人口的百分比）	0.1	0.1	0.2
环境			
森林（千平方公里）	111	111	111
森林采伐（1990—2000年和2000—2010年，平均年度百分比）		0.0	0.0
淡水使用量（占内陆水资源的百分比）	..	69.8	72.6
获得改善的水资源的人口（占总人口的百分比）	92	94	96
获得改善的卫生设施的人口（占总人口的百分比）	71	79	89
人均能源使用量（千克石油当量）	1,230	1,866	2,813
人均二氧化碳排放量（吨）	3.7	5.7	7.7
人均用电量（千瓦时）	941	1,540	2,649
经济			
GDP（10亿美元）	116	101	552
GDP增长率（年度百分比）	13.7	5.1	-1.9
GDP隐含价格平减指数（年度增长百分比）	20.6	26.4	22.2
农业增加值（占GDP的百分比）	19	14	..
工业增加值（占GDP的百分比）	29	37	..
服务业增加值（占GDP的百分比）	52	50	..
货物和服务出口（占GDP的百分比）	15	23	..
货物和服务进口（占GDP的百分比）	23	17	..
资本形成总额（占GDP的百分比）	37	33	..
中央政府收入（占GDP的百分比）	18.7	23.4	29.1
中央政府现金盈余/赤字（占GDP的百分比）	-1.9	1.8	0.5
政府与市场			
创办企业的时间（天）	..	29	16
股票市场资本总额（占GDP的百分比）	2.2	7.3	25.5
军费支出（占GDP的百分比）	2.1	3.8	2.2
移动电话用户（每100人）	0.0	1.5	76.1
互联网用户（占总人口的百分比）	0.0	0.9	26.0
铺敷道路（占总数的百分比）	..	63.0	74.3
高科技出口（占制成品出口的百分比）	..	1	4
全球联系			
商品贸易（占GDP的百分比）	34	42	28
净易货贸易条件指数（2000年=100）	..	100	194
外债总额（10亿美元）	9.0	8.0	11.5
债务还本付息总额（占出口的百分比）	3.2	9.7	..
净移民（千人）	-2,276	-70	-300
获得的侨汇（百万美元）	1,200	536	1,330
外国直接投资，净流入额（百万美元）	-362	39	4,870
获得的净官方发展援助（百万美元）	106	130	149

伊拉克

中东和北非 **中高收入经济体**

人口（百万）	32.6	人口增长率（百分比）	2.5
陆地面积（千平方公里）	435	每天生活费用不足1.25美元的人口（占人口的百分比）	*2.8*
GNI，图表集法（10亿美元）	199.8	人均GNI，图表集法（美元）	6,130
PPP衡量的GNI（10亿美元）	242.9	PPP衡量的人均GNI（美元）	7,460

	1990	2000	2012
人口			
最贫困的20%人口占国家消费/收入的份额（百分比）	..	..	*8.7*
出生时的预期寿命（岁）	68	71	69
总生育率（每个女性生育数）	5.9	5.0	4.1
青年女性生育率（每千名15—19岁女性生育数）	70	66	69
避孕普及率（占15—49岁已婚女性的百分比）	*14*	44	*53*
在熟练医护人员护理下的分娩（占总数的百分比）	*54*	72	*91*
5岁以下儿童死亡率（每千人）	53	45	34
儿童营养不良，体重不足（占5岁以下儿童的百分比）	*10.4*	12.9	*7.1*
儿童麻疹免疫接种率（占12—23个月年龄组的百分比）	75	86	69
小学毕业率，总数（占适龄年龄组的百分比）	*59*	56	..
中学总入学率，总数（占适龄年龄组的百分比）	*47*	37	..
小学和中学中女孩与男孩的比率（百分比）	*77*	77	..
HIV感染率（占15—49岁人口的百分比）	..	..	..
环境			
森林（千平方公里）	8.0	8.2	*8.3*
森林采伐（1990—2000年和2000—2010年，平均年度百分比）		-0.2	*-0.1*
淡水使用量（占内陆水资源的百分比）	*121.6*	*187.5*	*187.5*
获得改善的水资源的人口（占总人口的百分比）	78	80	85
获得改善的卫生设施的人口（占总人口的百分比）	..	75	85
人均能源使用量（千克石油当量）	1,125	1,090	*1,266*
人均二氧化碳排放量（吨）	3.0	3.0	*3.7*
人均用电量（千瓦时）	1,302	1,225	*1,343*
经济			
GDP（10亿美元）	..	..	216
GDP增长率（年度百分比）	..	*2.3*	9.3
GDP隐含价格平减指数（年度增长百分比）	..	*-19.6*	2.9
农业增加值（占GDP的百分比）	..	..	..
工业增加值（占GDP的百分比）	..	..	..
服务业增加值（占GDP的百分比）	..	..	..
货物和服务出口（占GDP的百分比）	..	76	45
货物和服务进口（占GDP的百分比）	..	50	36
资本形成总额（占GDP的百分比）	..	29	18
中央政府收入（占GDP的百分比）	..	..	..
中央政府现金盈余/赤字（占GDP的百分比）	..	..	..
政府与市场			
创办企业的时间（天）	..	..	29
股票市场资本总额（占GDP的百分比）	..	..	..
军费支出（占GDP的百分比）	..	..	2.8
移动电话用户（每100人）	0.0	0.0	81.6
互联网用户（占总人口的百分比）	0.0	*0.1*	7.1
铺敷道路（占总数的百分比）	77.9	*84.3*	..
高科技出口（占制成品出口的百分比）	..	..	..
全球联系			
商品贸易（占GDP的百分比）	..	..	70
净易货贸易条件指数（2000年=100）	..	100	227
外债总额（百万美元）	..	..	..
债务还本付息总额（占出口的百分比）	..	..	..
净移民（千人）	*-154*	*-266*	450
获得的侨汇（百万美元）	..	..	271
外国直接投资，净流入额（百万美元）	0	-3	3,400
获得的净官方发展援助（百万美元）	63	102	1,301

爱尔兰

高收入经济体

人口（百万）	4.6	人口增长率（百分比）	0.2
陆地面积（千平方公里）	70	每天生活费用不足1.25美元的人口（占人口的百分比）	..
GNI，图表集法（10亿美元）	179.0	人均GNI，图表集法（美元）	39,020
PPP衡量的GNI（10亿美元）	164.2	PPP衡量的人均GNI（美元）	35,790

	1990	2000	2012
人口			
最贫困的20%人口占国家消费/收入的份额（百分比）	..	7.4	..
出生时的预期寿命（岁）	75	77	81
总生育率（每个女性生育数）	2.1	1.9	2.0
青年女性生育率（每千名15—19岁女性生育数）	16	19	8
避孕普及率（占15—49岁已婚女性的百分比）	..	*75*	..
在熟练医护人员护理下的分娩（占总数的百分比）	..	*100*	..
5岁以下儿童死亡率（每千人）	9	7	4
儿童营养不良，体重不足（占5岁以下儿童的百分比）	..	..	..
儿童麻疹免疫接种率（占12—23个月年龄组的百分比）	78	79	92
小学毕业率，总数（占适龄年龄组的百分比）	*103*	95	..
中学总入学率，总数（占适龄年龄组的百分比）	99	105	*118*
小学和中学中女孩与男孩的比率（百分比）	105	103	*101*
HIV感染率（占15—49岁人口的百分比）	..	..	..
环境			
森林（千平方公里）	4.7	6.4	*7.5*
森林采伐（1990—2000年和2000—2010年，平均年度百分比）		-3.2	*-1.5*
淡水使用量（占内陆水资源的百分比）	..	*1.6*	*1.6*
获得改善的水资源的人口（占总人口的百分比）	100	100	100
获得改善的卫生设施的人口（占总人口的百分比）	99	99	99
人均能源使用量（千克石油当量）	2,809	3,567	2,910
人均二氧化碳排放量（吨）	8.9	10.9	*8.8*
人均用电量（千瓦时）	3,768	5,796	*5,701*
经济			
GDP（10亿美元）	48	97	211
GDP增长率（年度百分比）	8.5	10.6	0.2
GDP隐含价格平减指数（年度增长百分比）	-0.7	5.3	0.7
农业增加值（占GDP的百分比）	9	4	2
工业增加值（占GDP的百分比）	34	35	28
服务业增加值（占GDP的百分比）	57	61	71
货物和服务出口（占GDP的百分比）	56	98	108
货物和服务进口（占GDP的百分比）	51	84	84
资本形成总额（占GDP的百分比）	21	24	11
中央政府收入（占GDP的百分比）	..	33.1	*31.6*
中央政府现金盈余/赤字（占GDP的百分比）	..	4.9	*-13.0*
政府与市场			
创办企业的时间（天）	..	*18*	10
股票市场资本总额（占GDP的百分比）	..	84.1	51.7
军费支出（占GDP的百分比）	1.2	0.7	0.6
移动电话用户（每100人）	0.7	64.7	107.2
互联网用户（占总人口的百分比）	0.0	17.9	79.0
铺敷道路（占总数的百分比）	94.0	100.0	*100.0*
高科技出口（占制成品出口的百分比）	41	48	23
全球联系			
商品贸易（占GDP的百分比）	92	132	85
净易货贸易条件指数（2000年=100）	..	100	93
外债总额（百万美元）	..	..	..
债务还本付息总额（占出口的百分比）	..	..	..
净移民（千人）	*-11*	*200*	50
获得的侨汇（百万美元）	286	252	700
外国直接投资，净流入额（10亿美元）	0.6	25.5	41.0
获得的净官方发展援助（百万美元）	..	..	..

马恩岛

高收入经济体

人口（千人）	85	人口增长率（百分比）	0.7
陆地面积（平方公里）	570	每天生活费用不足1.25美元的人口（占人口的百分比）	..
GNI，图表集法（10亿美元）	..	人均GNI，图表集法（美元）	..
PPP衡量的GNI（百万美元）	..	PPP衡量的人均GNI（美元）	..

	1990	2000	2012
人口			
最贫困的20%人口占国家消费/收入的份额（百分比）	..	..	..
出生时的预期寿命（岁）	..	*78*	..
总生育率（每个女性生育数）	..	*1.7*	..
青年女性生育率（每千名15—19岁女性生育数）	..	..	..
避孕普及率（占15—49岁已婚女性的百分比）	..	..	..
在熟练医护人员护理下的分娩（占总数的百分比）	..	..	..
5岁以下儿童死亡率（每千人）	..	..	..
儿童营养不良，体重不足（占5岁以下儿童的百分比）	..	..	..
儿童麻疹免疫接种率（占12—23个月年龄组的百分比）	..	..	..
小学毕业率，总数（占适龄年龄组的百分比）	..	..	..
中学总入学率，总数（占适龄年龄组的百分比）	..	..	..
小学和中学中女孩与男孩的比率（百分比）	..	..	..
HIV感染率（占15—49岁人口的百分比）	..	..	..
环境			
森林（平方公里）	35	35	*35*
森林采伐（1990—2000年和2000—2010年，平均年度百分比）		0.0	*0.0*
淡水使用量（占内陆水资源的百分比）	..	..	..
获得改善的水资源的人口（占总人口的百分比）	..	..	..
获得改善的卫生设施的人口（占总人口的百分比）	..	..	..
人均能源使用量（千克石油当量）	..	..	..
人均二氧化碳排放量（吨）	..	..	..
人均用电量（千瓦时）	..	..	..
经济			
GDP（百万美元）	..	1,564	..
GDP增长率（年度百分比）	4.2	5.3	..
GDP隐含价格平减指数（年度增长百分比）	9.0	3.3	..
农业增加值（占GDP的百分比）	..	..	..
工业增加值（占GDP的百分比）	..	..	..
服务业增加值（占GDP的百分比）	..	..	..
货物和服务出口（占GDP的百分比）	..	..	..
货物和服务进口（占GDP的百分比）	..	..	..
资本形成总额（占GDP的百分比）	..	..	..
中央政府收入（占GDP的百分比）	..	..	..
中央政府现金盈余/赤字（占GDP的百分比）	..	..	..
政府与市场			
创办企业的时间（天）	..	..	..
股票市场资本总额（占GDP的百分比）	..	..	..
军费支出（占GDP的百分比）	..	..	..
移动电话用户（每100人）	..	..	..
互联网用户（占总人口的百分比）	..	..	..
铺数道路（占总数的百分比）	..	..	..
高科技出口（占制成品出口的百分比）	..	..	..
全球联系			
商品贸易（占GDP的百分比）	..	..	..
净易货贸易条件指数（2000年=100）	..	..	..
外债总额（百万美元）	..	..	..
债务还本付息总额（占出口的百分比）	..	..	..
净移民（千人）	..	..	..
获得的侨汇（百万美元）	..	..	..
外国直接投资，净流入额（百万美元）	..	..	..
获得的净官方发展援助（百万美元）	..	..	..

以色列

高收入经济体

人口（百万）	7.9	人口增长率（百分比）	1.8
陆地面积（千平方公里）	22	每天生活费用不足1.25美元的人口（占人口的百分比）	..
GNI，图表集法（10亿美元）	253.4	人均GNI，图表集法（美元）	32,030
PPP衡量的GNI（10亿美元）	240.2	PPP衡量的人均GNI（美元）	30,370

	1990	2000	2012
人口			
最贫困的20%人口占国家消费/收入的份额（百分比）	..	5.7	..
出生时的预期寿命（岁）	77	79	82
总生育率（每个女性生育数）	2.8	3.0	3.0
青年女性生育率（每千名15—19岁女性生育数）	20	17	8
避孕普及率（占15—49岁已婚女性的百分比）	*68*	..	..
在熟练医护人员护理下的分娩（占总数的百分比）	..	..	..
5岁以下儿童死亡率（每千人）	12	7	4
儿童营养不良，体重不足（占5岁以下儿童的百分比）	..	..	..
儿童麻疹免疫接种率（占12—23个月年龄组的百分比）	91	97	96
小学毕业率，总数（占适龄年龄组的百分比）	..	*104*	*102*
中学总入学率，总数（占适龄年龄组的百分比）	89	103	*102*
小学和中学中女孩与男孩的比率（百分比）	104	100	*101*
HIV感染率（占15—49岁人口的百分比）	..	..	..
环境			
森林（千平方公里）	1.3	1.5	*1.5*
森林采伐（1990—2000年和2000—2010年，平均年度百分比）		-1.5	*-0.1*
淡水使用量（占内陆水资源的百分比）	*240.5*	*244.1*	*260.5*
获得改善的水资源的人口（占总人口的百分比）	100	100	100
获得改善的卫生设施的人口（占总人口的百分比）	100	100	100
人均能源使用量（千克石油当量）	2,460	2,899	3,044
人均二氧化碳排放量（吨）	7.2	10.0	*9.3*
人均用电量（千瓦时）	4,176	6,323	*6,926*
经济			
GDP（10亿美元）	52	125	258
GDP增长率（年度百分比）	6.8	9.3	3.4
GDP隐含价格平减指数（年度增长百分比）	15.9	1.6	4.0
农业增加值（占GDP的百分比）	..	..	..
工业增加值（占GDP的百分比）	..	..	..
服务业增加值（占GDP的百分比）	..	..	..
货物和服务出口（占GDP的百分比）	35	37	36
货物和服务进口（占GDP的百分比）	45	37	36
资本形成总额（占GDP的百分比）	25	20	21
中央政府收入（占GDP的百分比）	..	40.6	31.7
中央政府现金盈余/赤字（占GDP的百分比）	..	-3.6	-5.4
政府与市场			
创办企业的时间（天）	..	*20*	14
股票市场资本总额（占GDP的百分比）	6.3	51.3	57.6
军费支出（占GDP的百分比）	14.5	8.0	5.7
移动电话用户（每100人）	0.3	73.2	120.7
互联网用户（占总人口的百分比）	0.1	20.9	73.4
铺敷道路（占总数的百分比）	100.0	100.0	*100.0*
高科技出口（占制成品出口的百分比）	11	19	16
全球联系			
商品贸易（占GDP的百分比）	55	55	54
净易货贸易条件指数（2000年=100）	..	100	98
外债总额（百万美元）	..	..	..
债务还本付息总额（占出口的百分比）	..	..	..
净移民（千人）	*457*	*103*	-76
获得的侨汇（百万美元）	812	400	685
外国直接投资，净流入额（10亿美元）	0.2	8.0	9.5
获得的净官方发展援助（10亿美元）	1.4	..	..

意大利

高收入经济体

人口（百万）	59.5	人口增长率（百分比）	-2.0
陆地面积（千平方公里）	301	每天生活费用不足1.25美元的人口（占人口的百分比）	..
GNI，图表集法（10亿美元）	2,062.5	人均GNI，图表集法（美元）	34,640
PPP衡量的GNI（10亿美元）	2,065.9	PPP衡量的人均GNI（美元）	34,700

	1990	2000	2012
人口			
最贫困的20%人口占国家消费/收入的份额（百分比）	..	6.5	..
出生时的预期寿命（岁）	77	80	83
总生育率（每个女性生育数）	1.3	1.3	1.4
青年女性生育率（每千名15—19岁女性生育数）	9	7	4
避孕普及率（占15—49岁已婚女性的百分比）	..	..	..
在熟练医护人员护理下的分娩（占总数的百分比）	..	*99*	..
5岁以下儿童死亡率（每千人）	10	6	4
儿童营养不良，体重不足（占5岁以下儿童的百分比）	..	..	..
儿童麻疹免疫接种率（占12—23个月年龄组的百分比）	43	74	90
小学毕业率，总数（占适龄年龄组的百分比）	100	102	*103*
中学总入学率，总数（占适龄年龄组的百分比）	79	93	*101*
小学和中学中女孩与男孩的比率（百分比）	100	98	*99*
HIV感染率（占15—49岁人口的百分比）	..	..	..
环境			
森林（千平方公里）	76	84	*92*
森林采伐（1990—2000年和2000—2010年，平均年度百分比）		-1.0	*-0.9*
淡水使用量（占内陆水资源的百分比）	..	*24.9*	*24.9*
获得改善的水资源的人口（占总人口的百分比）	100	100	100
获得改善的卫生设施的人口（占总人口的百分比）	..	..	..
人均能源使用量（千克石油当量）	2,584	3,012	2,664
人均二氧化碳排放量（吨）	7.4	7.9	*6.7*
人均用电量（千瓦时）	4,145	5,300	*5,393*
经济			
GDP（10亿美元）	1,138	1,104	2,015
GDP增长率（年度百分比）	2.0	3.7	-2.5
GDP隐含价格平减指数（年度增长百分比）	8.9	1.9	1.7
农业增加值（占GDP的百分比）	4	3	2
工业增加值（占GDP的百分比）	31	28	24
服务业增加值（占GDP的百分比）	65	69	74
货物和服务出口（占GDP的百分比）	19	27	30
货物和服务进口（占GDP的百分比）	19	26	29
资本形成总额（占GDP的百分比）	23	21	18
中央政府收入（占GDP的百分比）	..	36.9	*37.6*
中央政府现金盈余/赤字（占GDP的百分比）	..	-0.8	*-3.5*
政府与市场			
创办企业的时间（天）	..	*23*	6
股票市场资本总额（占GDP的百分比）	13.1	69.6	23.8
军费支出（占GDP的百分比）	2.1	2.0	1.7
移动电话用户（每100人）	0.5	74.1	159.8
互联网用户（占总人口的百分比）	0.0	23.1	58.0
铺敷道路（占总数的百分比）	100.0	100.0	..
高科技出口（占制成品出口的百分比）	8	9	7
全球联系			
商品贸易（占GDP的百分比）	31	43	49
净易货贸易条件指数（2000年=100）	..	100	95
外债总额（百万美元）	..	..	..
债务还本付息总额（占出口的百分比）	..	..	..
净移民（千人）	*153*	*1,853*	900
获得的侨汇（10亿美元）	5.1	1.9	7.3
外国直接投资，净流入额（10亿美元）	6.4	13.2	6.7
获得的净官方发展援助（百万美元）	..	..	..

牙买加

拉丁美洲和加勒比地区		中高收入经济体	
人口（百万）	2.7	人口增长率（百分比）	0.3
陆地面积（千平方公里）	11	每天生活费用不足1.25美元的人口（占人口的百分比）	<2
GNI，图表集法（10亿美元）	13.9	人均GNI，图表集法（美元）	5,130
PPP衡量的GNI（10亿美元）	..	PPP衡量的人均GNI（美元）	..

	1990	2000	2012
人口			
最贫困的20%人口占国家消费/收入的份额（百分比）	5.9	*0.0*	..
出生时的预期寿命（岁）	71	70	73
总生育率（每个女性生育数）	2.9	2.6	2.3
青年女性生育率（每千名15—19岁女性生育数）	107	89	70
避孕普及率（占15—49岁已婚女性的百分比）	*55*	*69*	*72*
在熟练医护人员护理下的分娩（占总数的百分比）	*92*	96	*98*
5岁以下儿童死亡率（每千人）	30	23	17
儿童营养不良，体重不足（占5岁以下儿童的百分比）	*4.0*	3.8	*3.2*
儿童麻疹免疫接种率（占12—23个月年龄组的百分比）	74	88	93
小学毕业率，总数（占适龄年龄组的百分比）	97	88	..
中学总入学率，总数（占适龄年龄组的百分比）	*70*	87	*85*
小学和中学中女孩与男孩的比率（百分比）	*102*	100	..
HIV感染率（占15—49岁人口的百分比）	1.6	2.4	1.7
环境			
森林（千平方公里）	3.4	3.4	*3.4*
森林采伐（1990—2000年和2000—2010年，平均年度百分比）		0.1	*0.1*
淡水使用量（占内陆水资源的百分比）	..	*6.2*	*6.2*
获得改善的水资源的人口（占总人口的百分比）	93	93	93
获得改善的卫生设施的人口（占总人口的百分比）	79	80	80
人均能源使用量（千克石油当量）	1,165	1,479	*1,135*
人均二氧化碳排放量（吨）	3.3	4.0	*2.7*
人均用电量（千瓦时）	879	2,334	*1,553*
经济			
GDP（10亿美元）	4.6	9.0	14.8
GDP增长率（年度百分比）	4.2	0.9	-0.5
GDP隐含价格平减指数（年度增长百分比）	25.1	10.6	6.4
农业增加值（占GDP的百分比）	*8*	7	7
工业增加值（占GDP的百分比）	*37*	26	21
服务业增加值（占GDP的百分比）	*55*	67	72
货物和服务出口（占GDP的百分比）	48	*33*	30
货物和服务进口（占GDP的百分比）	52	*49*	53
资本形成总额（占GDP的百分比）	26	*27*	20
中央政府收入（占GDP的百分比）	..	*31.8*	31.6
中央政府现金盈余/赤字（占GDP的百分比）	..	*-2.4*	-4.2
政府与市场			
创办企业的时间（天）	..	*31*	6
股票市场资本总额（占GDP的百分比）	19.8	39.8	43.3
军费支出（占GDP的百分比）	0.6	0.5	0.9
移动电话用户（每100人）	0.0	14.2	96.3
互联网用户（占总人口的百分比）	0.0	3.1	46.5
铺敷道路（占总数的百分比）	64.0	*70.1*	..
高科技出口（占制成品出口的百分比）	*0*	0	1
全球联系			
商品贸易（占GDP的百分比）	67	51	56
净易货贸易条件指数（2000年=100）	..	100	87
外债总额（百万美元）	4.7	4.7	14.3
债务还本付息总额（占出口的百分比）	27.9	18.6	38.2
净移民（千人）	*-112*	*-76*	-80
获得的侨汇（百万美元）	229	892	2,145
外国直接投资，净流入额（百万美元）	138	468	229
获得的净官方发展援助（百万美元）	271	9	21

日本

高收入经济体

人口（百万）	127.6	人口增长率（百分比）	-0.2
陆地面积（千平方公里）	378	每天生活费用不足1.25美元的人口（占人口的百分比）	..
GNI，图表集法（10亿美元）	6,106.7	人均GNI，图表集法（美元）	47,870
PPP衡量的GNI（10亿美元）	4,687.6	PPP衡量的人均GNI（美元）	36,750

	1990	2000	2012
人口			
最贫困的20%人口占国家消费/收入的份额（百分比）	*10.6*	..	..
出生时的预期寿命（岁）	79	81	83
总生育率（每个女性生育数）	1.5	1.4	1.4
青年女性生育率（每千名15—19岁女性生育数）	4	5	5
避孕普及率（占15—49岁已婚女性的百分比）	58	56	..
在熟练医护人员护理下的分娩（占总数的百分比）	100	*100*	..
5岁以下儿童死亡率（每千人）	6	5	3
儿童营养不良，体重不足（占5岁以下儿童的百分比）	..	..	..
儿童麻疹免疫接种率（占12—23个月年龄组的百分比）	73	96	96
小学毕业率，总数（占适龄年龄组的百分比）	103	*103*	*102*
中学总入学率，总数（占适龄年龄组的百分比）	96	102	*102*
小学和中学中女孩与男孩的比率（百分比）	101	101	*100*
HIV感染率（占15—49岁人口的百分比）	..	..	..
环境			
森林（千平方公里）	250	249	*250*
森林采伐（1990—2000年和2000—2010年，平均年度百分比）		0.0	*0.0*
淡水使用量（占内陆水资源的百分比）	*21.3*	*20.9*	*20.9*
获得改善的水资源的人口（占总人口的百分比）	100	100	100
获得改善的卫生设施的人口（占总人口的百分比）	100	100	100
人均能源使用量（千克石油当量）	3,556	4,091	3,539
人均二氧化碳排放量（吨）	8.9	9.6	*9.2*
人均用电量（千瓦时）	6,486	7,974	*7,848*
经济			
GDP（10亿美元）	3,104	4,731	5,961
GDP增长率（年度百分比）	5.6	2.3	2.0
GDP隐含价格平减指数（年度增长百分比）	2.3	-1.2	-0.9
农业增加值（占GDP的百分比）	2	2	*1*
工业增加值（占GDP的百分比）	38	31	*26*
服务业增加值（占GDP的百分比）	60	67	*73*
货物和服务出口（占GDP的百分比）	10	11	15
货物和服务进口（占GDP的百分比）	9	9	17
资本形成总额（占GDP的百分比）	32	25	21
中央政府收入（占GDP的百分比）	..	..	*11.4*
中央政府现金盈余/赤字（占GDP的百分比）	..	..	*-8.3*
政府与市场			
创办企业的时间（天）	..	*31*	22
股票市场资本总额（占GDP的百分比）	94.1	66.7	61.8
军费支出（占GDP的百分比）	0.8	1.0	1.0
移动电话用户（每100人）	0.7	53.1	110.9
互联网用户（占总人口的百分比）	0.0	30.0	79.1
铺敷道路（占总数的百分比）	69.2	*76.1*	..
高科技出口（占制成品出口的百分比）	24	29	17
全球联系			
商品贸易（占GDP的百分比）	17	18	28
净易货贸易条件指数（2000年=100）	..	100	60
外债总额（百万美元）	..	..	..
债务还本付息总额（占出口的百分比）	..	..	..
净移民（千人）	*451*	*622*	350
获得的侨汇（10亿美元）	*0.5*	1.4	2.5
外国直接投资，净流入额（10亿美元）	1.8	8.2	2.5
获得的净官方发展援助（百万美元）	..	..	..

约 旦

中东和北非		中高收入经济体	
人口（百万）	6.3	人口增长率（百分比）	2.2
陆地面积（千平方公里）	89	每天生活费用不足1.25美元的人口（占人口的百分比）	<2
GNI，图表集法（10亿美元）	29.5	人均GNI，图表集法（美元）	4,670
PPP衡量的GNI（10亿美元）	37.8	PPP衡量的人均GNI（美元）	5,980

	1990	2000	2012
人口			
最贫困的20%人口占国家消费/收入的份额（百分比）	*6.0*	6.7	*7.7*
出生时的预期寿命（岁）	70	72	74
总生育率（每个女性生育数）	5.5	4.1	3.3
青年女性生育率（每千名15—19岁女性生育数）	52	36	26
避孕普及率（占15—49岁已婚女性的百分比）	40	*56*	61
在熟练医护人员护理下的分娩（占总数的百分比）	87	*100*	100
5岁以下儿童死亡率（每千人）	37	28	19
儿童营养不良，体重不足（占5岁以下儿童的百分比）	4.8	*3.6*	*1.9*
儿童麻疹免疫接种率（占12—23个月年龄组的百分比）	87	94	98
小学毕业率，总数（占适龄年龄组的百分比）	96	101	*93*
中学总入学率，总数（占适龄年龄组的百分比）	76	86	*89*
小学和中学中女孩与男孩的比率（百分比）	102	103	*101*
HIV感染率（占15—49岁人口的百分比）	..	..	..
环境			
森林（平方公里）	975	975	*975*
森林采伐（1990—2000年和2000—2010年，平均年度百分比）		0.0	*0.0*
淡水使用量（占内陆水资源的百分比）	*144.3*	*144.3*	*138.0*
获得改善的水资源的人口（占总人口的百分比）	97	97	96
获得改善的卫生设施的人口（占总人口的百分比）	97	98	98
人均能源使用量（千克石油当量）	1,033	1,014	*1,143*
人均二氧化碳排放量（吨）	3.3	3.2	*3.4*
人均用电量（千瓦时）	1,050	1,377	*2,289*
经济			
GDP（10亿美元）	4.2	8.5	31.0
GDP增长率（年度百分比）	1.0	4.2	2.7
GDP隐含价格平减指数（年度增长百分比）	12.7	-0.4	4.5
农业增加值（占GDP的百分比）	8	2	3
工业增加值（占GDP的百分比）	26	26	30
服务业增加值（占GDP的百分比）	66	72	67
货物和服务出口（占GDP的百分比）	60	42	44
货物和服务进口（占GDP的百分比）	90	69	74
资本形成总额（占GDP的百分比）	31	22	27
中央政府收入（占GDP的百分比）	25.3	25.1	21.5
中央政府现金盈余/赤字（占GDP的百分比）	-3.4	-2.0	-8.3
政府与市场			
创办企业的时间（天）	..	*79*	12
股票市场资本总额（占GDP的百分比）	48.1	58.4	87.0
军费支出（占GDP的百分比）	7.8	6.3	4.7
移动电话用户（每100人）	0.0	8.2	128.2
互联网用户（占总人口的百分比）	0.0	2.6	41.0
铺敷道路（占总数的百分比）	100.0	*100.0*	*100.0*
高科技出口（占制成品出口的百分比）	2	8	3
全球联系			
商品贸易（占GDP的百分比）	88	77	92
净易货贸易条件指数（2000年=100）	94	100	84
外债总额（10亿美元）	8.3	11.1	18.6
债务还本付息总额（占出口的百分比）	24.4	20.1	6.9
净移民（千人）	*401*	*-184*	400
获得的侨汇（10亿美元）	0.5	1.8	3.6
外国直接投资，净流入额（百万美元）	38	913	1,497
获得的净官方发展援助（百万美元）	952	553	1,417

哈萨克斯坦

欧洲和中亚		中高收入经济体	
人口（百万）	16.8	人口增长率（百分比）	1.4
陆地面积（千平方公里）	2,725	每天生活费用不足1.25美元的人口（占人口的百分比）	<2
GNI，图表集法（10亿美元）	164.3	人均GNI，图表集法（美元）	9,780
PPP衡量的GNI（10亿美元）	197.9	PPP衡量的人均GNI（美元）	11,790

	1990	2000	2012
人口			
最贫困的20%人口占国家消费/收入的份额（百分比）	*7.5*	5.5	*9.1*
出生时的预期寿命（岁）	68	66	69
总生育率（每个女性生育数）	2.7	1.8	2.6
青年女性生育率（每千名15—19岁女性生育数）	51	34	30
避孕普及率（占15—49岁已婚女性的百分比）	..	*66*	*51*
在熟练医护人员护理下的分娩（占总数的百分比）	99	98	*100*
5岁以下儿童死亡率（每千人）	54	44	19
儿童营养不良，体重不足（占5岁以下儿童的百分比）	..	*3.8*	*3.7*
儿童麻疹免疫接种率（占12—23个月年龄组的百分比）	*89*	99	96
小学毕业率，总数（占适龄年龄组的百分比）	..	95	*102*
中学总入学率，总数（占适龄年龄组的百分比）	102	96	98
小学和中学中女孩与男孩的比率（百分比）	*104*	102	98
HIV感染率（占15—49岁人口的百分比）	..	..	..
环境			
森林（千平方公里）	34	34	*33*
森林采伐（1990—2000年和2000—2010年，平均年度百分比）		0.2	*0.2*
淡水使用量（占内陆水资源的百分比）	..	*30.6*	*32.9*
获得改善的水资源的人口（占总人口的百分比）	94	94	93
获得改善的卫生设施的人口（占总人口的百分比）	96	97	97
人均能源使用量（千克石油当量）	4,493	2,397	*4,717*
人均二氧化碳排放量（吨）	*15.9*	8.6	*15.2*
人均用电量（千瓦时）	5,905	3,170	*4,893*
经济			
GDP（10亿美元）	27	18	204
GDP增长率（年度百分比）	*-11.0*	9.8	5.0
GDP隐含价格平减指数（年度增长百分比）	*96.4*	17.4	4.8
农业增加值（占GDP的百分比）	*27*	9	5
工业增加值（占GDP的百分比）	*45*	40	39
服务业增加值（占GDP的百分比）	*29*	51	56
货物和服务出口（占GDP的百分比）	*74*	57	48
货物和服务进口（占GDP的百分比）	*75*	49	30
资本形成总额（占GDP的百分比）	*32*	18	23
中央政府收入（占GDP的百分比）	..	11.3	*23.9*
中央政府现金盈余/赤字（占GDP的百分比）	..	0.1	*7.7*
政府与市场			
创办企业的时间（天）	..	*26*	12
股票市场资本总额（占GDP的百分比）	..	7.3	11.5
军费支出（占GDP的百分比）	*1.0*	0.8	1.2
移动电话用户（每100人）	0.0	1.4	185.8
互联网用户（占总人口的百分比）	0.0	0.7	53.3
铺敷道路（占总数的百分比）	55.1	*94.0*	*88.7*
高科技出口（占制成品出口的百分比）	..	4	*30*
全球联系			
商品贸易（占GDP的百分比）	..	76	67
净易货贸易条件指数（2000年=100）	..	100	231
外债总额（10亿美元）	*0*	13	137
债务还本付息总额（占出口的百分比）	..	32.4	23.5
净移民（千人）	*-1,512*	*45*	0
获得的侨汇（百万美元）	..	122	171
外国直接投资，净流入额（10亿美元）	*0.1*	1.3	15.1
获得的净官方发展援助（百万美元）	*112*	189	130

肯尼亚

撒哈拉以南非洲地区		低收入经济体	
人口（百万）	43.2	人口增长率（百分比）	2.7
陆地面积（千平方公里）	580	每天生活费用不足1.25美元的人口（占人口的百分比）	*43.4*
GNI，图表集法（10亿美元）	37.2	人均GNI，图表集法（美元）	860
PPP衡量的GNI（10亿美元）	74.7	PPP衡量的人均GNI（美元）	1,730

	1990	2000	2012
人口			
最贫困的20%人口占国家消费/收入的份额（百分比）	*3.4*	..	..
出生时的预期寿命（岁）	59	53	61
总生育率（每个女性生育数）	6.0	5.0	4.5
青年女性生育率（每千名15—19岁女性生育数）	127	105	94
避孕普及率（占15—49岁已婚女性的百分比）	*27*	*39*	*46*
在熟练医护人员护理下的分娩（占总数的百分比）	*50*	*42*	*44*
5岁以下儿童死亡率（每千人）	98	110	73
儿童营养不良，体重不足（占5岁以下儿童的百分比）	*20.1*	17.5	*16.4*
儿童麻疹免疫接种率（占12—23个月年龄组的百分比）	78	78	93
小学毕业率，总数（占适龄年龄组的百分比）	..	..	..
中学总入学率，总数（占适龄年龄组的百分比）	*40*	39	*60*
小学和中学中女孩与男孩的比率（百分比）	*92*	98	*95*
HIV感染率（占15—49岁人口的百分比）	2.5	8.9	6.1
环境			
森林（千平方公里）	37	36	*35*
森林采伐（1990—2000年和2000—2010年，平均年度百分比）		0.4	*0.3*
淡水使用量（占内陆水资源的百分比）	*9.9*	*9.9*	*13.2*
获得改善的水资源的人口（占总人口的百分比）	43	52	62
获得改善的卫生设施的人口（占总人口的百分比）	25	27	30
人均能源使用量（千克石油当量）	455	449	*480*
人均二氧化碳排放量（吨）	0.2	0.3	*0.3*
人均用电量（千瓦时）	125	113	*155*
经济			
GDP（10亿美元）	8.6	12.7	40.7
GDP增长率（年度百分比）	4.2	0.6	4.6
GDP隐含价格平减指数（年度增长百分比）	10.6	6.1	10.1
农业增加值（占GDP的百分比）	30	32	30
工业增加值（占GDP的百分比）	19	17	17
服务业增加值（占GDP的百分比）	51	51	53
货物和服务出口（占GDP的百分比）	26	22	27
货物和服务进口（占GDP的百分比）	31	32	44
资本形成总额（占GDP的百分比）	24	17	20
中央政府收入（占GDP的百分比）	*19.5*	19.7	21.8
中央政府现金盈余/赤字（占GDP的百分比）	*-2.8*	2.0	-4.8
政府与市场			
创办企业的时间（天）	..	*60*	32
股票市场资本总额（占GDP的百分比）	5.3	10.1	36.3
军费支出（占GDP的百分比）	2.9	1.3	2.0
移动电话用户（每100人）	0.0	0.4	71.2
互联网用户（占总人口的百分比）	0.0	0.3	32.1
铺敷道路（占总数的百分比）	12.8	12.0	*7.0*
高科技出口（占制成品出口的百分比）	4	4	*6*
全球联系			
商品贸易（占GDP的百分比）	38	38	55
净易货贸易条件指数（2000年=100）	70	100	90
外债总额（10亿美元）	7.1	6.2	11.6
债务还本付息总额（占出口的百分比）	35.4	21.0	5.1
净移民（千人）	*222*	*25*	-50
获得的侨汇（百万美元）	139	538	1,214
外国直接投资，净流入额（百万美元）	57	111	259
获得的净官方发展援助（10亿美元）	1.2	0.5	2.7

基里巴斯

东亚和太平洋地区 | **中低收入经济体**

人口（千人）	101	人口增长率（百分比）	1.5
陆地面积（平方公里）	810	每天生活费用不足1.25美元的人口（占人口的百分比）	..
GNI，图表集法（百万美元）	254.2	人均GNI，图表集法（美元）	2,520
PPP衡量的GNI（百万美元）	389.5	PPP衡量的人均GNI（美元）	3,870

	1990	2000	2012
人口			
最贫困的20%人口占国家消费/收入的份额（百分比）	..	..	..
出生时的预期寿命（岁）	61	65	69
总生育率（每个女性生育数）	4.6	3.9	3.0
青年女性生育率（每千名15—19岁女性生育数）	47	35	17
避孕普及率（占15—49岁已婚女性的百分比）	..	36	*22*
在熟练医护人员护理下的分娩（占总数的百分比）	..	*89*	*80*
5岁以下儿童死亡率（每千人）	94	71	60
儿童营养不良，体重不足（占5岁以下儿童的百分比）	..	..	..
儿童麻疹免疫接种率（占12—23个月年龄组的百分比）	75	80	91
小学毕业率，总数（占适龄年龄组的百分比）	103	102	..
中学总入学率，总数（占适龄年龄组的百分比）	38	67	..
小学和中学中女孩与男孩的比率（百分比）	100	106	..
HIV感染率（占15—49岁人口的百分比）	..	..	..
环境			
森林（平方公里）	122	122	*122*
森林采伐（1990—2000年和2000—2010年，平均年度百分比）		0.0	*0.0*
淡水使用量（占内陆水资源的百分比）	..	..	..
获得改善的水资源的人口（占总人口的百分比）	50	59	67
获得改善的卫生设施的人口（占总人口的百分比）	28	34	40
人均能源使用量（千克石油当量）	100	..	..
人均二氧化碳排放量（吨）	0.3	0.4	*0.6*
人均用电量（千瓦时）	..	..	..
经济			
GDP（百万美元）	28.4	67.5	175.0
GDP增长率（年度百分比）	2.1	9.5	2.8
GDP隐含价格平减指数（年度增长百分比）	-4.7	-2.8	-1.6
农业增加值（占GDP的百分比）	19	22	*25*
工业增加值（占GDP的百分比）	8	12	*8*
服务业增加值（占GDP的百分比）	74	66	*67*
货物和服务出口（占GDP的百分比）	12	13	11
货物和服务进口（占GDP的百分比）	147	93	106
资本形成总额（占GDP的百分比）	93	..	..
中央政府收入（占GDP的百分比）	..	..	*50.9*
中央政府现金盈余/赤字（占GDP的百分比）	..	..	*-7.2*
政府与市场			
创办企业的时间（天）	..	*21*	31
股票市场资本总额（占GDP的百分比）	..	..	..
军费支出（占GDP的百分比）	..	..	..
移动电话用户（每100人）	0.0	0.4	15.9
互联网用户（占总人口的百分比）	0.0	1.8	10.7
铺敷道路（占总数的百分比）	..	..	..
高科技出口（占制成品出口的百分比）	..	..	38
全球联系			
商品贸易（占GDP的百分比）	105	65	63
净易货贸易条件指数（2000年=100）	..	100	97
外债总额（百万美元）	..	..	..
债务还本付息总额（占出口的百分比）	..	..	..
净移民（千人）	*-4.3*	*-0.9*	-1.0
获得的侨汇（百万美元）	5.1	..	..
外国直接投资，净流入额（百万美元）	0.3	0.7	-1.7
获得的净官方发展援助（百万美元）	20.2	17.9	64.7

朝　鲜

东亚和太平洋地区　　　　**低收入经济体**

人口（百万）	24.8	人口增长率（百分比）	0.5
陆地面积（千平方公里）	121	每天生活费用不足1.25美元的人口（占人口的百分比）	..
GNI，图表集法（百万美元）	..	人均GNI，图表集法（美元）	..
PPP衡量的GNI（百万美元）	..	PPP衡量的人均GNI（美元）	..

	1990	2000	2012
人口			
最贫困的20%人口占国家消费/收入的份额（百分比）	..	..	..
出生时的预期寿命（岁）	69	65	70
总生育率（每个女性生育数）	2.3	2.0	2.0
青年女性生育率（每千名15—19岁女性生育数）	2	1	1
避孕普及率（占15—49岁已婚女性的百分比）	*62*	69	..
在熟练医护人员护理下的分娩（占总数的百分比）	..	97	*100*
5岁以下儿童死亡率（每千人）	44	60	29
儿童营养不良，体重不足（占5岁以下儿童的百分比）	..	24.7	*18.8*
儿童麻疹免疫接种率（占12—23个月年龄组的百分比）	98	78	99
小学毕业率，总数（占适龄年龄组的百分比）	..	..	..
中学总入学率，总数（占适龄年龄组的百分比）	..	..	..
小学和中学中女孩与男孩的比率（百分比）	..	..	..
HIV感染率（占15—49岁人口的百分比）	..	..	..
环境			
森林（千平方公里）	82	69	55
森林采伐（1990—2000年和2000—2010年，平均年度百分比）		1.7	*2.0*
淡水使用量（占内陆水资源的百分比）	..	..	*12.9*
获得改善的水资源的人口（占总人口的百分比）	100	100	98
获得改善的卫生设施的人口（占总人口的百分比）	..	61	82
人均能源使用量（千克石油当量）	1,645	863	*773*
人均二氧化碳排放量（吨）	12.1	3.4	*2.9*
人均用电量（千瓦时）	1,243	715	*739*
经济			
GDP（百万美元）	..	..	..
GDP增长率（年度百分比）	..	..	..
GDP隐含价格平减指数（年度增长百分比）	..	..	..
农业增加值（占GDP的百分比）	..	..	..
工业增加值（占GDP的百分比）	..	..	..
服务业增加值（占GDP的百分比）	..	..	..
货物和服务出口（占GDP的百分比）	..	..	..
货物和服务进口（占GDP的百分比）	..	..	..
资本形成总额（占GDP的百分比）	..	..	..
中央政府收入（占GDP的百分比）	..	..	..
中央政府现金盈余/赤字（占GDP的百分比）	..	..	..
政府与市场			
创办企业的时间（天）	..	..	..
股票市场资本总额（占GDP的百分比）	..	..	..
军费支出（占GDP的百分比）	..	..	..
移动电话用户（每100人）	0.0	0.0	6.9
互联网用户（占总人口的百分比）	0.0	0.0	0.0
铺敷道路（占总数的百分比）	5.7	6.0	..
高科技出口（占制成品出口的百分比）	..	..	..
全球联系			
商品贸易（占GDP的百分比）	..	..	..
净易货贸易条件指数（2000年=100）	..	100	86
外债总额（百万美元）	..	..	..
债务还本付息总额（占出口的百分比）	..	..	..
净移民（千人）	*0.0*	*0.0*	0.0
获得的侨汇（百万美元）	..	..	..
外国直接投资，净流入额（百万美元）	-60.8	3.4	79.0
获得的净官方发展援助（百万美元）	7.7	73.3	98.1

韩国

高收入经济体

人口（百万）	50.0	人口增长率（百分比）	0.5
陆地面积（千平方公里）	100	每天生活费用不足1.25美元的人口（占人口的百分比）	..
GNI，图表集法（10亿美元）	1,133.8	人均GNI，图表集法（美元）	22,670
PPP衡量的GNI（10亿美元）	1,509.0	PPP衡量的人均GNI（美元）	30,180

	1990	2000	2012
人口			
最贫困的20%人口占国家消费/收入的份额（百分比）	..	*7.9*	..
出生时的预期寿命（岁）	71	76	81
总生育率（每个女性生育数）	1.6	1.5	1.3
青年女性生育率（每千名15—19岁女性生育数）	5	3	2
避孕普及率（占15—49岁已婚女性的百分比）	*79*	79	*80*
在熟练医护人员护理下的分娩（占总数的百分比）	..	*100*	..
5岁以下儿童死亡率（每千人）	7	6	4
儿童营养不良，体重不足（占5岁以下儿童的百分比）	..	*0.9*	..
儿童麻疹免疫接种率（占12—23个月年龄组的百分比）	93	95	99
小学毕业率，总数（占适龄年龄组的百分比）	99	104	*103*
中学总入学率，总数（占适龄年龄组的百分比）	93	99	*97*
小学和中学中女孩与男孩的比率（百分比）	98	100	*99*
HIV感染率（占15—49岁人口的百分比）	..	..	..
环境			
森林（千平方公里）	64	63	*62*
森林采伐（1990—2000年和2000—2010年，平均年度百分比）		0.1	*0.1*
淡水使用量（占内陆水资源的百分比）	..	*39.3*	*39.3*
获得改善的水资源的人口（占总人口的百分比）	..	93	98
获得改善的卫生设施的人口（占总人口的百分比）	100	100	100
人均能源使用量（千克石油当量）	2,171	4,003	5,260
人均二氧化碳排放量（吨）	5.8	9.5	*11.5*
人均用电量（千瓦时）	2,373	5,907	*10,162*
经济			
GDP（10亿美元）	264	533	1,130
GDP增长率（年度百分比）	9.2	8.5	2.0
GDP隐含价格平减指数（年度增长百分比）	10.5	5.0	1.0
农业增加值（占GDP的百分比）	9	5	3
工业增加值（占GDP的百分比）	42	38	39
服务业增加值（占GDP的百分比）	49	57	58
货物和服务出口（占GDP的百分比）	28	39	57
货物和服务进口（占GDP的百分比）	29	36	53
资本形成总额（占GDP的百分比）	38	31	28
中央政府收入（占GDP的百分比）	16.8	22.3	*23.3*
中央政府现金盈余/赤字（占GDP的百分比）	1.7	4.4	*1.8*
政府与市场			
创办企业的时间（天）	..	*17*	6
股票市场资本总额（占GDP的百分比）	42.1	32.2	104.5
军费支出（占GDP的百分比）	3.8	2.6	2.8
移动电话用户（每100人）	0.2	58.3	109.4
互联网用户（占总人口的百分比）	0.0	44.7	84.1
铺敷道路（占总数的百分比）	71.5	76.0	*80.4*
高科技出口（占制成品出口的百分比）	18	35	26
全球联系			
商品贸易（占GDP的百分比）	51	62	94
净易货贸易条件指数（2000年=100）	133	100	62
外债总额（百万美元）	..	..	..
债务还本付息总额（占出口的百分比）	..	..	..
净移民（千人）	*-633*	*-98*	300
获得的侨汇（10亿美元）	2.4	4.9	8.5
外国直接投资，净流入额（10亿美元）	0.8	9.3	5.0
获得的净官方发展援助（百万美元）	52.0	*-55.1*	..

科索沃

欧洲和中亚 **中低收入经济体**

人口（百万）	1.8	人口增长率（百分比）	0.9
陆地面积（千平方公里）	11	每天生活费用不足1.25美元的人口（占人口的百分比）	..
GNI，图表集法（10亿美元）	6.5	人均GNI，图表集法（美元）	3,600
PPP衡量的GNI（百万美元）	..	PPP衡量的人均GNI（美元）	..

	1990	2000	2012
人口			
最贫困的20%人口占国家消费/收入的份额（百分比）	..	..	..
出生时的预期寿命（岁）	68	68	70
总生育率（每个女性生育数）	3.9	3.0	2.2
青年女性生育率（每千名15—19岁女性生育数）	..	..	..
避孕普及率（占15—49岁已婚女性的百分比）	..	..	..
在熟练医护人员护理下的分娩（占总数的百分比）	..	..	..
5岁以下儿童死亡率（每千人）	..	..	..
儿童营养不良，体重不足（占5岁以下儿童的百分比）	..	..	..
儿童麻疹免疫接种率（占12—23个月年龄组的百分比）	..	..	..
小学毕业率，总数（占适龄年龄组的百分比）	..	..	..
中学总入学率，总数（占适龄年龄组的百分比）	..	..	..
小学和中学中女孩与男孩的比率（百分比）	..	..	..
HIV感染率（占15—49岁人口的百分比）	..	..	..
环境			
森林（平方公里）	..	..	..
森林采伐（1990—2000年和2000—2010年，平均年度百分比）		..	..
淡水使用量（占内陆水资源的百分比）	..	..	..
获得改善的水资源的人口（占总人口的百分比）	..	..	..
获得改善的卫生设施的人口（占总人口的百分比）	..	..	..
人均能源使用量（千克石油当量）	..	909	*1,411*
人均二氧化碳排放量（吨）	..	..	..
人均用电量（千瓦时）	..	1,557	*2,947*
经济			
GDP（百万美元）	..	1,849	6,445
GDP增长率（年度百分比）	..	*27.0*	2.7
GDP隐含价格平减指数（年度增长百分比）	..	*11.4*	2.4
农业增加值（占GDP的百分比）	..	..	14
工业增加值（占GDP的百分比）	..	..	20
服务业增加值（占GDP的百分比）	..	..	67
货物和服务出口（占GDP的百分比）	..	..	18
货物和服务进口（占GDP的百分比）	..	..	53
资本形成总额（占GDP的百分比）	..	..	30
中央政府收入（占GDP的百分比）	..	..	..
中央政府现金盈余/赤字（占GDP的百分比）	..	..	..
政府与市场			
创办企业的时间（天）	..	..	30
股票市场资本总额（占GDP的百分比）	..	..	..
军费支出（占GDP的百分比）	..	..	..
移动电话用户（每100人）	..	..	..
互联网用户（占总人口的百分比）	..	..	..
铺敷道路（占总数的百分比）	..	..	*26.0*
高科技出口（占制成品出口的百分比）	..	..	..
全球联系			
商品贸易（占GDP的百分比）	..	..	..
净易货贸易条件指数（2000年=100）	..	..	..
外债总额（百万美元）	0	72	2,002
债务还本付息总额（占出口的百分比）	..	..	8.8
净移民（千人）	..	..	..
获得的侨汇（百万美元）	..	..	1,059
外国直接投资，净流入额（百万美元）	..	..	293
获得的净官方发展援助（百万美元）	..	..	568

科威特

高收入经济体

人口（百万）	3.3	人口增长率（百分比）	3.9
陆地面积（千平方公里）	18	每天生活费用不足1.25美元的人口（占人口的百分比）	..
GNI，图表集法（10亿美元）	*140.2*	人均GNI，图表集法（美元）	*44,880*
PPP衡量的GNI（10亿美元）	*149.2*	PPP衡量的人均GNI（美元）	*47,750*

	1990	**2000**	**2012**
人口			
最贫困的20%人口占国家消费/收入的份额（百分比）	..	..	..
出生时的预期寿命（岁）	72	73	74
总生育率（每个女性生育数）	2.4	2.9	2.6
青年女性生育率（每千名15—19岁女性生育数）	24	22	14
避孕普及率（占15—49岁已婚女性的百分比）	..	*52*	..
在熟练医护人员护理下的分娩（占总数的百分比）	..	*100*	*100*
5岁以下儿童死亡率（每千人）	16	13	11
儿童营养不良，体重不足（占5岁以下儿童的百分比）	..	*2.2*	2.2
儿童麻疹免疫接种率（占12—23个月年龄组的百分比）	66	99	99
小学毕业率，总数（占适龄年龄组的百分比）	*57*	115	..
中学总入学率，总数（占适龄年龄组的百分比）	*77*	114	..
小学和中学中女孩与男孩的比率（百分比）	93	100	..
HIV感染率（占15—49岁人口的百分比）	..	..	..
环境			
森林（平方公里）	35	49	*64*
森林采伐（1990—2000年和2000—2010年，平均年度百分比）		-3.5	*-2.6*
淡水使用量（占内陆水资源的百分比）	..	..	..
获得改善的水资源的人口（占总人口的百分比）	99	99	99
获得改善的卫生设施的人口（占总人口的百分比）	100	100	100
人均能源使用量（千克石油当量）	4,423	9,865	*10,408*
人均二氧化碳排放量（吨）	23.5	28.9	*31.3*
人均用电量（千瓦时）	8,365	15,091	*16,122*
经济			
GDP（10亿美元）	18.4	37.7	183.2
GDP增长率（年度百分比）	*25.9*	4.7	6.2
GDP隐含价格平减指数（年度增长百分比）	*-1.7*	20.5	9.0
农业增加值（占GDP的百分比）	1	0	..
工业增加值（占GDP的百分比）	52	59	..
服务业增加值（占GDP的百分比）	47	40	..
货物和服务出口（占GDP的百分比）	45	56	71
货物和服务进口（占GDP的百分比）	58	30	23
资本形成总额（占GDP的百分比）	18	11	15
中央政府收入（占GDP的百分比）	58.7	*48.3*	61.7
中央政府现金盈余/赤字（占GDP的百分比）	6.1	*4.9*	27.9
政府与市场			
创办企业的时间（天）	..	*35*	32
股票市场资本总额（占GDP的百分比）	*40.8*	55.1	53.0
军费支出（占GDP的百分比）	48.7	7.1	3.3
移动电话用户（每100人）	1.0	25.0	156.9
互联网用户（占总人口的百分比）	0.0	6.7	79.2
铺敷道路（占总数的百分比）	72.9	*80.6*	..
高科技出口（占制成品出口的百分比）	3	0	*1*
全球联系			
商品贸易（占GDP的百分比）	60	71	80
净易货贸易条件指数（2000年=100）	..	100	228
外债总额（百万美元）	..	..	..
债务还本付息总额（占出口的百分比）	..	..	..
净移民（千人）	*-602*	*200*	300
获得的侨汇（百万美元）	..	..	8.3
外国直接投资，净流入额（百万美元）	6	16	1,851
获得的净官方发展援助（百万美元）	12.9	..	..

吉尔吉斯共和国

欧洲和中亚 **低收入经济体**

人口（百万）	5.6	人口增长率（百分比）	1.7
陆地面积（千平方公里）	200	每天生活费用不足1.25美元的人口（占人口的百分比）	*5.0*
GNI，图表集法（10亿美元）	5.5	人均GNI，图表集法（美元）	990
PPP衡量的GNI（10亿美元）	12.4	PPP衡量的人均GNI（美元）	2,220

	1990	2000	2012
人口			
最贫困的20%人口占国家消费/收入的份额（百分比）	*2.5*	*8.4*	*7.7*
出生时的预期寿命（岁）	68	69	70
总生育率（每个女性生育数）	3.7	2.4	3.1
青年女性生育率（每千名15—19岁女性生育数）	61	46	29
避孕普及率（占15—49岁已婚女性的百分比）	..	..	*36*
在熟练医护人员护理下的分娩（占总数的百分比）	99	99	99
5岁以下儿童死亡率（每千人）	71	50	27
儿童营养不良，体重不足（占5岁以下儿童的百分比）	..	..	*2.7*
儿童麻疹免疫接种率（占12—23个月年龄组的百分比）	*94*	98	98
小学毕业率，总数（占适龄年龄组的百分比）	..	93	98
中学总入学率，总数（占适龄年龄组的百分比）	102	84	*88*
小学和中学中女孩与男孩的比率（百分比）	100	101	*99*
HIV感染率（占15—49岁人口的百分比）	0.1	0.1	0.3
环境			
森林（千平方公里）	8.4	8.6	*9.7*
森林采伐（1990—2000年和2000—2010年，平均年度百分比）		-0.3	*-1.1*
淡水使用量（占内陆水资源的百分比）	..	*20.6*	*20.6*
获得改善的水资源的人口（占总人口的百分比）	73	79	88
获得改善的卫生设施的人口（占总人口的百分比）	91	91	92
人均能源使用量（千克石油当量）	1,705	473	*562*
人均二氧化碳排放量（吨）	*2.4*	0.9	*1.2*
人均用电量（千瓦时）	2,331	1,696	*1,642*
经济			
GDP（10亿美元）	2.7	1.4	6.5
GDP增长率（年度百分比）	5.7	5.4	-0.9
GDP隐含价格平减指数（年度增长百分比）	7.9	27.2	7.4
农业增加值（占GDP的百分比）	34	37	20
工业增加值（占GDP的百分比）	35	31	26
服务业增加值（占GDP的百分比）	31	32	54
货物和服务出口（占GDP的百分比）	29	42	49
货物和服务进口（占GDP的百分比）	50	48	100
资本形成总额（占GDP的百分比）	24	20	32
中央政府收入（占GDP的百分比）	*15.5*	14.2	23.6
中央政府现金盈余/赤字（占GDP的百分比）	..	-2.9	-6.6
政府与市场			
创办企业的时间（天）	..	*21*	8
股票市场资本总额（占GDP的百分比）	..	0.3	2.5
军费支出（占GDP的百分比）	*1.6*	2.9	*3.7*
移动电话用户（每100人）	0.0	0.2	124.2
互联网用户（占总人口的百分比）	0.0	1.0	21.7
铺敷道路（占总数的百分比）	90.0	91.0	..
高科技出口（占制成品出口的百分比）	..	15	5
全球联系			
商品贸易（占GDP的百分比）	..	77	112
净易货贸易条件指数（2000年=100）	..	100	108
外债总额（10亿美元）	*0.0*	1.9	6.0
债务还本付息总额（占出口的百分比）	*0.4*	30.2	10.9
净移民（千人）	*-272*	*-242*	-175
获得的侨汇（百万美元）	*2*	9	2,031
外国直接投资，净流入额（百万美元）	*10*	-2	372
获得的净官方发展援助（百万美元）	*21*	215	473

老挝

东亚和太平洋地区		中低收入经济体	
人口（百万）	6.6	人口增长率（百分比）	1.9
陆地面积（千平方公里）	237	每天生活费用不足1.25美元的人口（占人口的百分比）	*33.9*
GNI，图表集法（10亿美元）	8.4	人均GNI，图表集法（美元）	1,270
PPP衡量的GNI（10亿美元）	17.9	PPP衡量的人均GNI（美元）	2,690

	1990	2000	2012
人口			
最贫困的20%人口占国家消费/收入的份额（百分比）	*9.3*	*8.6*	*7.6*
出生时的预期寿命（岁）	54	62	68
总生育率（每个女性生育数）	6.2	4.2	3.1
青年女性生育率（每千名15—19岁女性生育数）	107	77	65
避孕普及率（占15—49岁已婚女性的百分比）	*19*	32	50
在熟练医护人员护理下的分娩（占总数的百分比）	..	*19*	42
5岁以下儿童死亡率（每千人）	163	120	72
儿童营养不良，体重不足（占5岁以下儿童的百分比）	*39.8*	36.4	*31.6*
儿童麻疹免疫接种率（占12—23个月年龄组的百分比）	32	42	72
小学毕业率，总数（占适龄年龄组的百分比）	43	67	95
中学总入学率，总数（占适龄年龄组的百分比）	23	34	47
小学和中学中女孩与男孩的比率（百分比）	77	81	92
HIV感染率（占15—49岁人口的百分比）	0.1	0.1	0.3
环境			
森林（千平方公里）	173	165	*157*
森林采伐（1990—2000年和2000—2010年，平均年度百分比）		0.5	*0.5*
淡水使用量（占内陆水资源的百分比）	..	..	*2.2*
获得改善的水资源的人口（占总人口的百分比）	..	45	72
获得改善的卫生设施的人口（占总人口的百分比）	..	28	65
人均能源使用量（千克石油当量）	..	..	..
人均二氧化碳排放量（吨）	0.06	0.18	*0.29*
人均用电量（千瓦时）	..	..	..
经济			
GDP（百万美元）	0.9	1.7	9.4
GDP增长率（年度百分比）	6.7	5.8	8.2
GDP隐含价格平减指数（年度增长百分比）	37.9	24.8	4.4
农业增加值（占GDP的百分比）	61	45	28
工业增加值（占GDP的百分比）	15	17	36
服务业增加值（占GDP的百分比）	24	38	36
货物和服务出口（占GDP的百分比）	11	30	36
货物和服务进口（占GDP的百分比）	25	44	48
资本形成总额（占GDP的百分比）	*14*	14	32
中央政府收入（占GDP的百分比）	..	..	16.5
中央政府现金盈余/赤字（占GDP的百分比）	..	..	-0.8
政府与市场			
创办企业的时间（天）	..	*153*	92
股票市场资本总额（占GDP的百分比）	..	..	..
军费支出（占GDP的百分比）	*9.0*	0.8	*0.2*
移动电话用户（每100人）	0.0	0.2	64.7
互联网用户（占总人口的百分比）	0.0	0.1	10.7
铺敷道路（占总数的百分比）	24.0	*14.1*	*13.7*
高科技出口（占制成品出口的百分比）	..	..	..
全球联系			
商品贸易（占GDP的百分比）	31	50	54
净易货贸易条件指数（2000年=100）	..	100	109
外债总额（10亿美元）	1.8	2.5	6.4
债务还本付息总额（占出口的百分比）	8.5	8.0	8.2
净移民（千人）	*-45*	*-173*	-75
获得的侨汇（百万美元）	10.9	0.7	58.5
外国直接投资，净流入额（百万美元）	6	34	294
获得的净官方发展援助（百万美元）	149	281	409

拉脱维亚

高收入经济体

人口（百万）	2.0	人口增长率（百分比）	-1.2
陆地面积（千平方公里）	64	每天生活费用不足1.25美元的人口（占人口的百分比）	<2
GNI，图表集法（10亿美元）	28.6	人均GNI，图表集法（美元）	14,060
PPP衡量的GNI（10亿美元）	44.4	PPP衡量的人均GNI（美元）	21,820

	1990	2000	2012
人口			
最贫困的20%人口占国家消费/收入的份额（百分比）	*9.6*	*6.9*	*7.0*
出生时的预期寿命（岁）	69	70	74
总生育率（每个女性生育数）	2.0	1.2	1.4
青年女性生育率（每千名15—19岁女性生育数）	44	19	14
避孕普及率（占15—49岁已婚女性的百分比）	..	..	..
在熟练医护人员护理下的分娩（占总数的百分比）	100	100	*100*
5岁以下儿童死亡率（每千人）	20	17	9
儿童营养不良，体重不足（占5岁以下儿童的百分比）	..	..	..
儿童麻疹免疫接种率（占12—23个月年龄组的百分比）	*95*	97	90
小学毕业率，总数（占适龄年龄组的百分比）	..	96	*99*
中学总入学率，总数（占适龄年龄组的百分比）	95	91	*99*
小学和中学中女孩与男孩的比率（百分比）	*101*	101	*98*
HIV感染率（占15—49岁人口的百分比）	..	..	..
环境			
森林（千平方公里）	32	32	*34*
森林采伐（1990—2000年和2000—2010年，平均年度百分比）		-0.2	*-0.3*
淡水使用量（占内陆水资源的百分比）	..	*2.5*	*2.5*
获得改善的水资源的人口（占总人口的百分比）	98	98	98
获得改善的卫生设施的人口（占总人口的百分比）	..	79	..
人均能源使用量（千克石油当量）	2,949	1,618	*2,122*
人均二氧化碳排放量（吨）	*5.2*	2.6	*3.6*
人均用电量（千瓦时）	3,397	2,082	*3,264*
经济			
GDP（10亿美元）	7.4	7.8	28.4
GDP增长率（年度百分比）	-7.9	6.9	5.0
GDP隐含价格平减指数（年度增长百分比）	24.1	4.2	3.5
农业增加值（占GDP的百分比）	22	5	*4*
工业增加值（占GDP的百分比）	46	24	*22*
服务业增加值（占GDP的百分比）	32	72	*74*
货物和服务出口（占GDP的百分比）	48	42	*59*
货物和服务进口（占GDP的百分比）	49	49	*63*
资本形成总额（占GDP的百分比）	40	24	*26*
中央政府收入（占GDP的百分比）	..	26.1	*24.8*
中央政府现金盈余/赤字（占GDP的百分比）	..	-2.2	*-2.8*
政府与市场			
创办企业的时间（天）	..	*16*	13
股票市场资本总额（占GDP的百分比）	..	7.2	3.9
军费支出（占GDP的百分比）	*0.8*	0.9	0.9
移动电话用户（每100人）	0.0	16.9	112.1
互联网用户（占总人口的百分比）	0.0	6.3	74.0
铺敷道路（占总数的百分比）	..	..	..
高科技出口（占制成品出口的百分比）	..	4	10
全球联系			
商品贸易（占GDP的百分比）	..	65	109
净易货贸易条件指数（2000年=100）	..	100	103
外债总额（10亿美元）	..	..	..
债务还本付息总额（占出口的百分比）	..	..	..
净移民（千人）	*-136*	*-83*	-10
获得的侨汇（百万美元）	..	72	730
外国直接投资，净流入额（百万美元）	*29*	413	1,076
获得的净官方发展援助（百万美元）	..	..	..

黎巴嫩

中东和北非 **中高收入经济体**

人口（百万）	4.4	人口增长率（百分比）	1.0
陆地面积（千平方公里）	10	每天生活费用不足1.25美元的人口（占人口的百分比）	..
GNI，图表集法（10亿美元）	40.7	人均GNI，图表集法（美元）	9,190
PPP衡量的GNI（10亿美元）	62.7	PPP衡量的人均GNI（美元）	14,160

	1990	2000	2012
人口			
最贫困的20%人口占国家消费/收入的份额（百分比）	..	..	..
出生时的预期寿命（岁）	70	74	80
总生育率（每个女性生育数）	3.0	2.2	1.5
青年女性生育率（每千名15—19岁女性生育数）	44	23	12
避孕普及率（占15—49岁已婚女性的百分比）	..	63	*54*
在熟练医护人员护理下的分娩（占总数的百分比）	..	*98*	..
5岁以下儿童死亡率（每千人）	33	20	9
儿童营养不良，体重不足（占5岁以下儿童的百分比）	..	*4.2*	..
儿童麻疹免疫接种率（占12—23个月年龄组的百分比）	61	71	80
小学毕业率，总数（占适龄年龄组的百分比）	..	115	86
中学总入学率，总数（占适龄年龄组的百分比）	69	93	74
小学和中学中女孩与男孩的比率（百分比）	*105*	104	95
HIV感染率（占15—49岁人口的百分比）	..	..	..
环境			
森林（千平方公里）	1.3	1.3	*1.4*
森林采伐（1990—2000年和2000—2010年，平均年度百分比）		0.0	*-0.4*
淡水使用量（占内陆水资源的百分比）	..	*29.9*	*27.3*
获得改善的水资源的人口（占总人口的百分比）	100	100	100
获得改善的卫生设施的人口（占总人口的百分比）	..	98	..
人均能源使用量（千克石油当量）	723	1,517	*1,449*
人均二氧化碳排放量（吨）	3.4	4.7	*4.7*
人均用电量（千瓦时）	518	3,019	*3,499*
经济			
GDP（10亿美元）	2.8	17.3	42.9
GDP增长率（年度百分比）	26.5	1.3	1.4
GDP隐含价格平减指数（年度增长百分比）	15.5	-2.1	5.6
农业增加值（占GDP的百分比）	..	7	6
工业增加值（占GDP的百分比）	..	23	20
服务业增加值（占GDP的百分比）	..	70	73
货物和服务出口（占GDP的百分比）	18	14	29
货物和服务进口（占GDP的百分比）	100	36	49
资本形成总额（占GDP的百分比）	18	20	29
中央政府收入（占GDP的百分比）	..	16.0	20.4
中央政府现金盈余/赤字（占GDP的百分比）	..	-18.4	-8.8
政府与市场			
创办企业的时间（天）	..	*46*	9
股票市场资本总额（占GDP的百分比）	..	9.2	24.0
军费支出（占GDP的百分比）	7.6	5.4	4.0
移动电话用户（每100人）	0.0	23.0	80.8
互联网用户（占总人口的百分比）	0.0	8.0	61.2
铺敷道路（占总数的百分比）	95.0	*84.9*	..
高科技出口（占制成品出口的百分比）	..	2	2
全球联系			
商品贸易（占GDP的百分比）	107	40	64
净易货贸易条件指数（2000年=100）	..	100	98
外债总额（10亿美元）	1.8	10.2	28.9
债务还本付息总额（占出口的百分比）	..	*35.6*	14.2
净移民（千人）	*90*	*550*	500
获得的侨汇（百万美元）	..	*2,544*	6,918
外国直接投资，净流入额（百万美元）	..	*1,336*	3,678
获得的净官方发展援助（百万美元）	286	200	710

莱索托

撒哈拉以南非洲地区 **中低收入经济体**

人口（百万）	2.1	人口增长率（百分比）	1.1
陆地面积（千平方公里）	30	每天生活费用不足1.25美元的人口（占人口的百分比）	*43.4*
GNI，图表集法（10亿美元）	2.8	人均GNI，图表集法（美元）	1,380
PPP衡量的GNI（10亿美元）	4.5	PPP衡量的人均GNI（美元）	2,170

	1990	2000	2012
人口			
最贫困的20%人口占国家消费/收入的份额（百分比）	*2.6*	*3.0*	..
出生时的预期寿命（岁）	59	47	49
总生育率（每个女性生育数）	4.9	4.1	3.1
青年女性生育率（每千名15—19岁女性生育数）	83	91	89
避孕普及率（占15—49岁已婚女性的百分比）	*23*	30	*47*
在熟练医护人员护理下的分娩（占总数的百分比）	*61*	60	*62*
5岁以下儿童死亡率（每千人）	85	114	100
儿童营养不良，体重不足（占5岁以下儿童的百分比）	*13.8*	15.0	*13.5*
儿童麻疹免疫接种率（占12—23个月年龄组的百分比）	80	74	85
小学毕业率，总数（占适龄年龄组的百分比）	60	64	72
中学总入学率，总数（占适龄年龄组的百分比）	25	32	53
小学和中学中女孩与男孩的比率（百分比）	129	110	107
HIV感染率（占15—49岁人口的百分比）	0.8	22.9	23.1
环境			
森林（平方公里）	400	420	*442*
森林采伐（1990—2000年和2000—2010年，平均年度百分比）		-0.5	*-0.5*
淡水使用量（占内陆水资源的百分比）	..	*1.0*	*1.0*
获得改善的水资源的人口（占总人口的百分比）	78	79	81
获得改善的卫生设施的人口（占总人口的百分比）	..	24	30
人均能源使用量（千克石油当量）	..	..	..
人均二氧化碳排放量（吨）	..	..	*0.01*
人均用电量（千瓦时）	..	..	..
经济			
GDP（百万美元）	545	771	2,448
GDP增长率（年度百分比）	5.6	5.1	4.0
GDP隐含价格平减指数（年度增长百分比）	12.6	3.9	5.4
农业增加值（占GDP的百分比）	25	12	7
工业增加值（占GDP的百分比）	34	30	35
服务业增加值（占GDP的百分比）	41	58	58
货物和服务出口（占GDP的百分比）	18	35	47
货物和服务进口（占GDP的百分比）	122	135	108
资本形成总额（占GDP的百分比）	56	41	32
中央政府收入（占GDP的百分比）	44.5	49.0	..
中央政府现金盈余/赤字（占GDP的百分比）	-0.6	-2.8	..
政府与市场			
创办企业的时间（天）	..	*93*	29
股票市场资本总额（占GDP的百分比）	..	..	..
军费支出（占GDP的百分比）	5.1	4.0	1.9
移动电话用户（每100人）	0.0	1.2	75.3
互联网用户（占总人口的百分比）	0.0	0.2	4.6
铺敷道路（占总数的百分比）	18.0	18.0	..
高科技出口（占制成品出口的百分比）	..	0	*0*
全球联系			
商品贸易（占GDP的百分比）	135	133	151
净易货贸易条件指数（2000年=100）	100	100	78
外债总额（百万美元）	396	677	860
债务还本付息总额（占出口的百分比）	4.2	7.5	2.3
净移民（千人）	*-46.3*	*-34.5*	-20.0
获得的侨汇（百万美元）	428	478	554
外国直接投资，净流入额（百万美元）	17	32	198
获得的净官方发展援助（百万美元）	139	37	283

利比里亚

撒哈拉以南非洲地区 **低收入经济体**

人口（百万）	4.2	人口增长率（百分比）	2.7
陆地面积（千平方公里）	111	每天生活费用不足1.25美元的人口（占人口的百分比）	*83.8*
GNI，图表集法（10亿美元）	1.5	人均GNI，图表集法（美元）	370
PPP衡量的GNI（10亿美元）	2.4	PPP衡量的人均GNI（美元）	580

	1990	2000	2012
人口			
最贫困的20%人口占国家消费/收入的份额（百分比）	..	..	*6.4*
出生时的预期寿命（岁）	47	52	60
总生育率（每个女性生育数）	6.5	5.9	4.9
青年女性生育率（每千名15—19岁女性生育数）	170	149	117
避孕普及率（占15—49岁已婚女性的百分比）	..	10	*11*
在熟练医护人员护理下的分娩（占总数的百分比）	..	51	*46*
5岁以下儿童死亡率（每千人）	248	176	75
儿童营养不良，体重不足（占5岁以下儿童的百分比）	..	22.8	*20.4*
儿童麻疹免疫接种率（占12—23个月年龄组的百分比）	0	63	80
小学毕业率，总数（占适龄年龄组的百分比）	..	..	*65*
中学总入学率，总数（占适龄年龄组的百分比）	..	35	*45*
小学和中学中女孩与男孩的比率（百分比）	..	73	*89*
HIV感染率（占15—49岁人口的百分比）	0.3	2.2	0.9
环境			
森林（千平方公里）	49	46	*43*
森林采伐（1990—2000年和2000—2010年，平均年度百分比）		0.6	*0.7*
淡水使用量（占内陆水资源的百分比）	..	*0.1*	*0.1*
获得改善的水资源的人口（占总人口的百分比）	..	61	75
获得改善的卫生设施的人口（占总人口的百分比）	..	14	17
人均能源使用量（千克石油当量）	..	..	..
人均二氧化碳排放量（吨）	0.2	0.2	*0.2*
人均用电量（千瓦时）	..	..	..
经济			
GDP（百万美元）	384	529	1,734
GDP增长率（年度百分比）	-51.0	25.7	10.2
GDP隐含价格平减指数（年度增长百分比）	-0.2	-6.9	4.1
农业增加值（占GDP的百分比）	54	76	39
工业增加值（占GDP的百分比）	17	4	16
服务业增加值（占GDP的百分比）	29	20	45
货物和服务出口（占GDP的百分比）	..	26	32
货物和服务进口（占GDP的百分比）	..	27	90
资本形成总额（占GDP的百分比）	..	8	25
中央政府收入（占GDP的百分比）	..	..	24.8
中央政府现金盈余/赤字（占GDP的百分比）	..	..	-2.6
政府与市场			
创办企业的时间（天）	..	..	5
股票市场资本总额（占GDP的百分比）	..	..	..
军费支出（占GDP的百分比）	3.7	*0.2*	0.8
移动电话用户（每100人）	0.0	0.1	57.1
互联网用户（占总人口的百分比）	0.0	0.0	3.8
铺敷道路（占总数的百分比）	5.5	6.0	..
高科技出口（占制成品出口的百分比）	..	..	..
全球联系			
商品贸易（占GDP的百分比）	374	188	88
净易货贸易条件指数（2000年=100）	..	100	139
外债总额（10亿美元）	2.1	2.8	0.5
债务还本付息总额（占出口的百分比）	..	..	*0.2*
净移民（千人）	*-300*	*-50*	-20
获得的侨汇（百万美元）	..	..	*360*
外国直接投资，净流入额（百万美元）	225	21	1,354
获得的净官方发展援助（百万美元）	114	67	571

利比亚

中东和北非 **中高收入经济体**

人口（百万）	6.2	人口增长率（百分比）	0.8
陆地面积（千平方公里）	1,760	每天生活费用不足1.25美元的人口（占人口的百分比）	..
GNI，图表集法（10亿美元）	*77.1*	人均GNI，图表集法（美元）	*12,930*
PPP衡量的GNI（10亿美元）	*103.9*	PPP衡量的人均GNI（美元）	*17,430*

	1990	2000	2012
人口			
最贫困的20%人口占国家消费/收入的份额（百分比）	..	..	..
出生时的预期寿命（岁）	69	72	75
总生育率（每个女性生育数）	5.0	3.1	2.4
青年女性生育率（每千名15—19岁女性生育数）	9	4	3
避孕普及率（占15—49岁已婚女性的百分比）	..	..	..
在熟练医护人员护理下的分娩（占总数的百分比）	..	*99*	*100*
5岁以下儿童死亡率（每千人）	43	28	15
儿童营养不良，体重不足（占5岁以下儿童的百分比）	..	..	5.6
儿童麻疹免疫接种率（占12—23个月年龄组的百分比）	89	93	98
小学毕业率，总数（占适龄年龄组的百分比）	..	..	..
中学总入学率，总数（占适龄年龄组的百分比）	..	*113*	..
小学和中学中女孩与男孩的比率（百分比）	..	*103*	..
HIV感染率（占15—49岁人口的百分比）	..	..	..
环境			
森林（千平方公里）	2.2	2.2	2.2
森林采伐（1990—2000年和2000—2010年，平均年度百分比）		0.0	*0.0*
淡水使用量（占内陆水资源的百分比）	*680.0*	*618.0*	*618.0*
获得改善的水资源的人口（占总人口的百分比）	54	54	..
获得改善的卫生设施的人口（占总人口的百分比）	97	97	97
人均能源使用量（千克石油当量）	2,622	3,072	*2,186*
人均二氧化碳排放量（吨）	8.6	9.1	*9.8*
人均用电量（千瓦时）	1,642	2,300	*3,926*
经济			
GDP（10亿美元）	28.9	33.9	*62.4*
GDP增长率（年度百分比）	..	3.7	*2.1*
GDP隐含价格平减指数（年度增长百分比）	..	18.4	*-32.8*
农业增加值（占GDP的百分比）	..	5	..
工业增加值（占GDP的百分比）	..	66	..
服务业增加值（占GDP的百分比）	..	29	..
货物和服务出口（占GDP的百分比）	40	36	..
货物和服务进口（占GDP的百分比）	31	15	..
资本形成总额（占GDP的百分比）	19	13	..
中央政府收入（占GDP的百分比）	..	..	..
中央政府现金盈余/赤字（占GDP的百分比）	..	..	..
政府与市场			
创办企业的时间（天）	..	..	35
股票市场资本总额（占GDP的百分比）	..	..	..
军费支出（占GDP的百分比）	..	3.2	..
移动电话用户（每100人）	0.0	0.8	155.8
互联网用户（占总人口的百分比）	0.0	0.2	*14.0*
铺敷道路（占总数的百分比）	51.7	57.0	..
高科技出口（占制成品出口的百分比）	..	..	..
全球联系			
商品贸易（占GDP的百分比）	64	50	*80*
净易货贸易条件指数（2000年=100）	..	100	201
外债总额（百万美元）	..	..	..
债务还本付息总额（占出口的百分比）	..	..	..
净移民（千人）	*4*	*-75*	-239
获得的侨汇（百万美元）	..	9.0	..
外国直接投资，净流入额（百万美元）	159	141	*1,784*
获得的净官方发展援助（百万美元）	8.3	*4.7*	87.1

列支敦士登

高收入经济体

人口（千人）	37	人口增长率（百分比）	0.7
陆地面积（平方公里）	160	每天生活费用不足1.25美元的人口（占人口的百分比）	..
GNI，图表集法（10亿美元）	*4.9*	人均GNI，图表集法（美元）	*136,770*
PPP衡量的GNI（10亿美元）	..	PPP衡量的人均GNI（美元）	..

	1990	2000	2012
人口			
最贫困的20%人口占国家消费/收入的份额（百分比）	..	..	..
出生时的预期寿命（岁）	..	77	82
总生育率（每个女性生育数）	..	1.6	1.5
青年女性生育率（每千名15—19岁女性生育数）	..	..	..
避孕普及率（占15—49岁已婚女性的百分比）	..	..	..
在熟练医护人员护理下的分娩（占总数的百分比）	..	..	..
5岁以下儿童死亡率（每千人）	..	..	..
儿童营养不良，体重不足（占5岁以下儿童的百分比）	..	..	..
儿童麻疹免疫接种率（占12—23个月年龄组的百分比）	..	..	..
小学毕业率，总数（占适龄年龄组的百分比）	..	*90*	*101*
中学总入学率，总数（占适龄年龄组的百分比）	..	*112*	*111*
小学和中学中女孩与男孩的比率（百分比）	..	*92*	*89*
HIV感染率（占15—49岁人口的百分比）	..	..	..
环境			
森林（平方公里）	65	69	*69*
森林采伐（1990—2000年和2000—2010年，平均年度百分比）		-0.6	*0.0*
淡水使用量（占内陆水资源的百分比）	..	..	..
获得改善的水资源的人口（占总人口的百分比）	..	..	..
获得改善的卫生设施的人口（占总人口的百分比）	..	..	..
人均能源使用量（千克石油当量）	..	..	..
人均二氧化碳排放量（吨）	..	..	..
人均用电量（千瓦时）	..	..	..
经济			
GDP（10亿美元）	1.4	2.5	*4.8*
GDP增长率（年度百分比）	2.3	3.2	*-1.2*
GDP隐含价格平减指数（年度增长百分比）	5.4	1.6	*-0.5*
农业增加值（占GDP的百分比）	..	..	..
工业增加值（占GDP的百分比）	..	..	..
服务业增加值（占GDP的百分比）	..	..	..
货物和服务出口（占GDP的百分比）	..	..	..
货物和服务进口（占GDP的百分比）	..	..	..
资本形成总额（占GDP的百分比）	..	..	..
中央政府收入（占GDP的百分比）	..	..	..
中央政府现金盈余/赤字（占GDP的百分比）	..	..	..
政府与市场			
创办企业的时间（天）	..	..	..
股票市场资本总额（占GDP的百分比）	..	..	..
军费支出（占GDP的百分比）	..	..	..
移动电话用户（每100人）	0.0	30.2	97.4
互联网用户（占总人口的百分比）	0.0	36.5	89.4
铺敷道路（占总数的百分比）	..	..	..
高科技出口（占制成品出口的百分比）	..	..	..
全球联系			
商品贸易（占GDP的百分比）	..	..	..
净易货贸易条件指数（2000年=100）	..	..	..
外债总额（百万美元）	..	..	..
债务还本付息总额（占出口的百分比）	..	..	..
净移民（千人）	..	..	..
获得的侨汇（百万美元）	..	..	..
外国直接投资，净流入额（百万美元）	..	..	..
获得的净官方发展援助（百万美元）	..	..	..

立陶宛

高收入经济体

人口（百万）	3.0	人口增长率（百分比）	-1.3
陆地面积（千平方公里）	65	每天生活费用不足1.25美元的人口（占人口的百分比）	<2
GNI，图表集法（10亿美元）	41.3	人均GNI，图表集法（美元）	13,820
PPP衡量的GNI（10亿美元）	70.3	PPP衡量的人均GNI（美元）	23,540

	1990	2000	2012
人口			
最贫困的20%人口占国家消费/收入的份额（百分比）	*8.0*	7.9	6.6
出生时的预期寿命（岁）	71	72	74
总生育率（每个女性生育数）	2.0	1.4	1.6
青年女性生育率（每千名15—19岁女性生育数）	39	25	11
避孕普及率（占15—49岁已婚女性的百分比）	..	..	..
在熟练医护人员护理下的分娩（占总数的百分比）	100	100	*100*
5岁以下儿童死亡率（每千人）	17	12	5
儿童营养不良，体重不足（占5岁以下儿童的百分比）	..	..	..
儿童麻疹免疫接种率（占12—23个月年龄组的百分比）	*89*	97	93
小学毕业率，总数（占适龄年龄组的百分比）	..	98	*101*
中学总入学率，总数（占适龄年龄组的百分比）	95	97	*107*
小学和中学中女孩与男孩的比率（百分比）	*96*	99	*97*
HIV感染率（占15—49岁人口的百分比）	..	..	..
环境			
森林（千平方公里）	19	20	*22*
森林采伐（1990—2000年和2000—2010年，平均年度百分比）		-0.4	*-0.7*
淡水使用量（占内陆水资源的百分比）	..	*17.7*	*15.3*
获得改善的水资源的人口（占总人口的百分比）	87	91	96
获得改善的卫生设施的人口（占总人口的百分比）	84	89	94
人均能源使用量（千克石油当量）	4,344	2,038	*2,406*
人均二氧化碳排放量（吨）	*6.0*	3.5	*4.4*
人均用电量（千瓦时）	4,023	2,517	*3,530*
经济			
GDP（10亿美元）	10.5	11.4	42.3
GDP增长率（年度百分比）	-5.7	3.3	3.7
GDP隐含价格平减指数（年度增长百分比）	*228.3*	0.9	3.1
农业增加值（占GDP的百分比）	27	6	*4*
工业增加值（占GDP的百分比）	31	30	*28*
服务业增加值（占GDP的百分比）	42	64	*68*
货物和服务出口（占GDP的百分比）	52	45	*78*
货物和服务进口（占GDP的百分比）	61	51	*79*
资本形成总额（占GDP的百分比）	33	19	*19*
中央政府收入（占GDP的百分比）	..	25.9	*26.3*
中央政府现金盈余/赤字（占GDP的百分比）	..	-3.9	*-5.1*
政府与市场			
创办企业的时间（天）	..	*26*	7
股票市场资本总额（占GDP的百分比）	..	13.9	9.4
军费支出（占GDP的百分比）	*0.8*	1.7	1.0
移动电话用户（每100人）	0.0	15.0	165.1
互联网用户（占总人口的百分比）	0.0	6.4	68.0
铺敷道路（占总数的百分比）	..	28.0	*30.1*
高科技出口（占制成品出口的百分比）	*0*	4	10
全球联系			
商品贸易（占GDP的百分比）	..	81	146
净易货贸易条件指数（2000年=100）	..	100	93
外债总额（10亿美元）	..	..	..
债务还本付息总额（占出口的百分比）	..	..	..
净移民（千人）	*-100*	*-155*	-28
获得的侨汇（百万美元）	*0*	50	1,508
外国直接投资，净流入额（百万美元）	*30*	379	574
获得的净官方发展援助（百万美元）	..	..	..

卢森堡

高收入经济体

人口（千人）	531	人口增长率（百分比）	2.4
陆地面积（千平方公里）	2.6	每天生活费用不足1.25美元的人口（占人口的百分比）	..
GNI，图表集法（10亿美元）	38.0	人均GNI，图表集法（美元）	71,640
PPP衡量的GNI（10亿美元）	32.4	PPP衡量的人均GNI（美元）	60,950

	1990	2000	2012
人口			
最贫困的20%人口占国家消费/收入的份额（百分比）	..	8.4	..
出生时的预期寿命（岁）	75	78	81
总生育率（每个女性生育数）	1.6	1.8	1.6
青年女性生育率（每千名15—19岁女性生育数）	12	11	8
避孕普及率（占15—49岁已婚女性的百分比）	..	..	..
在熟练医护人员护理下的分娩（占总数的百分比）	..	*100*	..
5岁以下儿童死亡率（每千人）	9	5	2
儿童营养不良，体重不足（占5岁以下儿童的百分比）	..	..	..
儿童麻疹免疫接种率（占12—23个月年龄组的百分比）	80	91	96
小学毕业率，总数（占适龄年龄组的百分比）	..	..	*84*
中学总入学率，总数（占适龄年龄组的百分比）	*69*	97	*101*
小学和中学中女孩与男孩的比率（百分比）	*102*	103	*103*
HIV感染率（占15—49岁人口的百分比）	..	..	..
环境			
森林（平方公里）	860	868	*868*
森林采伐（1990—2000年和2000—2010年，平均年度百分比）		-0.1	*0.0*
淡水使用量（占内陆水资源的百分比）	*5.9*	*6.0*	*6.0*
获得改善的水资源的人口（占总人口的百分比）	100	100	100
获得改善的卫生设施的人口（占总人口的百分比）	100	100	100
人均能源使用量（千克石油当量）	8,874	7,644	7,684
人均二氧化碳排放量（吨）	26.2	18.9	*21.4*
人均用电量（千瓦时）	13,668	15,668	*15,530*
经济			
GDP（10亿美元）	12.7	20.3	55.2
GDP增长率（年度百分比）	5.3	8.4	-0.2
GDP隐含价格平减指数（年度增长百分比）	2.5	2.0	3.0
农业增加值（占GDP的百分比）	1	1	0
工业增加值（占GDP的百分比）	27	19	13
服务业增加值（占GDP的百分比）	71	80	87
货物和服务出口（占GDP的百分比）	102	150	177
货物和服务进口（占GDP的百分比）	88	129	148
资本形成总额（占GDP的百分比）	24	23	21
中央政府收入（占GDP的百分比）	..	39.8	*39.5*
中央政府现金盈余/赤字（占GDP的百分比）	..	5.5	*-0.4*
政府与市场			
创办企业的时间（天）	..	..	19
股票市场资本总额（占GDP的百分比）	82.9	167.8	127.5
军费支出（占GDP的百分比）	0.8	0.6	0.6
移动电话用户（每100人）	0.2	69.5	145.4
互联网用户（占总人口的百分比）	0.0	22.9	92.0
铺敷道路（占总数的百分比）	99.1	100.0	..
高科技出口（占制成品出口的百分比）	..	17	8
全球联系			
商品贸易（占GDP的百分比）	..	97	85
净易货贸易条件指数（2000年=100）	..	100	76
外债总额（百万美元）	..	..	..
债务还本付息总额（占出口的百分比）	..	..	..
净移民（千人）	*20.0*	*14.5*	25.6
获得的侨汇（百万美元）	..	579	1,681
外国直接投资，净流入额（10亿美元）	..	*4.1*	27.9
获得的净官方发展援助（百万美元）	..	..	..

中国澳门

高收入经济体

人口（千人）	557	人口增长率（百分比）	1.9
陆地面积（平方公里）	28	每天生活费用不足1.25美元的人口（占人口的百分比）	..
GNI，图表集法（10亿美元）	*30.4*	人均GNI，图表集法（美元）	*55,720*
PPP衡量的GNI（10亿美元）	*37.1*	PPP衡量的人均GNI（美元）	*68,000*

	1990	2000	2012
人口			
最贫困的20%人口占国家消费/收入的份额（百分比）	..	..	..
出生时的预期寿命（岁）	75	78	80
总生育率（每个女性生育数）	1.7	0.9	1.1
青年女性生育率（每千名15—19岁女性生育数）	7	5	4
避孕普及率（占15—49岁已婚女性的百分比）	..	..	..
在熟练医护人员护理下的分娩（占总数的百分比）	..	*100*	..
5岁以下儿童死亡率（每千人）	..	..	..
儿童营养不良，体重不足（占5岁以下儿童的百分比）	..	..	..
儿童麻疹免疫接种率（占12—23个月年龄组的百分比）	..	..	..
小学毕业率，总数（占适龄年龄组的百分比）	97	99	..
中学总入学率，总数（占适龄年龄组的百分比）	61	83	96
小学和中学中女孩与男孩的比率（百分比）	99	101	..
HIV感染率（占15—49岁人口的百分比）	..	..	..
环境			
森林（平方公里）	..	..	..
森林采伐（1990—2000年和2000—2010年，平均年度百分比）		..	..
淡水使用量（占内陆水资源的百分比）	..	..	..
获得改善的水资源的人口（占总人口的百分比）	..	..	..
获得改善的卫生设施的人口（占总人口的百分比）	..	..	..
人均能源使用量（千克石油当量）	..	..	..
人均二氧化碳排放量（吨）	2.9	3.8	*1.9*
人均用电量（千瓦时）	..	..	..
经济			
GDP（10亿美元）	3.0	6.1	43.6
GDP增长率（年度百分比）	8.0	5.7	9.9
GDP隐含价格平减指数（年度增长百分比）	11.5	-2.0	7.3
农业增加值（占GDP的百分比）	*0*	0	*0*
工业增加值（占GDP的百分比）	*21*	15	*6*
服务业增加值（占GDP的百分比）	*79*	85	*94*
货物和服务出口（占GDP的百分比）	110	100	108
货物和服务进口（占GDP的百分比）	84	65	50
资本形成总额（占GDP的百分比）	25	12	15
中央政府收入（占GDP的百分比）	..	19.9	38.6
中央政府现金盈余/赤字（占GDP的百分比）	..	1.6	23.8
政府与市场			
创办企业的时间（天）	..	..	..
股票市场资本总额（占GDP的百分比）	..	..	..
军费支出（占GDP的百分比）	..	..	..
移动电话用户（每100人）	0.6	32.7	289.8
互联网用户（占总人口的百分比）	0.0	13.6	64.3
铺敷道路（占总数的百分比）	100.0	100.0	*100.0*
高科技出口（占制成品出口的百分比）	2	1	*0*
全球联系			
商品贸易（占GDP的百分比）	108	85	23
净易货贸易条件指数（2000年=100）	..	100	93
外债总额（百万美元）	..	..	..
债务还本付息总额（占出口的百分比）	..	..	..
净移民（千人）	*18.8*	*29.9*	35.0
获得的侨汇（百万美元）	..	*208*	46
外国直接投资，净流入额（百万美元）	0	-1	4,261
获得的净官方发展援助（百万美元）	0.2	*0.3*	..

前南马其顿

欧洲和中亚 | **中高收入经济体**

人口（百万）	2.1	人口增长率（百分比）	0.1
陆地面积（千平方公里）	26	每天生活费用不足1.25美元的人口（占人口的百分比）	<2
GNI，图表集法（10亿美元）	9.7	人均GNI，图表集法（美元）	4,620
PPP衡量的GNI（10亿美元）	24.3	PPP衡量的人均GNI（美元）	11,540

	1990	2000	2012
人口			
最贫困的20%人口占国家消费/收入的份额（百分比）	..	6.5	*4.9*
出生时的预期寿命（岁）	71	73	75
总生育率（每个女性生育数）	2.2	1.7	1.4
青年女性生育率（每千名15—19岁女性生育数）	41	29	18
避孕普及率（占15—49岁已婚女性的百分比）	..	..	*40*
在熟练医护人员护理下的分娩（占总数的百分比）	89	98	*98*
5岁以下儿童死亡率（每千人）	37	16	7
儿童营养不良，体重不足（占5岁以下儿童的百分比）	..	*1.9*	*2.1*
儿童麻疹免疫接种率（占12—23个月年龄组的百分比）	*98*	97	97
小学毕业率，总数（占适龄年龄组的百分比）	*96*	95	*94*
中学总入学率，总数（占适龄年龄组的百分比）	*74*	83	*82*
小学和中学中女孩与男孩的比率（百分比）	*98*	97	*99*
HIV感染率（占15—49岁人口的百分比）	..	..	..
环境			
森林（千平方公里）	9	10	*10*
森林采伐（1990—2000年和2000—2010年，平均年度百分比）		-0.5	*-0.4*
淡水使用量（占内陆水资源的百分比）	..	*12.9*	*19.0*
获得改善的水资源的人口（占总人口的百分比）	99	99	99
获得改善的卫生设施的人口（占总人口的百分比）	..	90	91
人均能源使用量（千克石油当量）	1,233	1,300	*1,484*
人均二氧化碳排放量（吨）	*5.4*	5.9	*5.2*
人均用电量（千瓦时）	2,650	2,871	*3,881*
经济			
GDP（10亿美元）	4.5	3.6	9.6
GDP增长率（年度百分比）	*-6.2*	4.5	-0.3
GDP隐含价格平减指数（年度增长百分比）	*93.7*	8.2	0.0
农业增加值（占GDP的百分比）	9	12	11
工业增加值（占GDP的百分比）	44	34	26
服务业增加值（占GDP的百分比）	47	54	63
货物和服务出口（占GDP的百分比）	26	49	53
货物和服务进口（占GDP的百分比）	36	64	76
资本形成总额（占GDP的百分比）	19	22	29
中央政府收入（占GDP的百分比）	..	..	28.2
中央政府现金盈余/赤字（占GDP的百分比）	..	..	-4.0
政府与市场			
创办企业的时间（天）	..	*48*	2
股票市场资本总额（占GDP的百分比）	..	0.2	5.8
军费支出（占GDP的百分比）	..	1.9	1.4
移动电话用户（每100人）	0.0	5.6	106.2
互联网用户（占总人口的百分比）	0.0	2.5	63.1
铺敷道路（占总数的百分比）	58.9	58.0	*58.3*
高科技出口（占制成品出口的百分比）	..	1	4
全球联系			
商品贸易（占GDP的百分比）	*104*	95	109
净易货贸易条件指数（2000年=100）	..	100	89
外债总额（10亿美元）	*1.0*	1.5	6.7
债务还本付息总额（占出口的百分比）	..	8.3	15.1
净移民（千人）	*-130*	*4*	-5
获得的侨汇（百万美元）	..	81	394
外国直接投资，净流入额（百万美元）	..	215	283
获得的净官方发展援助（百万美元）	*3*	250	149

马达加斯加

撒哈拉以南非洲地区 **低收入经济体**

人口（百万）	22.3	人口增长率（百分比）	2.8
陆地面积（千平方公里）	587	每天生活费用不足1.25美元的人口（占人口的百分比）	*81.3*
GNI，图表集法（10亿美元）	9.7	人均GNI，图表集法（美元）	430
PPP衡量的GNI（10亿美元）	20.8	PPP衡量的人均GNI（美元）	930

	1990	2000	2012
人口			
最贫困的20%人口占国家消费/收入的份额（百分比）	*5.1*	*4.9*	*5.4*
出生时的预期寿命（岁）	51	58	64
总生育率（每个女性生育数）	6.3	5.5	4.5
青年女性生育率（每千名15—19岁女性生育数）	150	152	123
避孕普及率（占15—49岁已婚女性的百分比）	*17*	19	*40*
在熟练医护人员护理下的分娩（占总数的百分比）	*57*	46	*44*
5岁以下儿童死亡率（每千人）	159	109	58
儿童营养不良，体重不足（占5岁以下儿童的百分比）	*35.5*	*36.8*	..
儿童麻疹免疫接种率（占12—23个月年龄组的百分比）	47	57	69
小学毕业率，总数（占适龄年龄组的百分比）	35	36	70
中学总入学率，总数（占适龄年龄组的百分比）	18	..	*38*
小学和中学中女孩与男孩的比率（百分比）	96	..	*98*
HIV感染率（占15—49岁人口的百分比）	0.2	0.7	0.5
环境			
森林（千平方公里）	137	131	*125*
森林采伐（1990—2000年和2000—2010年，平均年度百分比）		0.4	*0.4*
淡水使用量（占内陆水资源的百分比）	..	*4.4*	*4.4*
获得改善的水资源的人口（占总人口的百分比）	29	38	50
获得改善的卫生设施的人口（占总人口的百分比）	8	11	14
人均能源使用量（千克石油当量）	..	..	..
人均二氧化碳排放量（吨）	0.09	0.12	*0.10*
人均用电量（千瓦时）	..	..	..
经济			
GDP（10亿美元）	3.1	3.9	10.0
GDP增长率（年度百分比）	3.1	4.8	3.1
GDP隐含价格平减指数（年度增长百分比）	11.5	7.2	5.8
农业增加值（占GDP的百分比）	29	29	*29*
工业增加值（占GDP的百分比）	13	14	*16*
服务业增加值（占GDP的百分比）	59	57	*55*
货物和服务出口（占GDP的百分比）	17	31	*26*
货物和服务进口（占GDP的百分比）	28	38	*37*
资本形成总额（占GDP的百分比）	17	15	*33*
中央政府收入（占GDP的百分比）	..	11.7	*10.3*
中央政府现金盈余/赤字（占GDP的百分比）	..	-2.0	*-1.7*
政府与市场			
创办企业的时间（天）	..	*67*	8
股票市场资本总额（占GDP的百分比）	..	..	..
军费支出（占GDP的百分比）	1.2	1.2	0.7
移动电话用户（每100人）	0.0	0.4	39.4
互联网用户（占总人口的百分比）	0.0	0.2	2.1
铺敷道路（占总数的百分比）	15.4	12.0	*16.3*
高科技出口（占制成品出口的百分比）	8	1	0
全球联系			
商品贸易（占GDP的百分比）	31	50	46
净易货贸易条件指数（2000年=100）	81	100	80
外债总额（10亿美元）	3.7	4.7	2.9
债务还本付息总额（占出口的百分比）	45.9	9.7	*2.1*
净移民（千人）	*-7.0*	*-5.0*	-5.0
获得的侨汇（百万美元）	7.9	11.3	..
外国直接投资，净流入额（百万美元）	22	83	895
获得的净官方发展援助（百万美元）	397	320	379

马拉维

撒哈拉以南非洲地区 **低收入经济体**

人口（百万）	15.9	人口增长率（百分比）	2.9
陆地面积（千平方公里）	118	每天生活费用不足1.25美元的人口（占人口的百分比）	*61.6*
GNI，图表集法（10亿美元）	5.0	人均GNI，图表集法（美元）	320
PPP衡量的GNI（10亿美元）	11.6	PPP衡量的人均GNI（美元）	730

	1990	2000	2012
人口			
最贫困的20%人口占国家消费/收入的份额（百分比）	..	*7.0*	*5.6*
出生时的预期寿命（岁）	47	46	55
总生育率（每个女性生育数）	7.0	6.3	5.5
青年女性生育率（每千名15—19岁女性生育数）	156	161	145
避孕普及率（占15—49岁已婚女性的百分比）	*13*	31	*46*
在熟练医护人员护理下的分娩（占总数的百分比）	55	56	*71*
5岁以下儿童死亡率（每千人）	244	174	71
儿童营养不良，体重不足（占5岁以下儿童的百分比）	*24.4*	21.5	*13.8*
儿童麻疹免疫接种率（占12—23个月年龄组的百分比）	81	73	90
小学毕业率，总数（占适龄年龄组的百分比）	28	65	74
中学总入学率，总数（占适龄年龄组的百分比）	16	32	34
小学和中学中女孩与男孩的比率（百分比）	81	93	101
HIV感染率（占15—49岁人口的百分比）	11.6	15.8	10.8
环境			
森林（千平方公里）	39	36	*32*
森林采伐（1990—2000年和2000—2010年，平均年度百分比）		0.9	*1.0*
淡水使用量（占内陆水资源的百分比）	..	*6.0*	*6.0*
获得改善的水资源的人口（占总人口的百分比）	42	62	85
获得改善的卫生设施的人口（占总人口的百分比）	10	10	10
人均能源使用量（千克石油当量）	..	..	..
人均二氧化碳排放量（吨）	0.06	0.08	*0.08*
人均用电量（千瓦时）	..	..	..
经济			
GDP（百万美元）	1,881	1,744	4,264
GDP增长率（年度百分比）	5.7	1.6	1.9
GDP隐含价格平减指数（年度增长百分比）	10.7	30.5	18.5
农业增加值（占GDP的百分比）	45	40	*30*
工业增加值（占GDP的百分比）	29	18	*19*
服务业增加值（占GDP的百分比）	26	43	*50*
货物和服务出口（占GDP的百分比）	24	26	*30*
货物和服务进口（占GDP的百分比）	33	35	*39*
资本形成总额（占GDP的百分比）	23	14	*16*
中央政府收入（占GDP的百分比）	..	..	..
中央政府现金盈余/赤字（占GDP的百分比）	..	..	..
政府与市场			
创办企业的时间（天）	..	*45*	40
股票市场资本总额（占GDP的百分比）	..	*3.6*	17.7
军费支出（占GDP的百分比）	1.3	0.7	0.9
移动电话用户（每100人）	0.0	0.4	29.2
互联网用户（占总人口的百分比）	0.0	0.1	4.4
铺敷道路（占总数的百分比）	..	*45.0*	..
高科技出口（占制成品出口的百分比）	0	2	3
全球联系			
商品贸易（占GDP的百分比）	53	52	86
净易货贸易条件指数（2000年=100）	148	100	96
外债总额（10亿美元）	1.6	2.7	1.3
债务还本付息总额（占出口的百分比）	29.3	13.5	2.0
净移民（千人）	*-933*	*-22*	0
获得的侨汇（百万美元）	..	0.7	28.3
外国直接投资，净流入额（百万美元）	23	26	129
获得的净官方发展援助（百万美元）	500	446	1,175

马来西亚

东亚和太平洋地区		中高收入经济体	
人口（百万）	29.2	人口增长率（百分比）	1.7
陆地面积（千平方公里）	331	每天生活费用不足1.25美元的人口（占人口的百分比）	<2
GNI，图表集法（10亿美元）	287.0	人均GNI，图表集法（美元）	9,820
PPP衡量的GNI（10亿美元）	475.8	PPP衡量的人均GNI（美元）	16,270

	1990	2000	2012
人口			
最贫困的20%人口占国家消费/收入的份额（百分比）	*5.1*	*6.5*	*4.5*
出生时的预期寿命（岁）	71	73	75
总生育率（每个女性生育数）	3.5	2.8	2.0
青年女性生育率（每千名15—19岁女性生育数）	19	14	6
避孕普及率（占15—49岁已婚女性的百分比）	*50*	*49*	..
在熟练医护人员护理下的分娩（占总数的百分比）	93	97	*99*
5岁以下儿童死亡率（每千人）	17	10	9
儿童营养不良，体重不足（占5岁以下儿童的百分比）	22.1	*16.7*	*12.9*
儿童麻疹免疫接种率（占12—23个月年龄组的百分比）	70	88	95
小学毕业率，总数（占适龄年龄组的百分比）	88	95	..
中学总入学率，总数（占适龄年龄组的百分比）	55	66	67
小学和中学中女孩与男孩的比率（百分比）	102	104	..
HIV感染率（占15—49岁人口的百分比）	0.1	0.4	0.4
环境			
森林（千平方公里）	224	216	*204*
森林采伐（1990—2000年和2000—2010年，平均年度百分比）		0.4	*0.5*
淡水使用量（占内陆水资源的百分比）	*1.7*	*1.3*	*2.3*
获得改善的水资源的人口（占总人口的百分比）	88	96	100
获得改善的卫生设施的人口（占总人口的百分比）	84	92	96
人均能源使用量（千克石油当量）	1,183	2,011	*2,639*
人均二氧化碳排放量（吨）	3.1	5.4	*7.7*
人均用电量（千瓦时）	1,146	2,720	*4,246*
经济			
GDP（10亿美元）	44	94	305
GDP增长率（年度百分比）	9.0	8.9	5.6
GDP隐含价格平减指数（年度增长百分比）	3.8	8.9	0.7
农业增加值（占GDP的百分比）	15	9	10
工业增加值（占GDP的百分比）	42	48	41
服务业增加值（占GDP的百分比）	43	43	49
货物和服务出口（占GDP的百分比）	74	120	87
货物和服务进口（占GDP的百分比）	72	101	75
资本形成总额（占GDP的百分比）	32	27	26
中央政府收入（占GDP的百分比）	..	17.5	22.1
中央政府现金盈余/赤字（占GDP的百分比）	..	-4.1	-4.5
政府与市场			
创办企业的时间（天）	..	*37*	6
股票市场资本总额（占GDP的百分比）	110.4	124.7	156.2
军费支出（占GDP的百分比）	2.6	1.6	1.5
移动电话用户（每100人）	0.5	21.9	141.3
互联网用户（占总人口的百分比）	0.0	21.4	65.8
铺敷道路（占总数的百分比）	70.0	76.0	*80.9*
高科技出口（占制成品出口的百分比）	38	60	44
全球联系			
商品贸易（占GDP的百分比）	133	192	139
净易货贸易条件指数（2000年=100）	103	100	101
外债总额（10亿美元）	15	42	104
债务还本付息总额（占出口的百分比）	12.6	5.6	3.5
净移民（千人）	*299*	*491*	450
获得的侨汇（百万美元）	185	342	1,320
外国直接投资，净流入额（10亿美元）	2.3	3.8	9.7
获得的净官方发展援助（百万美元）	468	46	15

马尔代夫

南亚			中高收入经济体
人口（千人）	338	人口增长率（百分比）	1.9
陆地面积（平方公里）	300	每天生活费用不足1.25美元的人口（占人口的百分比）	<2
GNI，图表集法（10亿美元）	1.9	人均GNI，图表集法（美元）	5,750
PPP衡量的GNI（10亿美元）	2.6	PPP衡量的人均GNI（美元）	7,560

	1990	2000	2012
人口			
最贫困的20%人口占国家消费/收入的份额（百分比）	..	*6.5*	..
出生时的预期寿命（岁）	61	69	78
总生育率（每个女性生育数）	6.1	3.3	2.3
青年女性生育率（每千名15—19岁女性生育数）	136	38	4
避孕普及率（占15—49岁已婚女性的百分比）	*29*	*42*	*35*
在熟练医护人员护理下的分娩（占总数的百分比）	..	*70*	*95*
5岁以下儿童死亡率（每千人）	94	45	11
儿童营养不良，体重不足（占5岁以下儿童的百分比）	..	*25.7*	*17.8*
儿童麻疹免疫接种率（占12—23个月年龄组的百分比）	96	99	98
小学毕业率，总数（占适龄年龄组的百分比）	..	*184*	*110*
中学总入学率，总数（占适龄年龄组的百分比）	..	54	..
小学和中学中女孩与男孩的比率（百分比）	..	101	..
HIV感染率（占15—49岁人口的百分比）	0.1	0.1	0.1
环境			
森林（平方公里）	9.0	9.0	*9.0*
森林采伐（1990—2000年和2000—2010年，平均年度百分比）		0.0	*0.0*
淡水使用量（占内陆水资源的百分比）	..	*11.3*	*19.7*
获得改善的水资源的人口（占总人口的百分比）	93	95	99
获得改善的卫生设施的人口（占总人口的百分比）	68	79	99
人均能源使用量（千克石油当量）	236	..	..
人均二氧化碳排放量（吨）	0.7	1.8	*3.3*
人均用电量（千瓦时）	..	..	..
经济			
GDP（百万美元）	215	624	2,222
GDP增长率（年度百分比）	..	*6.1*	3.4
GDP隐含价格平减指数（年度增长百分比）	..	*1.7*	5.0
农业增加值（占GDP的百分比）	..	9	4
工业增加值（占GDP的百分比）	..	15	21
服务业增加值（占GDP的百分比）	..	76	75
货物和服务出口（占GDP的百分比）	85	89	106
货物和服务进口（占GDP的百分比）	83	72	107
资本形成总额（占GDP的百分比）	..	26	..
中央政府收入（占GDP的百分比）	22.1	30.0	*27.5*
中央政府现金盈余/赤字（占GDP的百分比）	-7.5	-5.0	*-8.8*
政府与市场			
创办企业的时间（天）	..	*13*	9
股票市场资本总额（占GDP的百分比）	..	..	..
军费支出（占GDP的百分比）	..	..	..
移动电话用户（每100人）	0.0	2.8	165.6
互联网用户（占总人口的百分比）	0.0	*2.2*	38.9
铺敷道路（占总数的百分比）	..	..	..
高科技出口（占制成品出口的百分比）	..	..	..
全球联系			
商品贸易（占GDP的百分比）	100	80	84
净易货贸易条件指数（2000年=100）	..	100	102
外债总额（百万美元）	78	206	1,027
债务还本付息总额（占出口的百分比）	4.8	4.2	*3.8*
净移民（千人）	*-3.1*	*-0.1*	-0.1
获得的侨汇（百万美元）	1.7	2.2	3.1
外国直接投资，净流入额（百万美元）	6	22	284
获得的净官方发展援助（百万美元）	20.9	19.2	58.0

马里

撒哈拉以南非洲地区 低收入经济体

人口（百万）	14.9	人口增长率（百分比）	3.0
陆地面积（千平方公里）	1,240	每天生活费用不足1.25美元的人口（占人口的百分比）	*50.4*
GNI，图表集法（10亿美元）	9.8	人均GNI，图表集法（美元）	660
PPP衡量的GNI（10亿美元）	16.9	PPP衡量的人均GNI（美元）	1,140

	1990	2000	2012
人口			
最贫困的20%人口占国家消费/收入的份额（百分比）	..	*6.1*	*8.0*
出生时的预期寿命（岁）	46	49	55
总生育率（每个女性生育数）	7.1	6.8	6.9
青年女性生育率（每千名15—19岁女性生育数）	193	187	176
避孕普及率（占15—49岁已婚女性的百分比）	..	*8*	*10*
在熟练医护人员护理下的分娩（占总数的百分比）	..	*41*	*56*
5岁以下儿童死亡率（每千人）	253	220	128
儿童营养不良，体重不足（占5岁以下儿童的百分比）	..	*30.1*	*27.9*
儿童麻疹免疫接种率（占12—23个月年龄组的百分比）	43	49	59
小学毕业率，总数（占适龄年龄组的百分比）	*10*	33	59
中学总入学率，总数（占适龄年龄组的百分比）	7	19	51
小学和中学中女孩与男孩的比率（百分比）	59	71	83
HIV感染率（占15—49岁人口的百分比）	0.5	1.6	0.9
环境			
森林（千平方公里）	141	133	*124*
森林采伐（1990—2000年和2000—2010年，平均年度百分比）		0.6	*0.6*
淡水使用量（占内陆水资源的百分比）	..	*10.9*	*10.9*
获得改善的水资源的人口（占总人口的百分比）	28	45	67
获得改善的卫生设施的人口（占总人口的百分比）	15	18	22
人均能源使用量（千克石油当量）	..	..	..
人均二氧化碳排放量（吨）	0.05	0.05	*0.04*
人均用电量（千瓦时）	..	..	..
经济			
GDP（10亿美元）	2.4	2.4	10.4
GDP增长率（年度百分比）	-1.9	3.2	-0.4
GDP隐含价格平减指数（年度增长百分比）	4.9	5.6	5.7
农业增加值（占GDP的百分比）	46	42	42
工业增加值（占GDP的百分比）	16	21	23
服务业增加值（占GDP的百分比）	39	38	35
货物和服务出口（占GDP的百分比）	17	27	31
货物和服务进口（占GDP的百分比）	34	39	38
资本形成总额（占GDP的百分比）	23	25	16
中央政府收入（占GDP的百分比）	..	13.4	*17.3*
中央政府现金盈余/赤字（占GDP的百分比）	..	-3.4	-2.5
政府与市场			
创办企业的时间（天）	..	*41*	11
股票市场资本总额（占GDP的百分比）	..	..	..
军费支出（占GDP的百分比）	2.2	1.8	1.4
移动电话用户（每100人）	0.0	0.1	98.4
互联网用户（占总人口的百分比）	0.0	0.1	2.2
铺敷道路（占总数的百分比）	10.9	12.0	*24.6*
高科技出口（占制成品出口的百分比）	..	15	1
全球联系			
商品贸易（占GDP的百分比）	40	56	49
净易货贸易条件指数（2000年=100）	135	100	172
外债总额（10亿美元）	2.5	3.0	3.1
债务还本付息总额（占出口的百分比）	15.3	14.1	*2.4*
净移民（千人）	*-173*	-67	-302
获得的侨汇（百万美元）	107	73	*473*
外国直接投资，净流入额（百万美元）	6	82	310
获得的净官方发展援助（百万美元）	479	288	1,001

马耳他

高收入经济体

人口（千人）	419	人口增长率（百分比）	0.8
陆地面积（平方公里）	320	每天生活费用不足1.25美元的人口（占人口的百分比）	..
GNI，图表集法（10亿美元）	8.3	人均GNI，图表集法（美元）	19,710
PPP衡量的GNI（10亿美元）	11.3	PPP衡量的人均GNI（美元）	26,930

	1990	2000	2012
人口			
最贫困的20%人口占国家消费/收入的份额（百分比）	..	..	..
出生时的预期寿命（岁）	75	78	81
总生育率（每个女性生育数）	2.0	1.7	1.4
青年女性生育率（每千名15—19岁女性生育数）	12	16	18
避孕普及率（占15—49岁已婚女性的百分比）	*86*	..	..
在熟练医护人员护理下的分娩（占总数的百分比）	*98*	..	*100*
5岁以下儿童死亡率（每千人）	11	8	7
儿童营养不良，体重不足（占5岁以下儿童的百分比）	..	..	..
儿童麻疹免疫接种率（占12—23个月年龄组的百分比）	80	74	93
小学毕业率，总数（占适龄年龄组的百分比）	94	94	*92*
中学总入学率，总数（占适龄年龄组的百分比）	82	80	*95*
小学和中学中女孩与男孩的比率（百分比）	95	100	*100*
HIV感染率（占15—49岁人口的百分比）	..	..	..
环境			
森林（平方公里）	3.0	3.0	*3.0*
森林采伐（1990—2000年和2000—2010年，平均年度百分比）		0.0	*0.0*
淡水使用量（占内陆水资源的百分比）	..	*106.7*	*106.7*
获得改善的水资源的人口（占总人口的百分比）	100	100	100
获得改善的卫生设施的人口（占总人口的百分比）	100	100	100
人均能源使用量（千克石油当量）	1,963	1,773	*2,060*
人均二氧化碳排放量（吨）	6.2	5.4	*6.2*
人均用电量（千瓦时）	2,824	4,410	*4,689*
经济			
GDP（10亿美元）	2.5	4.0	8.7
GDP增长率（年度百分比）	6.3	6.8	1.0
GDP隐含价格平减指数（年度增长百分比）	3.2	4.2	2.3
农业增加值（占GDP的百分比）	3	2	*2*
工业增加值（占GDP的百分比）	56	51	*33*
服务业增加值（占GDP的百分比）	41	47	*65*
货物和服务出口（占GDP的百分比）	76	91	*95*
货物和服务进口（占GDP的百分比）	89	98	*90*
资本形成总额（占GDP的百分比）	31	25	*12*
中央政府收入（占GDP的百分比）	..	*84.7*	*37.2*
中央政府现金盈余/赤字（占GDP的百分比）	..	*-22.3*	*-2.7*
政府与市场			
创办企业的时间（天）	..	..	40
股票市场资本总额（占GDP的百分比）	..	51.7	41.6
军费支出（占GDP的百分比）	0.8	0.6	0.6
移动电话用户（每100人）	0.0	28.1	127.0
互联网用户（占总人口的百分比）	0.0	13.1	70.0
铺敷道路（占总数的百分比）	..	88.0	*87.5*
高科技出口（占制成品出口的百分比）	45	72	46
全球联系			
商品贸易（占GDP的百分比）	122	148	116
净易货贸易条件指数（2000年=100）	..	100	126
外债总额（百万美元）	..	..	..
债务还本付息总额（占出口的百分比）	..	..	..
净移民（千人）	*5.8*	*3.5*	4.5
获得的侨汇（百万美元）	58.2	20.0	33.5
外国直接投资，净流入额（百万美元）	46	601	599
获得的净官方发展援助（百万美元）	5.3	21.2	..

马绍尔群岛

东亚和太平洋地区 | 中高收入经济体

人口（千人）	53	人口增长率（百分比）	0.1
陆地面积（平方公里）	180	每天生活费用不足1.25美元的人口（占人口的百分比）	..
GNI，图表集法（百万美元）	212.4	人均GNI，图表集法（美元）	4,040
PPP衡量的GNI（百万美元）	..	PPP衡量的人均GNI（美元）	..

	1990	2000	2012
人口			
最贫困的20%人口占国家消费/收入的份额（百分比）	..	*1.1*	..
出生时的预期寿命（岁）	..	65	..
总生育率（每个女性生育数）	..	*5.7*	..
青年女性生育率（每千名15—19岁女性生育数）	..	..	..
避孕普及率（占15—49岁已婚女性的百分比）	..	*34*	*45*
在熟练医护人员护理下的分娩（占总数的百分比）	..	*95*	*99*
5岁以下儿童死亡率（每千人）	49	41	38
儿童营养不良，体重不足（占5岁以下儿童的百分比）	..	..	..
儿童麻疹免疫接种率（占12—23个月年龄组的百分比）	52	94	78
小学毕业率，总数（占适龄年龄组的百分比）	..	*93*	*100*
中学总入学率，总数（占适龄年龄组的百分比）	..	*68*	*103*
小学和中学中女孩与男孩的比率（百分比）	..	*102*	*101*
HIV感染率（占15—49岁人口的百分比）	..	..	..
环境			
森林（平方公里）	130	126	*126*
森林采伐（1990—2000年和2000—2010年，平均年度百分比）		0.0	*0.0*
淡水使用量（占内陆水资源的百分比）	..	..	..
获得改善的水资源的人口（占总人口的百分比）	92	93	95
获得改善的卫生设施的人口（占总人口的百分比）	65	70	76
人均能源使用量（千克石油当量）	..	..	..
人均二氧化碳排放量（吨）	1.0	1.5	*2.0*
人均用电量（千瓦时）	..	..	..
经济			
GDP（百万美元）	78.5	110.9	182.4
GDP增长率（年度百分比）	2.7	5.9	1.9
GDP隐含价格平减指数（年度增长百分比）	5.0	-3.0	4.9
农业增加值（占GDP的百分比）	..	..	..
工业增加值（占GDP的百分比）	..	..	..
服务业增加值（占GDP的百分比）	..	..	..
货物和服务出口（占GDP的百分比）	..	..	..
货物和服务进口（占GDP的百分比）	..	..	..
资本形成总额（占GDP的百分比）	..	..	..
中央政府收入（占GDP的百分比）	..	..	..
中央政府现金盈余/赤字（占GDP的百分比）	..	..	..
政府与市场			
创办企业的时间（天）	..	*17*	17
股票市场资本总额（占GDP的百分比）	..	..	..
军费支出（占GDP的百分比）	..	..	..
移动电话用户（每100人）	0.0	0.9	..
互联网用户（占总人口的百分比）	0.0	1.5	10.0
铺敷道路（占总数的百分比）	..	..	..
高科技出口（占制成品出口的百分比）	..	..	..
全球联系			
商品贸易（占GDP的百分比）	..	58	96
净易货贸易条件指数（2000年=100）	..	100	106
外债总额（百万美元）	..	..	..
债务还本付息总额（占出口的百分比）	..	..	..
净移民（千人）	..	..	..
获得的侨汇（百万美元）	..	..	..
外国直接投资，净流入额（百万美元）	1	126	38
获得的净官方发展援助（百万美元）	*0.3*	57.2	76.0

毛里塔尼亚

撒哈拉以南非洲地区 **中低收入经济体**

人口（百万）	3.8	人口增长率（百分比）	2.5
陆地面积（千平方公里）	1,031	每天生活费用不足1.25美元的人口（占人口的百分比）	23.4
GNI，图表集法（10亿美元）	4.2	人均GNI，图表集法（美元）	1,110
PPP衡量的GNI（10亿美元）	9.4	PPP衡量的人均GNI（美元）	2,480

	1990	2000	2012
人口			
最贫困的20%人口占国家消费/收入的份额（百分比）	5.2	6.2	6.0
出生时的预期寿命（岁）	58	60	61
总生育率（每个女性生育数）	6.0	5.4	4.7
青年女性生育率（每千名15—19岁女性生育数）	109	96	73
避孕普及率（占15—49岁已婚女性的百分比）	4	8	9
在熟练医护人员护理下的分娩（占总数的百分比）	40	57	65
5岁以下儿童死亡率（每千人）	128	111	84
儿童营养不良，体重不足（占5岁以下儿童的百分比）	43.3	30.4	19.5
儿童麻疹免疫接种率（占12—23个月年龄组的百分比）	38	46	75
小学毕业率，总数（占适龄年龄组的百分比）	29	45	69
中学总入学率，总数（占适龄年龄组的百分比）	13	18	27
小学和中学中女孩与男孩的比率（百分比）	67	93	101
HIV感染率（占15—49岁人口的百分比）	0.1	0.6	0.4
环境			
森林（千平方公里）	4.2	3.2	2.4
森林采伐（1990—2000年和2000—2010年，平均年度百分比）		2.7	2.7
淡水使用量（占内陆水资源的百分比）	..	400.3	400.3
获得改善的水资源的人口（占总人口的百分比）	30	40	50
获得改善的卫生设施的人口（占总人口的百分比）	16	21	27
人均能源使用量（千克石油当量）	..	..	..
人均二氧化碳排放量（吨）	1.3	0.5	0.6
人均用电量（千瓦时）	..	..	..
经济			
GDP（百万美元）	1,020	1,294	4,199
GDP增长率（年度百分比）	-1.8	-0.4	7.6
GDP隐含价格平减指数（年度增长百分比）	2.6	5.4	-3.6
农业增加值（占GDP的百分比）	30	37	17
工业增加值（占GDP的百分比）	29	28	46
服务业增加值（占GDP的百分比）	42	35	37
货物和服务出口（占GDP的百分比）	46	30	58
货物和服务进口（占GDP的百分比）	61	45	94
资本形成总额（占GDP的百分比）	20	21	37
中央政府收入（占GDP的百分比）	..	..	..
中央政府现金盈余/赤字（占GDP的百分比）	..	..	..
政府与市场			
创办企业的时间（天）	..	82	19
股票市场资本总额（占GDP的百分比）	..	..	..
军费支出（占GDP的百分比）	3.9	2.9	3.8
移动电话用户（每100人）	0.0	0.6	106.0
互联网用户（占总人口的百分比）	0.0	0.2	5.4
铺敷道路（占总数的百分比）	..	29.0	34.6
高科技出口（占制成品出口的百分比）	..	..	..
全球联系			
商品贸易（占GDP的百分比）	84	63	126
净易货贸易条件指数（2000年=100）	97	100	153
外债总额（10亿美元）	2.1	2.4	3.3
债务还本付息总额（占出口的百分比）	30.7	27.8	4.9
净移民（千人）	-14.7	30.0	-20.0
获得的侨汇（百万美元）	13.7	2.2	..
外国直接投资，净流入额（百万美元）	7	40	1,204
获得的净官方发展援助（百万美元）	236	223	408

毛里求斯

撒哈拉以南非洲地区		中高收入经济体	
人口（百万）	1.3	人口增长率（百分比）	0.4
陆地面积（千平方公里）	2.0	每天生活费用不足1.25美元的人口（占人口的百分比）	..
GNI，图表集法（10亿美元）	11.1	人均GNI，图表集法（美元）	8,570
PPP衡量的GNI（10亿美元）	19.5	PPP衡量的人均GNI（美元）	15,060

	1990	2000	2012
人口			
最贫困的20%人口占国家消费/收入的份额（百分比）	..	..	..
出生时的预期寿命（岁）	69	72	74
总生育率（每个女性生育数）	2.3	2.0	1.4
青年女性生育率（每千名15—19岁女性生育数）	43	36	31
避孕普及率（占15—49岁已婚女性的百分比）	*75*	*76*	..
在熟练医护人员护理下的分娩（占总数的百分比）	91	*99*	..
5岁以下儿童死亡率（每千人）	23	19	15
儿童营养不良，体重不足（占5岁以下儿童的百分比）	..	..	..
儿童麻疹免疫接种率（占12—23个月年龄组的百分比）	76	84	99
小学毕业率，总数（占适龄年龄组的百分比）	114	103	99
中学总入学率，总数（占适龄年龄组的百分比）	52	77	96
小学和中学中女孩与男孩的比率（百分比）	100	*98*	102
HIV感染率（占15—49岁人口的百分比）	0.1	0.9	1.2
环境			
森林（平方公里）	388	387	*350*
森林采伐（1990—2000年和2000—2010年，平均年度百分比）		0.0	*1.0*
淡水使用量（占内陆水资源的百分比）	*20.6*	*22.2*	*26.4*
获得改善的水资源的人口（占总人口的百分比）	99	99	100
获得改善的卫生设施的人口（占总人口的百分比）	89	89	91
人均能源使用量（千克石油当量）	453	..	..
人均二氧化碳排放量（吨）	1.4	2.3	*3.2*
人均用电量（千瓦时）	..	..	..
经济			
GDP（10亿美元）	2.7	4.6	10.5
GDP增长率（年度百分比）	7.2	9.0	3.2
GDP隐含价格平减指数（年度增长百分比）	10.1	2.1	3.2
农业增加值（占GDP的百分比）	13	7	3
工业增加值（占GDP的百分比）	33	31	25
服务业增加值（占GDP的百分比）	54	62	72
货物和服务出口（占GDP的百分比）	65	61	55
货物和服务进口（占GDP的百分比）	72	62	67
资本形成总额（占GDP的百分比）	30	26	25
中央政府收入（占GDP的百分比）	..	..	*22.4*
中央政府现金盈余/赤字（占GDP的百分比）	..	..	*-1.1*
政府与市场			
创办企业的时间（天）	..	..	6
股票市场资本总额（占GDP的百分比）	10.1	29.0	67.6
军费支出（占GDP的百分比）	0.3	0.2	0.2
移动电话用户（每100人）	0.2	15.2	119.9
互联网用户（占总人口的百分比）	0.0	7.3	41.4
铺敷道路（占总数的百分比）	93.0	97.0	*98.1*
高科技出口（占制成品出口的百分比）	1	1	1
全球联系			
商品贸易（占GDP的百分比）	106	80	75
净易货贸易条件指数（2000年=100）	93	100	71
外债总额（百万美元）	932	967	4,459
债务还本付息总额（占出口的百分比）	8.5	17.0	2.4
净移民（千人）	*-5.6*	*-28.6*	0.0
获得的侨汇（百万美元）	..	177	1
外国直接投资，净流入额（百万美元）	41	266	361
获得的净官方发展援助（百万美元）	88	20	178

墨西哥

拉丁美洲和加勒比地区		中高收入经济体	
人口（百万）	120.8	人口增长率（百分比）	1.2
陆地面积（千平方公里）	1,964	每天生活费用不足1.25美元的人口（占人口的百分比）	<2
GNI，图表集法（10亿美元）	1,165.1	人均GNI，图表集法（美元）	9,640
PPP衡量的GNI（10亿美元）	1,951.1	PPP衡量的人均GNI（美元）	16,140

	1990	2000	2012
人口			
最贫困的20%人口占国家消费/收入的份额（百分比）	*6.4*	4.0	*4.9*
出生时的预期寿命（岁）	71	74	77
总生育率（每个女性生育数）	3.4	2.7	2.2
青年女性生育率（每千名15—19岁女性生育数）	81	77	63
避孕普及率（占15—49岁已婚女性的百分比）	*63*	70	*73*
在熟练医护人员护理下的分娩（占总数的百分比）	84	*95*	*96*
5岁以下儿童死亡率（每千人）	46	25	16
儿童营养不良，体重不足（占5岁以下儿童的百分比）	*13.9*	*6.0*	*2.8*
儿童麻疹免疫接种率（占12—23个月年龄组的百分比）	75	96	99
小学毕业率，总数（占适龄年龄组的百分比）	87	95	*93*
中学总入学率，总数（占适龄年龄组的百分比）	53	70	*84*
小学和中学中女孩与男孩的比率（百分比）	97	97	*103*
HIV感染率（占15—49岁人口的百分比）	0.4	0.4	0.2
环境			
森林（千平方公里）	703	668	*646*
森林采伐（1990—2000年和2000—2010年，平均年度百分比）		0.5	*0.3*
淡水使用量（占内陆水资源的百分比）	..	*17.8*	*19.5*
获得改善的水资源的人口（占总人口的百分比）	82	89	95
获得改善的卫生设施的人口（占总人口的百分比）	66	75	85
人均能源使用量（千克石油当量）	1,423	1,400	1,588
人均二氧化碳排放量（吨）	3.7	3.7	*3.8*
人均用电量（千瓦时）	1,156	1,700	*2,092*
经济			
GDP（10亿美元）	263	692	1,178
GDP增长率（年度百分比）	5.1	5.3	3.8
GDP隐含价格平减指数（年度增长百分比）	28.1	10.8	3.6
农业增加值（占GDP的百分比）	8	3	4
工业增加值（占GDP的百分比）	28	36	36
服务业增加值（占GDP的百分比）	64	61	61
货物和服务出口（占GDP的百分比）	19	26	33
货物和服务进口（占GDP的百分比）	20	27	34
资本形成总额（占GDP的百分比）	23	22	23
中央政府收入（占GDP的百分比）	15.3	12.4	..
中央政府现金盈余/赤字（占GDP的百分比）	-2.5	-1.0	..
政府与市场			
创办企业的时间（天）	..	58	6
股票市场资本总额（占GDP的百分比）	12.4	18.1	44.6
军费支出（占GDP的百分比）	0.5	0.5	0.6
移动电话用户（每100人）	0.1	13.6	83.4
互联网用户（占总人口的百分比）	0.0	5.1	38.4
铺敷道路（占总数的百分比）	35.1	34.0	*37.8*
高科技出口（占制成品出口的百分比）	8	22	16
全球联系			
商品贸易（占GDP的百分比）	32	50	64
净易货贸易条件指数（2000年=100）	102	100	109
外债总额（10亿美元）	105	152	355
债务还本付息总额（占出口的百分比）	21.8	31.6	17.7
净移民（百万）	*-796*	*-2,929*	-1,200
获得的侨汇（10亿美元）	3.1	7.5	23.4
外国直接投资，净流入额（10亿美元）	2.5	18.1	15.5
获得的净官方发展援助（百万美元）	156	-58	418

密克罗尼西亚联邦

东亚和太平洋地区			中低收入经济体
人口（千人）	103	人口增长率（百分比）	0.0
陆地面积（平方公里）	700	每天生活费用不足1.25美元的人口（占人口的百分比）	*31.2*
GNI，图表集法（百万美元）	333.6	人均GNI，图表集法（美元）	3,230
PPP衡量的GNI（百万美元）	405.6	PPP衡量的人均GNI（美元）	3,920

	1990	2000	2012
人口			
最贫困的20%人口占国家消费/收入的份额（百分比）	..	1.6	..
出生时的预期寿命（岁）	66	67	69
总生育率（每个女性生育数）	5.0	4.3	3.3
青年女性生育率（每千名15—19岁女性生育数）	50	38	19
避孕普及率（占15—49岁已婚女性的百分比）	..	*23*	*55*
在熟练医护人员护理下的分娩（占总数的百分比）	..	*88*	*100*
5岁以下儿童死亡率（每千人）	55	54	39
儿童营养不良，体重不足（占5岁以下儿童的百分比）	..	..	..
儿童麻疹免疫接种率（占12—23个月年龄组的百分比）	81	85	91
小学毕业率，总数（占适龄年龄组的百分比）	..	..	..
中学总入学率，总数（占适龄年龄组的百分比）	..	..	..
小学和中学中女孩与男孩的比率（百分比）	..	..	..
HIV感染率（占15—49岁人口的百分比）	..	..	..
环境			
森林（平方公里）	..	639	642
森林采伐（1990—2000年和2000—2010年，平均年度百分比）		0.0	*0.0*
淡水使用量（占内陆水资源的百分比）	..	..	..
获得改善的水资源的人口（占总人口的百分比）	91	90	*89*
获得改善的卫生设施的人口（占总人口的百分比）	19	34	57
人均能源使用量（千克石油当量）	..	..	..
人均二氧化碳排放量（吨）	..	1.3	*1.0*
人均用电量（千瓦时）	..	..	..
经济			
GDP（百万美元）	147	233	326
GDP增长率（年度百分比）	3.7	4.6	0.4
GDP隐含价格平减指数（年度增长百分比）	4.9	1.1	4.7
农业增加值（占GDP的百分比）	..	26	*28*
工业增加值（占GDP的百分比）	..	9	*9*
服务业增加值（占GDP的百分比）	..	65	*63*
货物和服务出口（占GDP的百分比）	..	..	..
货物和服务进口（占GDP的百分比）	..	..	..
资本形成总额（占GDP的百分比）	..	..	..
中央政府收入（占GDP的百分比）	..	..	..
中央政府现金盈余/赤字（占GDP的百分比）	..	..	..
政府与市场			
创办企业的时间（天）	..	*16*	16
股票市场资本总额（占GDP的百分比）	..	..	..
军费支出（占GDP的百分比）	..	..	..
移动电话用户（每100人）	0.0	0.0	30.2
互联网用户（占总人口的百分比）	0.0	3.7	26.0
铺敷道路（占总数的百分比）	15.9	18.0	..
高科技出口（占制成品出口的百分比）	..	..	..
全球联系			
商品贸易（占GDP的百分比）	..	55	75
净易货贸易条件指数（2000年=100）	..	100	98
外债总额（百万美元）	..	..	..
债务还本付息总额（占出口的百分比）	..	..	..
净移民（千人）	*-2.2*	*-12.9*	-8.2
获得的侨汇（百万美元）	..	..	..
外国直接投资，净流入额（百万美元）	..	*-0.2*	0.8
获得的净官方发展援助（百万美元）	*0*	102	115

摩尔多瓦

欧洲和中亚		中低收入经济体	
人口（百万）	3.6	人口增长率（百分比）	0.0
陆地面积（千平方公里）	34	每天生活费用不足1.25美元的人口（占人口的百分比）	<2
GNI，图表集法（10亿美元）	7.4	人均GNI，图表集法（美元）	2,070
PPP衡量的GNI（10亿美元）	12.9	PPP衡量的人均GNI（美元）	3,630

	1990	2000	2012
人口			
最贫困的20%人口占国家消费/收入的份额（百分比）	*6.9*	*6.7*	*7.8*
出生时的预期寿命（岁）	67	67	69
总生育率（每个女性生育数）	2.4	1.6	1.5
青年女性生育率（每千名15—19岁女性生育数）	57	46	29
避孕普及率（占15—49岁已婚女性的百分比）	..	62	..
在熟练医护人员护理下的分娩（占总数的百分比）	100	98	99
5岁以下儿童死亡率（每千人）	32	30	18
儿童营养不良，体重不足（占5岁以下儿童的百分比）	..	..	..
儿童麻疹免疫接种率（占12—23个月年龄组的百分比）	*73*	89	91
小学毕业率，总数（占适龄年龄组的百分比）	..	98	90
中学总入学率，总数（占适龄年龄组的百分比）	94	82	75
小学和中学中女孩与男孩的比率（百分比）	105	101	101
HIV感染率（占15—49岁人口的百分比）	0.1	0.5	0.7
环境			
森林（千平方公里）	3.2	3.2	*3.9*
森林采伐（1990—2000年和2000—2010年，平均年度百分比）		-0.2	*-1.8*
淡水使用量（占内陆水资源的百分比）	*296.3*	*191.5*	*191.5*
获得改善的水资源的人口（占总人口的百分比）	..	93	97
获得改善的卫生设施的人口（占总人口的百分比）	..	79	87
人均能源使用量（千克石油当量）	2,677	792	*936*
人均二氧化碳排放量（吨）	*5.7*	1.0	*1.4*
人均用电量（千瓦时）	3,235	1,638	*1,470*
经济			
GDP（10亿美元）	3.6	1.3	7.3
GDP增长率（年度百分比）	-2.4	2.1	-0.8
GDP隐含价格平减指数（年度增长百分比）	13.5	27.3	7.5
农业增加值（占GDP的百分比）	36	29	13
工业增加值（占GDP的百分比）	37	22	17
服务业增加值（占GDP的百分比）	27	49	70
货物和服务出口（占GDP的百分比）	48	50	44
货物和服务进口（占GDP的百分比）	51	75	84
资本形成总额（占GDP的百分比）	25	24	23
中央政府收入（占GDP的百分比）	..	24.5	*30.7*
中央政府现金盈余/赤字（占GDP的百分比）	..	-1.5	*-1.8*
政府与市场			
创办企业的时间（天）	..	*42*	7
股票市场资本总额（占GDP的百分比）	..	*3.2*	..
军费支出（占GDP的百分比）	*0.5*	0.4	0.3
移动电话用户（每100人）	0.0	3.4	102.0
互联网用户（占总人口的百分比）	0.0	1.3	43.4
铺敷道路（占总数的百分比）	87.1	86.0	*86.2*
高科技出口（占制成品出口的百分比）	..	3	5
全球联系			
商品贸易（占GDP的百分比）	..	97	102
净易货贸易条件指数（2000年=100）	..	100	101
外债总额（10亿美元）	*0.0*	1.8	6.1
债务还本付息总额（占出口的百分比）	..	20.0	15.1
净移民（千人）	*-132*	*-317*	-103
获得的侨汇（百万美元）	..	179	1,786
外国直接投资，净流入额（百万美元）	*17*	128	185
获得的净官方发展援助（百万美元）	..	123	473

摩纳哥

高收入经济体

人口（千人）	38	人口增长率（百分比）	0.8
陆地面积（平方公里）	2.0	每天生活费用不足1.25美元的人口（占人口的百分比）	..
GNI，图表集法（10亿美元）	..	人均GNI，图表集法（美元）	..
PPP衡量的GNI（百万美元）	..	PPP衡量的人均GNI（美元）	..

	1990	2000	2012
人口			
最贫困的20%人口占国家消费/收入的份额（百分比）	..	..	..
出生时的预期寿命（岁）	..	..	..
总生育率（每个女性生育数）	..	..	..
青年女性生育率（每千名15—19岁女性生育数）	..	..	..
避孕普及率（占15—49岁已婚女性的百分比）	..	..	..
在熟练医护人员护理下的分娩（占总数的百分比）	..	..	..
5岁以下儿童死亡率（每千人）	8	5	4
儿童营养不良，体重不足（占5岁以下儿童的百分比）	..	..	..
儿童麻疹免疫接种率（占12—23个月年龄组的百分比）	99	99	99
小学毕业率，总数（占适龄年龄组的百分比）	..	..	..
中学总入学率，总数（占适龄年龄组的百分比）	..	..	..
小学和中学中女孩与男孩的比率（百分比）	..	..	..
HIV感染率（占15—49岁人口的百分比）	..	..	..
环境			
森林（平方公里）	0.0	0.0	*0.0*
森林采伐（1990—2000年和2000—2010年，平均年度百分比）		0.0	*0.0*
淡水使用量（占内陆水资源的百分比）	..	..	..
获得改善的水资源的人口（占总人口的百分比）	100	100	100
获得改善的卫生设施的人口（占总人口的百分比）	100	100	100
人均能源使用量（千克石油当量）	..	..	..
人均二氧化碳排放量（吨）	..	..	..
人均用电量（千瓦时）	..	..	..
经济			
GDP（10亿美元）	2.5	2.6	*6.1*
GDP增长率（年度百分比）	2.6	3.9	..
GDP隐含价格平减指数（年度增长百分比）	2.6	1.4	..
农业增加值（占GDP的百分比）	..	..	..
工业增加值（占GDP的百分比）	..	..	..
服务业增加值（占GDP的百分比）	..	..	..
货物和服务出口（占GDP的百分比）	..	..	..
货物和服务进口（占GDP的百分比）	..	..	..
资本形成总额（占GDP的百分比）	..	..	..
中央政府收入（占GDP的百分比）	..	..	..
中央政府现金盈余/赤字（占GDP的百分比）	..	..	..
政府与市场			
创办企业的时间（天）	..	..	..
股票市场资本总额（占GDP的百分比）	..	..	..
军费支出（占GDP的百分比）	..	..	..
移动电话用户（每100人）	0.0	43.4	88.3
互联网用户（占总人口的百分比）	0.0	42.2	87.0
铺敷道路（占总数的百分比）	100.0	100.0	*100.0*
高科技出口（占制成品出口的百分比）	..	..	..
全球联系			
商品贸易（占GDP的百分比）	..	..	..
净易货贸易条件指数（2000年=100）	..	..	..
外债总额（百万美元）	..	..	..
债务还本付息总额（占出口的百分比）	..	..	..
净移民（千人）	..	..	..
获得的侨汇（百万美元）	..	..	..
外国直接投资，净流入额（百万美元）	..	..	..
获得的净官方发展援助（百万美元）	..	..	..

蒙古

东亚和太平洋地区 **中低收入经济体**

人口（百万）	2.8	人口增长率（百分比）	1.5
陆地面积（千平方公里）	1,564	每天生活费用不足1.25美元的人口（占人口的百分比）	..
GNI，图表集法（10亿美元）	8.8	人均GNI，图表集法（美元）	3,160
PPP衡量的GNI（10亿美元）	14.0	PPP衡量的人均GNI（美元）	5,020

	1990	2000	2012
人口			
最贫困的20%人口占国家消费/收入的份额（百分比）	..	*7.5*	*7.1*
出生时的预期寿命（岁）	60	63	67
总生育率（每个女性生育数）	4.1	2.1	2.4
青年女性生育率（每千名15—19岁女性生育数）	37	26	19
避孕普及率（占15—49岁已婚女性的百分比）	..	67	*55*
在熟练医护人员护理下的分娩（占总数的百分比）	..	97	*99*
5岁以下儿童死亡率（每千人）	107	63	28
儿童营养不良，体重不足（占5岁以下儿童的百分比）	*10.8*	11.6	..
儿童麻疹免疫接种率（占12—23个月年龄组的百分比）	92	92	99
小学毕业率，总数（占适龄年龄组的百分比）	..	87	130
中学总入学率，总数（占适龄年龄组的百分比）	89	65	103
小学和中学中女孩与男孩的比率（百分比）	*106*	112	100
HIV感染率（占15—49岁人口的百分比）	0.1	0.1	0.1
环境			
森林（千平方公里）	125	117	*108*
森林采伐（1990—2000年和2000—2010年，平均年度百分比）		0.7	*0.7*
淡水使用量（占内陆水资源的百分比）	..	*1.2*	*1.2*
获得改善的水资源的人口（占总人口的百分比）	62	68	85
获得改善的卫生设施的人口（占总人口的百分比）	..	49	56
人均能源使用量（千克石油当量）	1,560	1,000	*1,310*
人均二氧化碳排放量（吨）	4.6	3.1	*4.2*
人均用电量（千瓦时）	1,546	1,076	*1,577*
经济			
GDP（10亿美元）	2.6	1.1	10.3
GDP增长率（年度百分比）	-3.2	1.1	12.3
GDP隐含价格平减指数（年度增长百分比）	23.2	12.0	12.0
农业增加值（占GDP的百分比）	13	31	17
工业增加值（占GDP的百分比）	42	25	33
服务业增加值（占GDP的百分比）	45	44	50
货物和服务出口（占GDP的百分比）	18	54	51
货物和服务进口（占GDP的百分比）	40	68	77
资本形成总额（占GDP的百分比）	29	29	63
中央政府收入（占GDP的百分比）	*15.4*	24.4	30.7
中央政府现金盈余/赤字（占GDP的百分比）	*-0.5*	0.2	-8.5
政府与市场			
创办企业的时间（天）	..	*20*	11
股票市场资本总额（占GDP的百分比）	..	3.2	12.6
军费支出（占GDP的百分比）	4.6	2.1	1.1
移动电话用户（每100人）	0.0	6.4	120.7
互联网用户（占总人口的百分比）	0.0	1.3	16.4
铺敷道路（占总数的百分比）	..	4.0	..
高科技出口（占制成品出口的百分比）	..	0	..
全球联系			
商品贸易（占GDP的百分比）	62	101	108
净易货贸易条件指数（2000年=100）	..	100	206
外债总额（百万美元）	*355*	960	5,080
债务还本付息总额（占出口的百分比）	*17.3*	6.6	4.5
净移民（千人）	*-88.4*	*-15.0*	-15.0
获得的侨汇（百万美元）	..	12	320
外国直接投资，净流入额（百万美元）	*11*	54	4,452
获得的净官方发展援助（百万美元）	13	217	449

黑 山

欧洲和中亚 **中高收入经济体**

人口（千人）	621	人口增长率（百分比）	0.1
陆地面积（千平方公里）	14	每天生活费用不足1.25美元的人口（占人口的百分比）	<2
GNI，图表集法（10亿美元）	4.5	人均GNI，图表集法（美元）	7,220
PPP衡量的GNI（10亿美元）	9.1	PPP衡量的人均GNI（美元）	14,590

	1990	2000	2012
人口			
最贫困的20%人口占国家消费/收入的份额（百分比）	..	..	*8.8*
出生时的预期寿命（岁）	74	74	75
总生育率（每个女性生育数）	1.9	1.8	1.7
青年女性生育率（每千名15—19岁女性生育数）	26	22	15
避孕普及率（占15—49岁已婚女性的百分比）	..	53	*39*
在熟练医护人员护理下的分娩（占总数的百分比）	..	99	*100*
5岁以下儿童死亡率（每千人）	17	14	6
儿童营养不良，体重不足（占5岁以下儿童的百分比）	..	..	..
儿童麻疹免疫接种率（占12—23个月年龄组的百分比）	..	..	90
小学毕业率，总数（占适龄年龄组的百分比）	..	..	101
中学总入学率，总数（占适龄年龄组的百分比）	..	93	91
小学和中学中女孩与男孩的比率（百分比）	..	*100*	101
HIV感染率（占15—49岁人口的百分比）	..	..	..
环境			
森林（千平方公里）	5.4	5.4	*5.4*
森林采伐（1990—2000年和2000—2010年，平均年度百分比）		0.0	*0.0*
淡水使用量（占内陆水资源的百分比）	..	..	..
获得改善的水资源的人口（占总人口的百分比）	97	98	98
获得改善的卫生设施的人口（占总人口的百分比）	..	90	90
人均能源使用量（千克石油当量）	..	..	*1,900*
人均二氧化碳排放量（吨）	..	..	*4.2*
人均用电量（千瓦时）	..	..	*5,747*
经济			
GDP（百万美元）	..	984	4,373
GDP增长率（年度百分比）	..	3.1	-0.5
GDP隐含价格平减指数（年度增长百分比）	..	*20.2*	1.9
农业增加值（占GDP的百分比）	..	12	10
工业增加值（占GDP的百分比）	..	23	20
服务业增加值（占GDP的百分比）	..	64	70
货物和服务出口（占GDP的百分比）	..	37	42
货物和服务进口（占GDP的百分比）	..	51	66
资本形成总额（占GDP的百分比）	..	22	18
中央政府收入（占GDP的百分比）	..	..	..
中央政府现金盈余/赤字（占GDP的百分比）	..	..	..
政府与市场			
创办企业的时间（天）	..	..	10
股票市场资本总额（占GDP的百分比）	..	..	87.5
军费支出（占GDP的百分比）	..	..	1.9
移动电话用户（每100人）	..	..	181.3
互联网用户（占总人口的百分比）	..	..	56.8
铺敷道路（占总数的百分比）	..	63.0	*70.4*
高科技出口（占制成品出口的百分比）	..	..	..
全球联系			
商品贸易（占GDP的百分比）	..	..	64
净易货贸易条件指数（2000年=100）	..	..	..
外债总额（百万美元）	..	..	2,833
债务还本付息总额（占出口的百分比）	..	..	13.6
净移民（千人）	*-19.4*	-5.6	-2.5
获得的侨汇（百万美元）	..	..	333
外国直接投资，净流入额（百万美元）	..	..	618
获得的净官方发展援助（百万美元）	..	*8*	103

摩洛哥

中东和北非		中低收入经济体	
人口（百万）	32.5	人口增长率（百分比）	1.4
陆地面积（千平方公里）	447	每天生活费用不足1.25美元的人口（占人口的百分比）	*2.5*
GNI，图表集法（10亿美元）	97.9	人均GNI，图表集法（美元）	2,960
PPP衡量的GNI（10亿美元）	167.4	PPP衡量的人均GNI（美元）	5,060

	1990	2000	2012
人口			
最贫困的20%人口占国家消费/收入的份额（百分比）	*6.6*	*6.5*	*6.5*
出生时的预期寿命（岁）	65	68	71
总生育率（每个女性生育数）	4.1	2.7	2.7
青年女性生育率（每千名15—19岁女性生育数）	55	38	36
避孕普及率（占15—49岁已婚女性的百分比）	*42*	*63*	*67*
在熟练医护人员护理下的分娩（占总数的百分比）	*31*	*63*	*74*
5岁以下儿童死亡率（每千人）	80	50	31
儿童营养不良，体重不足（占5岁以下儿童的百分比）	*8.1*	*9.9*	*3.1*
儿童麻疹免疫接种率（占12—23个月年龄组的百分比）	79	93	99
小学毕业率，总数（占适龄年龄组的百分比）	50	58	99
中学总入学率，总数（占适龄年龄组的百分比）	37	38	69
小学和中学中女孩与男孩的比率（百分比）	69	83	91
HIV感染率（占15—49岁人口的百分比）	0.1	0.1	0.1
环境			
森林（千平方公里）	50	50	*51*
森林采伐（1990—2000年和2000—2010年，平均年度百分比）		0.1	*-0.2*
淡水使用量（占内陆水资源的百分比）	*38.1*	*43.5*	*43.5*
获得改善的水资源的人口（占总人口的百分比）	73	78	84
获得改善的卫生设施的人口（占总人口的百分比）	52	64	75
人均能源使用量（千克石油当量）	281	357	*539*
人均二氧化碳排放量（吨）	1.0	1.2	*1.6*
人均用电量（千瓦时）	361	491	*826*
经济			
GDP（10亿美元）	25.8	37.0	96.0
GDP增长率（年度百分比）	4.0	1.6	4.2
GDP隐含价格平减指数（年度增长百分比）	5.5	-0.6	-1.0
农业增加值（占GDP的百分比）	18	15	15
工业增加值（占GDP的百分比）	33	29	30
服务业增加值（占GDP的百分比）	48	56	56
货物和服务出口（占GDP的百分比）	26	28	36
货物和服务进口（占GDP的百分比）	32	33	50
资本形成总额（占GDP的百分比）	25	26	35
中央政府收入（占GDP的百分比）	..	*30.0*	*33.4*
中央政府现金盈余/赤字（占GDP的百分比）	..	*-3.1*	*-4.2*
政府与市场			
创办企业的时间（天）	..	*36*	11
股票市场资本总额（占GDP的百分比）	3.7	29.4	54.8
军费支出（占GDP的百分比）	4.1	2.3	3.5
移动电话用户（每100人）	0.0	8.2	120.0
互联网用户（占总人口的百分比）	0.0	0.7	55.0
铺敷道路（占总数的百分比）	49.1	56.0	*70.6*
高科技出口（占制成品出口的百分比）	*3*	11	6
全球联系			
商品贸易（占GDP的百分比）	43	51	68
净易货贸易条件指数（2000年=100）	85	100	145
外债总额（10亿美元）	25.0	20.8	33.8
债务还本付息总额（占出口的百分比）	28.4	25.3	11.2
净移民（千人）	*-611*	*-755*	-450
获得的侨汇（10亿美元）	2.0	2.2	6.5
外国直接投资，净流入额（百万美元）	165	221	2,842
获得的净官方发展援助（10亿美元）	1.2	0.4	1.5

莫桑比克

撒哈拉以南非洲地区		低收入经济体	
人口（百万）	25.2	人口增长率（百分比）	2.5
陆地面积（千平方公里）	799	每天生活费用不足1.25美元的人口（占人口的百分比）	59.6
GNI，图表集法（10亿美元）	12.8	人均GNI，图表集法（美元）	510
PPP衡量的GNI（10亿美元）	25.3	PPP衡量的人均GNI（美元）	1,000

	1990	**2000**	**2012**
人口			
最贫困的20%人口占国家消费/收入的份额（百分比）	..	*5.4*	*5.2*
出生时的预期寿命（岁）	44	47	50
总生育率（每个女性生育数）	6.2	5.8	5.3
青年女性生育率（每千名15—19岁女性生育数）	116	157	138
避孕普及率（占15—49岁已婚女性的百分比）	..	*17*	*12*
在熟练医护人员护理下的分娩（占总数的百分比）	..	*48*	*54*
5岁以下儿童死亡率（每千人）	233	166	90
儿童营养不良，体重不足（占5岁以下儿童的百分比）	..	*23.0*	*15.6*
儿童麻疹免疫接种率（占12—23个月年龄组的百分比）	59	71	82
小学毕业率，总数（占适龄年龄组的百分比）	26	16	52
中学总入学率，总数（占适龄年龄组的百分比）	7	6	26
小学和中学中女孩与男孩的比率（百分比）	73	75	90
HIV感染率（占15—49岁人口的百分比）	0.6	8.0	11.1
环境			
森林（千平方公里）	434	412	*388*
森林采伐（1990—2000年和2000—2010年，平均年度百分比）		0.5	*0.5*
淡水使用量（占内陆水资源的百分比）	*0.6*	*0.7*	*0.7*
获得改善的水资源的人口（占总人口的百分比）	34	41	49
获得改善的卫生设施的人口（占总人口的百分比）	8	14	21
人均能源使用量（千克石油当量）	436	392	*415*
人均二氧化碳排放量（吨）	0.07	0.07	*0.12*
人均用电量（千瓦时）	40	122	*447*
经济			
GDP（10亿美元）	2.5	4.3	14.2
GDP增长率（年度百分比）	1.0	1.1	7.4
GDP隐含价格平减指数（年度增长百分比）	34.1	12.0	3.0
农业增加值（占GDP的百分比）	37	24	30
工业增加值（占GDP的百分比）	18	25	23
服务业增加值（占GDP的百分比）	44	51	47
货物和服务出口（占GDP的百分比）	8	16	30
货物和服务进口（占GDP的百分比）	36	37	71
资本形成总额（占GDP的百分比）	22	31	48
中央政府收入（占GDP的百分比）	..	..	24.0
中央政府现金盈余/赤字（占GDP的百分比）	..	..	-2.8
政府与市场			
创办企业的时间（天）	..	*153*	13
股票市场资本总额（占GDP的百分比）	..	..	..
军费支出（占GDP的百分比）	3.4	1.3	*0.9*
移动电话用户（每100人）	0.0	0.3	36.2
互联网用户（占总人口的百分比）	0.0	0.1	4.8
铺敷道路（占总数的百分比）	16.8	19.0	*20.8*
高科技出口（占制成品出口的百分比）	..	9	25
全球联系			
商品贸易（占GDP的百分比）	40	35	77
净易货贸易条件指数（2000年=100）	175	100	100
外债总额（10亿美元）	4.6	7.3	4.8
债务还本付息总额（占出口的百分比）	26.2	13.4	1.6
净移民（千人）	*650*	*-20*	-25
获得的侨汇（百万美元）	70	37	220
外国直接投资，净流入额（百万美元）	9	139	5,238
获得的净官方发展援助（百万美元）	998	906	2,097

缅甸

东亚和太平洋地区 **低收入经济体**

人口（百万）	52.8	人口增长率（百分比）	0.8
陆地面积（千平方公里）	677	每天生活费用不足1.25美元的人口（占人口的百分比）	..
GNI，图表集法（百万美元）	..	人均GNI，图表集法（美元）	..
PPP衡量的GNI（百万美元）	..	PPP衡量的人均GNI（美元）	..

	1990	2000	2012
人口			
最贫困的20%人口占国家消费/收入的份额（百分比）	..	..	..
出生时的预期寿命（岁）	59	62	65
总生育率（每个女性生育数）	3.4	2.4	2.0
青年女性生育率（每千名15—19岁女性生育数）	36	21	12
避孕普及率（占15—49岁已婚女性的百分比）	*17*	*37*	*46*
在熟练医护人员护理下的分娩（占总数的百分比）	*46*	*57*	*71*
5岁以下儿童死亡率（每千人）	106	79	52
儿童营养不良，体重不足（占5岁以下儿童的百分比）	28.8	30.1	*22.6*
儿童麻疹免疫接种率（占12—23个月年龄组的百分比）	68	84	84
小学毕业率，总数（占适龄年龄组的百分比）	..	76	*95*
中学总入学率，总数（占适龄年龄组的百分比）	19	36	*50*
小学和中学中女孩与男孩的比率（百分比）	92	100	*101*
HIV感染率（占15—49岁人口的百分比）	0.2	0.8	*0.6*
环境			
森林（千平方公里）	392	349	*315*
森林采伐（1990—2000年和2000—2010年，平均年度百分比）		1.2	*0.9*
淡水使用量（占内陆水资源的百分比）	..	*3.3*	*3.3*
获得改善的水资源的人口（占总人口的百分比）	56	67	86
获得改善的卫生设施的人口（占总人口的百分比）	..	61	77
人均能源使用量（千克石油当量）	254	265	*268*
人均二氧化碳排放量（吨）	0.1	0.2	*0.2*
人均用电量（千瓦时）	43	73	*110*
经济			
GDP（百万美元）	..	..	..
GDP增长率（年度百分比）	2.8	13.7	..
GDP隐含价格平减指数（年度增长百分比）	18.5	2.5	..
农业增加值（占GDP的百分比）	57	57	..
工业增加值（占GDP的百分比）	11	10	..
服务业增加值（占GDP的百分比）	32	33	..
货物和服务出口（占GDP的百分比）	2	0	..
货物和服务进口（占GDP的百分比）	4	1	..
资本形成总额（占GDP的百分比）	13	12	..
中央政府收入（占GDP的百分比）	10.5	5.3	..
中央政府现金盈余/赤字（占GDP的百分比）	..	*-2.7*	..
政府与市场			
创办企业的时间（天）	..	..	72
股票市场资本总额（占GDP的百分比）	..	..	..
军费支出（占GDP的百分比）	3.4	2.3	..
移动电话用户（每100人）	0.0	0.0	10.3
互联网用户（占总人口的百分比）	0.0	*0.0*	1.1
铺敷道路（占总数的百分比）	10.9	*11.4*	*45.7*
高科技出口（占制成品出口的百分比）	*0*	..	*0*
全球联系			
商品贸易（占GDP的百分比）	..	..	..
净易货贸易条件指数（2000年=100）	252	100	113
外债总额（10亿美元）	4.7	5.8	2.6
债务还本付息总额（占出口的百分比）	18.2	1.2	*0.1*
净移民（千人）	*-126*	*-1,000*	*-100*
获得的侨汇（百万美元）	6	104	*127*
外国直接投资，净流入额（百万美元）	163	258	2,243
获得的净官方发展援助（百万美元）	161	106	504

纳米比亚

撒哈拉以南非洲地区		中高收入经济体	
人口（百万）	2.3	人口增长率（百分比）	1.9
陆地面积（千平方公里）	824	每天生活费用不足1.25美元的人口（占人口的百分比）	*31.9*
GNI，图表集法（10亿美元）	12.7	人均GNI，图表集法（美元）	5,610
PPP衡量的GNI（10亿美元）	16.4	PPP衡量的人均GNI（美元）	7,240

	1990	2000	2012
人口			
最贫困的20%人口占国家消费/收入的份额（百分比）	*1.5*	*3.2*	..
出生时的预期寿命（岁）	61	55	64
总生育率（每个女性生育数）	5.2	4.0	3.1
青年女性生育率（每千名15—19岁女性生育数）	109	85	55
避孕普及率（占15—49岁已婚女性的百分比）	*41*	44	*55*
在熟练医护人员护理下的分娩（占总数的百分比）	*68*	76	*81*
5岁以下儿童死亡率（每千人）	73	73	39
儿童营养不良，体重不足（占5岁以下儿童的百分比）	*21.5*	20.3	*17.5*
儿童麻疹免疫接种率（占12—23个月年龄组的百分比）	*76*	69	76
小学毕业率，总数（占适龄年龄组的百分比）	*74*	91	85
中学总入学率，总数（占适龄年龄组的百分比）	38	60	..
小学和中学中女孩与男孩的比率（百分比）	111	103	..
HIV感染率（占15—49岁人口的百分比）	1.1	14.2	13.3
环境			
森林（千平方公里）	88	80	*72*
森林采伐（1990—2000年和2000—2010年，平均年度百分比）		0.9	*1.0*
淡水使用量（占内陆水资源的百分比）	*4.0*	*4.9*	*4.9*
获得改善的水资源的人口（占总人口的百分比）	67	79	92
获得改善的卫生设施的人口（占总人口的百分比）	24	28	32
人均能源使用量（千克石油当量）	*426*	515	*717*
人均二氧化碳排放量（吨）	0.02	0.87	*1.46*
人均用电量（千瓦时）	*1,050*	1,178	*1,549*
经济			
GDP（10亿美元）	2.4	3.9	13.1
GDP增长率（年度百分比）	2.5	3.5	5.0
GDP隐含价格平减指数（年度增长百分比）	4.3	26.7	11.5
农业增加值（占GDP的百分比）	12	12	10
工业增加值（占GDP的百分比）	38	28	31
服务业增加值（占GDP的百分比）	50	60	59
货物和服务出口（占GDP的百分比）	52	41	43
货物和服务进口（占GDP的百分比）	67	45	52
资本形成总额（占GDP的百分比）	34	17	23
中央政府收入（占GDP的百分比）	31.3	30.1	..
中央政府现金盈余/赤字（占GDP的百分比）	*-2.6*	-1.6	..
政府与市场			
创办企业的时间（天）	..	*85*	66
股票市场资本总额（占GDP的百分比）	*0.7*	8.0	10.0
军费支出（占GDP的百分比）	8.4	2.4	3.1
移动电话用户（每100人）	0.0	4.3	95.0
互联网用户（占总人口的百分比）	0.0	1.6	12.9
铺敷道路（占总数的百分比）	10.8	*13.6*	*14.5*
高科技出口（占制成品出口的百分比）	..	2	5
全球联系			
商品贸易（占GDP的百分比）	96	73	83
净易货贸易条件指数（2000年=100）	93	100	123
外债总额（百万美元）	..	..	..
债务还本付息总额（占出口的百分比）	..	..	..
净移民（千人）	*23.5*	*-50.0*	-3.3
获得的侨汇（百万美元）	13.5	9.5	*15.5*
外国直接投资，净流入额（百万美元）	30	119	357
获得的净官方发展援助（百万美元）	120	152	265

尼泊尔

南亚 | 低收入经济体

人口（百万）	27.5	人口增长率（百分比）	1.2
陆地面积（千平方公里）	147	每天生活费用不足1.25美元的人口（占人口的百分比）	*24.8*
GNI，图表集法（10亿美元）	19.2	人均GNI，图表集法（美元）	700
PPP衡量的GNI（10亿美元）	40.4	PPP衡量的人均GNI（美元）	1,470

	1990	2000	2012
人口			
最贫困的20%人口占国家消费/收入的份额（百分比）	..	*6.5*	*8.3*
出生时的预期寿命（岁）	55	62	68
总生育率（每个女性生育数）	5.2	4.1	2.4
青年女性生育率（每千名15—19岁女性生育数）	135	120	74
避孕普及率（占15—49岁已婚女性的百分比）	*24*	37	*50*
在熟练医护人员护理下的分娩（占总数的百分比）	*7*	12	*36*
5岁以下儿童死亡率（每千人）	142	82	42
儿童营养不良，体重不足（占5岁以下儿童的百分比）	..	*43.0*	*29.1*
儿童麻疹免疫接种率（占12—23个月年龄组的百分比）	57	71	86
小学毕业率，总数（占适龄年龄组的百分比）	55	70	*100*
中学总入学率，总数（占适龄年龄组的百分比）	35	37	*67*
小学和中学中女孩与男孩的比率（百分比）	55	74	*106*
HIV感染率（占15—49岁人口的百分比）	0.1	0.4	*0.3*
环境			
森林（千平方公里）	48	39	*36*
森林采伐（1990—2000年和2000—2010年，平均年度百分比）		2.1	*0.7*
淡水使用量（占内陆水资源的百分比）	..	*5.0*	*4.9*
获得改善的水资源的人口（占总人口的百分比）	66	77	88
获得改善的卫生设施的人口（占总人口的百分比）	6	21	37
人均能源使用量（千克石油当量）	320	350	*383*
人均二氧化碳排放量（吨）	0.04	0.14	*0.14*
人均用电量（千瓦时）	37	61	*106*
经济			
GDP（10亿美元）	3.6	5.5	19.0
GDP增长率（年度百分比）	4.6	6.2	4.9
GDP隐含价格平减指数（年度增长百分比）	10.7	4.5	6.5
农业增加值（占GDP的百分比）	52	41	37
工业增加值（占GDP的百分比）	16	22	15
服务业增加值（占GDP的百分比）	32	37	48
货物和服务出口（占GDP的百分比）	11	23	10
货物和服务进口（占GDP的百分比）	22	32	33
资本形成总额（占GDP的百分比）	18	24	35
中央政府收入（占GDP的百分比）	8.4	10.6	15.9
中央政府现金盈余/赤字（占GDP的百分比）	..	..	-0.6
政府与市场			
创办企业的时间（天）	..	*31*	17
股票市场资本总额（占GDP的百分比）	..	14.4	21.9
军费支出（占GDP的百分比）	1.1	1.0	*1.4*
移动电话用户（每100人）	0.0	0.0	59.6
互联网用户（占总人口的百分比）	0.0	0.2	11.1
铺敷道路（占总数的百分比）	37.5	31.0	*53.9*
高科技出口（占制成品出口的百分比）	..	0	0
全球联系			
商品贸易（占GDP的百分比）	24	43	39
净易货贸易条件指数（2000年=100）	..	100	78
外债总额（10亿美元）	1.6	2.9	3.8
债务还本付息总额（占出口的百分比）	15.2	7.5	10.3
净移民（千人）	*48*	*-638*	-401
获得的侨汇（百万美元）	*55*	111	4,793
外国直接投资，净流入额（百万美元）	5.9	-0.5	92.0
获得的净官方发展援助（百万美元）	423	386	770

荷 兰

高收入经济体

人口（百万）	16.8	人口增长率（百分比）	0.4
陆地面积（千平方公里）	42	每天生活费用不足1.25美元的人口（占人口的百分比）	..
GNI，图表集法（10亿美元）	804.3	人均GNI，图表集法（美元）	48,000
PPP衡量的GNI（10亿美元）	733.0	PPP衡量的人均GNI（美元）	43,750

	1990	2000	2012
人口			
最贫困的20%人口占国家消费/收入的份额（百分比）	..	*7.6*	..
出生时的预期寿命（岁）	77	78	81
总生育率（每个女性生育数）	1.6	1.7	1.7
青年女性生育率（每千名15—19岁女性生育数）	7	7	6
避孕普及率（占15—49岁已婚女性的百分比）	*79*	*67*	*69*
在熟练医护人员护理下的分娩（占总数的百分比）	..	*100*	..
5岁以下儿童死亡率（每千人）	8	6	4
儿童营养不良，体重不足（占5岁以下儿童的百分比）	..	..	..
儿童麻疹免疫接种率（占12—23个月年龄组的百分比）	94	96	96
小学毕业率，总数（占适龄年龄组的百分比）	..	98	..
中学总入学率，总数（占适龄年龄组的百分比）	116	123	*128*
小学和中学中女孩与男孩的比率（百分比）	97	97	99
HIV感染率（占15—49岁人口的百分比）	..	..	..
环境			
森林（千平方公里）	3.5	3.6	*3.7*
森林采伐（1990—2000年和2000—2010年，平均年度百分比）		-0.4	*-0.1*
淡水使用量（占内陆水资源的百分比）	*72.6*	*81.3*	*96.5*
获得改善的水资源的人口（占总人口的百分比）	100	100	100
获得改善的卫生设施的人口（占总人口的百分比）	100	100	100
人均能源使用量（千克石油当量）	4,393	4,598	*4,668*
人均二氧化碳排放量（吨）	10.9	10.4	*11.0*
人均用电量（千瓦时）	5,218	6,560	*7,036*
经济			
GDP（10亿美元）	295	385	771
GDP增长率（年度百分比）	4.2	3.9	-1.2
GDP隐含价格平减指数（年度增长百分比）	1.6	4.1	1.3
农业增加值（占GDP的百分比）	4	3	2
工业增加值（占GDP的百分比）	29	25	24
服务业增加值（占GDP的百分比）	67	73	74
货物和服务出口（占GDP的百分比）	56	70	88
货物和服务进口（占GDP的百分比）	53	65	80
资本形成总额（占GDP的百分比）	23	22	18
中央政府收入（占GDP的百分比）	..	40.7	*40.8*
中央政府现金盈余/赤字（占GDP的百分比）	..	2.0	-3.9
政府与市场			
创办企业的时间（天）	..	*9*	4
股票市场资本总额（占GDP的百分比）	40.7	166.3	84.5
军费支出（占GDP的百分比）	2.5	1.6	1.3
移动电话用户（每100人）	0.5	67.8	118.0
互联网用户（占总人口的百分比）	0.3	44.0	93.0
铺敷道路（占总数的百分比）	88.0	*90.0*	..
高科技出口（占制成品出口的百分比）	16	36	20
全球联系			
商品贸易（占GDP的百分比）	87	117	162
净易货贸易条件指数（2000年=100）	..	100	93
外债总额（百万美元）	..	..	..
债务还本付息总额（占出口的百分比）	..	..	..
净移民（千人）	*220*	*145*	50
获得的侨汇（10亿美元）	0.7	1.2	1.6
外国直接投资，净流入额（10亿美元）	10.7	63.1	6.7
获得的净官方发展援助（百万美元）	..	..	..

新喀里多尼亚

高收入经济体

人口（千人）	258	人口增长率（百分比）	1.6
陆地面积（千平方公里）	19	每天生活费用不足1.25美元的人口（占人口的百分比）	..
GNI，图表集法（10亿美元）	..	人均GNI，图表集法（美元）	..
PPP衡量的GNI（百万美元）	..	PPP衡量的人均GNI（美元）	..

	1990	2000	2012
人口			
最贫困的20%人口占国家消费/收入的份额（百分比）	..	..	..
出生时的预期寿命（岁）	70	75	76
总生育率（每个女性生育数）	3.2	2.6	2.1
青年女性生育率（每千名15—19岁女性生育数）	39	18	21
避孕普及率（占15—49岁已婚女性的百分比）	..	..	..
在熟练医护人员护理下的分娩（占总数的百分比）	..	..	..
5岁以下儿童死亡率（每千人）	..	..	..
儿童营养不良，体重不足（占5岁以下儿童的百分比）	..	..	..
儿童麻疹免疫接种率（占12—23个月年龄组的百分比）	..	..	..
小学毕业率，总数（占适龄年龄组的百分比）	..	..	..
中学总入学率，总数（占适龄年龄组的百分比）	..	..	..
小学和中学中女孩与男孩的比率（百分比）	..	..	..
HIV感染率（占15—49岁人口的百分比）	..	..	..
环境			
森林（千平方公里）	8.4	8.4	*8.4*
森林采伐（1990—2000年和2000—2010年，平均年度百分比）		0.0	*0.0*
淡水使用量（占内陆水资源的百分比）	..	..	..
获得改善的水资源的人口（占总人口的百分比）	..	94	98
获得改善的卫生设施的人口（占总人口的百分比）	100	100	100
人均能源使用量（千克石油当量）	..	..	..
人均二氧化碳排放量（吨）	9.7	10.8	*15.7*
人均用电量（千瓦时）	..	..	..
经济			
GDP（10亿美元）	2.5	2.7	..
GDP增长率（年度百分比）	3.6	2.1	..
GDP隐含价格平减指数（年度增长百分比）	-4.6	-0.6	..
农业增加值（占GDP的百分比）	4	..	..
工业增加值（占GDP的百分比）	23	..	..
服务业增加值（占GDP的百分比）	73	..	..
货物和服务出口（占GDP的百分比）	18	*13*	..
货物和服务进口（占GDP的百分比）	35	*33*	..
资本形成总额（占GDP的百分比）	31	..	..
中央政府收入（占GDP的百分比）	..	..	..
中央政府现金盈余/赤字（占GDP的百分比）	..	..	..
政府与市场			
创办企业的时间（天）	..	..	..
股票市场资本总额（占GDP的百分比）	..	..	..
军费支出（占GDP的百分比）	..	..	..
移动电话用户（每100人）	0.0	23.8	91.2
互联网用户（占总人口的百分比）	0.0	13.9	58.0
铺敷道路（占总数的百分比）	..	..	..
高科技出口（占制成品出口的百分比）	..	1	11
全球联系			
商品贸易（占GDP的百分比）	53	57	..
净易货贸易条件指数（2000年=100）	..	100	196
外债总额（百万美元）	..	..	..
债务还本付息总额（占出口的百分比）	..	..	..
净移民（千人）	*4.8*	*4.8*	5.7
获得的侨汇（百万美元）	..	*333*	*519*
外国直接投资，净流入额（百万美元）	31	-41	1,588
获得的净官方发展援助（百万美元）	302	*315*	..

新西兰

高收入经济体

人口（百万）	4.4	人口增长率（百分比）	0.6
陆地面积（千平方公里）	268	每天生活费用不足1.25美元的人口（占人口的百分比）	..
GNI，图表集法（10亿美元）	163.6	人均GNI，图表集法（美元）	36,900
PPP衡量的GNI（10亿美元）	144.6	PPP衡量的人均GNI（美元）	32,620

	1990	2000	2012
人口			
最贫困的20%人口占国家消费/收入的份额（百分比）	..	..	..
出生时的预期寿命（岁）	75	79	81
总生育率（每个女性生育数）	2.2	2.0	2.1
青年女性生育率（每千名15—19岁女性生育数）	33	28	25
避孕普及率（占15—49岁已婚女性的百分比）	..	..	..
在熟练医护人员护理下的分娩（占总数的百分比）	..	*97*	..
5岁以下儿童死亡率（每千人）	11	7	6
儿童营养不良，体重不足（占5岁以下儿童的百分比）	..	..	..
儿童麻疹免疫接种率（占12—23个月年龄组的百分比）	90	85	92
小学毕业率，总数（占适龄年龄组的百分比）	..	..	..
中学总入学率，总数（占适龄年龄组的百分比）	89	111	*120*
小学和中学中女孩与男孩的比率（百分比）	99	103	*103*
HIV感染率（占15—49岁人口的百分比）	..	..	..
环境			
森林（千平方公里）	77	83	*83*
森林采伐（1990—2000年和2000—2010年，平均年度百分比）		-0.7	*0.0*
淡水使用量（占内陆水资源的百分比）	..	*1.5*	*1.5*
获得改善的水资源的人口（占总人口的百分比）	100	100	100
获得改善的卫生设施的人口（占总人口的百分比）	..	..	..
人均能源使用量（千克石油当量）	3,865	4,421	4,188
人均二氧化碳排放量（吨）	7.1	8.5	*7.2*
人均用电量（千瓦时）	8,973	9,384	*9,399*
经济			
GDP（10亿美元）	45.0	52.0	171.3
GDP增长率（年度百分比）	0.3	2.4	3.2
GDP隐含价格平减指数（年度增长百分比）	2.2	3.2	-0.8
农业增加值（占GDP的百分比）	7	8	*7*
工业增加值（占GDP的百分比）	29	25	*24*
服务业增加值（占GDP的百分比）	65	66	*69*
货物和服务出口（占GDP的百分比）	26	35	29
货物和服务进口（占GDP的百分比）	26	33	29
资本形成总额（占GDP的百分比）	20	21	20
中央政府收入（占GDP的百分比）	..	*33.5*	*34.9*
中央政府现金盈余/赤字（占GDP的百分比）	..	*1.7*	*-7.2*
政府与市场			
创办企业的时间（天）	..	*12*	1
股票市场资本总额（占GDP的百分比）	19.6	36.3	46.6
军费支出（占GDP的百分比）	1.8	1.2	1.1
移动电话用户（每100人）	1.6	40.0	110.4
互联网用户（占总人口的百分比）	0.0	47.4	89.5
铺敷道路（占总数的百分比）	57.0	63.0	*66.2*
高科技出口（占制成品出口的百分比）	4	10	10
全球联系			
商品贸易（占GDP的百分比）	42	52	44
净易货贸易条件指数（2000年=100）	..	100	129
外债总额（百万美元）	..	..	..
债务还本付息总额（占出口的百分比）	..	..	..
净移民（千人）	*118*	*135*	75
获得的侨汇（百万美元）	762	236	*875*
外国直接投资，净流入额（10亿美元）	1.7	3.8	2.2
获得的净官方发展援助（百万美元）	..	..	..

尼加拉瓜

拉丁美洲和加勒比地区 **中低收入经济体**

人口（百万）	6.0	人口增长率（百分比）	1.5
陆地面积（千平方公里）	130	每天生活费用不足1.25美元的人口（占人口的百分比）	*11.9*
GNI，图表集法（10亿美元）	9.9	人均GNI，图表集法（美元）	1,650
PPP衡量的GNI（10亿美元）	23.3	PPP衡量的人均GNI（美元）	3,890

	1990	**2000**	**2012**
人口			
最贫困的20%人口占国家消费/收入的份额（百分比）	*4.2*	*5.6*	..
出生时的预期寿命（岁）	64	70	74
总生育率（每个女性生育数）	4.8	3.3	2.5
青年女性生育率（每千名15—19岁女性生育数）	158	125	101
避孕普及率（占15—49岁已婚女性的百分比）	*49*	*69*	*72*
在熟练医护人员护理下的分娩（占总数的百分比）	*61*	*67*	*74*
5岁以下儿童死亡率（每千人）	66	40	24
儿童营养不良，体重不足（占5岁以下儿童的百分比）	*9.6*	*7.8*	*5.7*
儿童麻疹免疫接种率（占12—23个月年龄组的百分比）	82	86	99
小学毕业率，总数（占适龄年龄组的百分比）	39	66	*80*
中学总入学率，总数（占适龄年龄组的百分比）	37	53	*69*
小学和中学中女孩与男孩的比率（百分比）	*119*	105	*102*
HIV感染率（占15—49岁人口的百分比）	0.1	0.1	0.3
环境			
森林（千平方公里）	45	38	*30*
森林采伐（1990—2000年和2000—2010年，平均年度百分比）		1.7	*2.0*
淡水使用量（占内陆水资源的百分比）	..	*0.7*	*0.7*
获得改善的水资源的人口（占总人口的百分比）	74	80	85
获得改善的卫生设施的人口（占总人口的百分比）	43	48	52
人均能源使用量（千克石油当量）	489	494	*515*
人均二氧化碳排放量（吨）	0.6	0.7	*0.8*
人均用电量（千瓦时）	309	343	*522*
经济			
GDP（10亿美元）	1.0	5.1	10.5
GDP增长率（年度百分比）	-0.1	4.1	5.2
GDP隐含价格平减指数（年度增长百分比）	5,018.1	8.6	8.8
农业增加值（占GDP的百分比）	..	19	20
工业增加值（占GDP的百分比）	..	22	27
服务业增加值（占GDP的百分比）	..	58	53
货物和服务出口（占GDP的百分比）	25	20	44
货物和服务进口（占GDP的百分比）	46	41	62
资本形成总额（占GDP的百分比）	19	30	25
中央政府收入（占GDP的百分比）	30.0	11.6	16.5
中央政府现金盈余/赤字（占GDP的百分比）	-34.2	-2.8	0.5
政府与市场			
创办企业的时间（天）	..	*46*	36
股票市场资本总额（占GDP的百分比）	..	..	..
军费支出（占GDP的百分比）	*4.0*	0.6	0.6
移动电话用户（每100人）	0.0	1.8	86.1
互联网用户（占总人口的百分比）	0.0	1.0	13.5
铺敷道路（占总数的百分比）	10.5	11.0	*13.3*
高科技出口（占制成品出口的百分比）	*6*	5	5
全球联系			
商品贸易（占GDP的百分比）	96	48	81
净易货贸易条件指数（2000年=100）	155	100	82
外债总额（10亿美元）	10.8	6.8	8.9
债务还本付息总额（占出口的百分比）	5.0	25.6	12.3
净移民（千人）	*-114*	*-206*	-120
获得的侨汇（百万美元）	*10*	320	1,016
外国直接投资，净流入额（百万美元）	1	267	805
获得的净官方发展援助（百万美元）	330	560	532

尼日尔

撒哈拉以南非洲地区			低收入经济体
人口（百万）	17.2	人口增长率（百分比）	3.8
陆地面积（千平方公里）	1,267	每天生活费用不足1.25美元的人口（占人口的百分比）	*43.6*
GNI，图表集法（10亿美元）	6.7	人均GNI，图表集法（美元）	390
PPP衡量的GNI（10亿美元）	13.0	PPP衡量的人均GNI（美元）	760

	1990	2000	2012
人口			
最贫困的20%人口占国家消费/收入的份额（百分比）	7.5	..	*8.1*
出生时的预期寿命（岁）	44	51	58
总生育率（每个女性生育数）	7.8	7.7	7.6
青年女性生育率（每千名15—19岁女性生育数）	224	219	205
避孕普及率（占15—49岁已婚女性的百分比）	*4*	14	14
在熟练医护人员护理下的分娩（占总数的百分比）	*15*	16	29
5岁以下儿童死亡率（每千人）	*326*	227	114
儿童营养不良，体重不足（占5岁以下儿童的百分比）	*41.0*	43.6	*39.9*
儿童麻疹免疫接种率（占12—23个月年龄组的百分比）	25	37	73
小学毕业率，总数（占适龄年龄组的百分比）	17	19	49
中学总入学率，总数（占适龄年龄组的百分比）	6	7	16
小学和中学中女孩与男孩的比率（百分比）	52	64	80
HIV感染率（占15—49岁人口的百分比）	0.2	1.0	0.5
环境			
森林（千平方公里）	19	13	*12*
森林采伐（1990—2000年和2000—2010年，平均年度百分比）		3.7	*1.0*
淡水使用量（占内陆水资源的百分比）	*14.3*	*67.5*	*67.5*
获得改善的水资源的人口（占总人口的百分比）	34	42	52
获得改善的卫生设施的人口（占总人口的百分比）	5	7	9
人均能源使用量（千克石油当量）	..	..	..
人均二氧化碳排放量（吨）	0.11	0.07	*0.09*
人均用电量（千瓦时）	..	..	..
经济			
GDP（10亿美元）	2.5	1.8	6.8
GDP增长率（年度百分比）	-1.3	-1.4	10.8
GDP隐含价格平减指数（年度增长百分比）	-1.6	4.5	3.1
农业增加值（占GDP的百分比）	35	38	38
工业增加值（占GDP的百分比）	16	18	20
服务业增加值（占GDP的百分比）	49	44	41
货物和服务出口（占GDP的百分比）	15	18	25
货物和服务进口（占GDP的百分比）	22	26	44
资本形成总额（占GDP的百分比）	11	11	34
中央政府收入（占GDP的百分比）	..	..	..
中央政府现金盈余/赤字（占GDP的百分比）	..	..	..
政府与市场			
创办企业的时间（天）	..	*35*	17
股票市场资本总额（占GDP的百分比）	..	..	..
军费支出（占GDP的百分比）	..	1.1	1.0
移动电话用户（每100人）	0.0	0.0	31.4
互联网用户（占总人口的百分比）	0.0	0.0	1.4
铺敷道路（占总数的百分比）	29.0	*26.0*	*20.7*
高科技出口（占制成品出口的百分比）	..	6	6
全球联系			
商品贸易（占GDP的百分比）	27	38	65
净易货贸易条件指数（2000年=100）	165	100	169
外债总额（10亿美元）	1.8	1.7	2.3
债务还本付息总额（占出口的百分比）	17.8	8.0	*2.0*
净移民（千人）	*-2.7*	*-28.5*	-28.5
获得的侨汇（百万美元）	14	14	*134*
外国直接投资，净流入额（百万美元）	41	8	793
获得的净官方发展援助（百万美元）	388	209	902

尼日利亚

撒哈拉以南非洲地区 **中低收入经济体**

人口（百万）	168.8	人口增长率（百分比）	2.8
陆地面积（千平方公里）	924	每天生活费用不足1.25美元的人口（占人口的百分比）	*68.0*
GNI，图表集法（10亿美元）	242.7	人均GNI，图表集法（美元）	1,440
PPP衡量的GNI（10亿美元）	404.8	PPP衡量的人均GNI（美元）	2,400

	1990	2000	2012
人口			
最贫困的20%人口占国家消费/收入的份额（百分比）	*4.0*	*5.1*	*4.4*
出生时的预期寿命（岁）	46	47	52
总生育率（每个女性生育数）	6.5	6.1	6.0
青年女性生育率（每千名15—19岁女性生育数）	148	133	120
避孕普及率（占15—49岁已婚女性的百分比）	6	*15*	*18*
在熟练医护人员护理下的分娩（占总数的百分比）	31	*42*	*49*
5岁以下儿童死亡率（每千人）	213	188	124
儿童营养不良，体重不足（占5岁以下儿童的百分比）	35.1	*27.3*	*24.4*
儿童麻疹免疫接种率（占12—23个月年龄组的百分比）	54	33	42
小学毕业率，总数（占适龄年龄组的百分比）	..	..	*76*
中学总入学率，总数（占适龄年龄组的百分比）	25	24	*44*
小学和中学中女孩与男孩的比率（百分比）	79	82	*91*
HIV感染率（占15—49岁人口的百分比）	0.8	3.3	3.1
环境			
森林（千平方公里）	172	131	*86*
森林采伐（1990—2000年和2000—2010年，平均年度百分比）		2.7	*3.7*
淡水使用量（占内陆水资源的百分比）	..	*4.7*	*4.7*
获得改善的水资源的人口（占总人口的百分比）	46	55	64
获得改善的卫生设施的人口（占总人口的百分比）	37	32	28
人均能源使用量（千克石油当量）	738	737	*721*
人均二氧化碳排放量（吨）	0.5	0.6	*0.5*
人均用电量（千瓦时）	87	74	*149*
经济			
GDP（10亿美元）	31	46	263
GDP增长率（年度百分比）	8.2	5.4	6.5
GDP隐含价格平减指数（年度增长百分比）	13.9	35.1	1.7
农业增加值（占GDP的百分比）	32	26	33
工业增加值（占GDP的百分比）	45	52	41
服务业增加值（占GDP的百分比）	23	22	26
货物和服务出口（占GDP的百分比）	35	52	55
货物和服务进口（占GDP的百分比）	18	20	23
资本形成总额（占GDP的百分比）	14	7	8
中央政府收入（占GDP的百分比）	..	..	..
中央政府现金盈余/赤字（占GDP的百分比）	..	..	..
政府与市场			
创办企业的时间（天）	..	*36*	28
股票市场资本总额（占GDP的百分比）	4.5	9.1	21.5
军费支出（占GDP的百分比）	0.8	0.8	0.9
移动电话用户（每100人）	0.0	0.0	66.8
互联网用户（占总人口的百分比）	0.0	0.1	32.9
铺敷道路（占总数的百分比）	..	*15.0*	..
高科技出口（占制成品出口的百分比）	..	1	2
全球联系			
商品贸易（占GDP的百分比）	62	64	63
净易货贸易条件指数（2000年=100）	89	100	222
外债总额（10亿美元）	33.4	31.6	10.1
债务还本付息总额（占出口的百分比）	22.6	8.8	0.3
净移民（千人）	*-96*	*-170*	-300
获得的侨汇（10亿美元）	0.0	1.4	20.6
外国直接投资，净流入额（10亿美元）	0.6	1.1	7.1
获得的净官方发展援助（百万美元）	255	174	1,916

北马里亚纳群岛

高收入经济体

人口（千人）	53	人口增长率（百分比）	0.1
陆地面积（平方公里）	460	每天生活费用不足1.25美元的人口（占人口的百分比）	..
GNI，图表集法（百万美元）	..	人均GNI，图表集法（美元）	..
PPP衡量的GNI（百万美元）	..	PPP衡量的人均GNI（美元）	..

	1990	2000	2012
人口			
最贫困的20%人口占国家消费/收入的份额（百分比）	..	..	..
出生时的预期寿命（岁）	..	..	..
总生育率（每个女性生育数）	..	..	..
青年女性生育率（每千名15—19岁女性生育数）	..	..	..
避孕普及率（占15—49岁已婚女性的百分比）	..	..	..
在熟练医护人员护理下的分娩（占总数的百分比）	..	100	..
5岁以下儿童死亡率（每千人）	..	..	..
儿童营养不良，体重不足（占5岁以下儿童的百分比）	..	..	..
儿童麻疹免疫接种率（占12—23个月年龄组的百分比）	..	..	..
小学毕业率，总数（占适龄年龄组的百分比）	..	..	..
中学总入学率，总数（占适龄年龄组的百分比）	..	..	..
小学和中学中女孩与男孩的比率（百分比）	..	..	..
HIV感染率（占15—49岁人口的百分比）	..	..	..
环境			
森林（平方公里）	340	320	302
森林采伐（1990—2000年和2000—2010年，平均年度百分比）		0.5	*0.5*
淡水使用量（占内陆水资源的百分比）	..	..	..
获得改善的水资源的人口（占总人口的百分比）	94	96	98
获得改善的卫生设施的人口（占总人口的百分比）	69	74	80
人均能源使用量（千克石油当量）	..	..	..
人均二氧化碳排放量（吨）	..	..	..
人均用电量（千瓦时）	..	..	..
经济			
GDP（百万美元）	..	..	..
GDP增长率（年度百分比）	..	..	..
GDP隐含价格平减指数（年度增长百分比）	..	..	..
农业增加值（占GDP的百分比）	..	..	..
工业增加值（占GDP的百分比）	..	..	..
服务业增加值（占GDP的百分比）	..	..	..
货物和服务出口（占GDP的百分比）	..	..	..
货物和服务进口（占GDP的百分比）	..	..	..
资本形成总额（占GDP的百分比）	..	..	..
中央政府收入（占GDP的百分比）	..	..	..
中央政府现金盈余/赤字（占GDP的百分比）	..	..	..
政府与市场			
创办企业的时间（天）	..	..	..
股票市场资本总额（占GDP的百分比）	..	..	..
军费支出（占GDP的百分比）	..	..	..
移动电话用户（每100人）	0.0	4.4	..
互联网用户（占总人口的百分比）	0.0	..	..
铺敷道路（占总数的百分比）	..	..	..
高科技出口（占制成品出口的百分比）	..	..	..
全球联系			
商品贸易（占GDP的百分比）	..	..	..
净易货贸易条件指数（2000年=100）	..	100	85
外债总额（百万美元）	..	..	..
债务还本付息总额（占出口的百分比）	..	..	..
净移民（千人）	..	..	..
获得的侨汇（百万美元）	..	..	..
外国直接投资，净流入额（百万美元）	6.6	1.5	4.6
获得的净官方发展援助（百万美元）	63.1	*0.1*	..

挪威

高收入经济体

人口（百万）	5.0	人口增长率（百分比）	1.3
陆地面积（千平方公里）	324	每天生活费用不足1.25美元的人口（占人口的百分比）	..
GNI，图表集法（10亿美元）	495.7	人均GNI，图表集法（美元）	98,780
PPP衡量的GNI（10亿美元）	338.5	PPP衡量的人均GNI（美元）	67,450

	1990	2000	2012
人口			
最贫困的20%人口占国家消费/收入的份额（百分比）	..	9.6	..
出生时的预期寿命（岁）	77	79	81
总生育率（每个女性生育数）	1.9	1.9	1.9
青年女性生育率（每千名15—19岁女性生育数）	17	11	8
避孕普及率（占15—49岁已婚女性的百分比）	*74*	*87*	..
在熟练医护人员护理下的分娩（占总数的百分比）	*100*	..	..
5岁以下儿童死亡率（每千人）	9	5	3
儿童营养不良，体重不足（占5岁以下儿童的百分比）	..	..	..
儿童麻疹免疫接种率（占12—23个月年龄组的百分比）	87	88	94
小学毕业率，总数（占适龄年龄组的百分比）	95	98	*98*
中学总入学率，总数（占适龄年龄组的百分比）	101	116	*113*
小学和中学中女孩与男孩的比率（百分比）	102	101	*100*
HIV感染率（占15—49岁人口的百分比）	..	..	..
环境			
森林（千平方公里）	91	93	*101*
森林采伐（1990—2000年和2000—2010年，平均年度百分比）		-0.2	*-0.8*
淡水使用量（占内陆水资源的百分比）	..	*0.6*	*0.8*
获得改善的水资源的人口（占总人口的百分比）	100	100	100
获得改善的卫生设施的人口（占总人口的百分比）	100	100	100
人均能源使用量（千克石油当量）	4,952	5,810	5,942
人均二氧化碳排放量（吨）	7.4	8.6	*11.7*
人均用电量（千瓦时）	23,354	24,994	*23,174*
经济			
GDP（10亿美元）	118	168	500
GDP增长率（年度百分比）	1.9	3.3	2.9
GDP隐含价格平减指数（年度增长百分比）	3.8	15.7	2.8
农业增加值（占GDP的百分比）	3	2	1
工业增加值（占GDP的百分比）	33	42	42
服务业增加值（占GDP的百分比）	63	56	57
货物和服务出口（占GDP的百分比）	40	47	41
货物和服务进口（占GDP的百分比）	34	29	28
资本形成总额（占GDP的百分比）	23	20	25
中央政府收入（占GDP的百分比）	..	48.4	49.1
中央政府现金盈余/赤字（占GDP的百分比）	..	15.7	14.6
政府与市场			
创办企业的时间（天）	..	*18*	7
股票市场资本总额（占GDP的百分比）	22.2	38.6	50.6
军费支出（占GDP的百分比）	2.9	1.7	1.4
移动电话用户（每100人）	4.6	71.8	116.7
互联网用户（占总人口的百分比）	0.7	52.0	95.0
铺敷道路（占总数的百分比）	69.0	76.0	*80.7*
高科技出口（占制成品出口的百分比）	11	17	19
全球联系			
商品贸易（占GDP的百分比）	52	56	49
净易货贸易条件指数（2000年=100）	..	100	162
外债总额（百万美元）	..	..	..
债务还本付息总额（占出口的百分比）	..	..	..
净移民（千人）	*47*	*67*	150
获得的侨汇（百万美元）	158	270	767
外国直接投资，净流入额（10亿美元）	1.0	7.0	23.0
获得的净官方发展援助（百万美元）	..	..	..

阿 曼

高收入经济体

人口（百万）	3.3	人口增长率（百分比）	9.1
陆地面积（千平方公里）	310	每天生活费用不足1.25美元的人口（占人口的百分比）	..
GNI，图表集法（10亿美元）	*58.8*	人均GNI，图表集法（美元）	*19,450*
PPP衡量的GNI（10亿美元）	*71.0*	PPP衡量的人均GNI（美元）	*25,330*

	1990	2000	2012
人口			
最贫困的20%人口占国家消费/收入的份额（百分比）	..	..	..
出生时的预期寿命（岁）	67	72	77
总生育率（每个女性生育数）	7.2	3.7	2.9
青年女性生育率（每千名15—19岁女性生育数）	81	30	11
避孕普及率（占15—49岁已婚女性的百分比）	*9*	32	*24*
在熟练医护人员护理下的分娩（占总数的百分比）	..	95	99
5岁以下儿童死亡率（每千人）	39	17	12
儿童营养不良，体重不足（占5岁以下儿童的百分比）	*21.4*	*11.3*	*8.6*
儿童麻疹免疫接种率（占12—23个月年龄组的百分比）	98	99	99
小学毕业率，总数（占适龄年龄组的百分比）	65	83	104
中学总入学率，总数（占适龄年龄组的百分比）	42	80	94
小学和中学中女孩与男孩的比率（百分比）	85	97	105
HIV感染率（占15—49岁人口的百分比）	..	..	..
环境			
森林（平方公里）	20	20	*20*
森林采伐（1990—2000年和2000—2010年，平均年度百分比）		0.0	*0.0*
淡水使用量（占内陆水资源的百分比）	*87.4*	*97.1*	*94.4*
获得改善的水资源的人口（占总人口的百分比）	79	84	93
获得改善的卫生设施的人口（占总人口的百分比）	82	89	97
人均能源使用量（千克石油当量）	2,330	3,687	*8,356*
人均二氧化碳排放量（吨）	6.3	10.0	*20.4*
人均用电量（千瓦时）	2,189	3,312	*6,292*
经济			
GDP（10亿美元）	11.7	19.9	78.1
GDP增长率（年度百分比）	-0.1	5.4	5.0
GDP隐含价格平减指数（年度增长百分比）	24.8	20.0	6.3
农业增加值（占GDP的百分比）	3	2	..
工业增加值（占GDP的百分比）	54	57	..
服务业增加值（占GDP的百分比）	43	41	..
货物和服务出口（占GDP的百分比）	47	59	*62*
货物和服务进口（占GDP的百分比）	28	31	*32*
资本形成总额（占GDP的百分比）	12	12	..
中央政府收入（占GDP的百分比）	35.0	29.4	46.5
中央政府现金盈余/赤字（占GDP的百分比）	-0.3	-5.2	10.6
政府与市场			
创办企业的时间（天）	..	*35*	8
股票市场资本总额（占GDP的百分比）	*8.5*	17.4	25.7
军费支出（占GDP的百分比）	16.5	10.6	8.6
移动电话用户（每100人）	0.2	7.4	159.3
互联网用户（占总人口的百分比）	0.0	3.5	60.0
铺敷道路（占总数的百分比）	21.0	25.0	*49.3*
高科技出口（占制成品出口的百分比）	15	3	3
全球联系			
商品贸易（占GDP的百分比）	71	83	104
净易货贸易条件指数（2000年=100）	..	100	244
外债总额（百万美元）	..	..	..
债务还本付息总额（占出口的百分比）	..	..	..
净移民（千人）	*66*	*107*	1,030
获得的侨汇（百万美元）	39.0	39.0	39.0
外国直接投资，净流入额（百万美元）	142	82	1,514
获得的净官方发展援助（百万美元）	68.2	79.7	*-40.3*

巴基斯坦

南亚			中低收入经济体
人口（百万）	179.2	人口增长率（百分比）	1.7
陆地面积（千平方公里）	796	每天生活费用不足1.25美元的人口（占人口的百分比）	*21.0*
GNI，图表集法（10亿美元）	225.1	人均GNI，图表集法（美元）	1,260
PPP衡量的GNI（10亿美元）	516.5	PPP衡量的人均GNI（美元）	2,880

	1990	2000	2012
人口			
最贫困的20%人口占国家消费/收入的份额（百分比）	*8.1*	*8.7*	*9.6*
出生时的预期寿命（岁）	61	64	66
总生育率（每个女性生育数）	6.0	4.5	3.3
青年女性生育率（每千名15—19岁女性生育数）	83	48	27
避孕普及率（占15—49岁已婚女性的百分比）	15	*28*	29
在熟练医护人员护理下的分娩（占总数的百分比）	*19*	*23*	49
5岁以下儿童死亡率（每千人）	138	112	86
儿童营养不良，体重不足（占5岁以下儿童的百分比）	*39.0*	*31.3*	*30.9*
儿童麻疹免疫接种率（占12—23个月年龄组的百分比）	50	59	83
小学毕业率，总数（占适龄年龄组的百分比）	..	..	72
中学总入学率，总数（占适龄年龄组的百分比）	21	*28*	37
小学和中学中女孩与男孩的比率（百分比）	50	*75*	82
HIV感染率（占15—49岁人口的百分比）	0.1	0.1	0.1
环境			
森林（千平方公里）	25	21	*16*
森林采伐（1990—2000年和2000—2010年，平均年度百分比）		1.8	*2.2*
淡水使用量（占内陆水资源的百分比）	*282.9*	*313.8*	*333.6*
获得改善的水资源的人口（占总人口的百分比）	85	88	91
获得改善的卫生设施的人口（占总人口的百分比）	27	37	48
人均能源使用量（千克石油当量）	386	445	*482*
人均二氧化碳排放量（吨）	0.6	0.7	*0.9*
人均用电量（千瓦时）	269	359	*449*
经济			
GDP（10亿美元）	40	74	225
GDP增长率（年度百分比）	4.5	4.3	4.0
GDP隐含价格平减指数（年度增长百分比）	6.5	24.9	5.6
农业增加值（占GDP的百分比）	26	26	24
工业增加值（占GDP的百分比）	25	23	22
服务业增加值（占GDP的百分比）	49	51	54
货物和服务出口（占GDP的百分比）	16	13	12
货物和服务进口（占GDP的百分比）	23	15	20
资本形成总额（占GDP的百分比）	19	17	15
中央政府收入（占GDP的百分比）	19.1	13.9	12.6
中央政府现金盈余/赤字（占GDP的百分比）	-2.5	-4.1	-8.0
政府与市场			
创办企业的时间（天）	..	*24*	21
股票市场资本总额（占GDP的百分比）	7.1	8.9	19.4
军费支出（占GDP的百分比）	6.8	4.0	3.1
移动电话用户（每100人）	0.0	0.2	67.1
互联网用户（占总人口的百分比）	0.0	*1.3*	10.0
铺敷道路（占总数的百分比）	54.0	56.0	*72.6*
高科技出口（占制成品出口的百分比）	0	0	2
全球联系			
商品贸易（占GDP的百分比）	33	27	31
净易货贸易条件指数（2000年=100）	109	100	54
外债总额（10亿美元）	20.6	33.0	61.9
债务还本付息总额（占出口的百分比）	27.4	28.0	14.9
净移民（千人）	*-1,400*	*-1,754*	-1,634
获得的侨汇（10亿美元）	2.0	1.1	14.0
外国直接投资，净流入额（百万美元）	245	308	854
获得的净官方发展援助（10亿美元）	1.1	0.7	2.0

帕劳

东亚和太平洋地区			中高收入经济体
人口（千人）	21	人口增长率（百分比）	0.7
陆地面积（平方公里）	460	每天生活费用不足1.25美元的人口（占人口的百分比）	..
GNI，图表集法（百万美元）	204.7	人均GNI，图表集法（美元）	9,860
PPP衡量的GNI（百万美元）	350.1	PPP衡量的人均GNI（美元）	16,870

	1990	2000	2012
人口			
最贫困的20%人口占国家消费/收入的份额（百分比）	..	..	..
出生时的预期寿命（岁）	69	70	..
总生育率（每个女性生育数）	2.8	1.5	..
青年女性生育率（每千名15—19岁女性生育数）	..	..	..
避孕普及率（占15—49岁已婚女性的百分比）	..	17	*22*
在熟练医护人员护理下的分娩（占总数的百分比）	99	*100*	*100*
5岁以下儿童死亡率（每千人）	34	28	21
儿童营养不良，体重不足（占5岁以下儿童的百分比）	..	..	..
儿童麻疹免疫接种率（占12—23个月年龄组的百分比）	98	83	91
小学毕业率，总数（占适龄年龄组的百分比）	..	99	..
中学总入学率，总数（占适龄年龄组的百分比）	..	86	..
小学和中学中女孩与男孩的比率（百分比）	..	100	..
HIV感染率（占15—49岁人口的百分比）	..	..	..
环境			
森林（平方公里）	380	396	*403*
森林采伐（1990—2000年和2000—2010年，平均年度百分比）		-0.4	*-0.2*
淡水使用量（占内陆水资源的百分比）	..	..	..
获得改善的水资源的人口（占总人口的百分比）	90	92	*95*
获得改善的卫生设施的人口（占总人口的百分比）	46	81	100
人均能源使用量（千克石油当量）	4,869	..	..
人均二氧化碳排放量（吨）	15.6	6.1	*10.6*
人均用电量（千瓦时）	..	..	..
经济			
GDP（百万美元）	77	158	228
GDP增长率（年度百分比）	*-6.4*	0.3	5.3
GDP隐含价格平减指数（年度增长百分比）	*5.0*	39.2	1.9
农业增加值（占GDP的百分比）	*19*	7	6
工业增加值（占GDP的百分比）	*13*	14	9
服务业增加值（占GDP的百分比）	*69*	79	86
货物和服务出口（占GDP的百分比）	*20*	7	70
货物和服务进口（占GDP的百分比）	*39*	80	77
资本形成总额（占GDP的百分比）	..	..	..
中央政府收入（占GDP的百分比）	..	..	..
中央政府现金盈余/赤字（占GDP的百分比）	..	..	..
政府与市场			
创办企业的时间（天）	..	*24*	28
股票市场资本总额（占GDP的百分比）	..	..	..
军费支出（占GDP的百分比）	..	..	..
移动电话用户（每100人）	..	*12.6*	82.6
互联网用户（占总人口的百分比）	0.0	*20.2*	..
铺敷道路（占总数的百分比）	..	..	..
高科技出口（占制成品出口的百分比）	..	..	..
全球联系			
商品贸易（占GDP的百分比）	..	85	64
净易货贸易条件指数（2000年=100）	..	100	105
外债总额（百万美元）	..	..	..
债务还本付息总额（占出口的百分比）	..	..	..
净移民（千人）	..	..	..
获得的侨汇（百万美元）	..	..	..
外国直接投资，净流入额（百万美元）	1.0	14.9	4.6
获得的净官方发展援助（百万美元）	*0.0*	39.1	15.0

巴拿马

拉丁美洲和加勒比地区 | 中高收入经济体

人口（百万）	3.8	人口增长率（百分比）	1.6
陆地面积（千平方公里）	75	每天生活费用不足1.25美元的人口（占人口的百分比）	6.6
GNI，图表集法（10亿美元）	32.4	人均GNI，图表集法（美元）	8,510
PPP衡量的GNI（10亿美元）	57.6	PPP衡量的人均GNI（美元）	15,150

	1990	2000	2012
人口			
最贫困的20%人口占国家消费/收入的份额（百分比）	*1.2*	*1.9*	*3.3*
出生时的预期寿命（岁）	73	75	77
总生育率（每个女性生育数）	3.1	2.8	2.5
青年女性生育率（每千名15—19岁女性生育数）	97	93	79
避孕普及率（占15—49岁已婚女性的百分比）	..	..	*52*
在熟练医护人员护理下的分娩（占总数的百分比）	*86*	*93*	*89*
5岁以下儿童死亡率（每千人）	32	26	19
儿童营养不良，体重不足（占5岁以下儿童的百分比）	..	*5.1*	*3.9*
儿童麻疹免疫接种率（占12—23个月年龄组的百分比）	73	97	98
小学毕业率，总数（占适龄年龄组的百分比）	*80*	91	98
中学总入学率，总数（占适龄年龄组的百分比）	59	65	84
小学和中学中女孩与男孩的比率（百分比）	100	101	101
HIV感染率（占15—49岁人口的百分比）	1.1	1.3	0.7
环境			
森林（千平方公里）	38	34	*32*
森林采伐（1990—2000年和2000—2010年，平均年度百分比）		1.2	*0.4*
淡水使用量（占内陆水资源的百分比）	*1.1*	*0.3*	*0.3*
获得改善的水资源的人口（占总人口的百分比）	84	90	94
获得改善的卫生设施的人口（占总人口的百分比）	60	67	73
人均能源使用量（千克石油当量）	600	841	*1,085*
人均二氧化碳排放量（吨）	1.1	1.9	*2.6*
人均用电量（千瓦时）	828	1,256	*1,829*
经济			
GDP（10亿美元）	5.3	11.6	36.3
GDP增长率（年度百分比）	8.1	2.7	10.7
GDP隐含价格平减指数（年度增长百分比）	0.6	-1.2	4.6
农业增加值（占GDP的百分比）	10	7	4
工业增加值（占GDP的百分比）	15	19	18
服务业增加值（占GDP的百分比）	75	74	78
货物和服务出口（占GDP的百分比）	87	73	84
货物和服务进口（占GDP的百分比）	79	70	78
资本形成总额（占GDP的百分比）	17	24	29
中央政府收入（占GDP的百分比）	25.6	23.1	..
中央政府现金盈余/赤字（占GDP的百分比）	2.0	-0.8	..
政府与市场			
创办企业的时间（天）	..	18	6
股票市场资本总额（占GDP的百分比）	*3.4*	24.0	34.6
军费支出（占GDP的百分比）	1.4	*1.0*	..
移动电话用户（每100人）	0.0	13.4	178.0
互联网用户（占总人口的百分比）	0.0	6.6	45.2
铺敷道路（占总数的百分比）	32.0	36.0	*41.8*
高科技出口（占制成品出口的百分比）	..	1	35
全球联系			
商品贸易（占GDP的百分比）	35	36	109
净易货贸易条件指数（2000年=100）	69	100	86
外债总额（10亿美元）	6.5	6.6	12.3
债务还本付息总额（占出口的百分比）	6.2	9.4	8.7
净移民（千人）	*0.4*	*16.9*	28.6
获得的侨汇（百万美元）	110	16	402
外国直接投资，净流入额（百万美元）	136	624	3,383
获得的净官方发展援助（百万美元）	99.3	15.4	50.8

巴布亚新几内亚

东亚和太平洋地区		中低收入经济体	
人口（百万）	7.2	人口增长率（百分比）	2.2
陆地面积（千平方公里）	463	每天生活费用不足1.25美元的人口（占人口的百分比）	*35.8*
GNI，图表集法（10亿美元）	12.8	人均GNI，图表集法（美元）	1,790
PPP衡量的GNI（10亿美元）	19.6	PPP衡量的人均GNI（美元）	2,740

	1990	2000	2012
人口			
最贫困的20%人口占国家消费/收入的份额（百分比）	..	..	..
出生时的预期寿命（岁）	56	59	62
总生育率（每个女性生育数）	4.8	4.5	3.8
青年女性生育率（每千名15—19岁女性生育数）	73	73	62
避孕普及率（占15—49岁已婚女性的百分比）	..	..	*32*
在熟练医护人员护理下的分娩（占总数的百分比）	..	41	*53*
5岁以下儿童死亡率（每千人）	89	79	63
儿童营养不良，体重不足（占5岁以下儿童的百分比）	..	..	..
儿童麻疹免疫接种率（占12—23个月年龄组的百分比）	67	62	67
小学毕业率，总数（占适龄年龄组的百分比）	45	55	..
中学总入学率，总数（占适龄年龄组的百分比）	11	*19*	..
小学和中学中女孩与男孩的比率（百分比）	82	*84*	..
HIV感染率（占15—49岁人口的百分比）	0.1	0.7	0.5
环境			
森林（千平方公里）	315	301	*286*
森林采伐（1990—2000年和2000—2010年，平均年度百分比）		0.5	*0.5*
淡水使用量（占内陆水资源的百分比）	..	*0.0*	*0.0*
获得改善的水资源的人口（占总人口的百分比）	34	35	40
获得改善的卫生设施的人口（占总人口的百分比）	20	19	19
人均能源使用量（千克石油当量）	..	..	..
人均二氧化碳排放量（吨）	0.5	0.5	*0.5*
人均用电量（千瓦时）	..	..	..
经济			
GDP（10亿美元）	3.2	3.5	15.7
GDP增长率（年度百分比）	-3.0	-2.5	8.0
GDP隐含价格平减指数（年度增长百分比）	4.1	13.1	2.8
农业增加值（占GDP的百分比）	31	36	..
工业增加值（占GDP的百分比）	32	41	..
服务业增加值（占GDP的百分比）	37	23	..
货物和服务出口（占GDP的百分比）	41	66	..
货物和服务进口（占GDP的百分比）	49	49	..
资本形成总额（占GDP的百分比）	24	22	..
中央政府收入（占GDP的百分比）	25.2	24.2	..
中央政府现金盈余/赤字（占GDP的百分比）	-2.2	-1.9	..
政府与市场			
创办企业的时间（天）	..	*51*	53
股票市场资本总额（占GDP的百分比）	..	*49.3*	68.4
军费支出（占GDP的百分比）	2.1	0.9	0.5
移动电话用户（每100人）	0.0	0.2	37.8
互联网用户（占总人口的百分比）	0.0	0.8	2.3
铺敷道路（占总数的百分比）	3.2	4.0	..
高科技出口（占制成品出口的百分比）	..	19	3
全球联系			
商品贸易（占GDP的百分比）	74	92	77
净易货贸易条件指数（2000年=100）	..	100	193
外债总额（10亿美元）	2.6	2.3	23.1
债务还本付息总额（占出口的百分比）	37.2	12.9	*13.3*
净移民（千人）	*0.0*	*0.0*	0.0
获得的侨汇（百万美元）	5.4	7.2	*3.5*
外国直接投资，净流入额（百万美元）	155	96	29
获得的净官方发展援助（百万美元）	412	275	665

巴拉圭

拉丁美洲和加勒比地区 **中低收入经济体**

人口（百万）	6.7	人口增长率（百分比）	1.7
陆地面积（千平方公里）	407	每天生活费用不足1.25美元的人口（占人口的百分比）	7.2
GNI，图表集法（10亿美元）	22.8	人均GNI，图表集法（美元）	3,400
PPP衡量的GNI（10亿美元）	38.2	PPP衡量的人均GNI（美元）	5,720

	1990	2000	2012
人口			
最贫困的20%人口占国家消费/收入的份额（百分比）	5.8	2.7	3.3
出生时的预期寿命（岁）	68	70	72
总生育率（每个女性生育数）	4.5	3.7	2.9
青年女性生育率（每千名15—19岁女性生育数）	92	86	67
避孕普及率（占15—49岁已婚女性的百分比）	48	73	79
在熟练医护人员护理下的分娩（占总数的百分比）	66	77	82
5岁以下儿童死亡率（每千人）	46	33	22
儿童营养不良，体重不足（占5岁以下儿童的百分比）	2.8	..	..
儿童麻疹免疫接种率（占12—23个月年龄组的百分比）	69	92	91
小学毕业率，总数（占适龄年龄组的百分比）	65	92	86
中学总入学率，总数（占适龄年龄组的百分比）	31	61	70
小学和中学中女孩与男孩的比率（百分比）	98	98	100
HIV感染率（占15—49岁人口的百分比）	0.1	0.1	0.3
环境			
森林（千平方公里）	212	194	174
森林采伐（1990—2000年和2000—2010年，平均年度百分比）		0.9	1.0
淡水使用量（占内陆水资源的百分比）	..	0.5	0.5
获得改善的水资源的人口（占总人口的百分比）	53	73	94
获得改善的卫生设施的人口（占总人口的百分比）	37	58	80
人均能源使用量（千克石油当量）	723	720	739
人均二氧化碳排放量（吨）	0.5	0.7	0.8
人均用电量（千瓦时）	501	880	1,228
经济			
GDP（10亿美元）	5.7	8.2	25.5
GDP增长率（年度百分比）	4.1	-2.3	-1.2
GDP隐含价格平减指数（年度增长百分比）	38.5	11.7	4.6
农业增加值（占GDP的百分比）	17	16	17
工业增加值（占GDP的百分比）	39	36	28
服务业增加值（占GDP的百分比）	44	49	55
货物和服务出口（占GDP的百分比）	51	46	47
货物和服务进口（占GDP的百分比）	38	38	47
资本形成总额（占GDP的百分比）	19	16	15
中央政府收入（占GDP的百分比）	..	..	20.2
中央政府现金盈余/赤字（占GDP的百分比）	..	..	1.6
政府与市场			
创办企业的时间（天）	..	74	35
股票市场资本总额（占GDP的百分比）	0.3	2.9	3.8
军费支出（占GDP的百分比）	1.6	1.4	1.7
移动电话用户（每100人）	0.0	15.3	101.6
互联网用户（占总人口的百分比）	0.0	0.7	27.1
铺敷道路（占总数的百分比）	..	12.0	15.6
高科技出口（占制成品出口的百分比）	0	3	7
全球联系			
商品贸易（占GDP的百分比）	41	37	74
净易货贸易条件指数（2000年=100）	103	100	111
外债总额（10亿美元）	2.2	3.1	6.3
债务还本付息总额（占出口的百分比）	8.4	11.2	6.3
净移民（千人）	-30.4	-44.6	-40.0
获得的侨汇（百万美元）	34	278	634
外国直接投资，净流入额（百万美元）	77	104	363
获得的净官方发展援助（百万美元）	57	82	104

秘 鲁

拉丁美洲和加勒比地区			中高收入经济体
人口（百万）	30.0	人口增长率（百分比）	1.3
陆地面积（千平方公里）	1,285	每天生活费用不足1.25美元的人口（占人口的百分比）	*4.9*
GNI，图表集法（10亿美元）	181.8	人均GNI，图表集法（美元）	6,060
PPP衡量的GNI（10亿美元）	302.7	PPP衡量的人均GNI（美元）	10,090

	1990	2000	2012
人口			
最贫困的20%人口占国家消费/收入的份额（百分比）	..	3.4	*3.9*
出生时的预期寿命（岁）	66	71	75
总生育率（每个女性生育数）	3.8	2.9	2.4
青年女性生育率（每千名15—19岁女性生育数）	71	65	51
避孕普及率（占15—49岁已婚女性的百分比）	*59*	69	76
在熟练医护人员护理下的分娩（占总数的百分比）	*53*	59	87
5岁以下儿童死亡率（每千人）	79	40	18
儿童营养不良，体重不足（占5岁以下儿童的百分比）	*8.8*	5.2	*4.5*
儿童麻疹免疫接种率（占12—23个月年龄组的百分比）	64	97	94
小学毕业率，总数（占适龄年龄组的百分比）	*88*	102	91
中学总入学率，总数（占适龄年龄组的百分比）	67	85	86
小学和中学中女孩与男孩的比率（百分比）	*96*	97	98
HIV感染率（占15—49岁人口的百分比）	0.6	0.7	0.4
环境			
森林（千平方公里）	702	692	*678*
森林采伐（1990—2000年和2000—2010年，平均年度百分比）		0.1	*0.2*
淡水使用量（占内陆水资源的百分比）	*1.2*	*1.2*	*1.2*
获得改善的水资源的人口（占总人口的百分比）	74	81	87
获得改善的卫生设施的人口（占总人口的百分比）	54	63	73
人均能源使用量（千克石油当量）	447	470	*695*
人均二氧化碳排放量（吨）	1.0	1.2	*2.0*
人均用电量（千瓦时）	548	678	*1,248*
经济			
GDP（10亿美元）	26	53	204
GDP增长率（年度百分比）	-5.1	3.0	6.3
GDP隐含价格平减指数（年度增长百分比）	6,836.9	3.7	1.6
农业增加值（占GDP的百分比）	9	8	7
工业增加值（占GDP的百分比）	27	30	35
服务业增加值（占GDP的百分比）	64	62	58
货物和服务出口（占GDP的百分比）	16	16	26
货物和服务进口（占GDP的百分比）	14	18	24
资本形成总额（占GDP的百分比）	16	20	28
中央政府收入（占GDP的百分比）	12.5	17.4	*19.5*
中央政府现金盈余/赤字（占GDP的百分比）	-8.1	-2.1	*1.2*
政府与市场			
创办企业的时间（天）	..	*98*	25
股票市场资本总额（占GDP的百分比）	3.1	19.8	47.5
军费支出（占GDP的百分比）	*1.2*	1.8	1.3
移动电话用户（每100人）	0.0	4.9	98.0
互联网用户（占总人口的百分比）	0.0	3.1	38.2
铺敷道路（占总数的百分比）	9.9	14.0	*13.3*
高科技出口（占制成品出口的百分比）	*1*	4	3
全球联系			
商品贸易（占GDP的百分比）	22	27	43
净易货贸易条件指数（2000年=100）	114	100	164
外债总额（10亿美元）	20.2	28.8	54.1
债务还本付息总额（占出口的百分比）	11.1	27.9	12.5
净移民（千人）	*-300*	*-625*	-300
获得的侨汇（百万美元）	87	718	2,788
外国直接投资，净流入额（10亿美元）	0.0	0.8	12.2
获得的净官方发展援助（百万美元）	397	397	394

菲律宾

东亚和太平洋地区			中低收入经济体
人口（百万）	96.7	人口增长率（百分比）	1.7
陆地面积（千平方公里）	300	每天生活费用不足1.25美元的人口（占人口的百分比）	*18.4*
GNI，图表集法（10亿美元）	241.7	人均GNI，图表集法（美元）	2,500
PPP衡量的GNI（10亿美元）	423.6	PPP衡量的人均GNI（美元）	4,380

	1990	2000	2012
人口			
最贫困的20%人口占国家消费/收入的份额（百分比）	*5.9*	5.4	*6.0*
出生时的预期寿命（岁）	65	67	69
总生育率（每个女性生育数）	4.3	3.8	3.1
青年女性生育率（每千名15—19岁女性生育数）	51	52	47
避孕普及率（占15—49岁已婚女性的百分比）	*40*	47	*49*
在熟练医护人员护理下的分娩（占总数的百分比）	53	58	*72*
5岁以下儿童死亡率（每千人）	59	40	30
儿童营养不良，体重不足（占5岁以下儿童的百分比）	29.9	*20.7*	*20.2*
儿童麻疹免疫接种率（占12—23个月年龄组的百分比）	85	78	85
小学毕业率，总数（占适龄年龄组的百分比）	89	*100*	*91*
中学总入学率，总数（占适龄年龄组的百分比）	72	*75*	*85*
小学和中学中女孩与男孩的比率（百分比）	100	*103*	*101*
HIV感染率（占15—49岁人口的百分比）	0.1	0.1	0.1
环境			
森林（千平方公里）	66	71	*77*
森林采伐（1990—2000年和2000—2010年，平均年度百分比）		-0.8	*-0.7*
淡水使用量（占内陆水资源的百分比）	..	..	*17.0*
获得改善的水资源的人口（占总人口的百分比）	84	88	92
获得改善的卫生设施的人口（占总人口的百分比）	57	66	74
人均能源使用量（千克石油当量）	462	513	*426*
人均二氧化碳排放量（吨）	0.7	0.9	*0.9*
人均用电量（千瓦时）	361	502	*647*
经济			
GDP（10亿美元）	44	81	250
GDP增长率（年度百分比）	3.0	4.4	6.8
GDP隐含价格平减指数（年度增长百分比）	13.0	5.7	1.9
农业增加值（占GDP的百分比）	22	14	12
工业增加值（占GDP的百分比）	34	34	31
服务业增加值（占GDP的百分比）	44	52	57
货物和服务出口（占GDP的百分比）	28	51	31
货物和服务进口（占GDP的百分比）	33	53	34
资本形成总额（占GDP的百分比）	24	18	18
中央政府收入（占GDP的百分比）	16.2	14.2	14.5
中央政府现金盈余/赤字（占GDP的百分比）	-2.8	-3.7	-1.9
政府与市场			
创办企业的时间（天）	..	*49*	35
股票市场资本总额（占GDP的百分比）	13.4	32.0	105.6
军费支出（占GDP的百分比）	2.1	1.6	1.2
移动电话用户（每100人）	0.0	8.3	106.5
互联网用户（占总人口的百分比）	0.0	2.0	36.2
铺敷道路（占总数的百分比）	..	*20.0*	..
高科技出口（占制成品出口的百分比）	*32*	73	49
全球联系			
商品贸易（占GDP的百分比）	48	95	47
净易货贸易条件指数（2000年=100）	87	100	66
外债总额（10亿美元）	30.6	58.5	61.4
债务还本付息总额（占出口的百分比）	27.6	16.0	8.0
净移民（千人）	*-695*	*-1,128*	-700
获得的侨汇（10亿美元）	1.5	7.0	24.6
外国直接投资，净流入额（10亿美元）	0.5	2.2	2.8
获得的净官方发展援助（百万美元）	1,271	572	5

波 兰

高收入经济体

人口（百万）	38.5	人口增长率（百分比）	0.0
陆地面积（千平方公里）	313	每天生活费用不足1.25美元的人口（占人口的百分比）	<2
GNI，图表集法（10亿美元）	488.0	人均GNI，图表集法（美元）	12,660
PPP衡量的GNI（10亿美元）	838.6	PPP衡量的人均GNI（美元）	21,760

	1990	2000	2012
人口			
最贫困的20%人口占国家消费/收入的份额（百分比）	*9.2*	7.8	*7.9*
出生时的预期寿命（岁）	71	74	77
总生育率（每个女性生育数）	2.1	1.4	1.3
青年女性生育率（每千名15—19岁女性生育数）	31	17	12
避孕普及率（占15—49岁已婚女性的百分比）	*73*	..	..
在熟练医护人员护理下的分娩（占总数的百分比）	100	100	..
5岁以下儿童死亡率（每千人）	17	9	5
儿童营养不良，体重不足（占5岁以下儿童的百分比）	..	..	..
儿童麻疹免疫接种率（占12—23个月年龄组的百分比）	95	97	98
小学毕业率，总数（占适龄年龄组的百分比）	97	95	*95*
中学总入学率，总数（占适龄年龄组的百分比）	87	100	98
小学和中学中女孩与男孩的比率（百分比）	101	98	99
HIV感染率（占15—49岁人口的百分比）	..	..	..
环境			
森林（千平方公里）	89	91	*94*
森林采伐（1990—2000年和2000—2010年，平均年度百分比）		-0.2	*-0.3*
淡水使用量（占内陆水资源的百分比）	*28.3*	*23.9*	*22.3*
获得改善的水资源的人口（占总人口的百分比）	..	..	..
获得改善的卫生设施的人口（占总人口的百分比）	..	89	..
人均能源使用量（千克石油当量）	2,705	2,317	2,505
人均二氧化碳排放量（吨）	9.6	7.8	*8.3*
人均用电量（千瓦时）	3,272	3,240	*3,832*
经济			
GDP（10亿美元）	65	171	490
GDP增长率（年度百分比）	*-7.0*	4.3	1.8
GDP隐含价格平减指数（年度增长百分比）	*55.3*	7.3	2.5
农业增加值（占GDP的百分比）	8	5	*4*
工业增加值（占GDP的百分比）	50	32	*32*
服务业增加值（占GDP的百分比）	42	63	*65*
货物和服务出口（占GDP的百分比）	26	27	46
货物和服务进口（占GDP的百分比）	20	34	46
资本形成总额（占GDP的百分比）	24	25	21
中央政府收入（占GDP的百分比）	..	*31.5*	*30.5*
中央政府现金盈余/赤字（占GDP的百分比）	..	*-2.8*	*-4.3*
政府与市场			
创办企业的时间（天）	..	*31*	30
股票市场资本总额（占GDP的百分比）	*0.2*	18.3	36.3
军费支出（占GDP的百分比）	2.4	1.8	1.9
移动电话用户（每100人）	0.0	17.6	140.3
互联网用户（占总人口的百分比）	0.0	7.3	65.0
铺敷道路（占总数的百分比）	61.6	67.0	*68.0*
高科技出口（占制成品出口的百分比）	*3*	3	7
全球联系			
商品贸易（占GDP的百分比）	40	47	77
净易货贸易条件指数（2000年=100）	..	100	97
外债总额（百万美元）	..	..	..
债务还本付息总额（占出口的百分比）	..	..	..
净移民（千人）	*-222*	*-115*	-38
获得的侨汇（10亿美元）	..	1.5	6.9
外国直接投资，净流入额（10亿美元）	0.1	9.3	6.7
获得的净官方发展援助（百万美元）	..	..	..

葡萄牙

高收入经济体

人口（百万）	10.5	人口增长率（百分比）	-0.4
陆地面积（千平方公里）	92	每天生活费用不足1.25美元的人口（占人口的百分比）	..
GNI，图表集法（10亿美元）	217.0	人均GNI，图表集法（美元）	20,640
PPP衡量的GNI（10亿美元）	266.3	PPP衡量的人均GNI（美元）	25,330

	1990	2000	2012
人口			
最贫困的20%人口占国家消费/收入的份额（百分比）	..	..	..
出生时的预期寿命（岁）	74	76	80
总生育率（每个女性生育数）	1.6	1.6	1.3
青年女性生育率（每千名15—19岁女性生育数）	25	20	13
避孕普及率（占15—49岁已婚女性的百分比）	..	..	*67*
在熟练医护人员护理下的分娩（占总数的百分比）	*98*	100	..
5岁以下儿童死亡率（每千人）	15	7	4
儿童营养不良，体重不足（占5岁以下儿童的百分比）	..	..	..
儿童麻疹免疫接种率（占12—23个月年龄组的百分比）	85	87	97
小学毕业率，总数（占适龄年龄组的百分比）	..	..	..
中学总入学率，总数（占适龄年龄组的百分比）	60	105	*110*
小学和中学中女孩与男孩的比率（百分比）	97	101	*100*
HIV感染率（占15—49岁人口的百分比）	..	..	..
环境			
森林（千平方公里）	33	34	*35*
森林采伐（1990—2000年和2000—2010年，平均年度百分比）		-0.3	*-0.1*
淡水使用量（占内陆水资源的百分比）	..	*22.3*	*22.3*
获得改善的水资源的人口（占总人口的百分比）	96	98	100
获得改善的卫生设施的人口（占总人口的百分比）	94	98	100
人均能源使用量（千克石油当量）	1,677	2,398	2,087
人均二氧化碳排放量（吨）	4.2	6.1	*5.0*
人均用电量（千瓦时）	2,542	3,989	*4,848*
经济			
GDP（10亿美元）	78	117	212
GDP增长率（年度百分比）	4.0	3.9	-3.2
GDP隐含价格平减指数（年度增长百分比）	13.1	3.3	-0.3
农业增加值（占GDP的百分比）	9	4	2
工业增加值（占GDP的百分比）	29	28	24
服务业增加值（占GDP的百分比）	63	68	74
货物和服务出口（占GDP的百分比）	30	29	39
货物和服务进口（占GDP的百分比）	37	40	39
资本形成总额（占GDP的百分比）	27	28	17
中央政府收入（占GDP的百分比）	..	34.6	*39.9*
中央政府现金盈余/赤字（占GDP的百分比）	..	-2.6	*-4.0*
政府与市场			
创办企业的时间（天）	..	*78*	3
股票市场资本总额（占GDP的百分比）	11.8	51.7	30.9
军费支出（占GDP的百分比）	2.4	1.9	1.8
移动电话用户（每100人）	0.1	64.7	116.1
互联网用户（占总人口的百分比）	0.0	16.4	64.0
铺敷道路（占总数的百分比）	..	*86.0*	..
高科技出口（占制成品出口的百分比）	4	6	4
全球联系			
商品贸易（占GDP的百分比）	54	55	61
净易货贸易条件指数（2000年=100）	..	100	91
外债总额（百万美元）	..	..	..
债务还本付息总额（占出口的百分比）	..	..	..
净移民（千人）	*149*	*180*	100
获得的侨汇（10亿美元）	4.5	3.5	3.9
外国直接投资，净流入额（10亿美元）	2.6	6.7	13.4
获得的净官方发展援助（百万美元）	..	..	..

波多黎各

高收入经济体

人口（百万）	3.7	人口增长率（百分比）	-0.7
陆地面积（千平方公里）	8.9	每天生活费用不足1.25美元的人口（占人口的百分比）	..
GNI，图表集法（10亿美元）	66.0	人均GNI，图表集法（美元）	18,000
PPP衡量的GNI（10亿美元）	..	PPP衡量的人均GNI（美元）	..

	1990	2000	2012
人口			
最贫困的20%人口占国家消费/收入的份额（百分比）	..	..	..
出生时的预期寿命（岁）	74	77	79
总生育率（每个女性生育数）	2.2	2.0	1.6
青年女性生育率（每千名15—19岁女性生育数）	70	68	47
避孕普及率（占15—49岁已婚女性的百分比）	..	*84*	..
在熟练医护人员护理下的分娩（占总数的百分比）	..	*100*	..
5岁以下儿童死亡率（每千人）	..	..	..
儿童营养不良，体重不足（占5岁以下儿童的百分比）	..	..	..
儿童麻疹免疫接种率（占12—23个月年龄组的百分比）	..	..	..
小学毕业率，总数（占适龄年龄组的百分比）	..	..	..
中学总入学率，总数（占适龄年龄组的百分比）	..	..	*78*
小学和中学中女孩与男孩的比率（百分比）	..	..	*104*
HIV感染率（占15—49岁人口的百分比）	..	..	..
环境			
森林（千平方公里）	2.9	4.6	5.6
森林采伐（1990—2000年和2000—2010年，平均年度百分比）		-4.9	-1.8
淡水使用量（占内陆水资源的百分比）	*11.2*	*12.1*	*14.0*
获得改善的水资源的人口（占总人口的百分比）	94	94	..
获得改善的卫生设施的人口（占总人口的百分比）	99	99	99
人均能源使用量（千克石油当量）	..	..	..
人均二氧化碳排放量（吨）	..	..	..
人均用电量（千瓦时）	..	..	..
经济			
GDP（10亿美元）	30.6	61.7	101.5
GDP增长率（年度百分比）	3.8	6.3	0.5
GDP隐含价格平减指数（年度增长百分比）	4.3	0.3	2.2
农业增加值（占GDP的百分比）	2	1	*1*
工业增加值（占GDP的百分比）	43	43	*50*
服务业增加值（占GDP的百分比）	55	56	*49*
货物和服务出口（占GDP的百分比）	76	72	*79*
货物和服务进口（占GDP的百分比）	72	62	*59*
资本形成总额（占GDP的百分比）	17	20	*10*
中央政府收入（占GDP的百分比）	..	..	..
中央政府现金盈余/赤字（占GDP的百分比）	..	..	..
政府与市场			
创办企业的时间（天）	..	7	6
股票市场资本总额（占GDP的百分比）	..	..	..
军费支出（占GDP的百分比）	..	..	..
移动电话用户（每100人）	0.6	34.7	82.6
互联网用户（占总人口的百分比）	0.0	10.5	51.4
铺敷道路（占总数的百分比）	..	94.0	..
高科技出口（占制成品出口的百分比）	..	..	..
全球联系			
商品贸易（占GDP的百分比）	..	..	..
净易货贸易条件指数（2000年=100）	..	..	..
外债总额（百万美元）	..	..	..
债务还本付息总额（占出口的百分比）	..	..	..
净移民（千人）	*0*	*-146*	-104
获得的侨汇（百万美元）	..	..	..
外国直接投资，净流入额（百万美元）	..	..	..
获得的净官方发展援助（百万美元）	..	..	..

卡塔尔

高收入经济体

人口（百万）	2.1	人口增长率（百分比）	7.1
陆地面积（千平方公里）	12	每天生活费用不足1.25美元的人口（占人口的百分比）	..
GNI，图表集法（10亿美元）	*142.6*	人均GNI，图表集法（美元）	*74,600*
PPP衡量的GNI（10亿美元）	*168.8*	PPP衡量的人均GNI（美元）	*88,350*

	1990	2000	2012
人口			
最贫困的20%人口占国家消费/收入的份额（百分比）	..	..	3.9
出生时的预期寿命（岁）	75	77	78
总生育率（每个女性生育数）	4.0	3.2	2.0
青年女性生育率（每千名15—19岁女性生育数）	49	21	10
避孕普及率（占15—49岁已婚女性的百分比）	..	*43*	..
在熟练医护人员护理下的分娩（占总数的百分比）	..	*100*	*100*
5岁以下儿童死亡率（每千人）	21	12	7
儿童营养不良，体重不足（占5岁以下儿童的百分比）	..	..	..
儿童麻疹免疫接种率（占12—23个月年龄组的百分比）	79	91	97
小学毕业率，总数（占适龄年龄组的百分比）	73	*92*	..
中学总入学率，总数（占适龄年龄组的百分比）	80	86	*112*
小学和中学中女孩与男孩的比率（百分比）	106	110	..
HIV感染率（占15—49岁人口的百分比）	..	..	..
环境			
森林（平方公里）	0.0	0.0	*0.0*
森林采伐（1990—2000年和2000—2010年，平均年度百分比）		0.0	*0.0*
淡水使用量（占内陆水资源的百分比）	..	*524.8*	*792.9*
获得改善的水资源的人口（占总人口的百分比）	100	100	100
获得改善的卫生设施的人口（占总人口的百分比）	100	100	100
人均能源使用量（千克石油当量）	13,696	18,320	*17,419*
人均二氧化碳排放量（吨）	24.7	58.5	*40.3*
人均用电量（千瓦时）	9,586	14,319	*15,755*
经济			
GDP（10亿美元）	7.4	17.8	192.4
GDP增长率（年度百分比）	..	*3.3*	6.2
GDP隐含价格平减指数（年度增长百分比）	..	*-4.4*	4.4
农业增加值（占GDP的百分比）	..	..	..
工业增加值（占GDP的百分比）	..	..	..
服务业增加值（占GDP的百分比）	..	..	..
货物和服务出口（占GDP的百分比）	..	67	75
货物和服务进口（占GDP的百分比）	..	22	28
资本形成总额（占GDP的百分比）	..	20	28
中央政府收入（占GDP的百分比）	..	..	*34.2*
中央政府现金盈余/赤字（占GDP的百分比）	..	..	*2.9*
政府与市场			
创办企业的时间（天）	..	..	9
股票市场资本总额（占GDP的百分比）	..	29.0	65.7
军费支出（占GDP的百分比）	..	*3.9*	*1.5*
移动电话用户（每100人）	0.8	20.4	126.9
互联网用户（占总人口的百分比）	0.0	4.9	88.1
铺敷道路（占总数的百分比）	85.6	*90.0*	..
高科技出口（占制成品出口的百分比）	*0*	0	*0*
全球联系			
商品贸易（占GDP的百分比）	76	84	86
净易货贸易条件指数（2000年=100）	..	100	218
外债总额（百万美元）	..	..	..
债务还本付息总额（占出口的百分比）	..	..	..
净移民（千人）	*-22*	*170*	500
获得的侨汇（百万美元）	..	..	803
外国直接投资，净流入额（百万美元）	5	252	327
获得的净官方发展援助（百万美元）	3.0	..	..

罗马尼亚

欧洲和中亚			中高收入经济体
人口（百万）	20.1	人口增长率（百分比）	-0.4
陆地面积（千平方公里）	238	每天生活费用不足1.25美元的人口（占人口的百分比）	<2
GNI，图表集法（10亿美元）	171.9	人均GNI，图表集法（美元）	8,560
PPP衡量的GNI（10亿美元）	354.3	PPP衡量的人均GNI（美元）	17,650

	1990	2000	2012
人口			
最贫困的20%人口占国家消费/收入的份额（百分比）	*9.9*	8.2	*8.8*
出生时的预期寿命（岁）	70	71	75
总生育率（每个女性生育数）	1.8	1.3	1.5
青年女性生育率（每千名15—19岁女性生育数）	52	33	31
避孕普及率（占15—49岁已婚女性的百分比）	*57*	*64*	..
在熟练医护人员护理下的分娩（占总数的百分比）	100	99	*99*
5岁以下儿童死亡率（每千人）	38	27	12
儿童营养不良，体重不足（占5岁以下儿童的百分比）	*5.0*	3.7	..
儿童麻疹免疫接种率（占12—23个月年龄组的百分比）	92	98	94
小学毕业率，总数（占适龄年龄组的百分比）	88	90	97
中学总入学率，总数（占适龄年龄组的百分比）	102	81	*96*
小学和中学中女孩与男孩的比率（百分比）	98	101	*98*
HIV感染率（占15—49岁人口的百分比）	..	..	..
环境			
森林（千平方公里）	64	64	66
森林采伐（1990—2000年和2000—2010年，平均年度百分比）		0.0	*-0.3*
淡水使用量（占内陆水资源的百分比）	*48.3*	*21.2*	*16.3*
获得改善的水资源的人口（占总人口的百分比）	75	84	..
获得改善的卫生设施的人口（占总人口的百分比）	71	72	..
人均能源使用量（千克石油当量）	2,683	1,614	*1,778*
人均二氧化碳排放量（吨）	6.8	4.0	3.9
人均用电量（千瓦时）	2,925	1,988	*2,639*
经济			
GDP（10亿美元）	38.3	37.3	169.4
GDP增长率（年度百分比）	-5.6	2.1	0.4
GDP隐含价格平减指数（年度增长百分比）	13.6	45.3	5.2
农业增加值（占GDP的百分比）	24	12	6
工业增加值（占GDP的百分比）	50	33	42
服务业增加值（占GDP的百分比）	26	55	52
货物和服务出口（占GDP的百分比）	17	33	40
货物和服务进口（占GDP的百分比）	26	38	45
资本形成总额（占GDP的百分比）	30	19	27
中央政府收入（占GDP的百分比）	..	*25.7*	*30.1*
中央政府现金盈余/赤字（占GDP的百分比）	..	*-2.0*	*-5.1*
政府与市场			
创办企业的时间（天）	..	*29*	9
股票市场资本总额（占GDP的百分比）	..	2.9	9.4
军费支出（占GDP的百分比）	4.5	2.5	1.3
移动电话用户（每100人）	0.0	11.2	105.0
互联网用户（占总人口的百分比）	0.0	3.6	50.0
铺敷道路（占总数的百分比）	*51.0*	*53.0*	..
高科技出口（占制成品出口的百分比）	3	6	6
全球联系			
商品贸易（占GDP的百分比）	33	63	75
净易货贸易条件指数（2000年=100）	..	100	111
外债总额（10亿美元）	1	11	132
债务还本付息总额（占出口的百分比）	0.3	20.1	34.2
净移民（千人）	*-411*	-52	-45
获得的侨汇（百万美元）	..	96	3,674
外国直接投资，净流入额（10亿美元）	0.0	1.0	2.0
获得的净官方发展援助（百万美元）	..	..	..

俄罗斯联邦

高收入经济体

人口（百万）	143.5	人口增长率（百分比）	0.4
陆地面积（千平方公里）	17,098	每天生活费用不足1.25美元的人口（占人口的百分比）	<2
GNI，图表集法（10亿美元）	1,822.7	人均GNI，图表集法（美元）	12,700
PPP衡量的GNI（10亿美元）	3,272.9	PPP衡量的人均GNI（美元）	22,800

	1990	2000	2012
人口			
最贫困的20%人口占国家消费/收入的份额（百分比）	*4.4*	*6.1*	*6.5*
出生时的预期寿命（岁）	69	65	70
总生育率（每个女性生育数）	1.9	1.2	1.6
青年女性生育率（每千名15—19岁女性生育数）	51	31	26
避孕普及率（占15—49岁已婚女性的百分比）	*63*	*84*	*80*
在熟练医护人员护理下的分娩（占总数的百分比）	99	99	*100*
5岁以下儿童死亡率（每千人）	26	23	10
儿童营养不良，体重不足（占5岁以下儿童的百分比）	..	..	..
儿童麻疹免疫接种率（占12—23个月年龄组的百分比）	*83*	97	98
小学毕业率，总数（占适龄年龄组的百分比）	..	91	*98*
中学总入学率，总数（占适龄年龄组的百分比）	96	*92*	*85*
小学和中学中女孩与男孩的比率（百分比）	..	*100*	*98*
HIV感染率（占15—49岁人口的百分比）	..	..	..
环境			
森林（千平方公里）	8,090	8,093	*8,092*
森林采伐（1990—2000年和2000—2010年，平均年度百分比）		0.0	*0.0*
淡水使用量（占内陆水资源的百分比）	..	*1.5*	*1.5*
获得改善的水资源的人口（占总人口的百分比）	93	95	97
获得改善的卫生设施的人口（占总人口的百分比）	74	72	70
人均能源使用量（千克石油当量）	5,929	4,233	*5,113*
人均二氧化碳排放量（吨）	*14.4*	10.6	*12.2*
人均用电量（千瓦时）	6,673	5,209	*6,486*
经济			
GDP（10亿美元）	517	260	2,015
GDP增长率（年度百分比）	-3.0	10.0	3.4
GDP隐含价格平减指数（年度增长百分比）	15.9	37.7	8.5
农业增加值（占GDP的百分比）	17	6	4
工业增加值（占GDP的百分比）	48	38	36
服务业增加值（占GDP的百分比）	35	56	60
货物和服务出口（占GDP的百分比）	18	44	29
货物和服务进口（占GDP的百分比）	18	24	22
资本形成总额（占GDP的百分比）	30	19	26
中央政府收入（占GDP的百分比）	..	*31.8*	*31.4*
中央政府现金盈余/赤字（占GDP的百分比）	..	*7.0*	*3.3*
政府与市场			
创办企业的时间（天）	..	*43*	15
股票市场资本总额（占GDP的百分比）	*0.0*	15.0	43.4
军费支出（占GDP的百分比）	19.1	3.7	4.5
移动电话用户（每100人）	0.0	2.2	182.9
互联网用户（占总人口的百分比）	0.0	2.0	53.3
铺敷道路（占总数的百分比）	74.2	*67.4*	..
高科技出口（占制成品出口的百分比）	..	16	8
全球联系			
商品贸易（占GDP的百分比）	..	58	43
净易货贸易条件指数（2000年=100）	..	100	249
外债总额（百万美元）	..	..	..
债务还本付息总额（占出口的百分比）	..	..	..
净移民（千人）	*2,220*	*1,635*	1,100
获得的侨汇（10亿美元）	..	1.3	5.8
外国直接投资，净流入额（10亿美元）	*1.2*	2.7	50.7
获得的净官方发展援助（百万美元）	..	..	..

卢旺达

撒哈拉以南非洲地区 **低收入经济体**

人口（百万）	11.5	人口增长率（百分比）	2.8
陆地面积（千平方公里）	26	每天生活费用不足1.25美元的人口（占人口的百分比）	63.2
GNI，图表集法（10亿美元）	6.9	人均GNI，图表集法（美元）	600
PPP衡量的GNI（10亿美元）	15.1	PPP衡量的人均GNI（美元）	1,320

	1990	2000	2012
人口			
最贫困的20%人口占国家消费/收入的份额（百分比）	..	4.8	*5.2*
出生时的预期寿命（岁）	33	48	63
总生育率（每个女性生育数）	7.3	5.9	4.6
青年女性生育率（每千名15—19岁女性生育数）	64	49	34
避孕普及率（占15—49岁已婚女性的百分比）	*21*	13	*52*
在熟练医护人员护理下的分娩（占总数的百分比）	*26*	31	*69*
5岁以下儿童死亡率（每千人）	151	182	55
儿童营养不良，体重不足（占5岁以下儿童的百分比）	*24.3*	20.3	*11.7*
儿童麻疹免疫接种率（占12—23个月年龄组的百分比）	83	74	97
小学毕业率，总数（占适龄年龄组的百分比）	43	23	58
中学总入学率，总数（占适龄年龄组的百分比）	16	11	32
小学和中学中女孩与男孩的比率（百分比）	95	93	102
HIV感染率（占15—49岁人口的百分比）	5.3	4.7	2.9
环境			
森林（千平方公里）	3.2	3.4	*4.5*
森林采伐（1990—2000年和2000—2010年，平均年度百分比）		-0.8	*-2.4*
淡水使用量（占内陆水资源的百分比）	..	*1.6*	*1.6*
获得改善的水资源的人口（占总人口的百分比）	60	66	71
获得改善的卫生设施的人口（占总人口的百分比）	30	47	64
人均能源使用量（千克石油当量）	..	..	..
人均二氧化碳排放量（吨）	0.09	0.08	*0.05*
人均用电量（千瓦时）	..	..	..
经济			
GDP（10亿美元）	2.6	1.7	7.1
GDP增长率（年度百分比）	-2.4	8.3	8.0
GDP隐含价格平减指数（年度增长百分比）	13.5	2.8	5.9
农业增加值（占GDP的百分比）	33	37	33
工业增加值（占GDP的百分比）	25	14	16
服务业增加值（占GDP的百分比）	43	49	51
货物和服务出口（占GDP的百分比）	6	6	13
货物和服务进口（占GDP的百分比）	14	25	34
资本形成总额（占GDP的百分比）	15	13	23
中央政府收入（占GDP的百分比）	9.8	..	*15.0*
中央政府现金盈余/赤字（占GDP的百分比）	-8.8	..	*-0.9*
政府与市场			
创办企业的时间（天）	..	*18*	2
股票市场资本总额（占GDP的百分比）	..	..	..
军费支出（占GDP的百分比）	3.7	3.5	1.1
移动电话用户（每100人）	0.0	0.5	49.7
互联网用户（占总人口的百分比）	0.0	0.1	8.0
铺敷道路（占总数的百分比）	9.0	8.0	..
高科技出口（占制成品出口的百分比）	..	*2*	2
全球联系			
商品贸易（占GDP的百分比）	16	15	35
净易货贸易条件指数（2000年=100）	40	100	215
外债总额（10亿美元）	0.7	1.3	1.3
债务还本付息总额（占出口的百分比）	14.3	25.7	2.2
净移民（千人）	*-1,533*	*-64*	-45
获得的侨汇（百万美元）	3	7	182
外国直接投资，净流入额（百万美元）	8	8	160
获得的净官方发展援助（百万美元）	288	321	879

萨摩亚

东亚和太平洋地区			中低收入经济体
人口（千人）	189	人口增长率（百分比）	0.8
陆地面积（千平方公里）	2.8	每天生活费用不足1.25美元的人口（占人口的百分比）	..
GNI，图表集法（百万美元）	615.0	人均GNI，图表集法（美元）	3,260
PPP衡量的GNI（百万美元）	803.2	PPP衡量的人均GNI（美元）	4,250

	1990	2000	2012
人口			
最贫困的20%人口占国家消费/收入的份额（百分比）	..	..	..
出生时的预期寿命（岁）	65	69	73
总生育率（每个女性生育数）	5.1	4.5	4.2
青年女性生育率（每千名15—19岁女性生育数）	36	40	28
避孕普及率（占15—49岁已婚女性的百分比）	..	*25*	*29*
在熟练医护人员护理下的分娩（占总数的百分比）	76	*100*	*81*
5岁以下儿童死亡率（每千人）	30	22	18
儿童营养不良，体重不足（占5岁以下儿童的百分比）	..	*1.7*	..
儿童麻疹免疫接种率（占12—23个月年龄组的百分比）	89	93	85
小学毕业率，总数（占适龄年龄组的百分比）	..	94	102
中学总入学率，总数（占适龄年龄组的百分比）	..	78	86
小学和中学中女孩与男孩的比率（百分比）	..	107	105
HIV感染率（占15—49岁人口的百分比）	..	..	..
环境			
森林（千平方公里）	1.3	1.7	*1.7*
森林采伐（1990—2000年和2000—2010年，平均年度百分比）		-2.8	*0.0*
淡水使用量（占内陆水资源的百分比）	..	..	..
获得改善的水资源的人口（占总人口的百分比）	89	93	99
获得改善的卫生设施的人口（占总人口的百分比）	93	92	92
人均能源使用量（千克石油当量）	265	..	..
人均二氧化碳排放量（吨）	0.8	0.8	*0.9*
人均用电量（千瓦时）	..	..	..
经济			
GDP（百万美元）	112	240	684
GDP增长率（年度百分比）	-4.4	7.0	2.9
GDP隐含价格平减指数（年度增长百分比）	9.0	2.8	1.6
农业增加值（占GDP的百分比）	..	17	10
工业增加值（占GDP的百分比）	..	26	27
服务业增加值（占GDP的百分比）	..	57	63
货物和服务出口（占GDP的百分比）	..	34	32
货物和服务进口（占GDP的百分比）	..	57	61
资本形成总额（占GDP的百分比）	..	..	..
中央政府收入（占GDP的百分比）	..	..	0.0
中央政府现金盈余/赤字（占GDP的百分比）	..	..	0.0
政府与市场			
创办企业的时间（天）	..	*42*	9
股票市场资本总额（占GDP的百分比）	..	..	..
军费支出（占GDP的百分比）	..	..	..
移动电话用户（每100人）	0.0	1.4	..
互联网用户（占总人口的百分比）	0.0	0.6	12.9
铺敷道路（占总数的百分比）	..	*14.0*	..
高科技出口（占制成品出口的百分比）	..	*1*	0
全球联系			
商品贸易（占GDP的百分比）	80	71	62
净易货贸易条件指数（2000年=100）	..	100	81
外债总额（百万美元）	92	139	423
债务还本付息总额（占出口的百分比）	10.6	5.7	5.3
净移民（千人）	*-13.7*	*-15.7*	-12.7
获得的侨汇（百万美元）	43	45	159
外国直接投资，净流入额（百万美元）	6.6	-1.5	23.5
获得的净官方发展援助（百万美元）	48	27	121

圣马力诺

高收入经济体

人口（千人）	31	人口增长率（百分比）	0.6
陆地面积（平方公里）	60	每天生活费用不足1.25美元的人口（占人口的百分比）	..
GNI，图表集法（10亿美元）	..	人均GNI，图表集法（美元）	..
PPP衡量的GNI（百万美元）	..	PPP衡量的人均GNI（美元）	..

	1990	2000	2012
人口			
最贫困的20%人口占国家消费/收入的份额（百分比）	..	..	..
出生时的预期寿命（岁）	..	81	*83*
总生育率（每个女性生育数）	..	..	1.3
青年女性生育率（每千名15—19岁女性生育数）	..	..	..
避孕普及率（占15—49岁已婚女性的百分比）	..	..	..
在熟练医护人员护理下的分娩（占总数的百分比）	..	..	..
5岁以下儿童死亡率（每千人）	11	6	3
儿童营养不良，体重不足（占5岁以下儿童的百分比）	..	..	..
儿童麻疹免疫接种率（占12—23个月年龄组的百分比）	0	74	*87*
小学毕业率，总数（占适龄年龄组的百分比）	..	..	*93*
中学总入学率，总数（占适龄年龄组的百分比）	..	..	*95*
小学和中学中女孩与男孩的比率（百分比）	..	..	*100*
HIV感染率（占15—49岁人口的百分比）	..	..	..
环境			
森林（平方公里）	0.0	0.0	*0.0*
森林采伐（1990—2000年和2000—2010年，平均年度百分比）		0.0	*0.0*
淡水使用量（占内陆水资源的百分比）	..	..	..
获得改善的水资源的人口（占总人口的百分比）	..	..	..
获得改善的卫生设施的人口（占总人口的百分比）	..	..	..
人均能源使用量（千克石油当量）	..	..	..
人均二氧化碳排放量（吨）	..	..	..
人均用电量（千瓦时）	..	..	..
经济			
GDP（百万美元）	..	774	..
GDP增长率（年度百分比）	2.1	2.2	..
GDP隐含价格平减指数（年度增长百分比）	8.4	2.6	..
农业增加值（占GDP的百分比）	..	..	..
工业增加值（占GDP的百分比）	..	..	..
服务业增加值（占GDP的百分比）	..	..	..
货物和服务出口（占GDP的百分比）	..	..	..
货物和服务进口（占GDP的百分比）	..	..	..
资本形成总额（占GDP的百分比）	..	..	..
中央政府收入（占GDP的百分比）	..	*46.4*	..
中央政府现金盈余/赤字（占GDP的百分比）	..	*1.3*	..
政府与市场			
创办企业的时间（天）	..	..	40
股票市场资本总额（占GDP的百分比）	..	..	..
军费支出（占GDP的百分比）	..	..	..
移动电话用户（每100人）	0.0	53.8	115.2
互联网用户（占总人口的百分比）	0.0	48.8	50.9
铺敷道路（占总数的百分比）	..	..	..
高科技出口（占制成品出口的百分比）	..	..	..
全球联系			
商品贸易（占GDP的百分比）	..	..	..
净易货贸易条件指数（2000年=100）	..	..	..
外债总额（百万美元）	..	..	..
债务还本付息总额（占出口的百分比）	..	..	..
净移民（千人）	..	..	..
获得的侨汇（百万美元）	..	..	..
外国直接投资，净流入额（百万美元）	..	..	..
获得的净官方发展援助（百万美元）	..	..	..

圣多美和普林西比

撒哈拉以南非洲地区 **中低收入经济体**

人口（千人）	188	人口增长率（百分比）	2.7
陆地面积（平方公里）	960	每天生活费用不足1.25美元的人口（占人口的百分比）	*28.2*
GNI，图表集法（百万美元）	246.6	人均GNI，图表集法（美元）	1,310
PPP衡量的GNI（百万美元）	339.8	PPP衡量的人均GNI（美元）	1,810

	1990	2000	2012
人口			
最贫困的20%人口占国家消费/收入的份额（百分比）	..	*5.2*	..
出生时的预期寿命（岁）	62	63	66
总生育率（每个女性生育数）	5.4	4.7	4.1
青年女性生育率（每千名15—19岁女性生育数）	113	89	65
避孕普及率（占15—49岁已婚女性的百分比）	..	29	*38*
在熟练医护人员护理下的分娩（占总数的百分比）	..	79	*82*
5岁以下儿童死亡率（每千人）	104	87	53
儿童营养不良，体重不足（占5岁以下儿童的百分比）	..	10.1	*14.4*
儿童麻疹免疫接种率（占12—23个月年龄组的百分比）	71	69	92
小学毕业率，总数（占适龄年龄组的百分比）	*77*	*43*	*104*
中学总入学率，总数（占适龄年龄组的百分比）	*34*	*36*	*80*
小学和中学中女孩与男孩的比率（百分比）	*95*	*100*	*102*
HIV感染率（占15—49岁人口的百分比）	0.1	0.9	1.0
环境			
森林（平方公里）	270	270	*270*
森林采伐（1990—2000年和2000—2010年，平均年度百分比）		0.0	*0.0*
淡水使用量（占内陆水资源的百分比）	..	*0.3*	*0.3*
获得改善的水资源的人口（占总人口的百分比）	..	78	97
获得改善的卫生设施的人口（占总人口的百分比）	..	21	34
人均能源使用量（千克石油当量）	200	..	..
人均二氧化碳排放量（吨）	0.4	0.3	*0.6*
人均用电量（千瓦时）	..	..	..
经济			
GDP（百万美元）	..	77	263
GDP增长率（年度百分比）	..	*2.0*	4.0
GDP隐含价格平减指数（年度增长百分比）	..	*19.6*	10.4
农业增加值（占GDP的百分比）	..	12	..
工业增加值（占GDP的百分比）	..	10	..
服务业增加值（占GDP的百分比）	..	77	..
货物和服务出口（占GDP的百分比）	..	21	11
货物和服务进口（占GDP的百分比）	..	57	53
资本形成总额（占GDP的百分比）	..	..	..
中央政府收入（占GDP的百分比）	..	*13.8*	*18.0*
中央政府现金盈余/赤字（占GDP的百分比）	..	*-16.4*	*-12.6*
政府与市场			
创办企业的时间（天）	..	..	5
股票市场资本总额（占GDP的百分比）	..	..	..
军费支出（占GDP的百分比）	..	..	..
移动电话用户（每100人）	0.0	0.0	65.0
互联网用户（占总人口的百分比）	0.0	4.6	21.6
铺敷道路（占总数的百分比）	61.6	68.0	..
高科技出口（占制成品出口的百分比）	..	*1*	14
全球联系			
商品贸易（占GDP的百分比）	..	43	57
净易货贸易条件指数（2000年=100）	101	100	107
外债总额（百万美元）	150	304	202
债务还本付息总额（占出口的百分比）	34.8	25.4	6.9
净移民（千人）	*-3.7*	*-6.0*	-1.5
获得的侨汇（百万美元）	0.3	0.5	6.4
外国直接投资，净流入额（百万美元）	*-0.1*	3.8	22.5
获得的净官方发展援助（百万美元）	54.1	34.9	48.8

沙特阿拉伯

高收入经济体

人口（百万）	28.3	人口增长率（百分比）	1.9
陆地面积（千平方公里）	2,150	每天生活费用不足1.25美元的人口（占人口的百分比）	..
GNI，图表集法（10亿美元）	687.8	人均GNI，图表集法（美元）	24,310
PPP衡量的GNI（10亿美元）	*837.4*	PPP衡量的人均GNI（美元）	*30,160*

	1990	2000	2012
人口			
最贫困的20%人口占国家消费/收入的份额（百分比）	..	..	..
出生时的预期寿命（岁）	69	73	75
总生育率（每个女性生育数）	5.8	4.0	2.7
青年女性生育率（每千名15—19岁女性生育数）	69	27	10
避孕普及率（占15—49岁已婚女性的百分比）	..	*21*	*24*
在熟练医护人员护理下的分娩（占总数的百分比）	..	*96*	*97*
5岁以下儿童死亡率（每千人）	47	22	9
儿童营养不良，体重不足（占5岁以下儿童的百分比）	..	..	..
儿童麻疹免疫接种率（占12—23个月年龄组的百分比）	88	94	98
小学毕业率，总数（占适龄年龄组的百分比）	..	..	106
中学总入学率，总数（占适龄年龄组的百分比）	..	..	114
小学和中学中女孩与男孩的比率（百分比）	..	..	102
HIV感染率（占15—49岁人口的百分比）	..	..	..
环境			
森林（千平方公里）	9.8	9.8	*9.8*
森林采伐（1990—2000年和2000—2010年，平均年度百分比）		0.0	*0.0*
淡水使用量（占内陆水资源的百分比）	*709.2*	*709.2*	*986.3*
获得改善的水资源的人口（占总人口的百分比）	92	95	97
获得改善的卫生设施的人口（占总人口的百分比）	92	97	100
人均能源使用量（千克石油当量）	3,687	5,030	*6,738*
人均二氧化碳排放量（吨）	13.4	14.7	*17.0*
人均用电量（千瓦时）	4,025	5,811	*8,161*
经济			
GDP（10亿美元）	117	188	711
GDP增长率（年度百分比）	8.3	4.9	5.1
GDP隐含价格平减指数（年度增长百分比）	13.1	11.6	1.0
农业增加值（占GDP的百分比）	6	5	2
工业增加值（占GDP的百分比）	49	54	63
服务业增加值（占GDP的百分比）	45	41	35
货物和服务出口（占GDP的百分比）	41	44	56
货物和服务进口（占GDP的百分比）	32	25	30
资本形成总额（占GDP的百分比）	15	19	26
中央政府收入（占GDP的百分比）	..	..	..
中央政府现金盈余/赤字（占GDP的百分比）	..	..	..
政府与市场			
创办企业的时间（天）	..	*74*	21
股票市场资本总额（占GDP的百分比）	*36.7*	35.6	52.5
军费支出（占GDP的百分比）	14.0	10.6	8.0
移动电话用户（每100人）	0.1	6.8	187.4
互联网用户（占总人口的百分比）	0.0	2.2	54.0
铺敷道路（占总数的百分比）	40.6	30.0	..
高科技出口（占制成品出口的百分比）	*0*	0	*1*
全球联系			
商品贸易（占GDP的百分比）	59	57	75
净易货贸易条件指数（2000年=100）	..	100	216
外债总额（百万美元）	..	..	..
债务还本付息总额（占出口的百分比）	..	..	..
净移民（千人）	*-122*	*2,198*	300
获得的侨汇（百万美元）	..	..	246
外国直接投资，净流入额（10亿美元）	1.9	-1.9	12.2
获得的净官方发展援助（百万美元）	14.7	22.0	..

塞内加尔

撒哈拉以南非洲地区		中低收入经济体	
人口（百万）	13.7	人口增长率（百分比）	2.9
陆地面积（千平方公里）	197	每天生活费用不足1.25美元的人口（占人口的百分比）	*29.6*
GNI，图表集法（10亿美元）	14.2	人均GNI，图表集法（美元）	1,030
PPP衡量的GNI（10亿美元）	25.8	PPP衡量的人均GNI（美元）	1,880

	1990	2000	2012
人口			
最贫困的20%人口占国家消费/收入的份额（百分比）	*3.5*	*6.6*	*6.1*
出生时的预期寿命（岁）	57	58	63
总生育率（每个女性生育数）	6.6	5.6	5.0
青年女性生育率（每千名15—19岁女性生育数）	134	107	94
避孕普及率（占15—49岁已婚女性的百分比）	*7*	*11*	*13*
在熟练医护人员护理下的分娩（占总数的百分比）	*47*	58	*65*
5岁以下儿童死亡率（每千人）	142	139	60
儿童营养不良，体重不足（占5岁以下儿童的百分比）	*19.0*	20.3	14.4
儿童麻疹免疫接种率（占12—23个月年龄组的百分比）	51	48	84
小学毕业率，总数（占适龄年龄组的百分比）	42	39	60
中学总入学率，总数（占适龄年龄组的百分比）	15	16	*41*
小学和中学中女孩与男孩的比率（百分比）	68	82	*101*
HIV感染率（占15—49岁人口的百分比）	0.1	0.5	0.5
环境			
森林（千平方公里）	93	89	*84*
森林采伐（1990—2000年和2000—2010年，平均年度百分比）		0.5	*0.5*
淡水使用量（占内陆水资源的百分比）	..	*8.6*	*8.6*
获得改善的水资源的人口（占总人口的百分比）	60	66	74
获得改善的卫生设施的人口（占总人口的百分比）	35	43	52
人均能源使用量（千克石油当量）	224	243	*264*
人均二氧化碳排放量（吨）	0.4	0.4	0.5
人均用电量（千瓦时）	104	102	*187*
经济			
GDP（10亿美元）	5.7	4.7	14.0
GDP增长率（年度百分比）	-0.7	3.2	3.5
GDP隐含价格平减指数（年度增长百分比）	0.0	1.9	1.7
农业增加值（占GDP的百分比）	20	19	17
工业增加值（占GDP的百分比）	22	23	24
服务业增加值（占GDP的百分比）	58	58	59
货物和服务出口（占GDP的百分比）	25	28	24
货物和服务进口（占GDP的百分比）	32	37	42
资本形成总额（占GDP的百分比）	9	20	28
中央政府收入（占GDP的百分比）	..	..	*20.2*
中央政府现金盈余/赤字（占GDP的百分比）	..	..	*-6.2*
政府与市场			
创办企业的时间（天）	..	*59*	6
股票市场资本总额（占GDP的百分比）	..	..	..
军费支出（占GDP的百分比）	2.0	1.3	*1.5*
移动电话用户（每100人）	0.0	2.5	83.6
互联网用户（占总人口的百分比）	0.0	0.4	19.2
铺敷道路（占总数的百分比）	27.2	29.0	*35.5*
高科技出口（占制成品出口的百分比）	..	7	1
全球联系			
商品贸易（占GDP的百分比）	35	52	64
净易货贸易条件指数（2000年=100）	172	100	109
外债总额（10亿美元）	3.8	3.7	4.9
债务还本付息总额（占出口的百分比）	21.1	16.3	*9.0*
净移民（千人）	*-70*	*-151*	-100
获得的侨汇（百万美元）	142	233	*1,478*
外国直接投资，净流入额（百万美元）	57	63	338
获得的净官方发展援助（百万美元）	812	431	1,080

塞尔维亚

欧洲和中亚		中高收入经济体	
人口（百万）	7.2	人口增长率（百分比）	-0.5
陆地面积（千平方公里）	88	每天生活费用不足1.25美元的人口（占人口的百分比）	<2
GNI，图表集法（10亿美元）	38.1	人均GNI，图表集法（美元）	5,280
PPP衡量的GNI（10亿美元）	82.6	PPP衡量的人均GNI（美元）	11,430

	1990	2000	2012
人口			
最贫困的20%人口占国家消费/收入的份额（百分比）	..	*8.0*	*8.4*
出生时的预期寿命（岁）	*71*	72	75
总生育率（每个女性生育数）	*1.8*	1.5	1.3
青年女性生育率（每千名15—19岁女性生育数）	39	25	17
避孕普及率（占15—49岁已婚女性的百分比）	..	59	*61*
在熟练医护人员护理下的分娩（占总数的百分比）	..	98	*100*
5岁以下儿童死亡率（每千人）	28	13	7
儿童营养不良，体重不足（占5岁以下儿童的百分比）	..	..	*1.6*
儿童麻疹免疫接种率（占12—23个月年龄组的百分比）	*82*	89	87
小学毕业率，总数（占适龄年龄组的百分比）	..	..	93
中学总入学率，总数（占适龄年龄组的百分比）	..	91	92
小学和中学中女孩与男孩的比率（百分比）	..	101	101
HIV感染率（占15—49岁人口的百分比）	..	..	..
环境			
森林（千平方公里）	23	25	28
森林采伐（1990—2000年和2000—2010年，平均年度百分比）		-0.6	*-1.0*
淡水使用量（占内陆水资源的百分比）	..	..	*49.0*
获得改善的水资源的人口（占总人口的百分比）	99	100	99
获得改善的卫生设施的人口（占总人口的百分比）	96	96	97
人均能源使用量（千克石油当量）	2,599	1,826	*2,230*
人均二氧化碳排放量（吨）	..	..	*6.3*
人均用电量（千瓦时）	4,629	4,199	*4,474*
经济			
GDP（10亿美元）	..	6.1	37.5
GDP增长率（年度百分比）	-8.0	5.3	-1.7
GDP隐含价格平减指数（年度增长百分比）	..	77.4	5.5
农业增加值（占GDP的百分比）	..	20	*9*
工业增加值（占GDP的百分比）	..	30	*27*
服务业增加值（占GDP的百分比）	..	50	*64*
货物和服务出口（占GDP的百分比）	..	24	*38*
货物和服务进口（占GDP的百分比）	..	40	*54*
资本形成总额（占GDP的百分比）	..	9	*26*
中央政府收入（占GDP的百分比）	..	..	*37.6*
中央政府现金盈余/赤字（占GDP的百分比）	..	..	*-4.5*
政府与市场			
创办企业的时间（天）	..	56	12
股票市场资本总额（占GDP的百分比）	..	*4.9*	19.9
军费支出（占GDP的百分比）	..	5.5	2.2
移动电话用户（每100人）	..	..	117.8
互联网用户（占总人口的百分比）	..	..	48.1
铺敷道路（占总数的百分比）	..	63.0	*63.5*
高科技出口（占制成品出口的百分比）	..	..	..
全球联系			
商品贸易（占GDP的百分比）	..	..	81
净易货贸易条件指数（2000年=100）	..	..	104
外债总额（10亿美元）	17.8[f]	11.6[f]	34.4
债务还本付息总额（占出口的百分比）	..	..	36.7
净移民（千人）	*428*	*-324*	-100
获得的侨汇（百万美元）	..	..	2,763
外国直接投资，净流入额（百万美元）	*126*[f]	52[f]	355
获得的净官方发展援助（10亿美元）	..	1.1[f]	1.1

塞舌尔

撒哈拉以南非洲地区		中高收入经济体	
人口（千人）	88	人口增长率（百分比）	1.0
陆地面积（平方公里）	460	每天生活费用不足1.25美元的人口（占人口的百分比）	<2
GNI，图表集法（百万美元）	1.1	人均GNI，图表集法（美元）	12,180
PPP衡量的GNI（百万美元）	2.3	PPP衡量的人均GNI（美元）	25,580

	1990	2000	2012
人口			
最贫困的20%人口占国家消费/收入的份额（百分比）	..	5.7	*3.7*
出生时的预期寿命（岁）	*71*	*73*	73
总生育率（每个女性生育数）	*2.7*	2.1	2.4
青年女性生育率（每千名15—19岁女性生育数）	68	58	56
避孕普及率（占15—49岁已婚女性的百分比）	..	..	..
在熟练医护人员护理下的分娩（占总数的百分比）	..	..	..
5岁以下儿童死亡率（每千人）	17	14	13
儿童营养不良，体重不足（占5岁以下儿童的百分比）	*5.0*	..	..
儿童麻疹免疫接种率（占12—23个月年龄组的百分比）	86	97	98
小学毕业率，总数（占适龄年龄组的百分比）	*107*	102	*105*
中学总入学率，总数（占适龄年龄组的百分比）	*121*	100	*101*
小学和中学中女孩与男孩的比率（百分比）	*100*	104	*107*
HIV感染率（占15—49岁人口的百分比）	..	..	..
环境			
森林（平方公里）	407	407	*407*
森林采伐（1990—2000年和2000—2010年，平均年度百分比）		0.0	*0.0*
淡水使用量（占内陆水资源的百分比）	..	..	..
获得改善的水资源的人口（占总人口的百分比）	96	96	96
获得改善的卫生设施的人口（占总人口的百分比）	97	97	97
人均能源使用量（千克石油当量）	537	..	..
人均二氧化碳排放量（吨）	1.6	7.0	*7.8*
人均用电量（千瓦时）	..	..	..
经济			
GDP（百万美元）	369	615	1,129
GDP增长率（年度百分比）	7.5	4.2	2.8
GDP隐含价格平减指数（年度增长百分比）	6.4	1.3	13.1
农业增加值（占GDP的百分比）	5	3	2
工业增加值（占GDP的百分比）	16	29	14
服务业增加值（占GDP的百分比）	79	68	84
货物和服务出口（占GDP的百分比）	15	32	*45*
货物和服务进口（占GDP的百分比）	51	55	*98*
资本形成总额（占GDP的百分比）	..	..	..
中央政府收入（占GDP的百分比）	*51.6*	38.7	34.3
中央政府现金盈余/赤字（占GDP的百分比）	*-4.9*	-13.9	4.8
政府与市场			
创办企业的时间（天）	..	..	39
股票市场资本总额（占GDP的百分比）	..	..	..
军费支出（占GDP的百分比）	4.0	1.7	0.8
移动电话用户（每100人）	0.0	32.5	147.8
互联网用户（占总人口的百分比）	0.0	7.4	47.1
铺敷道路（占总数的百分比）	56.9	*96.1*	*96.5*
高科技出口（占制成品出口的百分比）	*1*	2	..
全球联系			
商品贸易（占GDP的百分比）	66	87	115
净易货贸易条件指数（2000年=100）	78	100	78
外债总额（百万美元）	185	304	2,024
债务还本付息总额（占出口的百分比）	9.1	4.2	64.3
净移民（千人）	*0.6*	*2.5*	-1.6
获得的侨汇（百万美元）	7.5	3.2	1.3
外国直接投资，净流入额（百万美元）	20.2	24.3	11.6
获得的净官方发展援助（百万美元）	35.6	23.1	35.3

塞拉利昂

撒哈拉以南非洲地区			低收入经济体
人口（百万）	6.0	人口增长率（百分比）	1.9
陆地面积（千平方公里）	72	每天生活费用不足1.25美元的人口（占人口的百分比）	*51.7*
GNI，图表集法（10亿美元）	3.5	人均GNI，图表集法（美元）	580
PPP衡量的GNI（10亿美元）	8.0	PPP衡量的人均GNI（美元）	1,340

	1990	2000	2012
人口			
最贫困的20%人口占国家消费/收入的份额（百分比）	..	*6.1*	*7.8*
出生时的预期寿命（岁）	37	38	45
总生育率（每个女性生育数）	6.5	5.9	4.8
青年女性生育率（每千名15—19岁女性生育数）	139	128	101
避孕普及率（占15—49岁已婚女性的百分比）	*3*	4	*11*
在熟练医护人员护理下的分娩（占总数的百分比）	..	42	*63*
5岁以下儿童死亡率（每千人）	257	234	182
儿童营养不良，体重不足（占5岁以下儿童的百分比）	25.4	24.7	*21.1*
儿童麻疹免疫接种率（占12—23个月年龄组的百分比）	0	37	80
小学毕业率，总数（占适龄年龄组的百分比）	..	..	72
中学总入学率，总数（占适龄年龄组的百分比）	16	*26*	..
小学和中学中女孩与男孩的比率（百分比）	64	*70*	..
HIV感染率（占15—49岁人口的百分比）	0.1	0.9	1.5
环境			
森林（千平方公里）	31	29	*27*
森林采伐（1990—2000年和2000—2010年，平均年度百分比）		0.7	*0.7*
淡水使用量（占内陆水资源的百分比）	..	*0.3*	*0.3*
获得改善的水资源的人口（占总人口的百分比）	37	47	60
获得改善的卫生设施的人口（占总人口的百分比）	11	12	13
人均能源使用量（千克石油当量）	..	..	..
人均二氧化碳排放量（吨）	0.10	0.10	*0.12*
人均用电量（千瓦时）	..	..	..
经济			
GDP（百万美元）	650	636	3,796
GDP增长率（年度百分比）	3.3	6.7	15.2
GDP隐含价格平减指数（年度增长百分比）	70.6	3.3	12.0
农业增加值（占GDP的百分比）	47	58	*57*
工业增加值（占GDP的百分比）	19	28	*8*
服务业增加值（占GDP的百分比）	34	13	*35*
货物和服务出口（占GDP的百分比）	35	18	*16*
货物和服务进口（占GDP的百分比）	34	39	*54*
资本形成总额（占GDP的百分比）	13	1	*40*
中央政府收入（占GDP的百分比）	5.6	11.4	11.4
中央政府现金盈余/赤字（占GDP的百分比）	..	-9.3	-5.2
政府与市场			
创办企业的时间（天）	..	*26*	12
股票市场资本总额（占GDP的百分比）	..	..	..
军费支出（占GDP的百分比）	1.4	3.7	0.7
移动电话用户（每100人）	0.0	0.3	37.0
互联网用户（占总人口的百分比）	0.0	0.1	1.3
铺敷道路（占总数的百分比）	10.6	8.0	..
高科技出口（占制成品出口的百分比）	..	28	..
全球联系			
商品贸易（占GDP的百分比）	44	25	63
净易货贸易条件指数（2000年=100）	..	100	58
外债总额（10亿美元）	1.2	1.2	1.1
债务还本付息总额（占出口的百分比）	10.0	76.4	1.5
净移民（千人）	*-450*	*500*	-21
获得的侨汇（百万美元）	0.0	7.1	61.0
外国直接投资，净流入额（百万美元）	32	39	548
获得的净官方发展援助（百万美元）	59	181	443

新加坡

高收入经济体

人口（百万）	5.3	人口增长率（百分比）	2.5
陆地面积（平方公里）	710	每天生活费用不足1.25美元的人口（占人口的百分比）	..
GNI，图表集法（10亿美元）	250.8	人均GNI，图表集法（美元）	47,210
PPP衡量的GNI（10亿美元）	319.3	PPP衡量的人均GNI（美元）	60,110

	1990	2000	2012
人口			
最贫困的20%人口占国家消费/收入的份额（百分比）	..	*5.0*	..
出生时的预期寿命（岁）	76	78	82
总生育率（每个女性生育数）	1.9	*1.4*	1.3
青年女性生育率（每千名15—19岁女性生育数）	8	8	6
避孕普及率（占15—49岁已婚女性的百分比）	*65*	..	..
在熟练医护人员护理下的分娩（占总数的百分比）	..	*100*	..
5岁以下儿童死亡率（每千人）	8	4	3
儿童营养不良，体重不足（占5岁以下儿童的百分比）	..	3.3	..
儿童麻疹免疫接种率（占12—23个月年龄组的百分比）	84	96	95
小学毕业率，总数（占适龄年龄组的百分比）	..	..	..
中学总入学率，总数（占适龄年龄组的百分比）	..	..	..
小学和中学中女孩与男孩的比率（百分比）	..	..	..
HIV感染率（占15—49岁人口的百分比）	..	..	..
环境			
森林（平方公里）	23	23	*23*
森林采伐（1990—2000年和2000—2010年，平均年度百分比）		0.0	*0.0*
淡水使用量（占内陆水资源的百分比）	..	*31.7*	*31.7*
获得改善的水资源的人口（占总人口的百分比）	100	100	100
获得改善的卫生设施的人口（占总人口的百分比）	99	100	100
人均能源使用量（千克石油当量）	3,779	4,641	*6,452*
人均二氧化碳排放量（吨）	15.4	12.2	*2.7*
人均用电量（千瓦时）	4,983	7,575	*8,404*
经济			
GDP（10亿美元）	36	96	275
GDP增长率（年度百分比）	10.1	9.0	1.3
GDP隐含价格平减指数（年度增长百分比）	4.4	3.6	2.1
农业增加值（占GDP的百分比）	0	0	0
工业增加值（占GDP的百分比）	32	35	27
服务业增加值（占GDP的百分比）	68	65	73
货物和服务出口（占GDP的百分比）	177	192	201
货物和服务进口（占GDP的百分比）	167	179	178
资本形成总额（占GDP的百分比）	35	33	27
中央政府收入（占GDP的百分比）	25.4	26.2	18.7
中央政府现金盈余/赤字（占GDP的百分比）	10.5	11.2	9.0
政府与市场			
创办企业的时间（天）	..	*8*	3
股票市场资本总额（占GDP的百分比）	95.0	159.3	150.8
军费支出（占GDP的百分比）	4.6	4.6	3.5
移动电话用户（每100人）	1.7	70.1	152.1
互联网用户（占总人口的百分比）	0.0	36.0	74.2
铺敷道路（占总数的百分比）	97.1	100.0	*100.0*
高科技出口（占制成品出口的百分比）	40	63	45
全球联系			
商品贸易（占GDP的百分比）	314	284	287
净易货贸易条件指数（2000年=100）	116	100	81
外债总额（百万美元）	..	..	..
债务还本付息总额（占出口的百分比）	..	..	..
净移民（千人）	*249*	*436*	400
获得的侨汇（百万美元）	..	..	..
外国直接投资，净流入额（10亿美元）	5.6	16.5	56.7
获得的净官方发展援助（百万美元）	-3.1	..	..

荷属圣马丁

高收入经济体

人口（千人）	39	人口增长率（百分比）	1.6
陆地面积（平方公里）	34	每天生活费用不足1.25美元的人口（占人口的百分比）	..
GNI，图表集法（百万美元）	..	人均GNI，图表集法（美元）	..
PPP衡量的GNI（百万美元）	..	PPP衡量的人均GNI（美元）	..

	1990	2000	2012
人口			
最贫困的20%人口占国家消费/收入的份额（百分比）	..	..	..
出生时的预期寿命（岁）	..	..	*76*
总生育率（每个女性生育数）	..	..	*1.7*
青年女性生育率（每千名15—19岁女性生育数）	..	..	..
避孕普及率（占15—49岁已婚女性的百分比）	..	..	..
在熟练医护人员护理下的分娩（占总数的百分比）	..	..	..
5岁以下儿童死亡率（每千人）	..	..	..
儿童营养不良，体重不足（占5岁以下儿童的百分比）	..	..	..
儿童麻疹免疫接种率（占12—23个月年龄组的百分比）	..	..	..
小学毕业率，总数（占适龄年龄组的百分比）	..	..	..
中学总入学率，总数（占适龄年龄组的百分比）	..	..	..
小学和中学中女孩与男孩的比率（百分比）	..	..	..
HIV感染率（占15—49岁人口的百分比）	..	..	..
环境			
森林（平方公里）	..	..	..
森林采伐（1990—2000年和2000—2010年，平均年度百分比）		..	..
淡水使用量（占内陆水资源的百分比）	..	..	..
获得改善的水资源的人口（占总人口的百分比）	..	..	..
获得改善的卫生设施的人口（占总人口的百分比）	..	..	..
人均能源使用量（千克石油当量）	..	..	..
人均二氧化碳排放量（吨）	..	..	..
人均用电量（千瓦时）	..	..	..
经济			
GDP（百万美元）	..	..	..
GDP增长率（年度百分比）	..	..	..
GDP隐含价格平减指数（年度增长百分比）	..	..	..
农业增加值（占GDP的百分比）	..	..	..
工业增加值（占GDP的百分比）	..	..	..
服务业增加值（占GDP的百分比）	..	..	..
货物和服务出口（占GDP的百分比）	..	..	..
货物和服务进口（占GDP的百分比）	..	..	..
资本形成总额（占GDP的百分比）	..	..	..
中央政府收入（占GDP的百分比）	..	..	..
中央政府现金盈余/赤字（占GDP的百分比）	..	..	..
政府与市场			
创办企业的时间（天）	..	..	..
股票市场资本总额（占GDP的百分比）	..	..	..
军费支出（占GDP的百分比）	..	..	..
移动电话用户（每100人）	..	..	..
互联网用户（占总人口的百分比）	..	..	..
铺敷道路（占总数的百分比）	..	..	..
高科技出口（占制成品出口的百分比）	..	..	..
全球联系			
商品贸易（占GDP的百分比）	..	..	..
净易货贸易条件指数（2000年=100）	..	..	..
外债总额（百万美元）	..	..	..
债务还本付息总额（占出口的百分比）	..	..	..
净移民（千人）	..	..	..
获得的侨汇（百万美元）	..	..	12.5
外国直接投资，净流入额（百万美元）	..	..	13.5
获得的净官方发展援助（百万美元）	..	..	..

斯洛伐克

高收入经济体

人口（百万）	5.4	人口增长率（百分比）	0.2
陆地面积（千平方公里）	49	每天生活费用不足1.25美元的人口（占人口的百分比）	<2
GNI，图表集法（10亿美元）	93.0	人均GNI，图表集法（美元）	17,190
PPP衡量的GNI（10亿美元）	137.5	PPP衡量的人均GNI（美元）	25,430

	1990	2000	2012
人口			
最贫困的20%人口占国家消费/收入的份额（百分比）	*11.9*	*9.2*	*10.1*
出生时的预期寿命（岁）	71	73	76
总生育率（每个女性生育数）	2.1	1.3	1.3
青年女性生育率（每千名15—19岁女性生育数）	48	23	16
避孕普及率（占15—49岁已婚女性的百分比）	*74*	..	..
在熟练医护人员护理下的分娩（占总数的百分比）	100	100	*99*
5岁以下儿童死亡率（每千人）	18	12	8
儿童营养不良，体重不足（占5岁以下儿童的百分比）	..	..	..
儿童麻疹免疫接种率（占12—23个月年龄组的百分比）	*0*	98	99
小学毕业率，总数（占适龄年龄组的百分比）	*96*	97	95
中学总入学率，总数（占适龄年龄组的百分比）	*87*	86	94
小学和中学中女孩与男孩的比率（百分比）	*102*	101	100
HIV感染率（占15—49岁人口的百分比）	..	..	..
环境			
森林（千平方公里）	19	19	*19*
森林采伐（1990—2000年和2000—2010年，平均年度百分比）		0.0	*-0.1*
淡水使用量（占内陆水资源的百分比）	..	*9.3*	*5.5*
获得改善的水资源的人口（占总人口的百分比）	100	100	100
获得改善的卫生设施的人口（占总人口的百分比）	100	100	100
人均能源使用量（千克石油当量）	4,025	3,293	3,084
人均二氧化碳排放量（吨）	*8.5*	6.9	*6.7*
人均用电量（千瓦时）	*5,542*	4,956	*5,348*
经济			
GDP（10亿美元）	11.7	28.7	91.1
GDP增长率（年度百分比）	-2.7	1.4	1.8
GDP隐含价格平减指数（年度增长百分比）	6.9	9.4	1.3
农业增加值（占GDP的百分比）	7	4	*4*
工业增加值（占GDP的百分比）	59	36	*35*
服务业增加值（占GDP的百分比）	33	59	*61*
货物和服务出口（占GDP的百分比）	27	70	*89*
货物和服务进口（占GDP的百分比）	36	73	*87*
资本形成总额（占GDP的百分比）	33	26	*22*
中央政府收入（占GDP的百分比）	..	*35.3*	*28.4*
中央政府现金盈余/赤字（占GDP的百分比）	..	*-3.2*	*-4.9*
政府与市场			
创办企业的时间（天）	..	*103*	19
股票市场资本总额（占GDP的百分比）	..	4.2	5.1
军费支出（占GDP的百分比）	*2.0*	1.7	1.1
移动电话用户（每100人）	0.0	23.1	111.9
互联网用户（占总人口的百分比）	0.0	9.4	80.0
铺敷道路（占总数的百分比）	..	87.0	*100.0*
高科技出口（占制成品出口的百分比）	..	4	9
全球联系			
商品贸易（占GDP的百分比）	*91*	86	175
净易货贸易条件指数（2000年=100）	..	100	92
外债总额（百万美元）	..	..	..
债务还本付息总额（占出口的百分比）	..	..	..
净移民（千人）	*-15.1*	5.8	15.0
获得的侨汇（百万美元）	*79*	18	1,928
外国直接投资，净流入额（10亿美元）	*0.2*	2.1	1.5
获得的净官方发展援助（百万美元）	..	..	..

斯洛文尼亚

高收入经济体

人口（百万）	2.1	人口增长率（百分比）	0.2
陆地面积（千平方公里）	20	每天生活费用不足1.25美元的人口（占人口的百分比）	<2
GNI，图表集法（10亿美元）	46.9	人均GNI，图表集法（美元）	22,810
PPP衡量的GNI（10亿美元）	58.1	PPP衡量的人均GNI（美元）	28,240

	1990	2000	2012
人口			
最贫困的20%人口占国家消费/收入的份额（百分比）	9.3	8.7	..
出生时的预期寿命（岁）	73	75	80
总生育率（每个女性生育数）	1.5	1.3	1.6
青年女性生育率（每千名15—19岁女性生育数）	18	6	1
避孕普及率（占15—49岁已婚女性的百分比）	..	..	..
在熟练医护人员护理下的分娩（占总数的百分比）	100	100	100
5岁以下儿童死亡率（每千人）	10	6	3
儿童营养不良，体重不足（占5岁以下儿童的百分比）	..	..	..
儿童麻疹免疫接种率（占12—23个月年龄组的百分比）	90	95	95
小学毕业率，总数（占适龄年龄组的百分比）	93	96	101
中学总入学率，总数（占适龄年龄组的百分比）	87	99	98
小学和中学中女孩与男孩的比率（百分比）	102	103	100
HIV感染率（占15—49岁人口的百分比）	..	..	..
环境			
森林（千平方公里）	12	12	13
森林采伐（1990—2000年和2000—2010年，平均年度百分比）		-0.4	-0.2
淡水使用量（占内陆水资源的百分比）	..	..	5.0
获得改善的水资源的人口（占总人口的百分比）	100	100	100
获得改善的卫生设施的人口（占总人口的百分比）	100	100	100
人均能源使用量（千克石油当量）	2,858	3,224	3,472
人均二氧化碳排放量（吨）	6.3	7.2	7.5
人均用电量（千瓦时）	5,335	5,778	6,806
经济			
GDP（10亿美元）	17.4	20.0	45.3
GDP增长率（年度百分比）	-8.9	4.3	-2.5
GDP隐含价格平减指数（年度增长百分比）	94.9	5.2	0.2
农业增加值（占GDP的百分比）	6	3	2
工业增加值（占GDP的百分比）	42	36	32
服务业增加值（占GDP的百分比）	52	61	66
货物和服务出口（占GDP的百分比）	91	54	71
货物和服务进口（占GDP的百分比）	79	57	70
资本形成总额（占GDP的百分比）	17	27	21
中央政府收入（占GDP的百分比）	39.8	38.9	36.9
中央政府现金盈余/赤字（占GDP的百分比）	3.2	-1.1	-5.9
政府与市场			
创办企业的时间（天）	..	60	6
股票市场资本总额（占GDP的百分比）	..	12.7	14.3
军费支出（占GDP的百分比）	2.2	1.1	1.2
移动电话用户（每100人）	0.0	61.1	108.6
互联网用户（占总人口的百分比）	0.0	15.1	70.0
铺敷道路（占总数的百分比）	72.0	100.0	100.0
高科技出口（占制成品出口的百分比）	3	5	6
全球联系			
商品贸易（占GDP的百分比）	102	95	141
净易货贸易条件指数（2000年=100）	..	100	94
外债总额（百万美元）	..	..	..
债务还本付息总额（占出口的百分比）	..	..	..
净移民（千人）	-16.5	16.8	22.0
获得的侨汇（百万美元）	38	205	644
外国直接投资，净流入额（百万美元）	111	136	-227
获得的净官方发展援助（百万美元）	7.1	60.8	..

所罗门群岛

东亚和太平洋地区 **中低收入经济体**

人口（千人）	550	人口增长率（百分比）	2.1
陆地面积（千平方公里）	29	每天生活费用不足1.25美元的人口（占人口的百分比）	..
GNI，图表集法（百万美元）	620.1	人均GNI，图表集法（美元）	1,130
PPP衡量的GNI（百万美元）	1,172.6	PPP衡量的人均GNI（美元）	2,130

	1990	2000	2012
人口			
最贫困的20%人口占国家消费/收入的份额（百分比）	..	..	..
出生时的预期寿命（岁）	57	63	68
总生育率（每个女性生育数）	5.9	4.7	4.1
青年女性生育率（每千名15—19岁女性生育数）	90	71	65
避孕普及率（占15—49岁已婚女性的百分比）	..	*7*	*35*
在熟练医护人员护理下的分娩（占总数的百分比）	..	*85*	*86*
5岁以下儿童死亡率（每千人）	*39*	35	31
儿童营养不良，体重不足（占5岁以下儿童的百分比）	*16.3*	..	*11.5*
儿童麻疹免疫接种率（占12—23个月年龄组的百分比）	70	85	85
小学毕业率，总数（占适龄年龄组的百分比）	60	..	85
中学总入学率，总数（占适龄年龄组的百分比）	14	21	48
小学和中学中女孩与男孩的比率（百分比）	82	89	98
HIV感染率（占15—49岁人口的百分比）	..	..	..
环境			
森林（千平方公里）	23	23	*22*
森林采伐（1990—2000年和2000—2010年，平均年度百分比）		0.2	*0.2*
淡水使用量（占内陆水资源的百分比）	..	..	..
获得改善的水资源的人口（占总人口的百分比）	..	80	81
获得改善的卫生设施的人口（占总人口的百分比）	..	25	29
人均能源使用量（千克石油当量）	171	..	..
人均二氧化碳排放量（吨）	0.5	0.4	*0.4*
人均用电量（千瓦时）	..	..	..
经济			
GDP（百万美元）	303	435	1,008
GDP增长率（年度百分比）	*6.0*	-14.3	3.9
GDP隐含价格平减指数（年度增长百分比）	*7.2*	10.7	7.8
农业增加值（占GDP的百分比）	29	35	*39*
工业增加值（占GDP的百分比）	5	13	*6*
服务业增加值（占GDP的百分比）	66	53	*55*
货物和服务出口（占GDP的百分比）	30	24	26
货物和服务进口（占GDP的百分比）	65	39	43
资本形成总额（占GDP的百分比）	20	7	..
中央政府收入（占GDP的百分比）	..	..	..
中央政府现金盈余/赤字（占GDP的百分比）	..	..	..
政府与市场			
创办企业的时间（天）	..	56	9
股票市场资本总额（占GDP的百分比）	..	..	..
军费支出（占GDP的百分比）	..	..	..
移动电话用户（每100人）	0.0	0.3	55.0
互联网用户（占总人口的百分比）	0.0	0.5	7.0
铺敷道路（占总数的百分比）	2.1	2.0	..
高科技出口（占制成品出口的百分比）	..	..	*87*
全球联系			
商品贸易（占GDP的百分比）	53	37	96
净易货贸易条件指数（2000年=100）	*85*	100	90
外债总额（百万美元）	120	156	228
债务还本付息总额（占出口的百分比）	11.8	7.1	4.5
净移民（千人）	*-1.0*	*-4.9*	-11.9
获得的侨汇（百万美元）	..	4.3	17.2
外国直接投资，净流入额（百万美元）	10.4	13.0	68.3
获得的净官方发展援助（百万美元）	46	68	305

索马里

撒哈拉以南非洲地区 **低收入经济体**

人口（百万）	10.2	人口增长率（百分比）	2.9
陆地面积（千平方公里）	638	每天生活费用不足1.25美元的人口（占人口的百分比）	..
GNI，图表集法（百万美元）	..	人均GNI，图表集法（美元）	..
PPP衡量的GNI（百万美元）	..	PPP衡量的人均GNI（美元）	..

	1990	2000	2012
人口			
最贫困的20%人口占国家消费/收入的份额（百分比）	..	..	..
出生时的预期寿命（岁）	45	51	55
总生育率（每个女性生育数）	7.4	7.6	6.7
青年女性生育率（每千名15—19岁女性生育数）	92	127	110
避孕普及率（占15—49岁已婚女性的百分比）	..	*8*	*15*
在熟练医护人员护理下的分娩（占总数的百分比）	..	*34*	*33*
5岁以下儿童死亡率（每千人）	177	171	147
儿童营养不良，体重不足（占5岁以下儿童的百分比）	..	22.8	*32.8*
儿童麻疹免疫接种率（占12—23个月年龄组的百分比）	30	24	46
小学毕业率，总数（占适龄年龄组的百分比）	..	..	..
中学总入学率，总数（占适龄年龄组的百分比）	..	..	..
小学和中学中女孩与男孩的比率（百分比）	..	..	..
HIV感染率（占15—49岁人口的百分比）	0.1	0.7	0.5
环境			
森林（千平方公里）	83	75	*67*
森林采伐（1990—2000年和2000—2010年，平均年度百分比）		1.0	*1.1*
淡水使用量（占内陆水资源的百分比）	..	*54.8*	*55.0*
获得改善的水资源的人口（占总人口的百分比）	..	23	*31*
获得改善的卫生设施的人口（占总人口的百分比）	..	22	*23*
人均能源使用量（千克石油当量）	..	..	..
人均二氧化碳排放量（吨）	0.00	0.07	*0.06*
人均用电量（千瓦时）	..	..	..
经济			
GDP（百万美元）	917	..	..
GDP增长率（年度百分比）	-1.5	..	..
GDP隐含价格平减指数（年度增长百分比）	215.5	..	..
农业增加值（占GDP的百分比）	65	..	..
工业增加值（占GDP的百分比）	..	..	..
服务业增加值（占GDP的百分比）	..	..	..
货物和服务出口（占GDP的百分比）	10	..	..
货物和服务进口（占GDP的百分比）	38	..	..
资本形成总额（占GDP的百分比）	16	..	..
中央政府收入（占GDP的百分比）	..	..	..
中央政府现金盈余/赤字（占GDP的百分比）	..	..	..
政府与市场			
创办企业的时间（天）	..	..	..
股票市场资本总额（占GDP的百分比）	..	..	..
军费支出（占GDP的百分比）	..	..	..
移动电话用户（每100人）	0.0	1.1	22.6
互联网用户（占总人口的百分比）	0.0	0.0	1.4
铺敷道路（占总数的百分比）	11.1	12.0	..
高科技出口（占制成品出口的百分比）	..	..	..
全球联系			
商品贸易（占GDP的百分比）	..	..	..
净易货贸易条件指数（2000年=100）	..	100	108
外债总额（10亿美元）	2.4	2.6	3.1
债务还本付息总额（占出口的百分比）	47.6	..	..
净移民（千人）	*-893*	*-200*	-150
获得的侨汇（百万美元）	..	..	..
外国直接投资，净流入额（百万美元）	6	0	107
获得的净官方发展援助（百万美元）	515	102	999

南非

撒哈拉以南非洲地区		中高收入经济体	
人口（百万）	52.3	人口增长率（百分比）	1.3
陆地面积（千平方公里）	1,219	每天生活费用不足1.25美元的人口（占人口的百分比）	*13.8*
GNI，图表集法（10亿美元）	389.8	人均GNI，图表集法（美元）	7,460
PPP衡量的GNI（10亿美元）	563.3	PPP衡量的人均GNI（美元）	10,780

	1990	2000	2012
人口			
最贫困的20%人口占国家消费/收入的份额（百分比）	*3.0*	3.1	*2.7*
出生时的预期寿命（岁）	62	56	56
总生育率（每个女性生育数）	3.7	2.9	2.4
青年女性生育率（每千名15—19岁女性生育数）	93	75	51
避孕普及率（占15—49岁已婚女性的百分比）	57	*60*	..
在熟练医护人员护理下的分娩（占总数的百分比）	..	*91*	..
5岁以下儿童死亡率（每千人）	61	74	45
儿童营养不良，体重不足（占5岁以下儿童的百分比）	..	*10.1*	*8.7*
儿童麻疹免疫接种率（占12—23个月年龄组的百分比）	79	72	79
小学毕业率，总数（占适龄年龄组的百分比）	*76*	87	..
中学总入学率，总数（占适龄年龄组的百分比）	66	84	102
小学和中学中女孩与男孩的比率（百分比）	103	100	98
HIV感染率（占15—49岁人口的百分比）	0.2	14.1	17.9
环境			
森林（千平方公里）	92	92	*92*
森林采伐（1990—2000年和2000—2010年，平均年度百分比）		0.0	*0.0*
淡水使用量（占内陆水资源的百分比）	*29.7*	*27.9*	*27.9*
获得改善的水资源的人口（占总人口的百分比）	81	87	95
获得改善的卫生设施的人口（占总人口的百分比）	58	65	74
人均能源使用量（千克石油当量）	2,584	2,483	*2,741*
人均二氧化碳排放量（吨）	9.5	8.4	*9.0*
人均用电量（千瓦时）	4,431	4,681	*4,604*
经济			
GDP（10亿美元）	112	133	384
GDP增长率（年度百分比）	-0.3	4.2	2.5
GDP隐含价格平减指数（年度增长百分比）	15.5	8.8	5.5
农业增加值（占GDP的百分比）	5	3	3
工业增加值（占GDP的百分比）	40	32	28
服务业增加值（占GDP的百分比）	55	65	69
货物和服务出口（占GDP的百分比）	24	28	28
货物和服务进口（占GDP的百分比）	19	25	31
资本形成总额（占GDP的百分比）	18	16	19
中央政府收入（占GDP的百分比）	..	26.3	*29.0*
中央政府现金盈余/赤字（占GDP的百分比）	..	-2.0	*-4.4*
政府与市场			
创办企业的时间（天）	..	*38*	19
股票市场资本总额（占GDP的百分比）	123.2	154.2	159.3
军费支出（占GDP的百分比）	3.9	1.4	1.2
移动电话用户（每100人）	0.0	18.6	130.6
互联网用户（占总人口的百分比）	0.0	5.3	41.0
铺敷道路（占总数的百分比）	..	20.0	..
高科技出口（占制成品出口的百分比）	7	7	6
全球联系			
商品贸易（占GDP的百分比）	37	45	55
净易货贸易条件指数（2000年=100）	104	100	145
外债总额（10亿美元）	..	25	138
债务还本付息总额（占出口的百分比）	..	9.9	7.9
净移民（千人）	*805*	*1,072*	-100
获得的侨汇（百万美元）	136	344	1,085
外国直接投资，净流入额（百万美元）	-76	969	4,644
获得的净官方发展援助（百万美元）	*270*	486	1,067

南苏丹

撒哈拉以南非洲地区		低收入经济体	
人口（百万）	10.8	人口增长率（百分比）	4.3
陆地面积（千平方公里）	644	每天生活费用不足1.25美元的人口（占人口的百分比）	..
GNI，图表集法（百万美元）	8.6	人均GNI，图表集法（美元）	790
PPP衡量的GNI（百万美元）	..	PPP衡量的人均GNI（美元）	..

	1990	2000	2012
人口			
最贫困的20%人口占国家消费/收入的份额（百分比）	..	..	..
出生时的预期寿命（岁）	44	49	55
总生育率（每个女性生育数）	6.8	6.1	5.0
青年女性生育率（每千名15—19岁女性生育数）	138	122	75
避孕普及率（占15—49岁已婚女性的百分比）	..	..	*4*
在熟练医护人员护理下的分娩（占总数的百分比）	..	..	*19*
5岁以下儿童死亡率（每千人）	251	181	104
儿童营养不良，体重不足（占5岁以下儿童的百分比）	..	..	*32.5*
儿童麻疹免疫接种率（占12—23个月年龄组的百分比）	..	..	62
小学毕业率，总数（占适龄年龄组的百分比）	..	..	..
中学总入学率，总数（占适龄年龄组的百分比）	..	..	..
小学和中学中女孩与男孩的比率（百分比）	..	..	..
HIV感染率（占15—49岁人口的百分比）	0.1	3.0	2.7
环境			
森林（千平方公里）	..	..	*148*
森林采伐（1990—2000年和2000—2010年，平均年度百分比）		..	..
淡水使用量（占内陆水资源的百分比）	..	..	..
获得改善的水资源的人口（占总人口的百分比）	..	..	57
获得改善的卫生设施的人口（占总人口的百分比）	..	..	9
人均能源使用量（千克石油当量）	..	..	..
人均二氧化碳排放量（吨）	..	..	..
人均用电量（千瓦时）	..	..	..
经济			
GDP（10亿美元）	..	..	10.2
GDP增长率（年度百分比）	..	..	-47.6
GDP隐含价格平减指数（年度增长百分比）	..	..	6.1
农业增加值（占GDP的百分比）	..	..	..
工业增加值（占GDP的百分比）	..	..	..
服务业增加值（占GDP的百分比）	..	..	..
货物和服务出口（占GDP的百分比）	..	..	10
货物和服务进口（占GDP的百分比）	..	..	43
资本形成总额（占GDP的百分比）	..	..	12
中央政府收入（占GDP的百分比）	..	..	..
中央政府现金盈余/赤字（占GDP的百分比）	..	..	..
政府与市场			
创办企业的时间（天）	..	..	17
股票市场资本总额（占GDP的百分比）	..	..	..
军费支出（占GDP的百分比）	..	..	9.4
移动电话用户（每100人）	..	..	21.2
互联网用户（占总人口的百分比）	..	..	..
铺敷道路（占总数的百分比）	..	..	..
高科技出口（占制成品出口的百分比）	..	..	..
全球联系			
商品贸易（占GDP的百分比）	..	..	..
净易货贸易条件指数（2000年=100）	..	..	..
外债总额（百万美元）	..	..	..
债务还本付息总额（占出口的百分比）	..	..	..
净移民（千人）	*-1,095*	*432*	865
获得的侨汇（百万美元）	..	..	..
外国直接投资，净流入额（百万美元）	..	..	..
获得的净官方发展援助（百万美元）	..	..	1,578

西班牙

高收入经济体

人口（百万）	46.8	人口增长率（百分比）	0.0
陆地面积（千平方公里）	506	每天生活费用不足1.25美元的人口（占人口的百分比）	..
GNI，图表集法（10亿美元）	1,368.8	人均GNI，图表集法（美元）	29,270
PPP衡量的GNI（10亿美元）	1,485.1	PPP衡量的人均GNI（美元）	31,760

	1990	2000	2012
人口			
最贫困的20%人口占国家消费/收入的份额（百分比）	..	7.0	..
出生时的预期寿命（岁）	77	79	82
总生育率（每个女性生育数）	1.4	1.2	1.3
青年女性生育率（每千名15—19岁女性生育数）	12	9	11
避孕普及率（占15—49岁已婚女性的百分比）	..	*72*	*66*
在熟练医护人员护理下的分娩（占总数的百分比）	..	..	..
5岁以下儿童死亡率（每千人）	11	7	5
儿童营养不良，体重不足（占5岁以下儿童的百分比）	..	..	..
儿童麻疹免疫接种率（占12—23个月年龄组的百分比）	99	94	97
小学毕业率，总数（占适龄年龄组的百分比）	101	..	102
中学总入学率，总数（占适龄年龄组的百分比）	102	111	131
小学和中学中女孩与男孩的比率（百分比）	103	103	100
HIV感染率（占15—49岁人口的百分比）	..	..	..
环境			
森林（千平方公里）	138	170	*183*
森林采伐（1990—2000年和2000—2010年，平均年度百分比）		-2.1	-0.7
淡水使用量（占内陆水资源的百分比）	*33.2*	*33.0*	*29.2*
获得改善的水资源的人口（占总人口的百分比）	100	100	100
获得改善的卫生设施的人口（占总人口的百分比）	100	100	100
人均能源使用量（千克石油当量）	2,319	3,026	2,666
人均二氧化碳排放量（吨）	5.6	7.3	*5.8*
人均用电量（千瓦时）	3,538	5,207	*5,530*
经济			
GDP（10亿美元）	520	580	1,323
GDP增长率（年度百分比）	3.8	5.0	-1.6
GDP隐含价格平减指数（年度增长百分比）	7.3	3.4	0.0
农业增加值（占GDP的百分比）	6	4	2
工业增加值（占GDP的百分比）	34	31	26
服务业增加值（占GDP的百分比）	61	65	72
货物和服务出口（占GDP的百分比）	16	29	33
货物和服务进口（占GDP的百分比）	19	32	32
资本形成总额（占GDP的百分比）	26	26	20
中央政府收入（占GDP的百分比）	..	31.1	*23.6*
中央政府现金盈余/赤字（占GDP的百分比）	..	-0.5	*-3.6*
政府与市场			
创办企业的时间（天）	..	*114*	23
股票市场资本总额（占GDP的百分比）	21.3	86.9	75.2
军费支出（占GDP的百分比）	1.7	1.2	0.9
移动电话用户（每100人）	0.1	60.2	108.4
互联网用户（占总人口的百分比）	0.0	13.6	72.0
铺敷道路（占总数的百分比）	*99.0*	*99.0*	..
高科技出口（占制成品出口的百分比）	7	8	7
全球联系			
商品贸易（占GDP的百分比）	28	47	47
净易货贸易条件指数（2000年=100）	..	100	89
外债总额（百万美元）	..	..	..
债务还本付息总额（占出口的百分比）	..	..	..
净移民（千人）	*319*	*2,829*	600
获得的侨汇（10亿美元）	2.2	4.9	9.6
外国直接投资，净流入额（10亿美元）	14.0	38.8	36.2
获得的净官方发展援助（百万美元）	..	..	..

斯里兰卡

南亚			中低收入经济体
人口（百万）	20.3	人口增长率（百分比）	*1.0*
陆地面积（千平方公里）	66	每天生活费用不足1.25美元的人口（占人口的百分比）	*4.1*
GNI，图表集法（10亿美元）	59.3	人均GNI，图表集法（美元）	2,920
PPP衡量的GNI（10亿美元）	122.5	PPP衡量的人均GNI（美元）	6,030

	1990	2000	2012
人口			
最贫困的20%人口占国家消费/收入的份额（百分比）	*8.7*	*6.8*	*7.7*
出生时的预期寿命（岁）	70	71	74
总生育率（每个女性生育数）	2.5	2.2	2.3
青年女性生育率（每千名15—19岁女性生育数）	31	28	17
避孕普及率（占15—49岁已婚女性的百分比）	*66*	70	*68*
在熟练医护人员护理下的分娩（占总数的百分比）	*94*	96	*99*
5岁以下儿童死亡率（每千人）	21	17	10
儿童营养不良，体重不足（占5岁以下儿童的百分比）	*33.8*	22.8	*21.6*
儿童麻疹免疫接种率（占12—23个月年龄组的百分比）	80	99	99
小学毕业率，总数（占适龄年龄组的百分比）	97	*106*	97
中学总入学率，总数（占适龄年龄组的百分比）	72	..	99
小学和中学中女孩与男孩的比率（百分比）	102	..	103
HIV感染率（占15—49岁人口的百分比）	0.1	0.1	0.1
环境			
森林（千平方公里）	24	21	*18*
森林采伐（1990—2000年和2000—2010年，平均年度百分比）		1.2	*1.1*
淡水使用量（占内陆水资源的百分比）	*18.5*	*24.6*	*24.5*
获得改善的水资源的人口（占总人口的百分比）	68	79	94
获得改善的卫生设施的人口（占总人口的百分比）	68	79	92
人均能源使用量（千克石油当量）	324	436	*499*
人均二氧化碳排放量（吨）	0.2	0.5	*0.6*
人均用电量（千瓦时）	154	290	*490*
经济			
GDP（10亿美元）	8.0	16.3	59.4
GDP增长率（年度百分比）	6.4	6.0	6.4
GDP隐含价格平减指数（年度增长百分比）	20.1	7.3	8.9
农业增加值（占GDP的百分比）	26	20	11
工业增加值（占GDP的百分比）	26	27	31
服务业增加值（占GDP的百分比）	48	53	57
货物和服务出口（占GDP的百分比）	30	39	23
货物和服务进口（占GDP的百分比）	38	50	36
资本形成总额（占GDP的百分比）	22	28	30
中央政府收入（占GDP的百分比）	21.0	16.8	13.9
中央政府现金盈余/赤字（占GDP的百分比）	-5.2	-8.4	-6.1
政府与市场			
创办企业的时间（天）	..	*58*	8
股票市场资本总额（占GDP的百分比）	11.4	6.6	28.7
军费支出（占GDP的百分比）	2.3	5.0	2.4
移动电话用户（每100人）	0.0	2.3	91.6
互联网用户（占总人口的百分比）	0.0	0.6	18.3
铺敷道路（占总数的百分比）	..	*85.8*	*14.9*
高科技出口（占制成品出口的百分比）	1	3	1
全球联系			
商品贸易（占GDP的百分比）	57	77	48
净易货贸易条件指数（2000年=100）	82	100	75
外债总额（10亿美元）	5.9	9.2	25.4
债务还本付息总额（占出口的百分比）	16.1	12.1	13.3
净移民（千人）	*-256*	*-100*	-317
获得的侨汇（10亿美元）	0.4	1.2	6.0
外国直接投资，净流入额（百万美元）	43	173	898
获得的净官方发展援助（百万美元）	728	275	488

圣基茨和尼维斯

高收入经济体

人口（千人）	54	人口增长率（百分比）	1.2
陆地面积（平方公里）	260	每天生活费用不足1.25美元的人口（占人口的百分比）	..
GNI，图表集法（百万美元）	729.5	人均GNI，图表集法（美元）	13,610
PPP衡量的GNI（百万美元）	944.9	PPP衡量的人均GNI（美元）	17,630

	1990	2000	2012
人口			
最贫困的20%人口占国家消费/收入的份额（百分比）	..	..	..
出生时的预期寿命（岁）	*68*	*71*	..
总生育率（每个女性生育数）	*2.6*	*2.1*	..
青年女性生育率（每千名15—19岁女性生育数）	..	..	..
避孕普及率（占15—49岁已婚女性的百分比）	..	..	*54*
在熟练医护人员护理下的分娩（占总数的百分比）	..	99	*100*
5岁以下儿童死亡率（每千人）	29	18	9
儿童营养不良，体重不足（占5岁以下儿童的百分比）	..	..	..
儿童麻疹免疫接种率（占12—23个月年龄组的百分比）	99	99	95
小学毕业率，总数（占适龄年龄组的百分比）	*118*	103	93
中学总入学率，总数（占适龄年龄组的百分比）	*78*	105	79
小学和中学中女孩与男孩的比率（百分比）	*101*	106	103
HIV感染率（占15—49岁人口的百分比）	..	..	..
环境			
森林（平方公里）	110	110	*110*
森林采伐（1990—2000年和2000—2010年，平均年度百分比）		0.0	*0.0*
淡水使用量（占内陆水资源的百分比）	..	..	..
获得改善的水资源的人口（占总人口的百分比）	98	98	98
获得改善的卫生设施的人口（占总人口的百分比）	..	87	..
人均能源使用量（千克石油当量）	529	..	..
人均二氧化碳排放量（吨）	1.6	2.3	*4.8*
人均用电量（千瓦时）	..	..	..
经济			
GDP（百万美元）	159	417	767
GDP增长率（年度百分比）	2.3	0.7	6.9
GDP隐含价格平减指数（年度增长百分比）	8.7	35.7	2.6
农业增加值（占GDP的百分比）	6	2	2
工业增加值（占GDP的百分比）	29	31	24
服务业增加值（占GDP的百分比）	65	68	75
货物和服务出口（占GDP的百分比）	52	36	33
货物和服务进口（占GDP的百分比）	83	60	44
资本形成总额（占GDP的百分比）	55	43	28
中央政府收入（占GDP的百分比）	24.2	22.6	31.1
中央政府现金盈余/赤字（占GDP的百分比）	-1.5	-11.3	10.7
政府与市场			
创办企业的时间（天）	..	..	19
股票市场资本总额（占GDP的百分比）	..	*53.1*	*85.6*
军费支出（占GDP的百分比）	..	..	..
移动电话用户（每100人）	0.0	2.6	*156.8*
互联网用户（占总人口的百分比）	0.0	5.9	*79.3*
铺敷道路（占总数的百分比）	38.5	*42.5*	..
高科技出口（占制成品出口的百分比）	5	1	*0*
全球联系			
商品贸易（占GDP的百分比）	87	55	36
净易货贸易条件指数（2000年=100）	..	100	71
外债总额（百万美元）	..	..	..
债务还本付息总额（占出口的百分比）	..	..	..
净移民（千人）	..	..	..
获得的侨汇（百万美元）	19.3	27.1	45.1
外国直接投资，净流入额（百万美元）	49	96	100
获得的净官方发展援助（百万美元）	8.1	3.9	21.9

圣卢西亚

拉丁美洲和加勒比地区		中高收入经济体	
人口（千人）	181	人口增长率（百分比）	0.9
陆地面积（平方公里）	620	每天生活费用不足1.25美元的人口（占人口的百分比）	*20.9*
GNI，图表集法（10亿美元）	1.2	人均GNI，图表集法（美元）	6,890
PPP衡量的GNI（10亿美元）	2.0	PPP衡量的人均GNI（美元）	11,300

	1990	2000	2012
人口			
最贫困的20%人口占国家消费/收入的份额（百分比）	..	..	..
出生时的预期寿命（岁）	71	71	75
总生育率（每个女性生育数）	3.4	2.3	1.9
青年女性生育率（每千名15—19岁女性生育数）	105	65	56
避孕普及率（占15—49岁已婚女性的百分比）	*47*	*47*	..
在熟练医护人员护理下的分娩（占总数的百分比）	..	100	*100*
5岁以下儿童死亡率（每千人）	22	18	18
儿童营养不良，体重不足（占5岁以下儿童的百分比）	..	..	..
儿童麻疹免疫接种率（占12—23个月年龄组的百分比）	82	88	99
小学毕业率，总数（占适龄年龄组的百分比）	124	*105*	92
中学总入学率，总数（占适龄年龄组的百分比）	49	74	91
小学和中学中女孩与男孩的比率（百分比）	103	106	98
HIV感染率（占15—49岁人口的百分比）	..	..	..
环境			
森林（平方公里）	438	467	*470*
森林采伐（1990—2000年和2000—2010年，平均年度百分比）		-0.6	*-0.1*
淡水使用量（占内陆水资源的百分比）	..	..	..
获得改善的水资源的人口（占总人口的百分比）	93	94	94
获得改善的卫生设施的人口（占总人口的百分比）	58	62	*65*
人均能源使用量（千克石油当量）	405	..	..
人均二氧化碳排放量（吨）	1.2	2.1	*2.3*
人均用电量（千瓦时）	..	..	..
经济			
GDP（百万美元）	397	764	1,239
GDP增长率（年度百分比）	23.5	0.7	0.5
GDP隐含价格平减指数（年度增长百分比）	3.2	9.7	-2.1
农业增加值（占GDP的百分比）	15	6	4
工业增加值（占GDP的百分比）	18	18	16
服务业增加值（占GDP的百分比）	67	76	80
货物和服务出口（占GDP的百分比）	73	49	48
货物和服务进口（占GDP的百分比）	84	58	63
资本形成总额（占GDP的百分比）	26	27	28
中央政府收入（占GDP的百分比）	..	23.6	24.2
中央政府现金盈余/赤字（占GDP的百分比）	..	-1.1	-6.8
政府与市场			
创办企业的时间（天）	..	..	15
股票市场资本总额（占GDP的百分比）	..	..	..
军费支出（占GDP的百分比）	..	..	..
移动电话用户（每100人）	0.0	1.6	125.5
互联网用户（占总人口的百分比）	0.0	5.1	48.6
铺敷道路（占总数的百分比）	..	..	..
高科技出口（占制成品出口的百分比）	*1*	6	..
全球联系			
商品贸易（占GDP的百分比）	100	52	72
净易货贸易条件指数（2000年=100）	..	100	91
外债总额（百万美元）	79	222	473
债务还本付息总额（占出口的百分比）	2.2	7.9	6.9
净移民（千人）	*-4.8*	*-0.2*	*0.0*
获得的侨汇（百万美元）	16.1	26.4	29.8
外国直接投资，净流入额（百万美元）	45	54	109
获得的净官方发展援助（百万美元）	12.3	11.0	26.8

法属圣马丁

高收入经济体

人口（千人）	31	人口增长率（百分比）	1.1
陆地面积（平方公里）	54	每天生活费用不足1.25美元的人口（占人口的百分比）	..
GNI，图表集法（百万美元）	..	人均GNI，图表集法（美元）	..
PPP衡量的GNI（百万美元）	..	PPP衡量的人均GNI（美元）	..

	1990	2000	2012
人口			
最贫困的20%人口占国家消费/收入的份额（百分比）	..	..	..
出生时的预期寿命（岁）	75	77	79
总生育率（每个女性生育数）	2.1	1.8	1.8
青年女性生育率（每千名15—19岁女性生育数）	..	..	..
避孕普及率（占15—49岁已婚女性的百分比）	..	..	..
在熟练医护人员护理下的分娩（占总数的百分比）	..	..	..
5岁以下儿童死亡率（每千人）	..	..	..
儿童营养不良，体重不足（占5岁以下儿童的百分比）	..	..	..
儿童麻疹免疫接种率（占12—23个月年龄组的百分比）	..	..	..
小学毕业率，总数（占适龄年龄组的百分比）	..	..	..
中学总入学率，总数（占适龄年龄组的百分比）	..	..	..
小学和中学中女孩与男孩的比率（百分比）	..	..	..
HIV感染率（占15—49岁人口的百分比）	..	..	..
环境			
森林（平方公里）	..	..	..
森林采伐（1990—2000年和2000—2010年，平均年度百分比）		0.0	*0.0*
淡水使用量（占内陆水资源的百分比）	..	..	..
获得改善的水资源的人口（占总人口的百分比）	..	..	..
获得改善的卫生设施的人口（占总人口的百分比）	..	..	..
人均能源使用量（千克石油当量）	..	..	..
人均二氧化碳排放量（吨）	..	..	..
人均用电量（千瓦时）	..	..	..
经济			
GDP（百万美元）	..	..	..
GDP增长率（年度百分比）	..	..	..
GDP隐含价格平减指数（年度增长百分比）	..	..	..
农业增加值（占GDP的百分比）	..	..	..
工业增加值（占GDP的百分比）	..	..	..
服务业增加值（占GDP的百分比）	..	..	..
货物和服务出口（占GDP的百分比）	..	..	..
货物和服务进口（占GDP的百分比）	..	..	..
资本形成总额（占GDP的百分比）	..	..	..
中央政府收入（占GDP的百分比）	..	..	..
中央政府现金盈余/赤字（占GDP的百分比）	..	..	..
政府与市场			
创办企业的时间（天）	..	..	..
股票市场资本总额（占GDP的百分比）	..	..	..
军费支出（占GDP的百分比）	..	..	..
移动电话用户（每100人）	..	..	..
互联网用户（占总人口的百分比）	..	..	..
铺敷道路（占总数的百分比）	..	..	..
高科技出口（占制成品出口的百分比）	..	..	..
全球联系			
商品贸易（占GDP的百分比）	..	..	..
净易货贸易条件指数（2000年=100）	..	..	..
外债总额（百万美元）	..	..	..
债务还本付息总额（占出口的百分比）	..	..	..
净移民（千人）	..	..	..
获得的侨汇（百万美元）	..	..	..
外国直接投资，净流入额（百万美元）	..	..	..
获得的净官方发展援助（百万美元）	..	..	..

圣文森特和格林纳丁斯

拉丁美洲和加勒比地区　　中高收入经济体

人口（千人）	109	人口增长率（百分比）	0.0
陆地面积（平方公里）	390	每天生活费用不足1.25美元的人口（占人口的百分比）	..
GNI，图表集法（百万美元）	699.9	人均GNI，图表集法（美元）	6,400
PPP衡量的GNI（百万美元）	1,188.4	PPP衡量的人均GNI（美元）	10,870

	1990	2000	2012
人口			
最贫困的20%人口占国家消费/收入的份额（百分比）	..	..	..
出生时的预期寿命（岁）	70	71	72
总生育率（每个女性生育数）	3.0	2.4	2.0
青年女性生育率（每千名15—19岁女性生育数）	91	69	55
避孕普及率（占15—49岁已婚女性的百分比）	58	58	*48*
在熟练医护人员护理下的分娩（占总数的百分比）	..	100	*99*
5岁以下儿童死亡率（每千人）	25	22	23
儿童营养不良，体重不足（占5岁以下儿童的百分比）	..	..	..
儿童麻疹免疫接种率（占12—23个月年龄组的百分比）	96	96	94
小学毕业率，总数（占适龄年龄组的百分比）	..	*93*	*99*
中学总入学率，总数（占适龄年龄组的百分比）	*60*	83	101
小学和中学中女孩与男孩的比率（百分比）	*107*	106	96
HIV感染率（占15—49岁人口的百分比）	..	..	..
环境			
森林（平方公里）	253	260	*268*
森林采伐（1990—2000年和2000—2010年，平均年度百分比）		-0.3	*-0.3*
淡水使用量（占内陆水资源的百分比）	..	..	..
获得改善的水资源的人口（占总人口的百分比）	88	93	95
获得改善的卫生设施的人口（占总人口的百分比）	63	73	..
人均能源使用量（千克石油当量）	274	..	..
人均二氧化碳排放量（吨）	0.8	1.5	*1.9*
人均用电量（千瓦时）	..	..	..
经济			
GDP（百万美元）	198	397	713
GDP增长率（年度百分比）	5.0	-0.6	2.3
GDP隐含价格平减指数（年度增长百分比）	6.4	20.4	1.3
农业增加值（占GDP的百分比）	21	9	7
工业增加值（占GDP的百分比）	23	20	20
服务业增加值（占GDP的百分比）	56	72	73
货物和服务出口（占GDP的百分比）	66	45	27
货物和服务进口（占GDP的百分比）	77	50	57
资本形成总额（占GDP的百分比）	30	23	24
中央政府收入（占GDP的百分比）	25.6	24.3	24.6
中央政府现金盈余/赤字（占GDP的百分比）	..	-0.4	-2.0
政府与市场			
创办企业的时间（天）	..	..	10
股票市场资本总额（占GDP的百分比）	..	..	..
军费支出（占GDP的百分比）	..	..	..
移动电话用户（每100人）	0.0	2.2	123.9
互联网用户（占总人口的百分比）	0.0	3.2	47.5
铺敷道路（占总数的百分比）	..	68.0	..
高科技出口（占制成品出口的百分比）	*0*	0	0
全球联系			
商品贸易（占GDP的百分比）	110	53	55
净易货贸易条件指数（2000年=100）	..	100	107
外债总额（百万美元）	63	195	267
债务还本付息总额（占出口的百分比）	3.3	7.2	16.6
净移民（千人）	*-8.7*	-5.2	-5.0
获得的侨汇（百万美元）	15.6	22.5	29.7
外国直接投资，净流入额（百万美元）	8	38	125
获得的净官方发展援助（百万美元）	15.4	6.2	8.6

苏丹

撒哈拉以南非洲地区 　　　　**中低收入经济体**

人口（百万）	37.2[g]	人口增长率（百分比）	2.1[g]
陆地面积（千平方公里）	1,879[g]	每天生活费用不足1.25美元的人口（占人口的百分比）	*19.8*
GNI，图表集法（10亿美元）	55.9[g]	人均GNI，图表集法（美元）	1,500[g]
PPP衡量的GNI（10亿美元）	77.1[g]	PPP衡量的人均GNI（美元）	2,070[g]

	1990	2000	2012
人口			
最贫困的20%人口占国家消费/收入的份额（百分比）	..	..	6.8
出生时的预期寿命（岁）	56[g]	58[g]	62[g]
总生育率（每个女性生育数）	6.2[g]	5.4[g]	4.5[g]
青年女性生育率（每千名15—19岁女性生育数）	105[g]	116[g]	84[g]
避孕普及率（占15—49岁已婚女性的百分比）	9[g]	*7[g]*	*9*
在熟练医护人员护理下的分娩（占总数的百分比）	69	..	*23*
5岁以下儿童死亡率（每千人）	128[g]	106[g]	73[g]
儿童营养不良，体重不足（占5岁以下儿童的百分比）	*31.8*	38.4	*27.0[g]*
儿童麻疹免疫接种率（占12—23个月年龄组的百分比）	57	58	85[g]
小学毕业率，总数（占适龄年龄组的百分比）	..	..	..
中学总入学率，总数（占适龄年龄组的百分比）	..	..	..
小学和中学中女孩与男孩的比率（百分比）	..	..	..
HIV感染率（占15—49岁人口的百分比）	..	..	..
环境			
森林（千平方公里）	764	705	*551*
森林采伐（1990—2000年和2000—2010年，平均年度百分比）		0.8	*0.1*
淡水使用量（占内陆水资源的百分比）	*51.7*	*123.8*	*123.8*
获得改善的水资源的人口（占总人口的百分比）	67	62	55[g]
获得改善的卫生设施的人口（占总人口的百分比）	27	25	*24[g]*
人均能源使用量（千克石油当量）	412	388	*355*
人均二氧化碳排放量（吨）	0.2	0.2	*0.3*
人均用电量（千瓦时）	50	63	*143*
经济			
GDP（10亿美元）	12.4	12.3	58.8[g]
GDP增长率（年度百分比）	-5.5	6.3	-10.1[h]
GDP隐含价格平减指数（年度增长百分比）	66.2	9.9	36.9[h]
农业增加值（占GDP的百分比）	41	42	28[g]
工业增加值（占GDP的百分比）	15	21	31[g]
服务业增加值（占GDP的百分比）	44	37	41[g]
货物和服务出口（占GDP的百分比）	4	16	6[g]
货物和服务进口（占GDP的百分比）	7	13	18[g]
资本形成总额（占GDP的百分比）	11	25	24[g]
中央政府收入（占GDP的百分比）	..	*8.0*	..
中央政府现金盈余/赤字（占GDP的百分比）	..	*-0.4*	..
政府与市场			
创办企业的时间（天）	..	..	36
股票市场资本总额（占GDP的百分比）	..	..	..
军费支出（占GDP的百分比）	2.6	4.8	..
移动电话用户（每100人）	0.0	0.1	74.4
互联网用户（占总人口的百分比）	0.0	0.0	21.0
铺敷道路（占总数的百分比）	33.8	36.0	..
高科技出口（占制成品出口的百分比）	..	4	*1*
全球联系			
商品贸易（占GDP的百分比）	8	27	21
净易货贸易条件指数（2000年=100）	100	100	*243*
外债总额（10亿美元）	14.8	16.1	21.8
债务还本付息总额（占出口的百分比）	9.7	13.5	8.9
净移民（千人）	*1,200[g]*	*-430[g]*	-800[g]
获得的侨汇（百万美元）	62	641	401
外国直接投资，净流入额（百万美元）	-31	392	2,488
获得的净官方发展援助（百万美元）	848	225	983[g]

苏里南

拉丁美洲和加勒比地区		中高收入经济体	
人口（千人）	535	人口增长率（百分比）	0.9
陆地面积（千平方公里）	164	每天生活费用不足1.25美元的人口（占人口的百分比）	*15.5*
GNI，图表集法（10亿美元）	4.6	人均GNI，图表集法（美元）	8,680
PPP衡量的GNI（10亿美元）	4.5	PPP衡量的人均GNI（美元）	*8,380*

	1990	**2000**	**2012**
人口			
最贫困的20%人口占国家消费/收入的份额（百分比）	..	*3.2*	..
出生时的预期寿命（岁）	68	68	71
总生育率（每个女性生育数）	2.7	2.7	2.3
青年女性生育率（每千名15—19岁女性生育数）	54	47	35
避孕普及率（占15—49岁已婚女性的百分比）	*48*	42	*48*
在熟练医护人员护理下的分娩（占总数的百分比）	..	85	*91*
5岁以下儿童死亡率（每千人）	51	33	21
儿童营养不良，体重不足（占5岁以下儿童的百分比）	..	11.4	*5.8*
儿童麻疹免疫接种率（占12—23个月年龄组的百分比）	65	84	73
小学毕业率，总数（占适龄年龄组的百分比）	*88*	..	*88*
中学总入学率，总数（占适龄年龄组的百分比）	56	*73*	*85*
小学和中学中女孩与男孩的比率（百分比）	116	*107*	*110*
HIV感染率（占15—49岁人口的百分比）	0.3	1.2	1.1
环境			
森林（千平方公里）	148	148	*148*
森林采伐（1990—2000年和2000—2010年，平均年度百分比）		0.0	*0.0*
淡水使用量（占内陆水资源的百分比）	..	*0.8*	*0.8*
获得改善的水资源的人口（占总人口的百分比）	..	89	95
获得改善的卫生设施的人口（占总人口的百分比）	..	81	80
人均能源使用量（千克石油当量）	1,367	..	..
人均二氧化碳排放量（吨）	4.5	4.6	*4.5*
人均用电量（千瓦时）	..	..	..
经济			
GDP（百万美元）	388	892	5,012
GDP增长率（年度百分比）	-0.5	-0.1	3.9
GDP隐含价格平减指数（年度增长百分比）	43.8	54.8	11.7
农业增加值（占GDP的百分比）	9	11	9
工业增加值（占GDP的百分比）	24	25	39
服务业增加值（占GDP的百分比）	67	64	52
货物和服务出口（占GDP的百分比）	42	20	..
货物和服务进口（占GDP的百分比）	44	33	..
资本形成总额（占GDP的百分比）	11	12	6
中央政府收入（占GDP的百分比）	..	*34.1*	*25.2*
中央政府现金盈余/赤字（占GDP的百分比）	..	*1.1*	*-0.7*
政府与市场			
创办企业的时间（天）	..	..	208
股票市场资本总额（占GDP的百分比）	..	..	..
军费支出（占GDP的百分比）	..	..	..
移动电话用户（每100人）	0.0	8.8	106.5
互联网用户（占总人口的百分比）	0.0	2.5	34.7
铺敷道路（占总数的百分比）	24.0	26.0	..
高科技出口（占制成品出口的百分比）	..	8	*7*
全球联系			
商品贸易（占GDP的百分比）	243	104	84
净易货贸易条件指数（2000年=100）	..	100	135
外债总额（百万美元）	..	..	..
债务还本付息总额（占出口的百分比）	..	..	..
净移民（千人）	*-3.3*	*0.0*	*-5.0*
获得的侨汇（百万美元）	0.5	1.3	8.1
外国直接投资，净流入额（百万美元）	-77	-148	66
获得的净官方发展援助（百万美元）	61.1	34.3	39.6

斯威士兰

撒哈拉以南非洲地区 **中低收入经济体**

人口（百万）	1.2	人口增长率（百分比）	1.5
陆地面积（千平方公里）	17	每天生活费用不足1.25美元的人口（占人口的百分比）	*40.6*
GNI，图表集法（10亿美元）	3.5	人均GNI，图表集法（美元）	2,860
PPP衡量的GNI（10亿美元）	5.9	PPP衡量的人均GNI（美元）	4,760

	1990	2000	2012
人口			
最贫困的20%人口占国家消费/收入的份额（百分比）	..	*4.5*	*4.1*
出生时的预期寿命（岁）	59	49	49
总生育率（每个女性生育数）	5.7	4.2	3.4
青年女性生育率（每千名15—19岁女性生育数）	132	105	72
避孕普及率（占15—49岁已婚女性的百分比）	*20*	28	*65*
在熟练医护人员护理下的分娩（占总数的百分比）	..	70	*82*
5岁以下儿童死亡率（每千人）	71	121	80
儿童营养不良，体重不足（占5岁以下儿童的百分比）	..	9.1	*5.8*
儿童麻疹免疫接种率（占12—23个月年龄组的百分比）	85	92	88
小学毕业率，总数（占适龄年龄组的百分比）	63	61	77
中学总入学率，总数（占适龄年龄组的百分比）	*49*	42	*60*
小学和中学中女孩与男孩的比率（百分比）	..	96	*92*
HIV感染率（占15—49岁人口的百分比）	0.8	24.3	26.5
环境			
森林（千平方公里）	4.7	5.2	*5.7*
森林采伐（1990—2000年和2000—2010年，平均年度百分比）		-0.9	*-0.8*
淡水使用量（占内陆水资源的百分比）	..	*39.5*	*39.5*
获得改善的水资源的人口（占总人口的百分比）	39	52	74
获得改善的卫生设施的人口（占总人口的百分比）	49	52	57
人均能源使用量（千克石油当量）	358	..	..
人均二氧化碳排放量（吨）	0.5	1.1	*0.9*
人均用电量（千瓦时）	..	..	..
经济			
GDP（百万美元）	1,115	1,524	3,744
GDP增长率（年度百分比）	21.0	1.8	-1.5
GDP隐含价格平减指数（年度增长百分比）	30.4	9.9	8.3
农业增加值（占GDP的百分比）	10	12	*7*
工业增加值（占GDP的百分比）	43	44	*48*
服务业增加值（占GDP的百分比）	46	44	*45*
货物和服务出口（占GDP的百分比）	59	74	*67*
货物和服务进口（占GDP的百分比）	69	88	*75*
资本形成总额（占GDP的百分比）	15	18	10
中央政府收入（占GDP的百分比）	..	*27.3*	..
中央政府现金盈余/赤字（占GDP的百分比）	..	*-2.7*	..
政府与市场			
创办企业的时间（天）	..	..	38
股票市场资本总额（占GDP的百分比）	1.5	4.8	..
军费支出（占GDP的百分比）	1.3	1.6	3.2
移动电话用户（每100人）	0.0	3.1	65.4
互联网用户（占总人口的百分比）	0.0	0.9	20.8
铺敷道路（占总数的百分比）	..	*30.0*	..
高科技出口（占制成品出口的百分比）	..	0	..
全球联系			
商品贸易（占GDP的百分比）	109	128	103
净易货贸易条件指数（2000年=100）	100	100	110
外债总额（百万美元）	257	273	460
债务还本付息总额（占出口的百分比）	5.4	2.2	2.2
净移民（千人）	*-38.2*	*-46.1*	*-6.0*
获得的侨汇（百万美元）	113	57	31
外国直接投资，净流入额（百万美元）	30.1	90.7	89.7
获得的净官方发展援助（百万美元）	53.6	13.1	88.2

瑞典

高收入经济体

人口（百万）	9.5	人口增长率（百分比）	0.7
陆地面积（千平方公里）	450	每天生活费用不足1.25美元的人口（占人口的百分比）	..
GNI，图表集法（10亿美元）	534.3	人均GNI，图表集法（美元）	56,120
PPP衡量的GNI（10亿美元）	418.5	PPP衡量的人均GNI（美元）	43,960

	1990	2000	2012
人口			
最贫困的20%人口占国家消费/收入的份额（百分比）	..	9.1	..
出生时的预期寿命（岁）	78	80	82
总生育率（每个女性生育数）	2.1	1.5	1.9
青年女性生育率（每千名15—19岁女性生育数）	12	7	7
避孕普及率（占15—49岁已婚女性的百分比）	..	..	..
在熟练医护人员护理下的分娩（占总数的百分比）	..	..	..
5岁以下儿童死亡率（每千人）	7	4	3
儿童营养不良，体重不足（占5岁以下儿童的百分比）	..	..	..
儿童麻疹免疫接种率（占12—23个月年龄组的百分比）	96	91	97
小学毕业率，总数（占适龄年龄组的百分比）	97	100	*102*
中学总入学率，总数（占适龄年龄组的百分比）	90	152	*97*
小学和中学中女孩与男孩的比率（百分比）	102	115	*99*
HIV感染率（占15—49岁人口的百分比）	..	..	..
环境			
森林（千平方公里）	273	274	*282*
森林采伐（1990—2000年和2000—2010年，平均年度百分比）		0.0	*-0.3*
淡水使用量（占内陆水资源的百分比）	*1.7*	*1.6*	*1.5*
获得改善的水资源的人口（占总人口的百分比）	100	100	100
获得改善的卫生设施的人口（占总人口的百分比）	100	100	100
人均能源使用量（千克石油当量）	5,515	5,360	5,134
人均二氧化碳排放量（吨）	6.0	5.6	5.6
人均用电量（千瓦时）	15,836	15,682	*14,030*
经济			
GDP（10亿美元）	248	247	524
GDP增长率（年度百分比）	0.8	4.5	0.9
GDP隐含价格平减指数（年度增长百分比）	9.5	1.4	1.0
农业增加值（占GDP的百分比）	4	2	*2*
工业增加值（占GDP的百分比）	30	28	*25*
服务业增加值（占GDP的百分比）	66	70	*73*
货物和服务出口（占GDP的百分比）	30	47	49
货物和服务进口（占GDP的百分比）	29	40	43
资本形成总额（占GDP的百分比）	24	19	19
中央政府收入（占GDP的百分比）	..	39.6	31.9
中央政府现金盈余/赤字（占GDP的百分比）	..	3.5	-0.4
政府与市场			
创办企业的时间（天）	..	*16*	16
股票市场资本总额（占GDP的百分比）	39.4	132.8	107.0
军费支出（占GDP的百分比）	2.5	2.0	1.2
移动电话用户（每100人）	5.4	71.8	124.6
互联网用户（占总人口的百分比）	0.6	45.7	94.0
铺敷道路（占总数的百分比）	..	*31.2*	*23.2*
高科技出口（占制成品出口的百分比）	13	23	13
全球联系			
商品贸易（占GDP的百分比）	45	65	64
净易货贸易条件指数（2000年=100）	..	100	92
外债总额（百万美元）	..	..	..
债务还本付息总额（占出口的百分比）	..	..	..
净移民（千人）	*156*	*142*	200
获得的侨汇（百万美元）	153	438	812
外国直接投资，净流入额（10亿美元）	2.0	23.9	4.0
获得的净官方发展援助（百万美元）	..	..	..

瑞士

高收入经济体

人口（百万）	8.0	人口增长率（百分比）	1.1
陆地面积（千平方公里）	41	每天生活费用不足1.25美元的人口（占人口的百分比）	..
GNI，图表集法（10亿美元）	647.5	人均GNI，图表集法（美元）	80,970
PPP衡量的GNI（10亿美元）	439.8	PPP衡量的人均GNI（美元）	55,000

	1990	2000	2012
人口			
最贫困的20%人口占国家消费/收入的份额（百分比）	..	7.6	..
出生时的预期寿命（岁）	77	80	83
总生育率（每个女性生育数）	1.6	1.5	1.5
青年女性生育率（每千名15—19岁女性生育数）	6	5	2
避孕普及率（占15—49岁已婚女性的百分比）	..	..	..
在熟练医护人员护理下的分娩（占总数的百分比）	..	..	*100*
5岁以下儿童死亡率（每千人）	8	6	4
儿童营养不良，体重不足（占5岁以下儿童的百分比）	..	..	..
儿童麻疹免疫接种率（占12—23个月年龄组的百分比）	90	81	92
小学毕业率，总数（占适龄年龄组的百分比）	51	96	*96*
中学总入学率，总数（占适龄年龄组的百分比）	96	95	*96*
小学和中学中女孩与男孩的比率（百分比）	97	97	*98*
HIV感染率（占15—49岁人口的百分比）	..	..	..
环境			
森林（千平方公里）	12	12	*12*
森林采伐（1990—2000年和2000—2010年，平均年度百分比）		-0.4	*-0.4*
淡水使用量（占内陆水资源的百分比）	..	6.5	6.5
获得改善的水资源的人口（占总人口的百分比）	100	100	100
获得改善的卫生设施的人口（占总人口的百分比）	100	100	100
人均能源使用量（千克石油当量）	3,628	3,480	3,189
人均二氧化碳排放量（吨）	6.4	5.4	*5.0*
人均用电量（千瓦时）	7,445	7,845	*7,928*
经济			
GDP（10亿美元）	244	256	631
GDP增长率（年度百分比）	3.7	3.7	1.0
GDP隐含价格平减指数（年度增长百分比）	4.6	1.5	0.1
农业增加值（占GDP的百分比）	3	1	1
工业增加值（占GDP的百分比）	31	26	*27*
服务业增加值（占GDP的百分比）	66	72	73
货物和服务出口（占GDP的百分比）	36	45	52
货物和服务进口（占GDP的百分比）	35	40	42
资本形成总额（占GDP的百分比）	30	23	21
中央政府收入（占GDP的百分比）	..	*18.0*	*18.0*
中央政府现金盈余/赤字（占GDP的百分比）	..	*-0.2*	*0.6*
政府与市场			
创办企业的时间（天）	..	*20*	18
股票市场资本总额（占GDP的百分比）	65.6	309.4	171.0
军费支出（占GDP的百分比）	1.7	1.1	0.8
移动电话用户（每100人）	1.9	64.7	130.2
互联网用户（占总人口的百分比）	0.6	47.1	85.2
铺敷道路（占总数的百分比）	..	*100.0*	*100.0*
高科技出口（占制成品出口的百分比）	16	23	26
全球联系			
商品贸易（占GDP的百分比）	55	64	67
净易货贸易条件指数（2000年=100）	..	100	80
外债总额（百万美元）	..	..	..
债务还本付息总额（占出口的百分比）	..	..	..
净移民（千人）	*247*	*186*	320
获得的侨汇（10亿美元）	0.9	1.1	3.0
外国直接投资，净流入额（10亿美元）	5.5	19.8	2.7
获得的净官方发展援助（百万美元）	..	..	..

叙利亚

中东和北非　　中低收入经济体

人口（百万）	22.4	人口增长率（百分比）	2.0
陆地面积（千平方公里）	185	每天生活费用不足1.25美元的人口（占人口的百分比）	<2
GNI，图表集法（10亿美元）	..	人均GNI，图表集法（美元）	..
PPP衡量的GNI（10亿美元）	..	PPP衡量的人均GNI（美元）	..

	1990	2000	2012
人口			
最贫困的20%人口占国家消费/收入的份额（百分比）	..	*7.7*	..
出生时的预期寿命（岁）	70	73	75
总生育率（每个女性生育数）	5.3	4.0	3.0
青年女性生育率（每千名15—19岁女性生育数）	74	58	42
避孕普及率（占15—49岁已婚女性的百分比）	*40*	45	*54*
在熟练医护人员护理下的分娩（占总数的百分比）	*77*	*90*	*96*
5岁以下儿童死亡率（每千人）	38	24	15
儿童营养不良，体重不足（占5岁以下儿童的百分比）	*11.5*	6.0	*10.1*
儿童麻疹免疫接种率（占12—23个月年龄组的百分比）	87	84	61
小学毕业率，总数（占适龄年龄组的百分比）	90	92	107
中学总入学率，总数（占适龄年龄组的百分比）	51	44	74
小学和中学中女孩与男孩的比率（百分比）	85	92	99
HIV感染率（占15—49岁人口的百分比）	..	..	..
环境			
森林（千平方公里）	3.7	4.3	5.0
森林采伐（1990—2000年和2000—2010年，平均年度百分比）		-1.5	*-1.3*
淡水使用量（占内陆水资源的百分比）	..	*229.4*	*235.0*
获得改善的水资源的人口（占总人口的百分比）	86	88	*90*
获得改善的卫生设施的人口（占总人口的百分比）	85	89	*96*
人均能源使用量（千克石油当量）	840	963	*910*
人均二氧化碳排放量（吨）	3.0	3.1	*2.9*
人均用电量（千瓦时）	689	1,067	*1,715*
经济			
GDP（10亿美元）	12.3	19.3	..
GDP增长率（年度百分比）	7.6	2.7	..
GDP隐含价格平减指数（年度增长百分比）	19.3	9.7	..
农业增加值（占GDP的百分比）	30	24	..
工业增加值（占GDP的百分比）	25	38	..
服务业增加值（占GDP的百分比）	45	38	..
货物和服务出口（占GDP的百分比）	28	35	..
货物和服务进口（占GDP的百分比）	28	29	..
资本形成总额（占GDP的百分比）	17	17	..
中央政府收入（占GDP的百分比）	21.9	26.6	*23.9*
中央政府现金盈余/赤字（占GDP的百分比）	..	-1.1	*-2.1*
政府与市场			
创办企业的时间（天）	..	*43*	13
股票市场资本总额（占GDP的百分比）	..	..	..
军费支出（占GDP的百分比）	6.4	5.3	*3.9*
移动电话用户（每100人）	0.0	0.2	59.3
互联网用户（占总人口的百分比）	0.0	0.2	24.3
铺敷道路（占总数的百分比）	..	72.0	*64.9*
高科技出口（占制成品出口的百分比）	..	1	*1*
全球联系			
商品贸易（占GDP的百分比）	54	44	..
净易货贸易条件指数（2000年=100）	..	100	147
外债总额（10亿美元）	17.1	22.2	4.7
债务还本付息总额（占出口的百分比）	..	6.8	*3.1*
净移民（千人）	*-70*	*-380*	-1,500
获得的侨汇（百万美元）	385	180	*1,623*
外国直接投资，净流入额（百万美元）	40	270	*1,469*
获得的净官方发展援助（百万美元）	883	159	1,672

塔吉克斯坦

欧洲和中亚			低收入经济体
人口（百万）	8.0	人口增长率（百分比）	2.5
陆地面积（千平方公里）	143	每天生活费用不足1.25美元的人口（占人口的百分比）	*6.6*
GNI，图表集法（10亿美元）	7.1	人均GNI，图表集法（美元）	880
PPP衡量的GNI（10亿美元）	17.4	PPP衡量的人均GNI（美元）	2,180

	1990	2000	2012
人口			
最贫困的20%人口占国家消费/收入的份额（百分比）	..	*8.4*	*8.3*
出生时的预期寿命（岁）	63	64	67
总生育率（每个女性生育数）	5.2	4.0	3.8
青年女性生育率（每千名15—19岁女性生育数）	57	45	43
避孕普及率（占15—49岁已婚女性的百分比）	..	34	*28*
在熟练医护人员护理下的分娩（占总数的百分比）	*90*	71	*87*
5岁以下儿童死亡率（每千人）	105	91	58
儿童营养不良，体重不足（占5岁以下儿童的百分比）	..	..	*15.0*
儿童麻疹免疫接种率（占12—23个月年龄组的百分比）	*68*	88	94
小学毕业率，总数（占适龄年龄组的百分比）	..	91	98
中学总入学率，总数（占适龄年龄组的百分比）	*103*	73	*86*
小学和中学中女孩与男孩的比率（百分比）	..	89	*91*
HIV感染率（占15—49岁人口的百分比）	0.1	0.1	0.3
环境			
森林（千平方公里）	4.1	4.1	*4.1*
森林采伐（1990—2000年和2000—2010年，平均年度百分比）		-0.1	*0.0*
淡水使用量（占内陆水资源的百分比）	..	*18.8*	*18.1*
获得改善的水资源的人口（占总人口的百分比）	..	60	72
获得改善的卫生设施的人口（占总人口的百分比）	..	90	94
人均能源使用量（千克石油当量）	1,002	347	*306*
人均二氧化碳排放量（吨）	*1.3*	0.4	*0.4*
人均用电量（千瓦时）	3,350	2,172	*1,714*
经济			
GDP（10亿美元）	2.6	0.9	7.6
GDP增长率（年度百分比）	-0.6	8.3	7.5
GDP隐含价格平减指数（年度增长百分比）	6.2	22.7	11.9
农业增加值（占GDP的百分比）	33	27	26
工业增加值（占GDP的百分比）	38	39	26
服务业增加值（占GDP的百分比）	29	34	48
货物和服务出口（占GDP的百分比）	28	99	18
货物和服务进口（占GDP的百分比）	35	101	64
资本形成总额（占GDP的百分比）	25	9	20
中央政府收入（占GDP的百分比）	..	10.6	..
中央政府现金盈余/赤字（占GDP的百分比）	..	-0.8	..
政府与市场			
创办企业的时间（天）	..	..	33
股票市场资本总额（占GDP的百分比）	..	..	..
军费支出（占GDP的百分比）	*0.4*	1.2	..
移动电话用户（每100人）	0.0	0.0	81.5
互联网用户（占总人口的百分比）	0.0	0.0	14.5
铺敷道路（占总数的百分比）	71.6	..	..
高科技出口（占制成品出口的百分比）	..	42	..
全球联系			
商品贸易（占GDP的百分比）	..	170	67
净易货贸易条件指数（2000年=100）	..	100	99
外债总额（10亿美元）	*0.0*	1.1	3.6
债务还本付息总额（占出口的百分比）	..	*12.7*	25.5
净移民（千人）	*-289*	*-97*	-100
获得的侨汇（百万美元）	..	*79*	3,626
外国直接投资，净流入额（百万美元）	*9*	24	198
获得的净官方发展援助（百万美元）	*12*	124	394

坦桑尼亚

撒哈拉以南非洲地区 **低收入经济体**

人口（百万）	47.8	人口增长率（百分比）	3.0
陆地面积（千平方公里）	947	每天生活费用不足1.25美元的人口（占人口的百分比）	*67.9*
GNI，图表集法（10亿美元）	26.7	人均GNI，图表集法（美元）	570
PPP衡量的GNI（10亿美元）	72.4	PPP衡量的人均GNI（美元）	1,560

	1990	**2000**	**2012**
人口			
最贫困的20%人口占国家消费/收入的份额（百分比）	*7.4*	7.3	*6.8*
出生时的预期寿命（岁）	50	50	61
总生育率（每个女性生育数）	6.2	5.7	5.3
青年女性生育率（每千名15—19岁女性生育数）	142	133	123
避孕普及率（占15—49岁已婚女性的百分比）	*10*	*25*	*34*
在熟练医护人员护理下的分娩（占总数的百分比）	*44*	*36*	*49*
5岁以下儿童死亡率（每千人）	166	132	54
儿童营养不良，体重不足（占5岁以下儿童的百分比）	*25.1*	*25.3*	*16.2*
儿童麻疹免疫接种率（占12—23个月年龄组的百分比）	80	78	97
小学毕业率，总数（占适龄年龄组的百分比）	*62*	*50*	81
中学总入学率，总数（占适龄年龄组的百分比）	*5*	..	35
小学和中学中女孩与男孩的比率（百分比）	*97*	..	100
HIV感染率（占15—49岁人口的百分比）	5.0	7.8	5.1
环境			
森林（千平方公里）	415	375	*330*
森林采伐（1990—2000年和2000—2010年，平均年度百分比）		1.0	*1.1*
淡水使用量（占内陆水资源的百分比）	..	*6.2*	*6.2*
获得改善的水资源的人口（占总人口的百分比）	55	54	53
获得改善的卫生设施的人口（占总人口的百分比）	7	9	12
人均能源使用量（千克石油当量）	382	394	*448*
人均二氧化碳排放量（吨）	0.09	0.08	*0.15*
人均用电量（千瓦时）	51	58	*92*
经济			
GDP（10亿美元）	4.3	10.2	28.2
GDP增长率（年度百分比）	7.0	4.9	6.9
GDP隐含价格平减指数（年度增长百分比）	22.4	7.6	11.5
农业增加值（占GDP的百分比）	46	33	28
工业增加值（占GDP的百分比）	18	19	25
服务业增加值（占GDP的百分比）	36	47	47
货物和服务出口（占GDP的百分比）	13	13	30
货物和服务进口（占GDP的百分比）	37	20	47
资本形成总额（占GDP的百分比）	26	17	39
中央政府收入（占GDP的百分比）	..	..	17.3
中央政府现金盈余/赤字（占GDP的百分比）	..	..	-7.2
政府与市场			
创办企业的时间（天）	..	*28*	26
股票市场资本总额（占GDP的百分比）	..	2.3	6.4
军费支出（占GDP的百分比）	2.0	1.3	1.1
移动电话用户（每100人）	0.0	0.3	57.0
互联网用户（占总人口的百分比）	0.0	0.1	4.0
铺敷道路（占总数的百分比）	..	4.0	*14.9*
高科技出口（占制成品出口的百分比）	..	1	10
全球联系			
商品贸易（占GDP的百分比）	32	22	59
净易货贸易条件指数（2000年=100）	107	100	145
外债总额（10亿美元）	6.4	7.2	11.6
债务还本付息总额（占出口的百分比）	32.9	11.9	1.9
净移民（千人）	*591*	*-345*	-150
获得的侨汇（百万美元）	..	8.0	67.4
外国直接投资，净流入额（百万美元）	0	463	1,707
获得的净官方发展援助（10亿美元）	1.2	1.1	2.8

泰国

东亚和太平洋地区		中高收入经济体	
人口（百万）	66.8	人口增长率（百分比）	0.3
陆地面积（千平方公里）	513	每天生活费用不足1.25美元的人口（占人口的百分比）	<2
GNI，图表集法（10亿美元）	347.8	人均GNI，图表集法（美元）	5,210
PPP衡量的GNI（10亿美元）	619.5	PPP衡量的人均GNI（美元）	9,280

	1990	2000	2012
人口			
最贫困的20%人口占国家消费/收入的份额（百分比）	5.9	6.2	*6.8*
出生时的预期寿命（岁）	70	71	74
总生育率（每个女性生育数）	2.1	1.7	1.4
青年女性生育率（每千名15—19岁女性生育数）	51	43	41
避孕普及率（占15—49岁已婚女性的百分比）	66	79	*80*
在熟练医护人员护理下的分娩（占总数的百分比）	..	99	*100*
5岁以下儿童死亡率（每千人）	38	23	13
儿童营养不良，体重不足（占5岁以下儿童的百分比）	*16.3*	..	*7.0*
儿童麻疹免疫接种率（占12—23个月年龄组的百分比）	80	94	98
小学毕业率，总数（占适龄年龄组的百分比）	..	85	..
中学总入学率，总数（占适龄年龄组的百分比）	29	*63*	*87*
小学和中学中女孩与男孩的比率（百分比）	*97*	*98*	*102*
HIV感染率（占15—49岁人口的百分比）	0.8	1.9	1.1
环境			
森林（千平方公里）	195	190	*190*
森林采伐（1990—2000年和2000—2010年，平均年度百分比）		0.3	*0.0*
淡水使用量（占内陆水资源的百分比）	..	..	*25.5*
获得改善的水资源的人口（占总人口的百分比）	86	92	96
获得改善的卫生设施的人口（占总人口的百分比）	82	91	93
人均能源使用量（千克石油当量）	741	1,159	*1,790*
人均二氧化碳排放量（吨）	1.7	3.0	*4.4*
人均用电量（千瓦时）	709	1,462	*2,316*
经济			
GDP（10亿美元）	85	123	366
GDP增长率（年度百分比）	11.2	4.8	6.5
GDP隐含价格平减指数（年度增长百分比）	5.8	1.3	1.3
农业增加值（占GDP的百分比）	12	9	12
工业增加值（占GDP的百分比）	37	42	44
服务业增加值（占GDP的百分比）	50	49	44
货物和服务出口（占GDP的百分比）	34	67	75
货物和服务进口（占GDP的百分比）	42	58	74
资本形成总额（占GDP的百分比）	41	23	30
中央政府收入（占GDP的百分比）	..	*19.5*	*21.3*
中央政府现金盈余/赤字（占GDP的百分比）	..	*1.5*	*-1.2*
政府与市场			
创办企业的时间（天）	..	*33*	28
股票市场资本总额（占GDP的百分比）	28.0	24.0	104.7
军费支出（占GDP的百分比）	2.7	1.5	1.5
移动电话用户（每100人）	0.1	4.9	127.3
互联网用户（占总人口的百分比）	0.0	3.7	26.5
铺敷道路（占总数的百分比）	*88.4*	*97.5*	..
高科技出口（占制成品出口的百分比）	21	33	21
全球联系			
商品贸易（占GDP的百分比）	66	107	130
净易货贸易条件指数（2000年=100）	119	100	93
外债总额（10亿美元）	28	80	134
债务还本付息总额（占出口的百分比）	16.9	16.3	4.1
净移民（千人）	*-1,108*	*1,103*	100
获得的侨汇（10亿美元）	1.0	1.7	4.7
外国直接投资，净流入额（10亿美元）	2.4	3.4	10.7
获得的净官方发展援助（百万美元）	796	697	-135

东帝汶

东亚和太平洋地区			中低收入经济体
人口（百万）	1.2	人口增长率（百分比）	2.9
陆地面积（千平方公里）	15	每天生活费用不足1.25美元的人口（占人口的百分比）	..
GNI，图表集法（10亿美元）	4.4	人均GNI，图表集法（美元）	3,620
PPP衡量的GNI（10亿美元）	*7.5*	PPP衡量的人均GNI（美元）	6,230

	1990	2000	2012
人口			
最贫困的20%人口占国家消费/收入的份额（百分比）	..	..	..
出生时的预期寿命（岁）	48	59	67
总生育率（每个女性生育数）	5.3	7.1	5.3
青年女性生育率（每千名15—19岁女性生育数）	57	71	52
避孕普及率（占15—49岁已婚女性的百分比）	*25*	*8*	*22*
在熟练医护人员护理下的分娩（占总数的百分比）	..	*24*	*29*
5岁以下儿童死亡率（每千人）	171	106	57
儿童营养不良，体重不足（占5岁以下儿童的百分比）	..	*40.6*	*45.3*
儿童麻疹免疫接种率（占12—23个月年龄组的百分比）	..	*56*	62
小学毕业率，总数（占适龄年龄组的百分比）	..	..	*71*
中学总入学率，总数（占适龄年龄组的百分比）	..	*36*	*57*
小学和中学中女孩与男孩的比率（百分比）	..	..	*97*
HIV感染率（占15—49岁人口的百分比）	..	..	..
环境			
森林（千平方公里）	9.7	8.5	*7.3*
森林采伐（1990—2000年和2000—2010年，平均年度百分比）		1.2	*1.4*
淡水使用量（占内陆水资源的百分比）	..	..	*14.3*
获得改善的水资源的人口（占总人口的百分比）	..	54	*70*
获得改善的卫生设施的人口（占总人口的百分比）	..	37	*39*
人均能源使用量（千克石油当量）	..	..	..
人均二氧化碳排放量（吨）	..	*0.2*	*0.2*
人均用电量（千瓦时）	..	..	..
经济			
GDP（百万美元）	..	350	1,293
GDP增长率（年度百分比）	..	13.7	0.6
GDP隐含价格平减指数（年度增长百分比）	..	5.5	13.9
农业增加值（占GDP的百分比）	..	30	*17*
工业增加值（占GDP的百分比）	..	17	*26*
服务业增加值（占GDP的百分比）	..	53	*57*
货物和服务出口（占GDP的百分比）	..	10	*10*
货物和服务进口（占GDP的百分比）	..	172	*120*
资本形成总额（占GDP的百分比）	..	37	65
中央政府收入（占GDP的百分比）	..	..	..
中央政府现金盈余/赤字（占GDP的百分比）	..	..	..
政府与市场			
创办企业的时间（天）	..	..	94
股票市场资本总额（占GDP的百分比）	..	..	..
军费支出（占GDP的百分比）	..	..	2.9
移动电话用户（每100人）	0.0	*2.1*	55.7
互联网用户（占总人口的百分比）	0.0	*0.0*	0.9
铺敷道路（占总数的百分比）	..	..	..
高科技出口（占制成品出口的百分比）	..	..	..
全球联系			
商品贸易（占GDP的百分比）	..	*32*	30
净易货贸易条件指数（2000年=100）	..	..	..
外债总额（百万美元）	..	..	..
债务还本付息总额（占出口的百分比）	..	..	..
净移民（千人）	*-4.4*	*0.0*	-75.0
获得的侨汇（百万美元）	..	..	114
外国直接投资，净流入额（百万美元）	..	*4.5*	18.9
获得的净官方发展援助（百万美元）	0	231	283

多哥

撒哈拉以南非洲地区 | **低收入经济体**

人口（百万）	6.6	人口增长率（百分比）	2.6
陆地面积（千平方公里）	57	每天生活费用不足1.25美元的人口（占人口的百分比）	*28.2*
GNI，图表集法（10亿美元）	3.3	人均GNI，图表集法（美元）	500
PPP衡量的GNI（10亿美元）	6.0	PPP衡量的人均GNI（美元）	900

	1990	2000	2012
人口			
最贫困的20%人口占国家消费/收入的份额（百分比）	..	..	*6.0*
出生时的预期寿命（岁）	56	54	56
总生育率（每个女性生育数）	6.3	5.3	4.7
青年女性生育率（每千名15—19岁女性生育数）	117	93	92
避孕普及率（占15—49岁已婚女性的百分比）	*34*	26	*15*
在熟练医护人员护理下的分娩（占总数的百分比）	*31*	49	*59*
5岁以下儿童死亡率（每千人）	143	122	96
儿童营养不良，体重不足（占5岁以下儿童的百分比）	*21.2*	*23.2*	*16.5*
儿童麻疹免疫接种率（占12—23个月年龄组的百分比）	73	58	*72*
小学毕业率，总数（占适龄年龄组的百分比）	36	65	*74*
中学总入学率，总数（占适龄年龄组的百分比）	22	32	*55*
小学和中学中女孩与男孩的比率（百分比）	58	69	..
HIV感染率（占15—49岁人口的百分比）	0.8	4.4	2.9
环境			
森林（千平方公里）	6.9	4.9	*2.7*
森林采伐（1990—2000年和2000—2010年，平均年度百分比）		3.4	*5.1*
淡水使用量（占内陆水资源的百分比）	..	*1.5*	*1.5*
获得改善的水资源的人口（占总人口的百分比）	48	53	61
获得改善的卫生设施的人口（占总人口的百分比）	13	12	11
人均能源使用量（千克石油当量）	334	434	*427*
人均二氧化碳排放量（吨）	0.2	0.3	*0.2*
人均用电量（千瓦时）	91	96	..
经济			
GDP（百万美元）	1,628	1,294	3,814
GDP增长率（年度百分比）	-0.2	-0.8	5.6
GDP隐含价格平减指数（年度增长百分比）	3.0	-4.3	6.0
农业增加值（占GDP的百分比）	34	35	*31*
工业增加值（占GDP的百分比）	23	18	*16*
服务业增加值（占GDP的百分比）	44	47	*53*
货物和服务出口（占GDP的百分比）	33	34	*40*
货物和服务进口（占GDP的百分比）	45	48	*57*
资本形成总额（占GDP的百分比）	27	15	*19*
中央政府收入（占GDP的百分比）	..	..	19.1
中央政府现金盈余/赤字（占GDP的百分比）	..	..	-6.3
政府与市场			
创办企业的时间（天）	..	*65*	19
股票市场资本总额（占GDP的百分比）	..	..	..
军费支出（占GDP的百分比）	3.1	*1.7*	*1.6*
移动电话用户（每100人）	0.0	1.0	49.9
互联网用户（占总人口的百分比）	0.0	0.8	4.0
铺敷道路（占总数的百分比）	21.2	32.0	*21.0*
高科技出口（占制成品出口的百分比）	*1*	1	0
全球联系			
商品贸易（占GDP的百分比）	52	71	73
净易货贸易条件指数（2000年=100）	133	100	29
外债总额（10亿美元）	1.3	1.4	0.8
债务还本付息总额（占出口的百分比）	12.3	6.6	*2.6*
净移民（千人）	*-95.0*	*-10.0*	-10.0
获得的侨汇（百万美元）	*27*	34	*337*
外国直接投资，净流入额（百万美元）	18	42	166
获得的净官方发展援助（百万美元）	258	70	241

汤 加

东亚和太平洋地区			中高收入经济体
人口（千人）	105	人口增长率（百分比）	0.4
陆地面积（平方公里）	750	每天生活费用不足1.25美元的人口（占人口的百分比）	..
GNI，图表集法（百万美元）	442.5	人均GNI，图表集法（美元）	4,220
PPP衡量的GNI（百万美元）	527.2	PPP衡量的人均GNI（美元）	5,020

	1990	2000	2012
人口			
最贫困的20%人口占国家消费/收入的份额（百分比）	..	..	..
出生时的预期寿命（岁）	70	71	72
总生育率（每个女性生育数）	4.6	4.3	3.8
青年女性生育率（每千名15—19岁女性生育数）	26	22	18
避孕普及率（占15—49岁已婚女性的百分比）	..	33	*32*
在熟练医护人员护理下的分娩（占总数的百分比）	92	95	*98*
5岁以下儿童死亡率（每千人）	23	18	13
儿童营养不良，体重不足（占5岁以下儿童的百分比）	..	..	..
儿童麻疹免疫接种率（占12—23个月年龄组的百分比）	86	95	95
小学毕业率，总数（占适龄年龄组的百分比）	128	*107*	100
中学总入学率，总数（占适龄年龄组的百分比）	98	106	91
小学和中学中女孩与男孩的比率（百分比）	99	102	102
HIV感染率（占15—49岁人口的百分比）	..	..	..
环境			
森林（平方公里）	90	90	*90*
森林采伐（1990—2000年和2000—2010年，平均年度百分比）		0.0	*0.0*
淡水使用量（占内陆水资源的百分比）	..	..	..
获得改善的水资源的人口（占总人口的百分比）	99	99	99
获得改善的卫生设施的人口（占总人口的百分比）	95	94	*91*
人均能源使用量（千克石油当量）	266	..	..
人均二氧化碳排放量（吨）	0.8	1.2	*1.5*
人均用电量（千瓦时）	..	..	..
经济			
GDP（百万美元）	114	189	472
GDP增长率（年度百分比）	-2.0	3.4	0.8
GDP隐含价格平减指数（年度增长百分比）	12.2	3.1	2.3
农业增加值（占GDP的百分比）	36	23	19
工业增加值（占GDP的百分比）	14	21	21
服务业增加值（占GDP的百分比）	50	56	59
货物和服务出口（占GDP的百分比）	34	15	18
货物和服务进口（占GDP的百分比）	65	47	63
资本形成总额（占GDP的百分比）	18	22	33
中央政府收入（占GDP的百分比）	..	..	..
中央政府现金盈余/赤字（占GDP的百分比）	..	..	..
政府与市场			
创办企业的时间（天）	..	*32*	16
股票市场资本总额（占GDP的百分比）	..	..	..
军费支出（占GDP的百分比）	..	..	..
移动电话用户（每100人）	0.0	0.2	53.4
互联网用户（占总人口的百分比）	0.0	2.4	34.9
铺数道路（占总数的百分比）	..	*27.0*	..
高科技出口（占制成品出口的百分比）	..	0	7
全球联系			
商品贸易（占GDP的百分比）	64	42	48
净易货贸易条件指数（2000年=100）	..	100	82
外债总额（百万美元）	44	74	197
债务还本付息总额（占出口的百分比）	3.5	*8.9*	7.8
净移民（千人）	*-11.1*	*-8.1*	-8.1
获得的侨汇（百万美元）	24.0	52.5	59.6
外国直接投资，净流入额（百万美元）	0.2	4.8	8.1
获得的净官方发展援助（百万美元）	29.8	18.8	78.3

特立尼达和多巴哥

高收入经济体

人口（百万）	1.3	人口增长率（百分比）	0.3
陆地面积（千平方公里）	5.1	每天生活费用不足1.25美元的人口（占人口的百分比）	*4.2*
GNI，图表集法（10亿美元）	19.7	人均GNI，图表集法（美元）	14,710
PPP衡量的GNI（10亿美元）	30.6	PPP衡量的人均GNI（美元）	22,860

	1990	2000	2012
人口			
最贫困的20%人口占国家消费/收入的份额（百分比）	5.5	..	..
出生时的预期寿命（岁）	68	69	70
总生育率（每个女性生育数）	2.5	1.8	1.8
青年女性生育率（每千名15—19岁女性生育数）	62	41	35
避孕普及率（占15—49岁已婚女性的百分比）	..	38	*43*
在熟练医护人员护理下的分娩（占总数的百分比）	..	96	*98*
5岁以下儿童死亡率（每千人）	33	28	21
儿童营养不良，体重不足（占5岁以下儿童的百分比）	..	4.4	..
儿童麻疹免疫接种率（占12—23个月年龄组的百分比）	70	90	85
小学毕业率，总数（占适龄年龄组的百分比）	*100*	93	*95*
中学总入学率，总数（占适龄年龄组的百分比）	83	..	..
小学和中学中女孩与男孩的比率（百分比）	103	..	..
HIV感染率（占15—49岁人口的百分比）	0.4	1.2	1.6
环境			
森林（千平方公里）	2.4	2.3	*2.3*
森林采伐（1990—2000年和2000—2010年，平均年度百分比）		0.3	*0.3*
淡水使用量（占内陆水资源的百分比）	..	*6.0*	*6.0*
获得改善的水资源的人口（占总人口的百分比）	90	92	*94*
获得改善的卫生设施的人口（占总人口的百分比）	93	92	92
人均能源使用量（千克石油当量）	4,900	8,560	*15,691*
人均二氧化碳排放量（吨）	13.9	19.3	*38.2*
人均用电量（千瓦时）	2,683	3,991	*6,332*
经济			
GDP（10亿美元）	5.1	8.2	23.3
GDP增长率（年度百分比）	1.5	6.1	1.5
GDP隐含价格平减指数（年度增长百分比）	15.5	12.9	-2.5
农业增加值（占GDP的百分比）	3	1	1
工业增加值（占GDP的百分比）	47	49	57
服务业增加值（占GDP的百分比）	50	49	42
货物和服务出口（占GDP的百分比）	45	59	*88*
货物和服务进口（占GDP的百分比）	29	45	*63*
资本形成总额（占GDP的百分比）	13	20	..
中央政府收入（占GDP的百分比）	*28.1*	*27.1*	35.5
中央政府现金盈余/赤字（占GDP的百分比）	*-0.2*	*2.0*	*-1.6*
政府与市场			
创办企业的时间（天）	..	..	38
股票市场资本总额（占GDP的百分比）	13.7	53.1	65.0
军费支出（占GDP的百分比）	*0.1*	*0.0*	*1.3*
移动电话用户（每100人）	0.0	12.8	140.8
互联网用户（占总人口的百分比）	0.0	7.7	59.5
铺敷道路（占总数的百分比）	46.2	51.0	..
高科技出口（占制成品出口的百分比）	*0*	1	*0*
全球联系			
商品贸易（占GDP的百分比）	61	93	96
净易货贸易条件指数（2000年=100）	100	100	157
外债总额（百万美元）	..	..	..
债务还本付息总额（占出口的百分比）	..	..	..
净移民（千人）	*-32.0*	*-13.2*	-15.0
获得的侨汇（百万美元）	3	38	*126*
外国直接投资，净流入额（百万美元）	109	680	2,527
获得的净官方发展援助（百万美元）	17.8	-1.5	*4.3*

突尼斯

中东和北非			中高收入经济体
人口（百万）	10.8	人口增长率（百分比）	1.0
陆地面积（千平方公里）	164	每天生活费用不足1.25美元的人口（占人口的百分比）	<2
GNI，图表集法（10亿美元）	44.8	人均GNI，图表集法（美元）	4,150
PPP衡量的GNI（10亿美元）	99.2	PPP衡量的人均GNI（美元）	9,210

	1990	2000	2012
人口			
最贫困的20%人口占国家消费/收入的份额（百分比）	5.9	6.0	6.7
出生时的预期寿命（岁）	70	73	75
总生育率（每个女性生育数）	3.5	2.1	2.2
青年女性生育率（每千名15—19岁女性生育数）	20	7	5
避孕普及率（占15—49岁已婚女性的百分比）	*50*	66	63
在熟练医护人员护理下的分娩（占总数的百分比）	69	90	*99*
5岁以下儿童死亡率（每千人）	51	30	16
儿童营养不良，体重不足（占5岁以下儿童的百分比）	*8.5*	3.5	*3.3*
儿童麻疹免疫接种率（占12—23个月年龄组的百分比）	93	95	96
小学毕业率，总数（占适龄年龄组的百分比）	80	90	*102*
中学总入学率，总数（占适龄年龄组的百分比）	45	75	*91*
小学和中学中女孩与男孩的比率（百分比）	84	99	*101*
HIV感染率（占15—49岁人口的百分比）	0.1	0.1	0.1
环境			
森林（千平方公里）	6	8	*10*
森林采伐（1990—2000年和2000—2010年，平均年度百分比）		-2.7	*-1.9*
淡水使用量（占内陆水资源的百分比）	*73.3*	*67.9*	*67.9*
获得改善的水资源的人口（占总人口的百分比）	82	89	97
获得改善的卫生设施的人口（占总人口的百分比）	73	82	90
人均能源使用量（千克石油当量）	607	764	*890*
人均二氧化碳排放量（吨）	1.6	2.1	*2.5*
人均用电量（千瓦时）	638	991	*1,297*
经济			
GDP（10亿美元）	12.3	21.5	45.7
GDP增长率（年度百分比）	7.9	4.7	3.6
GDP隐含价格平减指数（年度增长百分比）	4.5	3.3	5.3
农业增加值（占GDP的百分比）	18	11	9
工业增加值（占GDP的百分比）	34	30	30
服务业增加值（占GDP的百分比）	49	58	61
货物和服务出口（占GDP的百分比）	44	40	48
货物和服务进口（占GDP的百分比）	51	43	59
资本形成总额（占GDP的百分比）	27	26	24
中央政府收入（占GDP的百分比）	30.7	26.5	31.0
中央政府现金盈余/赤字（占GDP的百分比）	-3.2	-2.4	-5.0
政府与市场			
创办企业的时间（天）	..	*11*	11
股票市场资本总额（占GDP的百分比）	4.3	13.2	19.5
军费支出（占GDP的百分比）	2.0	1.5	1.6
移动电话用户（每100人）	0.0	1.2	118.1
互联网用户（占总人口的百分比）	0.0	2.8	41.4
铺敷道路（占总数的百分比）	76.1	68.0	*76.3*
高科技出口（占制成品出口的百分比）	2	3	6
全球联系			
商品贸易（占GDP的百分比）	74	67	91
净易货贸易条件指数（2000年=100）	109	100	97
外债总额（10亿美元）	*7.7*	11.4	25.5
债务还本付息总额（占出口的百分比）	*27.0*	21.9	11.5
净移民（千人）	*43.9*	*-71.4*	-32.9
获得的侨汇（百万美元）	551	796	2,266
外国直接投资，净流入额（百万美元）	76	752	1,554
获得的净官方发展援助（百万美元）	393	222	1,017

土耳其

欧洲和中亚		中高收入经济体	
人口（百万）	74.0	人口增长率（百分比）	1.3
陆地面积（千平方公里）	784	每天生活费用不足1.25美元的人口（占人口的百分比）	<2
GNI，图表集法（10亿美元）	801.1	人均GNI，图表集法（美元）	10,830
PPP衡量的GNI（10亿美元）	1,360.6	PPP衡量的人均GNI（美元）	18,390

	1990	2000	2012
人口			
最贫困的20%人口占国家消费/收入的份额（百分比）	..	*5.6*	*5.5*
出生时的预期寿命（岁）	64	70	75
总生育率（每个女性生育数）	3.1	2.5	2.1
青年女性生育率（每千名15—19岁女性生育数）	65	48	31
避孕普及率（占15—49岁已婚女性的百分比）	*63*	*71*	*73*
在熟练医护人员护理下的分娩（占总数的百分比）	*76*	*83*	*95*
5岁以下儿童死亡率（每千人）	74	37	14
儿童营养不良，体重不足（占5岁以下儿童的百分比）	*8.7*	*3.5*	..
儿童麻疹免疫接种率（占12—23个月年龄组的百分比）	78	87	98
小学毕业率，总数（占适龄年龄组的百分比）	93	..	*103*
中学总入学率，总数（占适龄年龄组的百分比）	50	73	*89*
小学和中学中女孩与男孩的比率（百分比）	78	82	95
HIV感染率（占15—49岁人口的百分比）	..	..	..
环境			
森林（千平方公里）	97	101	*115*
森林采伐（1990—2000年和2000—2010年，平均年度百分比）		-0.5	*-1.1*
淡水使用量（占内陆水资源的百分比）	*13.9*	*18.5*	*17.7*
获得改善的水资源的人口（占总人口的百分比）	85	93	100
获得改善的卫生设施的人口（占总人口的百分比）	84	87	91
人均能源使用量（千克石油当量）	977	1,209	1,564
人均二氧化碳排放量（吨）	2.7	3.4	*4.1*
人均用电量（千瓦时）	928	1,654	*2,709*
经济			
GDP（10亿美元）	151	267	789
GDP增长率（年度百分比）	9.3	6.8	2.2
GDP隐含价格平减指数（年度增长百分比）	58.2	49.2	6.8
农业增加值（占GDP的百分比）	18	11	9
工业增加值（占GDP的百分比）	32	31	27
服务业增加值（占GDP的百分比）	50	57	64
货物和服务出口（占GDP的百分比）	13	20	26
货物和服务进口（占GDP的百分比）	18	23	32
资本形成总额（占GDP的百分比）	25	21	20
中央政府收入（占GDP的百分比）	..	..	*33.0*
中央政府现金盈余/赤字（占GDP的百分比）	..	..	*-1.1*
政府与市场			
创办企业的时间（天）	..	*38*	6
股票市场资本总额（占GDP的百分比）	12.7	26.1	39.1
军费支出（占GDP的百分比）	3.5	3.7	2.3
移动电话用户（每100人）	0.1	25.5	91.5
互联网用户（占总人口的百分比）	0.0	3.8	45.1
铺敷道路（占总数的百分比）	..	*34.0*	*89.4*
高科技出口（占制成品出口的百分比）	1	5	2
全球联系			
商品贸易（占GDP的百分比）	23	31	49
净易货贸易条件指数（2000年=100）	109	100	87
外债总额（10亿美元）	49	117	337
债务还本付息总额（占出口的百分比）	33.8	38.9	26.1
净移民（千人）	*-200*	*-100*	350
获得的侨汇（10亿美元）	3.2	4.6	1.0
外国直接投资，净流入额（10亿美元）	0.7	1.0	12.5
获得的净官方发展援助（百万美元）	1.3	0.3	3.0

土库曼斯坦

欧洲和中亚			中高收入经济体
人口（百万）	5.2	人口增长率（百分比）	1.3
陆地面积（千平方公里）	488	每天生活费用不足1.25美元的人口（占人口的百分比）	*24.8*
GNI，图表集法（10亿美元）	28.0	人均GNI，图表集法（美元）	5,410
PPP衡量的GNI（10亿美元）	46.9	PPP衡量的人均GNI（美元）	9,070

	1990	2000	2012
人口			
最贫困的20%人口占国家消费/收入的份额（百分比）	*6.9*	*6.1*	..
出生时的预期寿命（岁）	63	64	65
总生育率（每个女性生育数）	4.3	2.8	2.4
青年女性生育率（每千名15—19岁女性生育数）	25	25	18
避孕普及率（占15—49岁已婚女性的百分比）	..	62	*48*
在熟练医护人员护理下的分娩（占总数的百分比）	..	97	*100*
5岁以下儿童死亡率（每千人）	90	79	53
儿童营养不良，体重不足（占5岁以下儿童的百分比）	..	10.5	..
儿童麻疹免疫接种率（占12—23个月年龄组的百分比）	*76*	96	99
小学毕业率，总数（占适龄年龄组的百分比）	..	..	..
中学总入学率，总数（占适龄年龄组的百分比）	..	..	..
小学和中学中女孩与男孩的比率（百分比）	..	..	..
HIV感染率（占15—49岁人口的百分比）	..	..	..
环境			
森林（千平方公里）	41	41	*41*
森林采伐（1990—2000年和2000—2010年，平均年度百分比）		0.0	*0.0*
淡水使用量（占内陆水资源的百分比）	..	*1,773.0*	*1,989.3*
获得改善的水资源的人口（占总人口的百分比）	..	83	71
获得改善的卫生设施的人口（占总人口的百分比）	98	98	99
人均能源使用量（千克石油当量）	4,776	3,304	*4,839*
人均二氧化碳排放量（吨）	*7.2*	*7.9*	*10.5*
人均用电量（千瓦时）	2,293	1,698	*2,444*
经济			
GDP（10亿美元）	3.2	2.9	35.2
GDP增长率（年度百分比）	35.4	5.5	11.1
GDP隐含价格平减指数（年度增长百分比）	-20.9	23.5	8.3
农业增加值（占GDP的百分比）	32	24	15
工业增加值（占GDP的百分比）	30	44	48
服务业增加值（占GDP的百分比）	38	31	37
货物和服务出口（占GDP的百分比）	*39*	96	73
货物和服务进口（占GDP的百分比）	*27*	81	44
资本形成总额（占GDP的百分比）	40	35	47
中央政府收入（占GDP的百分比）	..	..	..
中央政府现金盈余/赤字（占GDP的百分比）	..	..	..
政府与市场			
创办企业的时间（天）	..	..	..
股票市场资本总额（占GDP的百分比）	..	..	..
军费支出（占GDP的百分比）	..	*2.9*	..
移动电话用户（每100人）	0.0	0.2	76.4
互联网用户（占总人口的百分比）	0.0	0.1	7.2
铺敷道路（占总数的百分比）	73.5	81.0	..
高科技出口（占制成品出口的百分比）	..	5	..
全球联系			
商品贸易（占GDP的百分比）	..	148	73
净易货贸易条件指数（2000年=100）	..	100	238
外债总额（百万美元）	*276*	2,609	492
债务还本付息总额（占出口的百分比）	..	..	..
净移民（千人）	*44*	*-114*	-25
获得的侨汇（百万美元）	..	..	..
外国直接投资，净流入额（百万美元）	*79*	131	3,159
获得的净官方发展援助（百万美元）	*6.6*	35.3	38.0

特克斯和凯科斯群岛

高收入经济体

人口（千人）	32	人口增长率（百分比）	2.2
陆地面积（平方公里）	950	每天生活费用不足1.25美元的人口（占人口的百分比）	..
GNI，图表集法（百万美元）	..	人均GNI，图表集法（美元）	..
PPP衡量的GNI（百万美元）	..	PPP衡量的人均GNI（美元）	..

	1990	2000	2012
人口			
最贫困的20%人口占国家消费/收入的份额（百分比）	..	..	..
出生时的预期寿命（岁）	..	..	..
总生育率（每个女性生育数）	..	..	..
青年女性生育率（每千名15—19岁女性生育数）	..	..	..
避孕普及率（占15—49岁已婚女性的百分比）	..	..	..
在熟练医护人员护理下的分娩（占总数的百分比）	..	*88*	*100*
5岁以下儿童死亡率（每千人）	..	..	..
儿童营养不良，体重不足（占5岁以下儿童的百分比）	..	..	..
儿童麻疹免疫接种率（占12—23个月年龄组的百分比）	..	..	..
小学毕业率，总数（占适龄年龄组的百分比）	..	*84*	..
中学总入学率，总数（占适龄年龄组的百分比）	..	*95*	..
小学和中学中女孩与男孩的比率（百分比）	..	*98*	..
HIV感染率（占15—49岁人口的百分比）	..	..	..
环境			
森林（平方公里）	344	344	*344*
森林采伐（1990—2000年和2000—2010年，平均年度百分比）		0.0	*0.0*
淡水使用量（占内陆水资源的百分比）	..	..	..
获得改善的水资源的人口（占总人口的百分比）	..	87	..
获得改善的卫生设施的人口（占总人口的百分比）	..	81	..
人均能源使用量（千克石油当量）	..	..	..
人均二氧化碳排放量（吨）	..	0.8	5.2
人均用电量（千瓦时）	..	..	..
经济			
GDP（百万美元）	..	..	..
GDP增长率（年度百分比）	..	..	..
GDP隐含价格平减指数（年度增长百分比）	..	..	..
农业增加值（占GDP的百分比）	..	..	..
工业增加值（占GDP的百分比）	..	..	..
服务业增加值（占GDP的百分比）	..	..	..
货物和服务出口（占GDP的百分比）	..	..	..
货物和服务进口（占GDP的百分比）	..	..	..
资本形成总额（占GDP的百分比）	..	..	..
中央政府收入（占GDP的百分比）	..	..	..
中央政府现金盈余/赤字（占GDP的百分比）	..	..	..
政府与市场			
创办企业的时间（天）	..	..	..
股票市场资本总额（占GDP的百分比）	..	..	..
军费支出（占GDP的百分比）	..	..	..
移动电话用户（每100人）	..	..	..
互联网用户（占总人口的百分比）	..	..	..
铺敷道路（占总数的百分比）	..	..	..
高科技出口（占制成品出口的百分比）	..	20	2
全球联系			
商品贸易（占GDP的百分比）	..	..	..
净易货贸易条件指数（2000年=100）	..	100	68
外债总额（百万美元）	..	..	..
债务还本付息总额（占出口的百分比）	..	..	..
净移民（千人）	..	..	..
获得的侨汇（百万美元）	..	..	..
外国直接投资，净流入额（百万美元）	..	..	..
获得的净官方发展援助（百万美元）	11.6	6.7	..

图瓦卢

东亚和太平洋地区			中高收入经济体
人口（千人）	10	人口增长率（百分比）	0.2
陆地面积（平方公里）	30	每天生活费用不足1.25美元的人口（占人口的百分比）	..
GNI，图表集法（百万美元）	55.7	人均GNI，图表集法（美元）	5,650
PPP衡量的GNI（百万美元）	..	PPP衡量的人均GNI（美元）	..

	1990	2000	2012
人口			
最贫困的20%人口占国家消费/收入的份额（百分比）	..	..	..
出生时的预期寿命（岁）	..	..	..
总生育率（每个女性生育数）	..	..	..
青年女性生育率（每千名15—19岁女性生育数）	..	..	..
避孕普及率（占15—49岁已婚女性的百分比）	39	*32*	*31*
在熟练医护人员护理下的分娩（占总数的百分比）	100	*100*	*98*
5岁以下儿童死亡率（每千人）	58	42	30
儿童营养不良，体重不足（占5岁以下儿童的百分比）	..	..	*1.6*
儿童麻疹免疫接种率（占12—23个月年龄组的百分比）	95	81	98
小学毕业率，总数（占适龄年龄组的百分比）	..	*102*	..
中学总入学率，总数（占适龄年龄组的百分比）	..	*80*	..
小学和中学中女孩与男孩的比率（百分比）	..	*112*	..
HIV感染率（占15—49岁人口的百分比）	..	..	..
环境			
森林（平方公里）	10.0	10.0	*10.0*
森林采伐（1990—2000年和2000—2010年，平均年度百分比）		0.0	*0.0*
淡水使用量（占内陆水资源的百分比）	..	..	..
获得改善的水资源的人口（占总人口的百分比）	90	94	98
获得改善的卫生设施的人口（占总人口的百分比）	73	78	83
人均能源使用量（千克石油当量）	..	..	..
人均二氧化碳排放量（吨）	..	..	..
人均用电量（千瓦时）	..	..	..
经济			
GDP（百万美元）	8.8	13.7	39.9
GDP增长率（年度百分比）	3.6	-1.0	0.2
GDP隐含价格平减指数（年度增长百分比）	2.6	12.8	0.9
农业增加值（占GDP的百分比）	..	20	25
工业增加值（占GDP的百分比）	..	8	6
服务业增加值（占GDP的百分比）	..	72	69
货物和服务出口（占GDP的百分比）	..	..	..
货物和服务进口（占GDP的百分比）	..	..	..
资本形成总额（占GDP的百分比）	..	..	..
中央政府收入（占GDP的百分比）	..	..	..
中央政府现金盈余/赤字（占GDP的百分比）	..	..	..
政府与市场			
创办企业的时间（天）	..	..	..
股票市场资本总额（占GDP的百分比）	..	..	..
军费支出（占GDP的百分比）	..	..	..
移动电话用户（每100人）	0.0	0.0	28.4
互联网用户（占总人口的百分比）	0.0	5.2	35.0
铺敷道路（占总数的百分比）	..	..	..
高科技出口（占制成品出口的百分比）	..	*28*	..
全球联系			
商品贸易（占GDP的百分比）	58	36	63
净易货贸易条件指数（2000年=100）	..	..	..
外债总额（百万美元）	..	..	..
债务还本付息总额（占出口的百分比）	..	..	..
净移民（千人）	..	..	..
获得的侨汇（百万美元）	..	..	..
外国直接投资，净流入额（百万美元）	..	..	..
获得的净官方发展援助（百万美元）	5.1	4.0	24.5

乌干达

撒哈拉以南非洲地区 **低收入经济体**

人口（百万）	36.3	人口增长率（百分比）	3.4
陆地面积（千平方公里）	242	每天生活费用不足1.25美元的人口（占人口的百分比）	*38.0*
GNI，图表集法（10亿美元）	17.6	人均GNI，图表集法（美元）	480
PPP衡量的GNI（10亿美元）	47.1	PPP衡量的人均GNI（美元）	1,300

	1990	2000	2012
人口			
最贫困的20%人口占国家消费/收入的份额（百分比）	*4.9*	*5.9*	*5.8*
出生时的预期寿命（岁）	48	48	59
总生育率（每个女性生育数）	7.1	6.9	6.0
青年女性生育率（每千名15—19岁女性生育数）	195	180	127
避孕普及率（占15—49岁已婚女性的百分比）	*5*	*23*	*30*
在熟练医护人员护理下的分娩（占总数的百分比）	*38*	*39*	*57*
5岁以下儿童死亡率（每千人）	178	147	69
儿童营养不良，体重不足（占5岁以下儿童的百分比）	*19.7*	19.0	*14.1*
儿童麻疹免疫接种率（占12—23个月年龄组的百分比）	52	57	82
小学毕业率，总数（占适龄年龄组的百分比）	..	*59*	*53*
中学总入学率，总数（占适龄年龄组的百分比）	11	16	*28*
小学和中学中女孩与男孩的比率（百分比）	78	92	*98*
HIV感染率（占15—49岁人口的百分比）	12.3	7.2	7.2
环境			
森林（千平方公里）	48	39	*29*
森林采伐（1990—2000年和2000—2010年，平均年度百分比）		2.0	*2.6*
淡水使用量（占内陆水资源的百分比）	..	*0.8*	*0.8*
获得改善的水资源的人口（占总人口的百分比）	42	56	*75*
获得改善的卫生设施的人口（占总人口的百分比）	26	30	34
人均能源使用量（千克石油当量）	..	..	..
人均二氧化碳排放量（吨）	0.05	0.06	*0.11*
人均用电量（千瓦时）	..	..	..
经济			
GDP（10亿美元）	4.3	6.2	20.0
GDP增长率（年度百分比）	6.5	3.1	3.4
GDP隐含价格平减指数（年度增长百分比）	44.4	11.1	24.1
农业增加值（占GDP的百分比）	57	29	26
工业增加值（占GDP的百分比）	11	23	29
服务业增加值（占GDP的百分比）	32	48	45
货物和服务出口（占GDP的百分比）	7	11	23
货物和服务进口（占GDP的百分比）	19	22	39
资本形成总额（占GDP的百分比）	13	19	25
中央政府收入（占GDP的百分比）	..	10.8	*16.4*
中央政府现金盈余/赤字（占GDP的百分比）	..	-1.9	*-3.9*
政府与市场			
创办企业的时间（天）	..	*34*	32
股票市场资本总额（占GDP的百分比）	..	*0.6*	36.4
军费支出（占GDP的百分比）	3.3	2.5	1.4
移动电话用户（每100人）	0.0	0.5	45.0
互联网用户（占总人口的百分比）	0.0	0.2	14.7
铺敷道路（占总数的百分比）	..	*23.0*	..
高科技出口（占制成品出口的百分比）	..	4	21
全球联系			
商品贸易（占GDP的百分比）	10	31	42
净易货贸易条件指数（2000年=100）	146	100	110
外债总额（10亿美元）	2.6	3.5	3.8
债务还本付息总额（占出口的百分比）	81.4	10.6	1.4
净移民（千人）	*120*	*-5*	-150
获得的侨汇（百万美元）	..	238	733
外国直接投资，净流入额（百万美元）	-6	161	1,721
获得的净官方发展援助（百万美元）	663	853	1,655

乌克兰

欧洲和中亚			中低收入经济体
人口（百万）	45.6	人口增长率（百分比）	-0.2
陆地面积（千平方公里）	604	每天生活费用不足1.25美元的人口（占人口的百分比）	<2
GNI，图表集法（10亿美元）	159.6	人均GNI，图表集法（美元）	3,500
PPP衡量的GNI（10亿美元）	327.1	PPP衡量的人均GNI（美元）	7,180

	1990	2000	2012
人口			
最贫困的20%人口占国家消费/收入的份额（百分比）	*9.5*	*8.8*	*9.9*
出生时的预期寿命（岁）	70	68	71
总生育率（每个女性生育数）	1.8	1.1	1.5
青年女性生育率（每千名15—19岁女性生育数）	61	35	26
避孕普及率（占15—49岁已婚女性的百分比）	..	72	*67*
在熟练医护人员护理下的分娩（占总数的百分比）	100	100	*100*
5岁以下儿童死亡率（每千人）	20	19	11
儿童营养不良，体重不足（占5岁以下儿童的百分比）	..	4.1	..
儿童麻疹免疫接种率（占12—23个月年龄组的百分比）	*90*	99	79
小学毕业率，总数（占适龄年龄组的百分比）	100	91	103
中学总入学率，总数（占适龄年龄组的百分比）	94	99	98
小学和中学中女孩与男孩的比率（百分比）	*104*	101	99
HIV感染率（占15—49岁人口的百分比）	0.1	0.8	0.9
环境			
森林（千平方公里）	93	95	*97*
森林采伐（1990—2000年和2000—2010年，平均年度百分比）		-0.3	*-0.2*
淡水使用量（占内陆水资源的百分比）	*49.0*	*72.5*	*72.5*
获得改善的水资源的人口（占总人口的百分比）	..	97	98
获得改善的卫生设施的人口（占总人口的百分比）	..	95	94
人均能源使用量（千克石油当量）	4,856	2,721	*2,766*
人均二氧化碳排放量（吨）	*12.3*	6.5	*6.6*
人均用电量（千瓦时）	4,787	2,778	*3,662*
经济			
GDP（10亿美元）	81.5	31.3	176.3
GDP增长率（年度百分比）	-6.3	5.9	0.2
GDP隐含价格平减指数（年度增长百分比）	16.3	23.1	8.0
农业增加值（占GDP的百分比）	26	17	9
工业增加值（占GDP的百分比）	45	36	30
服务业增加值（占GDP的百分比）	30	47	61
货物和服务出口（占GDP的百分比）	28	62	51
货物和服务进口（占GDP的百分比）	29	57	59
资本形成总额（占GDP的百分比）	27	20	18
中央政府收入（占GDP的百分比）	..	26.8	*36.3*
中央政府现金盈余/赤字（占GDP的百分比）	..	-0.6	*-2.3*
政府与市场			
创办企业的时间（天）	..	*40*	21
股票市场资本总额（占GDP的百分比）	..	6.0	11.7
军费支出（占GDP的百分比）	*0.5*	3.6	2.8
移动电话用户（每100人）	0.0	1.7	130.3
互联网用户（占总人口的百分比）	0.0	0.7	33.7
铺敷道路（占总数的百分比）	93.7	97.0	*97.9*
高科技出口（占制成品出口的百分比）	..	5	6
全球联系			
商品贸易（占GDP的百分比）	..	91	87
净易货贸易条件指数（2000年=100）	..	100	118
外债总额（10亿美元）	*1*	14	135
债务还本付息总额（占出口的百分比）	..	18.4	31.5
净移民（千人）	*74*	*-165*	-40
获得的侨汇（百万美元）	..	33	8,449
外国直接投资，净流入额（百万美元）	*200*	595	7,833
获得的净官方发展援助（百万美元）	..	..	769

阿拉伯联合酋长国

高收入经济体

人口（百万）	9.2	人口增长率（百分比）	3.1
陆地面积（千平方公里）	84	每天生活费用不足1.25美元的人口（占人口的百分比）	..
GNI，图表集法（10亿美元）	355.5	人均GNI，图表集法（美元）	38,620
PPP衡量的GNI（10亿美元）	381.4	PPP衡量的人均GNI（美元）	41,430

	1990	2000	2012
人口			
最贫困的20%人口占国家消费/收入的份额（百分比）	..	..	..
出生时的预期寿命（岁）	72	74	77
总生育率（每个女性生育数）	4.4	2.6	1.8
青年女性生育率（每千名15—19岁女性生育数）	55	26	28
避孕普及率（占15—49岁已婚女性的百分比）	..	..	..
在熟练医护人员护理下的分娩（占总数的百分比）	..	*100*	*100*
5岁以下儿童死亡率（每千人）	17	11	8
儿童营养不良，体重不足（占5岁以下儿童的百分比）	..	..	..
儿童麻疹免疫接种率（占12—23个月年龄组的百分比）	80	94	94
小学毕业率，总数（占适龄年龄组的百分比）	92	*89*	111
中学总入学率，总数（占适龄年龄组的百分比）	62	*84*	..
小学和中学中女孩与男孩的比率（百分比）	106	*103*	..
HIV感染率（占15—49岁人口的百分比）	..	..	..
环境			
森林（千平方公里）	2.5	3.1	*3.2*
森林采伐（1990—2000年和2000—2010年，平均年度百分比）		-2.4	*-0.2*
淡水使用量（占内陆水资源的百分比）	..	*1,936.0*	*2,665.3*
获得改善的水资源的人口（占总人口的百分比）	100	100	100
获得改善的卫生设施的人口（占总人口的百分比）	97	97	98
人均能源使用量（千克石油当量）	11,306	11,216	*7,407*
人均二氧化碳排放量（吨）	28.8	37.2	*19.9*
人均用电量（千瓦时）	8,604	12,752	*9,389*
经济			
GDP（10亿美元）	51	104	384
GDP增长率（年度百分比）	18.3	10.9	4.4
GDP隐含价格平减指数（年度增长百分比）	3.3	11.5	5.5
农业增加值（占GDP的百分比）	1	2	1
工业增加值（占GDP的百分比）	59	49	60
服务业增加值（占GDP的百分比）	40	49	39
货物和服务出口（占GDP的百分比）	..	*49*	95
货物和服务进口（占GDP的百分比）	..	*41*	74
资本形成总额（占GDP的百分比）	..	*22*	23
中央政府收入（占GDP的百分比）	..	..	*3.4*
中央政府现金盈余/赤字（占GDP的百分比）	..	..	*0.1*
政府与市场			
创办企业的时间（天）	..	*19*	8
股票市场资本总额（占GDP的百分比）	..	5.5	17.7
军费支出（占GDP的百分比）	..	5.6	5.5
移动电话用户（每100人）	1.9	47.2	149.6
互联网用户（占总人口的百分比）	0.0	23.6	85.0
铺敷道路（占总数的百分比）	94.2	100.0	..
高科技出口（占制成品出口的百分比）	*0*	1	..
全球联系			
商品贸易（占GDP的百分比）	69	81	135
净易货贸易条件指数（2000年=100）	..	100	186
外债总额（百万美元）	..	..	..
债务还本付息总额（占出口的百分比）	..	..	..
净移民（千人）	*328*	*864*	514
获得的侨汇（百万美元）	..	..	..
外国直接投资，净流入额（百万美元）	-0.1	-0.5	9.6
获得的净官方发展援助（百万美元）	3.5	..	..

英国

高收入经济体

人口（百万）	63.6	人口增长率（百分比）	0.6
陆地面积（千平方公里）	244	每天生活费用不足1.25美元的人口（占人口的百分比）	..
GNI，图表集法（10亿美元）	2,448.8	人均GNI，图表集法（美元）	38,500
PPP衡量的GNI（10亿美元）	2,266.0	PPP衡量的人均GNI（美元）	35,620

	1990	2000	2012
人口			
最贫困的20%人口占国家消费/收入的份额（百分比）	..	*6.1*	..
出生时的预期寿命（岁）	76	78	82
总生育率（每个女性生育数）	1.8	1.6	1.9
青年女性生育率（每千名15—19岁女性生育数）	31	29	26
避孕普及率（占15—49岁已婚女性的百分比）	*70*	76	*84*
在熟练医护人员护理下的分娩（占总数的百分比）	..	99	..
5岁以下儿童死亡率（每千人）	9	7	5
儿童营养不良，体重不足（占5岁以下儿童的百分比）	..	..	..
儿童麻疹免疫接种率（占12—23个月年龄组的百分比）	87	88	93
小学毕业率，总数（占适龄年龄组的百分比）	..	..	..
中学总入学率，总数（占适龄年龄组的百分比）	84	102	*97*
小学和中学中女孩与男孩的比率（百分比）	102	101	*100*
HIV感染率（占15—49岁人口的百分比）	..	..	..
环境			
森林（千平方公里）	26	28	*29*
森林采伐（1990—2000年和2000—2010年，平均年度百分比）		-0.7	*-0.3*
淡水使用量（占内陆水资源的百分比）	*8.3*	*10.8*	*9.0*
获得改善的水资源的人口（占总人口的百分比）	100	100	100
获得改善的卫生设施的人口（占总人口的百分比）	100	100	100
人均能源使用量（千克石油当量）	3,597	3,786	3,024
人均二氧化碳排放量（吨）	10.0	9.2	*7.9*
人均用电量（千瓦时）	5,357	6,115	*5,472*
经济			
GDP（10亿美元）	1,019	1,494	2,476
GDP增长率（年度百分比）	0.8	4.4	0.3
GDP隐含价格平减指数（年度增长百分比）	8.4	0.8	1.7
农业增加值（占GDP的百分比）	2	1	1
工业增加值（占GDP的百分比）	32	27	21
服务业增加值（占GDP的百分比）	67	72	79
货物和服务出口（占GDP的百分比）	24	27	32
货物和服务进口（占GDP的百分比）	26	29	34
资本形成总额（占GDP的百分比）	20	18	15
中央政府收入（占GDP的百分比）	..	36.6	*36.3*
中央政府现金盈余/赤字（占GDP的百分比）	..	3.9	*-7.6*
政府与市场			
创办企业的时间（天）	..	*13*	12
股票市场资本总额（占GDP的百分比）	83.3	172.5	122.0
军费支出（占GDP的百分比）	3.8	2.4	2.4
移动电话用户（每100人）	1.9	73.7	135.3
互联网用户（占总人口的百分比）	0.1	26.8	87.0
铺敷道路（占总数的百分比）	100.0	100.0	*100.0*
高科技出口（占制成品出口的百分比）	24	32	22
全球联系			
商品贸易（占GDP的百分比）	40	42	46
净易货贸易条件指数（2000年=100）	..	100	99
外债总额（百万美元）	..	..	..
债务还本付息总额（占出口的百分比）	..	..	..
净移民（千人）	*205*	*968*	900
获得的侨汇（10亿美元）	2.1	3.6	1.8
外国直接投资，净流入额（10亿美元）	34	122	56
获得的净官方发展援助（百万美元）	..	..	..

美国

高收入经济体

人口（百万）	313.9	人口增长率（百分比）	0.7
陆地面积（千平方公里）	9,832	每天生活费用不足1.25美元的人口（占人口的百分比）	..
GNI，图表集法（10亿美元）	16,430.4	人均GNI，图表集法（美元）	52,340
PPP衡量的GNI（10亿美元）	16,514.5	PPP衡量的人均GNI（美元）	52,610

	1990	2000	2012
人口			
最贫困的20%人口占国家消费/收入的份额（百分比）	..	5.4	..
出生时的预期寿命（岁）	75	77	79
总生育率（每个女性生育数）	2.1	2.1	1.9
青年女性生育率（每千名15—19岁女性生育数）	57	46	31
避孕普及率（占15—49岁已婚女性的百分比）	71	*73*	*79*
在熟练医护人员护理下的分娩（占总数的百分比）	*99*	*99*	..
5岁以下儿童死亡率（每千人）	11	8	7
儿童营养不良，体重不足（占5岁以下儿童的百分比）	*0.9*	*1.1*	..
儿童麻疹免疫接种率（占12—23个月年龄组的百分比）	90	91	92
小学毕业率，总数（占适龄年龄组的百分比）	..	99	*98*
中学总入学率，总数（占适龄年龄组的百分比）	91	92	94
小学和中学中女孩与男孩的比率（百分比）	100	100	99
HIV感染率（占15—49岁人口的百分比）	..	..	..
环境			
森林（千平方公里）	2,963	3,002	*3,044*
森林采伐（1990—2000年和2000—2010年，平均年度百分比）		-0.1	*-0.1*
淡水使用量（占内陆水资源的百分比）	*16.4*	*16.8*	*17.0*
获得改善的水资源的人口（占总人口的百分比）	98	99	99
获得改善的卫生设施的人口（占总人口的百分比）	100	100	100
人均能源使用量（千克石油当量）	7,672	8,057	6,793
人均二氧化碳排放量（吨）	19.1	20.2	*17.6*
人均用电量（千瓦时）	11,713	13,671	*13,246*
经济			
GDP（10亿美元）	5,980	10,290	16,245
GDP增长率（年度百分比）	1.9	4.1	2.8
GDP隐含价格平减指数（年度增长百分比）	3.7	2.3	1.7
农业增加值（占GDP的百分比）	2	1	*1*
工业增加值（占GDP的百分比）	28	23	*20*
服务业增加值（占GDP的百分比）	70	75	*79*
货物和服务出口（占GDP的百分比）	9	11	14
货物和服务进口（占GDP的百分比）	11	14	17
资本形成总额（占GDP的百分比）	21	24	19
中央政府收入（占GDP的百分比）	..	*17.3*	16.5
中央政府现金盈余/赤字（占GDP的百分比）	..	*-2.9*	-7.5
政府与市场			
创办企业的时间（天）	..	*6*	5
股票市场资本总额（占GDP的百分比）	51.2	146.8	114.9
军费支出（占GDP的百分比）	5.1	2.9	4.2
移动电话用户（每100人）	2.1	38.5	95.4
互联网用户（占总人口的百分比）	0.8	43.1	81.0
铺敷道路（占总数的百分比）	..	63.0	*67.4*
高科技出口（占制成品出口的百分比）	33	34	18
全球联系			
商品贸易（占GDP的百分比）	15	20	24
净易货贸易条件指数（2000年=100）	103	100	95
外债总额（百万美元）	..	..	..
债务还本付息总额（占出口的百分比）	..	..	..
净移民（千人）	*4,455*	*5,322*	5,000
获得的侨汇（10亿美元）	1.2	4.4	6.3
外国直接投资，净流入额（10亿美元）	48	321	204
获得的净官方发展援助（百万美元）	..	..	..

乌拉圭

高收入经济体

人口（百万）	3.4	人口增长率（百分比）	0.3
陆地面积（千平方公里）	176	每天生活费用不足1.25美元的人口（占人口的百分比）	<2
GNI，图表集法（10亿美元）	46.1	人均GNI，图表集法（美元）	13,580
PPP衡量的GNI（10亿美元）	52.0	PPP衡量的人均GNI（美元）	15,310

	1990	2000	2012
人口			
最贫困的20%人口占国家消费/收入的份额（百分比）	*5.3*	4.7	*4.9*
出生时的预期寿命（岁）	73	75	77
总生育率（每个女性生育数）	2.5	2.2	2.1
青年女性生育率（每千名15—19岁女性生育数）	69	65	58
避孕普及率（占15—49岁已婚女性的百分比）	..	*77*	..
在熟练医护人员护理下的分娩（占总数的百分比）	..	*100*	*100*
5岁以下儿童死亡率（每千人）	23	16	7
儿童营养不良，体重不足（占5岁以下儿童的百分比）	..	*5.2*	*4.5*
儿童麻疹免疫接种率（占12—23个月年龄组的百分比）	97	89	96
小学毕业率，总数（占适龄年龄组的百分比）	95	97	*104*
中学总入学率，总数（占适龄年龄组的百分比）	81	98	*90*
小学和中学中女孩与男孩的比率（百分比）	..	105	*104*
HIV感染率（占15—49岁人口的百分比）	0.1	0.4	0.7
环境			
森林（千平方公里）	9	14	*18*
森林采伐（1990—2000年和2000—2010年，平均年度百分比）		-4.4	*-2.1*
淡水使用量（占内陆水资源的百分比）	..	*6.2*	*6.2*
获得改善的水资源的人口（占总人口的百分比）	95	97	99
获得改善的卫生设施的人口（占总人口的百分比）	92	94	96
人均能源使用量（千克石油当量）	724	931	*1,309*
人均二氧化碳排放量（吨）	1.3	1.6	2.0
人均用电量（千瓦时）	1,244	2,031	*2,810*
经济			
GDP（10亿美元）	9.3	22.8	49.9
GDP增长率（年度百分比）	0.3	-1.9	3.9
GDP隐含价格平减指数（年度增长百分比）	106.8	3.5	8.8
农业增加值（占GDP的百分比）	9	7	8
工业增加值（占GDP的百分比）	35	25	25
服务业增加值（占GDP的百分比）	56	69	67
货物和服务出口（占GDP的百分比）	24	17	26
货物和服务进口（占GDP的百分比）	18	20	30
资本形成总额（占GDP的百分比）	12	14	21
中央政府收入（占GDP的百分比）	23.8	24.7	30.8
中央政府现金盈余/赤字（占GDP的百分比）	0.5	-3.0	-2.1
政府与市场			
创办企业的时间（天）	..	*45*	7
股票市场资本总额（占GDP的百分比）	*1.7*	0.7	0.4
军费支出（占GDP的百分比）	3.5	2.5	1.9
移动电话用户（每100人）	0.0	12.4	147.1
互联网用户（占总人口的百分比）	0.0	10.5	55.1
铺敷道路（占总数的百分比）	..	*10.0*	..
高科技出口（占制成品出口的百分比）	*3*	2	9
全球联系			
商品贸易（占GDP的百分比）	33	25	41
净易货贸易条件指数（2000年=100）	116	100	104
外债总额（10亿美元）	..	..	..
债务还本付息总额（占出口的百分比）	..	..	..
净移民（千人）	*-20*	*-104*	-30
获得的侨汇（百万美元）	..	*0.0*	96.6
外国直接投资，净流入额（百万美元）	42	269	2,907
获得的净官方发展援助（百万美元）	52.4	17.4	19.3

乌兹别克斯坦

欧洲和中亚　　中低收入经济体

人口（百万）	29.8	人口增长率（百分比）	1.5
陆地面积（千平方公里）	447	每天生活费用不足1.25美元的人口（占人口的百分比）	..
GNI，图表集法（10亿美元）	51.2	人均GNI，图表集法（美元）	1,720
PPP衡量的GNI（10亿美元）	109.1	PPP衡量的人均GNI（美元）	3,670

	1990	2000	2012
人口			
最贫困的20%人口占国家消费/收入的份额（百分比）	*10.6*	*7.8*	..
出生时的预期寿命（岁）	67	67	68
总生育率（每个女性生育数）	4.1	2.6	2.5
青年女性生育率（每千名15—19岁女性生育数）	56	50	39
避孕普及率（占15—49岁已婚女性的百分比）	..	67	*65*
在熟练医护人员护理下的分娩（占总数的百分比）	..	96	*100*
5岁以下儿童死亡率（每千人）	74	61	40
儿童营养不良，体重不足（占5岁以下儿童的百分比）	..	*7.1*	*4.4*
儿童麻疹免疫接种率（占12—23个月年龄组的百分比）	*84*	99	99
小学毕业率，总数（占适龄年龄组的百分比）	..	95	*92*
中学总入学率，总数（占适龄年龄组的百分比）	99	88	*105*
小学和中学中女孩与男孩的比率（百分比）	..	98	*98*
HIV感染率（占15—49岁人口的百分比）	0.1	0.2	0.1
环境			
森林（千平方公里）	30	32	*33*
森林采伐（1990—2000年和2000—2010年，平均年度百分比）		-0.5	*-0.2*
淡水使用量（占内陆水资源的百分比）	..	*370.7*	*342.7*
获得改善的水资源的人口（占总人口的百分比）	90	89	87
获得改善的卫生设施的人口（占总人口的百分比）	84	91	100
人均能源使用量（千克石油当量）	2,261	2,059	*1,628*
人均二氧化碳排放量（吨）	*5.3*	4.9	*3.7*
人均用电量（千瓦时）	2,383	1,780	*1,626*
经济			
GDP（10亿美元）	13.4	13.8	51.1
GDP增长率（年度百分比）	1.6	3.8	8.2
GDP隐含价格平减指数（年度增长百分比）	4.0	47.3	14.8
农业增加值（占GDP的百分比）	33	34	19
工业增加值（占GDP的百分比）	33	23	32
服务业增加值（占GDP的百分比）	34	43	49
货物和服务出口（占GDP的百分比）	29	25	28
货物和服务进口（占GDP的百分比）	48	22	30
资本形成总额（占GDP的百分比）	32	23	23
中央政府收入（占GDP的百分比）	..	..	..
中央政府现金盈余/赤字（占GDP的百分比）	..	..	..
政府与市场			
创办企业的时间（天）	..	*29*	9
股票市场资本总额（占GDP的百分比）	..	0.2	..
军费支出（占GDP的百分比）	..	1.2	..
移动电话用户（每100人）	0.0	0.2	71.0
互联网用户（占总人口的百分比）	0.0	0.5	36.5
铺敷道路（占总数的百分比）	79.0	87.0	..
高科技出口（占制成品出口的百分比）	..	..	..
全球联系			
商品贸易（占GDP的百分比）	..	40	43
净易货贸易条件指数（2000年=100）	..	100	172
外债总额（10亿美元）	*0.1*	5.0	8.9
债务还本付息总额（占出口的百分比）	..	..	..
净移民（千人）	*-275*	*-780*	-200
获得的侨汇（百万美元）	..	..	..
外国直接投资，净流入额（百万美元）	*9*	75	1,094
获得的净官方发展援助（百万美元）	*2*	186	255

瓦努阿图

东亚和太平洋地区		中低收入经济体	
人口（千人）	247	人口增长率（百分比）	2.2
陆地面积（千平方公里）	12	每天生活费用不足1.25美元的人口（占人口的百分比）	..
GNI，图表集法（百万美元）	741.4	人均GNI，图表集法（美元）	3,000
PPP衡量的GNI（百万美元）	1,062.9	PPP衡量的人均GNI（美元）	4,300

	1990	2000	2012
人口			
最贫困的20%人口占国家消费/收入的份额（百分比）	..	..	..
出生时的预期寿命（岁）	63	68	71
总生育率（每个女性生育数）	4.9	4.4	3.4
青年女性生育率（每千名15—19岁女性生育数）	73	58	45
避孕普及率（占15—49岁已婚女性的百分比）	*15*	*28*	*38*
在熟练医护人员护理下的分娩（占总数的百分比）	..	*88*	*74*
5岁以下儿童死亡率（每千人）	35	24	18
儿童营养不良，体重不足（占5岁以下儿童的百分比）	..	..	*11.7*
儿童麻疹免疫接种率（占12—23个月年龄组的百分比）	66	61	52
小学毕业率，总数（占适龄年龄组的百分比）	*84*	92	*84*
中学总入学率，总数（占适龄年龄组的百分比）	*18*	35	*60*
小学和中学中女孩与男孩的比率（百分比）	*93*	101	*98*
HIV感染率（占15—49岁人口的百分比）	..	..	..
环境			
森林（千平方公里）	4.4	4.4	*4.4*
森林采伐（1990—2000年和2000—2010年，平均年度百分比）		0.0	*0.0*
淡水使用量（占内陆水资源的百分比）	..	..	..
获得改善的水资源的人口（占总人口的百分比）	62	76	91
获得改善的卫生设施的人口（占总人口的百分比）	..	42	58
人均能源使用量（千克石油当量）	159	..	..
人均二氧化碳排放量（吨）	0.5	0.4	*0.5*
人均用电量（千瓦时）	..	..	..
经济			
GDP（百万美元）	158	272	787
GDP增长率（年度百分比）	11.7	5.9	2.3
GDP隐含价格平减指数（年度增长百分比）	-1.0	2.2	1.4
农业增加值（占GDP的百分比）	..	26	25
工业增加值（占GDP的百分比）	..	13	11
服务业增加值（占GDP的百分比）	..	61	64
货物和服务出口（占GDP的百分比）	47	39	48
货物和服务进口（占GDP的百分比）	73	48	51
资本形成总额（占GDP的百分比）	33	20	*27*
中央政府收入（占GDP的百分比）	26.1	*19.4*	*18.7*
中央政府现金盈余/赤字（占GDP的百分比）	5.1	*-0.1*	*-2.3*
政府与市场			
创办企业的时间（天）	..	*39*	35
股票市场资本总额（占GDP的百分比）	..	..	..
军费支出（占GDP的百分比）	..	..	..
移动电话用户（每100人）	0.0	0.2	59.1
互联网用户（占总人口的百分比）	0.0	2.1	10.6
铺敷道路（占总数的百分比）	21.6	24.0	..
高科技出口（占制成品出口的百分比）	20	0	*54*
全球联系			
商品贸易（占GDP的百分比）	73	42	44
净易货贸易条件指数（2000年=100）	..	100	88
外债总额（百万美元）	38	96	369
债务还本付息总额（占出口的百分比）	2.3	1.6	2.1
净移民（千人）	*-0.3*	*-0.5*	0.0
获得的侨汇（百万美元）	8.2	34.7	22.0
外国直接投资，净流入额（百万美元）	13.1	20.3	37.7
获得的净官方发展援助（百万美元）	50	46	101

委内瑞拉

拉丁美洲和加勒比地区		中高收入经济体	
人口（百万）	30.0	人口增长率（百分比）	1.5
陆地面积（千平方公里）	912	每天生活费用不足1.25美元的人口（占人口的百分比）	*6.6*
GNI，图表集法（10亿美元）	373.3	人均GNI，图表集法（美元）	12,460
PPP衡量的GNI（10亿美元）	386.9	PPP衡量的人均GNI（美元）	12,920

	1990	2000	2012
人口			
最贫困的20%人口占国家消费/收入的份额（百分比）	*4.5*	*4.0*	*4.3*
出生时的预期寿命（岁）	71	72	74
总生育率（每个女性生育数）	3.4	2.8	2.4
青年女性生育率（每千名15—19岁女性生育数）	100	93	83
避孕普及率（占15—49岁已婚女性的百分比）	*58*	*70*	..
在熟练医护人员护理下的分娩（占总数的百分比）	..	94	..
5岁以下儿童死亡率（每千人）	30	21	15
儿童营养不良，体重不足（占5岁以下儿童的百分比）	6.7	3.9	*2.9*
儿童麻疹免疫接种率（占12—23个月年龄组的百分比）	61	84	87
小学毕业率，总数（占适龄年龄组的百分比）	78	83	96
中学总入学率，总数（占适龄年龄组的百分比）	56	60	85
小学和中学中女孩与男孩的比率（百分比）	*105*	105	102
HIV感染率（占15—49岁人口的百分比）	0.4	0.6	0.6
环境			
森林（千平方公里）	520	492	*460*
森林采伐（1990—2000年和2000—2010年，平均年度百分比）		0.6	*0.6*
淡水使用量（占内陆水资源的百分比）	..	*1.3*	*1.3*
获得改善的水资源的人口（占总人口的百分比）	90	92	..
获得改善的卫生设施的人口（占总人口的百分比）	82	89	..
人均能源使用量（千克石油当量）	2,206	2,312	*2,380*
人均二氧化碳排放量（吨）	6.2	6.2	*6.9*
人均用电量（千瓦时）	2,464	2,644	*3,313*
经济			
GDP（10亿美元）	47	117	381
GDP增长率（年度百分比）	6.5	3.7	5.6
GDP隐含价格平减指数（年度增长百分比）	41.7	29.5	14.1
农业增加值（占GDP的百分比）	5	4	*6*
工业增加值（占GDP的百分比）	61	50	*52*
服务业增加值（占GDP的百分比）	34	46	*42*
货物和服务出口（占GDP的百分比）	39	30	26
货物和服务进口（占GDP的百分比）	20	18	24
资本形成总额（占GDP的百分比）	10	24	27
中央政府收入（占GDP的百分比）	24.5	21.2	..
中央政府现金盈余/赤字（占GDP的百分比）	3.0	-1.2	..
政府与市场			
创办企业的时间（天）	..	*141*	144
股票市场资本总额（占GDP的百分比）	17.8	6.9	6.6
军费支出（占GDP的百分比）	*1.9*	1.5	1.1
移动电话用户（每100人）	0.0	22.3	101.9
互联网用户（占总人口的百分比）	0.0	3.4	44.0
铺敷道路（占总数的百分比）	35.6	34.0	..
高科技出口（占制成品出口的百分比）	4	3	*2*
全球联系			
商品贸易（占GDP的百分比）	53	42	41
净易货贸易条件指数（2000年=100）	90	100	262
外债总额（10亿美元）	33.2	42.8	72.1
债务还本付息总额（占出口的百分比）	23.3	16.9	5.6
净移民（千人）	*40.0*	*40.0*	40.0
获得的侨汇（百万美元）	1	17	118
外国直接投资，净流入额（10亿美元）	0.5	4.7	2.2
获得的净官方发展援助（百万美元）	76.4	76.1	48.1

越南

东亚和太平洋地区			中低收入经济体
人口（百万）	88.8	人口增长率（百分比）	1.1
陆地面积（千平方公里）	331	每天生活费用不足1.25美元的人口（占人口的百分比）	*16.9*
GNI，图表集法（10亿美元）	137.5	人均GNI，图表集法（美元）	1,550
PPP衡量的GNI（10亿美元）	321.4	PPP衡量的人均GNI（美元）	3,620

	1990	2000	2012
人口			
最贫困的20%人口占国家消费/收入的份额（百分比）	*7.8*	*7.5*	*7.4*
出生时的预期寿命（岁）	71	74	76
总生育率（每个女性生育数）	3.6	2.0	1.8
青年女性生育率（每千名15—19岁女性生育数）	31	29	29
避孕普及率（占15—49岁已婚女性的百分比）	*53*	74	*78*
在熟练医护人员护理下的分娩（占总数的百分比）	..	70	*93*
5岁以下儿童死亡率（每千人）	51	32	23
儿童营养不良，体重不足（占5岁以下儿童的百分比）	*36.9*	26.7	*12.0*
儿童麻疹免疫接种率（占12—23个月年龄组的百分比）	88	97	96
小学毕业率，总数（占适龄年龄组的百分比）	..	98	101
中学总入学率，总数（占适龄年龄组的百分比）	34	*57*	..
小学和中学中女孩与男孩的比率（百分比）	..	*93*	..
HIV感染率（占15—49岁人口的百分比）	0.1	0.3	0.4
环境			
森林（千平方公里）	94	117	*139*
森林采伐（1990—2000年和2000—2010年，平均年度百分比）		-2.3	*-1.6*
淡水使用量（占内陆水资源的百分比）	..	*12.6*	*22.8*
获得改善的水资源的人口（占总人口的百分比）	61	77	95
获得改善的卫生设施的人口（占总人口的百分比）	37	54	75
人均能源使用量（千克石油当量）	271	370	*697*
人均二氧化碳排放量（吨）	0.3	0.7	*1.7*
人均用电量（千瓦时）	98	295	*1,073*
经济			
GDP（10亿美元）	6.5	33.6	155.8
GDP增长率（年度百分比）	5.1	6.8	5.2
GDP隐含价格平减指数（年度增长百分比）	42.1	11.6	10.9
农业增加值（占GDP的百分比）	39	23	20
工业增加值（占GDP的百分比）	23	34	39
服务业增加值（占GDP的百分比）	39	43	42
货物和服务出口（占GDP的百分比）	36	50	80
货物和服务进口（占GDP的百分比）	45	53	77
资本形成总额（占GDP的百分比）	13	27	27
中央政府收入（占GDP的百分比）	..	..	..
中央政府现金盈余/赤字（占GDP的百分比）	..	..	..
政府与市场			
创办企业的时间（天）	..	*59*	34
股票市场资本总额（占GDP的百分比）	..	*0.4*	21.1
军费支出（占GDP的百分比）	7.9	*2.0*	2.2
移动电话用户（每100人）	0.0	1.0	147.7
互联网用户（占总人口的百分比）	0.0	0.3	39.5
铺敷道路（占总数的百分比）	23.5	*43.9*	*47.6*
高科技出口（占制成品出口的百分比）	..	11	*14*
全球联系			
商品贸易（占GDP的百分比）	80	90	147
净易货贸易条件指数（2000年=100）	..	100	101
外债总额（10亿美元）	23.3	12.9	59.1
债务还本付息总额（占出口的百分比）	..	7.5	4.4
净移民（千人）	*-394*	*-772*	*-200*
获得的侨汇（10亿美元）	..	1.3	*8.6*
外国直接投资，净流入额（10亿美元）	0.2	1.3	8.4
获得的净官方发展援助（10亿美元）	0.2	1.7	4.1

美属维尔京群岛

高收入经济体

人口（千人）	105	人口增长率（百分比）	-0.5
陆地面积（平方公里）	350	每天生活费用不足1.25美元的人口（占人口的百分比）	..
GNI，图表集法（10亿美元）	..	人均GNI，图表集法（美元）	..
PPP衡量的GNI（百万美元）	..	PPP衡量的人均GNI（美元）	..

	1990	2000	2012
人口			
最贫困的20%人口占国家消费/收入的份额（百分比）	..	..	..
出生时的预期寿命（岁）	75	77	79
总生育率（每个女性生育数）	3.0	2.1	1.8
青年女性生育率（每千名15—19岁女性生育数）	79	55	51
避孕普及率（占15—49岁已婚女性的百分比）	..	*78*	..
在熟练医护人员护理下的分娩（占总数的百分比）	..	*98*	..
5岁以下儿童死亡率（每千人）	..	..	..
儿童营养不良，体重不足（占5岁以下儿童的百分比）	..	..	..
儿童麻疹免疫接种率（占12—23个月年龄组的百分比）	..	..	..
小学毕业率，总数（占适龄年龄组的百分比）	..	..	..
中学总入学率，总数（占适龄年龄组的百分比）	105	..	..
小学和中学中女孩与男孩的比率（百分比）	*93*	..	..
HIV感染率（占15—49岁人口的百分比）	..	..	..
环境			
森林（平方公里）	236	219	*201*
森林采伐（1990—2000年和2000—2010年，平均年度百分比）		0.7	*0.8*
淡水使用量（占内陆水资源的百分比）	..	..	..
获得改善的水资源的人口（占总人口的百分比）	100	100	100
获得改善的卫生设施的人口（占总人口的百分比）	96	96	96
人均能源使用量（千克石油当量）	..	..	..
人均二氧化碳排放量（吨）	..	..	..
人均用电量（千瓦时）	..	..	..
经济			
GDP（百万美元）	1,565	..	..
GDP增长率（年度百分比）	*7.1*	..	..
GDP隐含价格平减指数（年度增长百分比）	*4.1*	..	..
农业增加值（占GDP的百分比）	..	..	..
工业增加值（占GDP的百分比）	..	..	..
服务业增加值（占GDP的百分比）	..	..	..
货物和服务出口（占GDP的百分比）	..	..	..
货物和服务进口（占GDP的百分比）	..	..	..
资本形成总额（占GDP的百分比）	..	..	..
中央政府收入（占GDP的百分比）	..	..	..
中央政府现金盈余/赤字（占GDP的百分比）	..	..	..
政府与市场			
创办企业的时间（天）	..	..	..
股票市场资本总额（占GDP的百分比）	..	..	..
军费支出（占GDP的百分比）	..	..	..
移动电话用户（每100人）	0.0	32.3	..
互联网用户（占总人口的百分比）	0.0	13.8	40.5
铺敷道路（占总数的百分比）	..	..	..
高科技出口（占制成品出口的百分比）	..	..	..
全球联系			
商品贸易（占GDP的百分比）	..	..	..
净易货贸易条件指数（2000年=100）	..	..	..
外债总额（百万美元）	..	..	..
债务还本付息总额（占出口的百分比）	..	..	..
净移民（千人）	*-4.6*	*-5.3*	-3.6
获得的侨汇（百万美元）	..	..	..
外国直接投资，净流入额（百万美元）	..	..	..
获得的净官方发展援助（百万美元）	..	..	..

西岸和加沙

中东和北非			中低收入经济体
人口（百万）	4.0	人口增长率（百分比）	3.0
陆地面积（千平方公里）	6.0	每天生活费用不足1.25美元的人口（占人口的百分比）	<2
GNI，图表集法（10亿美元）	..	人均GNI，图表集法（美元）	..
PPP衡量的GNI（10亿美元）	..	PPP衡量的人均GNI（美元）	..

	1990	2000	2012
人口			
最贫困的20%人口占国家消费/收入的份额（百分比）	..	..	*7.4*
出生时的预期寿命（岁）	68	71	73
总生育率（每个女性生育数）	6.5	5.4	4.1
青年女性生育率（每千名15—19岁女性生育数）	104	82	46
避孕普及率（占15—49岁已婚女性的百分比）	..	51	*53*
在熟练医护人员护理下的分娩（占总数的百分比）	..	97	*99*
5岁以下儿童死亡率（每千人）	43	30	23
儿童营养不良，体重不足（占5岁以下儿童的百分比）	..	..	*2.2*
儿童麻疹免疫接种率（占12—23个月年龄组的百分比）	..	..	..
小学毕业率，总数（占适龄年龄组的百分比）	..	98	90
中学总入学率，总数（占适龄年龄组的百分比）	..	81	83
小学和中学中女孩与男孩的比率（百分比）	..	102	105
HIV感染率（占15—49岁人口的百分比）	..	..	..
环境			
森林（平方公里）	91	91	*92*
森林采伐（1990—2000年和2000—2010年，平均年度百分比）		0.0	*-0.1*
淡水使用量（占内陆水资源的百分比）	..	*34.4*	*51.5*
获得改善的水资源的人口（占总人口的百分比）	..	92	82
获得改善的卫生设施的人口（占总人口的百分比）	..	90	94
人均能源使用量（千克石油当量）	..	..	..
人均二氧化碳排放量（吨）	..	0.3	*0.6*
人均用电量（千瓦时）	..	..	..
经济			
GDP（10亿美元）	..	4.1	..
GDP增长率（年度百分比）	..	-5.6	..
GDP隐含价格平减指数（年度增长百分比）	..	2.9	..
农业增加值（占GDP的百分比）	..	..	..
工业增加值（占GDP的百分比）	..	..	..
服务业增加值（占GDP的百分比）	..	..	..
货物和服务出口（占GDP的百分比）	..	16	..
货物和服务进口（占GDP的百分比）	..	71	..
资本形成总额（占GDP的百分比）	..	33	..
中央政府收入（占GDP的百分比）	..	..	..
中央政府现金盈余/赤字（占GDP的百分比）	..	..	..
政府与市场			
创办企业的时间（天）	..	..	45
股票市场资本总额（占GDP的百分比）	..	18.6	..
军费支出（占GDP的百分比）	..	..	..
移动电话用户（每100人）	0.0	0.2	75.6
互联网用户（占总人口的百分比）	0.0	1.1	*41.1*
铺敷道路（占总数的百分比）	..	*100.0*	*100.0*
高科技出口（占制成品出口的百分比）	..	..	..
全球联系			
商品贸易（占GDP的百分比）	..	..	..
净易货贸易条件指数（2000年=100）	..	..	..
外债总额（百万美元）	..	..	..
债务还本付息总额（占出口的百分比）	..	..	..
净移民（千人）	*35*	*-190*	-44
获得的侨汇（10亿美元）	..	1.0	1.7
外国直接投资，净流入额（百万美元）	..	62	*235*
获得的净官方发展援助（百万美元）	*179*	685	2,001

也门共和国

中东和北非　　中低收入经济体

人口（百万）	23.9	人口增长率（百分比）	2.3
陆地面积（千平方公里）	528	每天生活费用不足1.25美元的人口（占人口的百分比）	*17.5*
GNI，图表集法（10亿美元）	30.4	人均GNI，图表集法（美元）	1,270
PPP衡量的GNI（10亿美元）	55.1	PPP衡量的人均GNI（美元）	2,310

	1990	2000	2012
人口			
最贫困的20%人口占国家消费/收入的份额（百分比）	..	*7.4*	..
出生时的预期寿命（岁）	58	60	63
总生育率（每个女性生育数）	8.7	6.4	4.2
青年女性生育率（每千名15—19岁女性生育数）	150	96	47
避孕普及率（占15—49岁已婚女性的百分比）	*10*	*23*	*28*
在熟练医护人员护理下的分娩（占总数的百分比）	*16*	*27*	*36*
5岁以下儿童死亡率（每千人）	125	97	60
儿童营养不良，体重不足（占5岁以下儿童的百分比）	*29.6*	*43.1*	..
儿童麻疹免疫接种率（占12—23个月年龄组的百分比）	69	71	71
小学毕业率，总数（占适龄年龄组的百分比）	..	*59*	70
中学总入学率，总数（占适龄年龄组的百分比）	..	*46*	47
小学和中学中女孩与男孩的比率（百分比）	..	*55*	77
HIV感染率（占15—49岁人口的百分比）	0.1	0.1	0.1
环境			
森林（千平方公里）	5.5	5.5	5.5
森林采伐（1990—2000年和2000—2010年，平均年度百分比）		0.0	*0.0*
淡水使用量（占内陆水资源的百分比）	*139.6*	*161.9*	*169.8*
获得改善的水资源的人口（占总人口的百分比）	66	60	55
获得改善的卫生设施的人口（占总人口的百分比）	24	39	53
人均能源使用量（千克石油当量）	213	271	*312*
人均二氧化碳排放量（吨）	0.8	0.8	*1.0*
人均用电量（千瓦时）	125	141	*193*
经济			
GDP（10亿美元）	5.6	9.6	35.6
GDP增长率（年度百分比）	*6.3*	6.2	0.1
GDP隐含价格平减指数（年度增长百分比）	*12.0*	23.3	6.0
农业增加值（占GDP的百分比）	24	14	*8*
工业增加值（占GDP的百分比）	34	46	*29*
服务业增加值（占GDP的百分比）	41	40	*63*
货物和服务出口（占GDP的百分比）	12	41	*30*
货物和服务进口（占GDP的百分比）	17	34	*35*
资本形成总额（占GDP的百分比）	12	19	*12*
中央政府收入（占GDP的百分比）	16.2	*23.4*	..
中央政府现金盈余/赤字（占GDP的百分比）	-6.7	*-2.3*	..
政府与市场			
创办企业的时间（天）	..	*72*	40
股票市场资本总额（占GDP的百分比）	..	..	..
军费支出（占GDP的百分比）	6.6	4.9	4.0
移动电话用户（每100人）	0.0	0.2	58.3
互联网用户（占总人口的百分比）	0.0	0.1	17.4
铺敷道路（占总数的百分比）	9.1	16.0	..
高科技出口（占制成品出口的百分比）	..	*0*	0
全球联系			
商品贸易（占GDP的百分比）	40	66	58
净易货贸易条件指数（2000年=100）	..	100	168
外债总额（10亿美元）	6.4	5.2	7.6
债务还本付息总额（占出口的百分比）	11.1	5.9	*2.8*
净移民（千人）	*673*	*-100*	-135
获得的侨汇（10亿美元）	1.5	1.3	*1.4*
外国直接投资，净流入额（百万美元）	-131	6	349
获得的净官方发展援助（百万美元）	450	311	709

赞比亚

撒哈拉以南非洲地区		中低收入经济体	
人口（百万）	14.1	人口增长率（百分比）	3.2
陆地面积（千平方公里）	753	每天生活费用不足1.25美元的人口（占人口的百分比）	*74.5*
GNI，图表集法（10亿美元）	19.0	人均GNI，图表集法（美元）	1,350
PPP衡量的GNI（10亿美元）	22.4	PPP衡量的人均GNI（美元）	1,590

	1990	2000	2012
人口			
最贫困的20%人口占国家消费/收入的份额（百分比）	*3.0*	*6.2*	*3.6*
出生时的预期寿命（岁）	44	42	57
总生育率（每个女性生育数）	6.5	6.1	5.7
青年女性生育率（每千名15—19岁女性生育数）	107	151	125
避孕普及率（占15—49岁已婚女性的百分比）	*15*	*22*	*41*
在熟练医护人员护理下的分娩（占总数的百分比）	*51*	*47*	*47*
5岁以下儿童死亡率（每千人）	192	169	89
儿童营养不良，体重不足（占5岁以下儿童的百分比）	*21.2*	*19.6*	*14.9*
儿童麻疹免疫接种率（占12—23个月年龄组的百分比）	90	85	83
小学毕业率，总数（占适龄年龄组的百分比）	..	63	91
中学总入学率，总数（占适龄年龄组的百分比）	21	..	101
小学和中学中女孩与男孩的比率（百分比）	*87*	..	95
HIV感染率（占15—49岁人口的百分比）	10.4	15.3	12.7
环境			
森林（千平方公里）	528	511	*493*
森林采伐（1990—2000年和2000—2010年，平均年度百分比）		0.3	*0.3*
淡水使用量（占内陆水资源的百分比）	*2.2*	*2.2*	2.2
获得改善的水资源的人口（占总人口的百分比）	49	53	*63*
获得改善的卫生设施的人口（占总人口的百分比）	41	41	43
人均能源使用量（千克石油当量）	688	618	*621*
人均二氧化碳排放量（吨）	0.3	0.2	*0.2*
人均用电量（千瓦时）	781	616	*599*
经济			
GDP（10亿美元）	3.3	3.3	20.6
GDP增长率（年度百分比）	-0.5	3.5	7.2
GDP隐含价格平减指数（年度增长百分比）	106.4	30.8	5.9
农业增加值（占GDP的百分比）	21	22	20
工业增加值（占GDP的百分比）	51	25	38
服务业增加值（占GDP的百分比）	28	53	42
货物和服务出口（占GDP的百分比）	36	26	46
货物和服务进口（占GDP的百分比）	37	40	43
资本形成总额（占GDP的百分比）	17	17	25
中央政府收入（占GDP的百分比）	20.4	*19.6*	*21.4*
中央政府现金盈余/赤字（占GDP的百分比）	..	*1.8*	*5.0*
政府与市场			
创办企业的时间（天）	..	*35*	7
股票市场资本总额（占GDP的百分比）	..	7.2	14.6
军费支出（占GDP的百分比）	3,705.7	*1,792.0*	1,555.9
移动电话用户（每100人）	0.0	1.0	74.8
互联网用户（占总人口的百分比）	0.0	0.2	13.5
铺敷道路（占总数的百分比）	16.6	*22.0*	..
高科技出口（占制成品出口的百分比）	*2*	0	*25*
全球联系			
商品贸易（占GDP的百分比）	77	55	80
净易货贸易条件指数（2000年=100）	207	100	184
外债总额（10亿美元）	6.9	5.8	5.4
债务还本付息总额（占出口的百分比）	14.7	21.2	2.2
净移民（千人）	*-11.2*	*-81.7*	-40.0
获得的侨汇（百万美元）	..	*36.3*	72.9
外国直接投资，净流入额（百万美元）	203	122	1,066
获得的净官方发展援助（百万美元）	475	795	958

津巴布韦

撒哈拉以南非洲地区		低收入经济体	
人口（百万）	13.7	人口增长率（百分比）	2.7
陆地面积（千平方公里）	391	每天生活费用不足1.25美元的人口（占人口的百分比）	..
GNI，图表集法（10亿美元）	8.9	人均GNI，图表集法（美元）	650
PPP衡量的GNI（10亿美元）	..	PPP衡量的人均GNI（美元）	..

	1990	2000	2012
人口			
最贫困的20%人口占国家消费/收入的份额（百分比）	..	..	..
出生时的预期寿命（岁）	59	44	58
总生育率（每个女性生育数）	5.2	4.1	3.6
青年女性生育率（每千名15—19岁女性生育数）	110	92	60
避孕普及率（占15—49岁已婚女性的百分比）	*43*	*54*	*59*
在熟练医护人员护理下的分娩（占总数的百分比）	*70*	*73*	*66*
5岁以下儿童死亡率（每千人）	74	102	90
儿童营养不良，体重不足（占5岁以下儿童的百分比）	*8.0*	*11.5*	*10.1*
儿童麻疹免疫接种率（占12—23个月年龄组的百分比）	87	75	90
小学毕业率，总数（占适龄年龄组的百分比）	..	*91*	..
中学总入学率，总数（占适龄年龄组的百分比）	45	43	..
小学和中学中女孩与男孩的比率（百分比）	96	95	..
HIV感染率（占15—49岁人口的百分比）	10.7	25.7	14.7
环境			
森林（千平方公里）	222	189	*153*
森林采伐（1990—2000年和2000—2010年，平均年度百分比）		1.6	*1.9*
淡水使用量（占内陆水资源的百分比）	..	*34.3*	*34.3*
获得改善的水资源的人口（占总人口的百分比）	79	80	*80*
获得改善的卫生设施的人口（占总人口的百分比）	41	40	40
人均能源使用量（千克石油当量）	889	789	*697*
人均二氧化碳排放量（吨）	1.5	1.1	*0.7*
人均用电量（千瓦时）	863	853	*757*
经济			
GDP（10亿美元）	8.8	6.7	9.8
GDP增长率（年度百分比）	7.0	-3.1	4.4
GDP隐含价格平减指数（年度增长百分比）	-0.9	0.6	5.9
农业增加值（占GDP的百分比）	16	18	14
工业增加值（占GDP的百分比）	33	*24*	35
服务业增加值（占GDP的百分比）	50	57	51
货物和服务出口（占GDP的百分比）	23	38	44
货物和服务进口（占GDP的百分比）	23	36	76
资本形成总额（占GDP的百分比）	17	14	25
中央政府收入（占GDP的百分比）	24.1	..	..
中央政府现金盈余/赤字（占GDP的百分比）	-2.6	..	..
政府与市场			
创办企业的时间（天）	..	*97*	90
股票市场资本总额（占GDP的百分比）	27.3	36.4	120.5
军费支出（占GDP的百分比）	4.6	5.2	3.2
移动电话用户（每100人）	0.0	2.1	91.9
互联网用户（占总人口的百分比）	0.0	0.4	17.1
铺敷道路（占总数的百分比）	14.0	*19.0*	..
高科技出口（占制成品出口的百分比）	1	2	*6*
全球联系			
商品贸易（占GDP的百分比）	41	57	84
净易货贸易条件指数（2000年=100）	98	100	105
外债总额（10亿美元）	3.3	3.8	7.7
债务还本付息总额（占出口的百分比）	23.1	..	..
净移民（千人）	*-192*	*-700*	400
获得的侨汇（百万美元）	0.8	..	..
外国直接投资，净流入额（百万美元）	-12	23	400
获得的净官方发展援助（百万美元）	334	176	1,001

注释

a. 数据会根据阿根廷国家数据统计院的后续官方报告做出最终调整。

b. 阿根廷的数据来自阿根廷国家数据统计院的官方报告。但国际货币基金组织已要求对其进行审核，并呼吁阿根廷采取补救措施，以保证其官方 GDP、CPI 数据的质量。其他数据来源显示的实际增长及通货膨胀率，自 2008 年以来一直与官方数据存在显著差异，前者更低而后者更高。本书中，世界银行使用了监控阿根廷宏观经济增长的其他数据来源及其相关估计值。

c. 包括中国台湾。

d. 估计值不同于中国政府官方统计值中公布的军费开支估计值：2000 年占 GDP 的 1.2%，2012 年为 1.3%（见中国国家统计局网站，www. stats. gov. cn）。

e. 指不被冰山覆盖的地区。

f. 不包括黑山。

g. 不包括南苏丹。

h. 2011 年 7 月 9 日之后，不再包括南苏丹。

词汇表

获得改善的卫生设施——拥有获得改善的卫生设施的人口百分比，这些设施包括从简单而有防护的厕坑到具有排水管线的直冲式厕所。（世界卫生组织、联合国儿童基金会）

获得改善的水资源——从改善的水源合理获得足够用水的人口百分比。改善的水源包括诸如接入家庭的水、公共水管、受到保护的蓄水池、受到保护的井、泉以及雨水收集。未经改善的水源包括未保护的井和泉、自动售水机抽取的水、瓶装水和油罐卡车中的水。（世界卫生组织、联合国儿童基金会）

青年女性生育率——每千名15—19岁女性的生育数量。（联合国人口署）

在熟练医护人员护理下的分娩——在经过培训的医护人员护理下分娩的百分比，护理内容包括在女性怀孕、分娩和产后期间给予必要的监护、照顾和建议指导，引导产妇自己分娩以及照顾新生儿。（联合国儿童基金会、儿童信息网、宏观国际）

人均二氧化碳排放量——化石燃料燃烧和水泥生产所产生的二氧化碳排放量除以年中人口数量。它们包括在消费固态、液态和气态燃料以及天然气废气燃烧时产生的二氧化碳。（二氧化碳信息分析中心）

中央政府现金盈余/赤字——指收益（包括赠款）减去支出和非金融资产的净获得额。在2005年前的版本中，非金融资产包括在收入和支出总额中。现金盈余/赤字的概念接近于早期的总预算盈余（缺少的仍然是贷款减去债务偿还，该项被记作金融资产净获得额下的融资项目）。（国际货币基金组织）

中央政府收入——来自税收、社会捐款以及其他诸如罚金、收费、租金和来自财产及销售的收入。赠款通常也被认为是中央政府收入的一部分，但这里不包括此项收益。（国际货币基金组织）

词汇表

儿童麻疹免疫接种率——指在调查时接种了麻疹疫苗的12—23个月的儿童所占的百分比，接种是在12个月之内或调查之前的任何时间。儿童在接种1次麻疹疫苗后被认为对麻疹有足够的免疫力。（世界卫生组织、联合国儿童基金会）

儿童营养不良，体重不足——相对于其年龄，体重低于国际参照人口中值即0—59个月的平均数两个标准差的5岁以下儿童所占百分比。数据与世界卫生组织2006年公布的最新儿童成长标准一致。（世界卫生组织）

避孕普及率——15—49岁结婚或者同居女性（或者其性伴侣）采取任何形式的避孕措施所占的百分比。（联合国儿童基金会、ICF国际咨询公司）

森林采伐——天然林永久性地转换为其他用途，包括林农轮作、永久性农业、牧业、拓居地以及基础设施建设。森林面积减少不包括已砍伐但准备重植的面积，也不包括采集薪柴、酸沉降或森林火灾所导致的森林退化的面积。负数表示森林面积的增加。（粮食与农业组织）

人均用电量——用电量为发电厂和热力、电力综合工厂的发电量减去输变电损耗和热力、电力厂的自用量，再加上进口减去出口，除以年中人口数量。（国际能源署）

人均能源使用量——在转化为其他最终用途的燃料之前，主要能源的使用量，等于国内生产量加进口量和存量变化，减去出口量和用于国际运输中的船舶和飞机用燃料，除以年中人口数量。（国际能源署）

货物和服务出口——提供给世界其他地区的所有货物与服务的价值，包括商品、货运、保险、运输、旅游、版税、特许权费和其他服务的价值。劳动收入及财产收益（以前称为要素服务）和转移支付不在其中。（世界银行、经济合作与发展组织、联合国）

外国直接投资，净流入量——投资者为获得其本国之外企业经营中持久的管理利益而进行的投资形成的净流入量。

它是股票、收益再投资、其他长期资本以及国际收支平衡表中显示的短期资本之和。净流入量是指报告期的新投资减去投资收回。(世界银行、国际货币基金组织)

森林——自然生长或人工种植的立木所覆盖的地区，无论其是否是生产性的。(粮食与农业组织)

淡水使用量——对居民、工业和农业淡水使用的估计总量，但不包括在水存储地点的蒸腾损失。国内的水资源仅仅指国内可更新的水资源，即包括一个国家内降水产生的河川和地表水径流量。因为不包括来自其他国家的河川径流，因为从不可更新的含水地层抽取或咸水淡化厂生产的淡水量很大，或者因为水的重复利用规模很大，水的使用量可以超过可更新的淡水总量。(粮食与农业组织、世界资源研究所)

GDP（国内生产总值）——以购买者价格计算的国内生产总值。即一个经济体内所有居民创造的总增加值之和加上任何产品税，减去不包括在产品价值中的任何补贴。计算中没有扣除成套设备资产的折旧或自然资源的损耗和退化。(世界银行、经济合作与发展组织、联合国)

GDP 增长率——国内生产总值一年的实际增长率。(世界银行和经济合作与发展组织)

GDP 隐含价格平减指数——一个经济体整体上一年的价格变化率。(世界银行、经济合作与发展组织、联合国)

GNI（国民总收入）——国内生产总值（GDP）加上境外营业收入的净收益（雇员获得的报酬和收入）。国内生产总值（GDP）指所有居民生产者创造的增加值的总和，加上未统计在估计产值中的产品税（减去补贴）。(世界银行)

人均 GNI——利用世界银行图表集方法将国民总收入转化成美元之后除以年中人口数量。国民总收入（GNI）指所有居民生产者创造的增加值的总和，加上未统计在估计产值中的任何产品税（减去补贴），加上境外营业收入的净收益

（雇员获得的报酬和财产收入）。以本币计算的 GNI 通常要以官方汇率（与各经济体的比较）转化成美元。世界银行图表集方法通常用于熨平价格和汇率的波动。将给定年份及其前两年的汇率加以平均，对各个国家、欧元区、日本、英国和美国不同的通货膨胀率加以调整。（世界银行）

购买力平价衡量的 GNI——利用购买力平价将 GNI 转化成国际美元。对于 GNI 来讲，一国际美元所具有的购买力与美国美元在美国的购买力相同。（世界银行）

购买力平价衡量的人均 GNI——利用购买力平价将 GNI 转化成国际美元，除以年中人口数量。对于 GNI 来讲，一国际美元所具有的购买力与美国美元在美国的购买力相同。（世界银行）

资本形成总额——由新增固定资产支出加上库存的净变动值构成。固定资产包括改良后的土地（围栏、水渠、排水沟等）；厂房、机器和设备的购置；建设公路、铁路以及学校、办公室、医院、私人住宅和工商业建筑等的修建。库存是企业为满足生产、销售或引进项目的暂时需要或应付意外变化而贮存的商品。依照 1993 年 SNA，贵重物品的净收入也被认为是主要的构成。（世界银行、经济合作与发展组织、联合国）

中学总入学率——指占总的中学教育入学人数（不考虑年龄，与官方中学教育相对应的年龄组的人口）的比率。中学教育由更专业化的教师向学生提供更专业或技术性的、导向性的教育，从而开启学生终生学习与发展的基本能力和基本目标。（联合国教科文组织统计研究所）

高科技出口——具有较高的研究与开发强度的产品，包括诸如航空航天、计算机、药品、科研设备和电子设备等。（联合国商品贸易统计数据库）

HIV 感染率——15—49 岁的人口感染 HIV 的百分比。（联合国艾滋病合作规划署、世界卫生组织）

词汇表

货物和服务进口——提供给世界其他国家的所有货物和服务的价值，包括商品、货运、保险、运输、旅游、版税、特许权费和其他服务。劳务和财产收入（以前称要素性服务）作为转移支付不包括在内。（世界银行、经济合作与发展组织、联合国）

互联网用户——指最近12个月使用国际互联网络（任何地方）的人数所占百分比。国际互联网可以在电脑、移动电话、掌上电脑、游戏机、数字电视等上面使用。（国际电信联盟）

出生时的预期寿命——假定出生时死亡格局在其一生中保持不变，一名新生儿可能生存的年数。（欧洲统计局、联合国人口署、世界银行）

商品贸易——以现值美元衡量的商品出口和进口之和。（世界贸易组织、世界银行）

军费支出——包括用于武装力量的所有日常开支和资本开支，武装力量包括维和部队、国防部以及从事国防项目的其他政府机构、准武装力量（如果他们受过训练并装备了武器）以及军事空间活动等。这些开支包括军职人员和文职人员，其中包括军事人员的退休金以及向军事人员提供的社会服务、运转和维护费用、采购、军事研究与开发以及军事援助（包括在援助国的军费开支内）等。民间防御以及用于以往军事活动的日常开支不包括在内，例如退役军人的福利，复员、转业以及武器的销毁等。该定义并不适用于所有国家，然而，这需要更为详细的信息，而不仅仅是军费预算和预算外军费开支项目中所包含的内容。（例如，军费预算可能包括，也可能不包括民间防御、储备和后备部队、警察和准军事部队、双重任务部队，例如军警和民警、各种军事赠予、军事人员的退休金、政府提供的社会保障。）（斯德哥尔摩国际和平研究所）

移动电话用户——利用蜂窝技术而获得公共交换台电话网使用权的手机用户，包括非预付话费和预付话费用户。（国际电信联盟）

词汇表

净易货贸易条件——相对于以 2000 年为基年的出口价格指数与相应的进口价格指数之比。（联合国贸易与发展会议、国际货币基金组织）

净移民——一段期间内的外国向本国移民人数减本国向外国移民人数，包括公民和非公民。数据为 1985 年至 1990 年、1995 年至 2000 年和 2005 年至 2010 年各时期的估计数。（联合国人口署）

获得的净官方发展援助——为满足发展援助委员会所定义的官方发展援助的资金流量（净偿还额），并且要拨付给发展援助委员会受援国名单上的国家和地区。（经济合作与发展组织）

铺敷道路——用混凝土浇筑的或用鹅卵石铺成的，以碎石和碳氢化合黏结料或用沥青铺敷路面的道路占一国所有道路里程的百分比，按长度衡量。（国际道路联合会）

人口——年中所有居民的估计数，无论其法律地位或公民权状况如何，该数字不包括在避难国非永久居住的难民，他们通常被认为是来源国人口的一部分。（欧洲统计局、联合国人口署、世界银行）

每天生活费用不足 1.25 美元的人口——指每天生活费用不足 1.25 美元（以 2005 年的国际价格计算）的人口百分比。数据为 2000 年以来最近年份的估计数。斜体数字不是 2011 年的数据。（世界银行）

人口增长率——相对于前一年年中人口的指数增长率。（世界银行）

小学毕业率，总数——完成最后一年小学教育的学生所占的百分比。其计算如下：完成最后一年小学教育的学生人数减去该年级的复读人数，然后除以达到官方规定的毕业年龄的儿童总数。因为国际教育标准分类 1976（ISCED76）向国际教育标准分类 1997（ISCED97）的转换，1999 年之前的数据与 1999 年以来的数据并不具有可比性。（联合国教科文组织统计研究所）

词汇表

小学和中学中女孩与男孩的比率——指小学与中学中女性与男性总入学率之比。（联合国教科文组织统计研究所）

获得的侨汇——指雇员的个人转移支付和补偿金。包括常住住户从非常住住户那里收到的现金转移支付或者各种收入、非常住劳工获得的工资和薪金、非常住实体雇佣的常住劳工获得的工资和薪金。（国际货币基金组织、世界银行）

最贫困的20%人口占国家消费或者收入的份额——最贫困的1/5人口的消费或者收入在总的国家消费或者收入中占有的份额。（世界银行）

创办企业的时间——指在法律上创办一个企业而必须完成的程序所需要的日历天数。如果某项程序可以通过额外的成本加速，那么不考虑成本，只计算最快的时间。表中给出的2012年的数据为2013年6月的数据。（世界银行）

股票市场资本总额——指股票价格乘以已发行的股票数量所得的价值。（标准普尔）

陆地面积——一国的总面积，包括内陆水体和部分沿海水道。（粮食与农业组织）。

债务还本付息总额——对长期债务（政府债务、政府担保债务以及私人未担保的债务）的本金偿还和实际利息支付、短期债务的利息支付以及国际货币基金组织贷款的偿还（重新购买和付费），以占出口的百分比表示。出口涉及一般商品和服务出口总价值、非居民劳工就业赔偿收入、海外投资收入。（世界银行、国际货币基金组织）

外债总额——拖欠非居民的以外币、商品和服务形式偿付的债务。外债总额是长期外债、短期债务和国际货币基金组织贷款使用的总和。以本币偿还的债务不包括在内。（世界银行）

总生育率——一个女性育龄期结束时，如按目前特定年龄

生育率生育孩子的话，可能生育的孩子数量。（欧洲统计局、联合国人口署、世界银行）

5岁以下儿童死亡率——在当前特定年龄组别死亡率情况下，一名新生儿在5岁以前死亡的概率。（联合国儿童基金会、世界卫生组织、世界银行、联合国人口署）

农业增加值——农业部门（国际工业标准分类1—5项，包括林业和渔业）净产出的加总减去中间产品的投入。（世界银行、经济合作与发展组织、联合国）

工业增加值——工业部门（国际工业标准分类10—45项，包括采矿、制造业、建筑、电力、供水和煤气）净产出的加总减去中间产品的投入。（世界银行、经济合作与发展组织、联合国）

服务业增加值——服务业部门（国际工业标准分类50—99项）净产出的加总减去中间产品的投入。这部分属残余的来源，不可能恰当地反映服务产出总量，其中包括银行业和金融服务业。（世界银行、经济合作与发展组织、联合国）

图书在版编目（CIP）数据

2014年世界发展数据手册/世界银行著；王辉译．—北京：中国财政经济出版社，2014.10

ISBN 978-7-5095-5737-2

Ⅰ.①2… Ⅱ.①世… ②王… Ⅲ.①世界经济—经济发展—统计数据—2014—手册 Ⅳ.①F112-62

中国版本图书馆CIP数据核字（2014）第242446号

责任编辑：孙　腾　　　　责任校对：王　英

2014年世界发展数据手册

中国财政经济出版社 出版

URL: http://www.cfeph.cn

E-mail: cfeph@cfeph.cn

社址：北京市海淀区阜成路甲28号　邮政编码：100142

发行处电话：88190406　财经书店电话：64033436

北京财经印刷厂印刷　各地新华书店经销

787×1092毫米　24开　10.5印张　230 000字

2014年11月第1版　2014年11月北京第1次印刷

定价：25.00元

图字：01-2014-7095

ISBN 978-7-5095-5737-2/F·4639

（图书出现印装问题，本社负责调换）

本社质量投诉电话：010-88190744

反盗版举报热线：88190492、88190446